司法学研究丛书

主编：曹文泽　崔永东

中国传统司法文化研究

ZHONGGUO CHUANTONG
SIFA WENHUA YANJIU ■

崔永东 等 / 著

人民出版社

司法学研究丛书编委会名单

编委会主任：何勤华　杜志淳　曹文泽

编委会副主任：王秀红　崔永东

主　　编：曹文泽　崔永东

编　　委（按姓氏拼音首字母排序）：

曹文泽	崔永东	陈光中	陈金钊	杜志淳	付子堂
范明志	吉罗洪	顾功耘	黄　毅	何勤华	罗培新
李雪慧	李玉福	李玉生	罗厚如	刘晓红	卢上需
刘作翔	王守安	叶　青	杨忠孝	郑成良	朱　勇
张保生	赵晓耕				

序

　　中国传统司法文化作为中国传统文化的一部分,根植于深厚的中华文化土壤之中,凝聚着中华民族的法律智慧、政治智慧、哲学智慧与伦理智慧,也是"中华法系"的一个重要组成部分。

　　中国传统司法文化是一个包括司法思想与司法制度在内的文化系统,在这一系统内,司法思想是核心结构,司法制度是表层结构,后者往往受到前者的影响。

　　长期以来,中国传统司法文化被当成一种落后的糟粕加以否定,而对其中的积极因素注意不够,影响到了人们对其所应秉持的客观态度。今天,我们应当全面客观地对待中国传统司法文化,用一种理性、公正的心态对其加以研究,区分其中的精华和糟粕,努力发掘其中的积极因素,并为今天的司法改革和司法文明的进步提供有益的借鉴。

　　在中国传统司法思想中,儒家司法思想是其主流。儒家司法思想的基本特点是"仁道"、"中道"、"和谐",而"仁道"代表了儒家司法思想的基本价值取向。"仁道"是一种爱人之道,提倡对人的关爱、尊重,尤其强调尊重人的生命价值,这与今日的"人道主义"有相通之处。应该指出,封建时代的司法制度尽管并未全面贯彻儒家的"仁道"精神,但其中某些具体的司法制度还是体现了对"仁道"价值的追求。

　　例如,封建时代的"直诉"制度是一种当事人可直接上访、上诉或起诉于中央司法机构的司法制度,对蒙受冤屈者能起救济的作用;再如,古代的赦宥制度是一种对重刑犯赦免宽宥的制度,客观上起到了减少死刑适用、减轻刑罚的作用;另外如"存留养亲"制度是一种对家无成丁奉养父母的罪犯进行宽宥的制度,该制度体现了某种人道关怀;还有如死刑奏报制度(唐代有"三覆奏"、"五覆奏"之说)、死刑监候制度(清代有"斩监候"、"绞监候")体现了一种对死刑的慎重态度;如此等等。以上各种具体制度,在当时均有一定的合理性,都在一定程度上体现了"仁道"精神。

目前,我国提出了"文化强国"方略,力争民族文化的大发展、大繁荣。民族文化的发展繁荣需要我们做到"返本开新",既继承民族传统文化中的优秀内容,又要有所创新(当然其中也需吸收其他民族文化中的优秀内容)。因此,我们理应对中华优秀传统文化给予必要的尊重,这种态度会衍生一种民族自信力。应当认识到,民族文化的创新是以民族文化的自信、自觉为前提的。

对中国传统司法文化,我们在分清其精华糟粕的前提下,要着眼于发掘其中的优秀内容,让那些具有永恒价值的元素在今天的司法实践中仍发挥其生命力,使其成为今日新型司法文化构建的"源头活水"。我们认为,今日构建的新型司法文化,应该是既有民族特点又能符合世界潮流的司法文化,是一种体现人道精神、展现人的尊严的司法文化。

正是立足于上述认识,我们开展了"中国传统司法文化研究"(最高人民法院 2011 年度重大科研项目)这一课题的研究工作,经过课题组成员的群策群力和忘我工作,终于将这样一部凝聚着各位研究者心血和智慧的书稿奉献在读者面前。

当然,该书因时间所限,肯定还有不少缺憾,请广大读者不吝批评指正。

本书由华东政法大学司法学研究院院长崔永东设计篇章结构。撰稿过程中的具体分工如下:第一章,撰稿人为宋大琦;第二章,撰稿人为陈煜;第三章,撰稿人为冯国泉;第四章,撰稿人为李超;第五章,撰稿人为崔永东;第六章,撰稿人为崔永东、刘家楠、余寅同、闵东芳、李振勇。全书由崔永东统稿。

该书在写作过程中,得到了中国政法大学终身教授张晋藩先生、最高人民法院司法改革办公室孙万胜副主任及胡夏冰处长的指导帮助,特此致谢。

崔永东
2016 年 7 月 30 日

目　　录

第一章　中国传统司法文化的背景和特色

一、作为社会基础的小农经济

（一）小农经济的自然成因

中国地处世界上最大的陆地亚欧大陆东部,最大的大洋太平洋西岸,在同纬度的其他地区多为亚热带、温带沙漠,但由于亚欧大陆面积太辽阔,其腹地形成与海洋正好相反的气压带,夏季海洋气压高而内陆气压低,气流从海洋流向内陆,形成湿润的东南季风,冬季内陆气压高而海洋气压低,气流从内陆流向海洋,形成干冷的西北季风。季风的力量如此之强大,以至将纬度对气候,尤其是对降水的影响削弱了很多。又由于疆域内地形西高东低的梯级分布,海洋气流在进入陆地的过程中不断被抬升,形成降雨,使东部平坦地区适合于农耕,地形和气候分布使甘肃祁连山脉以北地势相对较低、纬度相对较低一线形成农业走廊,这条走廊一直延伸到今天新疆一带,古称西域。河西走廊南部则西藏,北部则蒙古高原,或高寒,或干冷,不适合农业耕作,历史上多属于游牧民族势力范围。

中国的古代文明就是一片连成区域的农耕文明,在降水量分布图上可以看到,其分布主要就在长城、秦岭一线,恰好是与400毫米等降水量线重合,传统农业经济的范围就是传统农业王朝的疆域。当农业王朝强盛时,控制了河西走廊,也就控制了西域,当中原王朝衰微时,河西走廊被游牧民族切断,也就失去了西域。中原王朝的形成和维持的动力不是民族之间的征服和压迫,而是农业民族共同抵御游牧民族侵扰的需要。① 如果不组成大一统的国家,农业民族是无法与游牧民族对抗的。有趣的是,北方游牧民族一进入长城以南,很快就变成了农业民族,要与原来的农业人口一起组织起来抵御新的北方威胁。胡汉矛盾根本上是生产方式之间的矛盾。

(二) 小农经济的社会成因

中国古代的农业经济是小农经济。所谓小农经济,是指一家一户为单位的分散的农业生产,它的形成既是限于当时的生产力条件,也是政治、经济、军事、文化等综合因素所致。首先,在当时的生产条件下,很难形成大生产,不以交换为目的的自然经济一般也无大生产的要求。从出土文物看,夏商周时代有大规模人殉的基本是王族,有大规模人殉,说明有人口的集中,但这种人殉皆为王族,说明这些人不是因为经济因素而集中起来的,而是被政治力量集中起来。春秋之后有历史记载,皆未形成常态的大规模集体生产劳动(修长城、修陵墓、战争、徭役等不算),这种情况的形成显然并不是因为缺乏组织手段,而是缺乏社会需要。其次,小农经济的形成与政府对大户的打压有关,汉朝前期出现过生产集中的现象,汉武帝时大规模用法律手段打击豪强,限制民间力量的集中和壮大;到了魏晋南朝时期,又出现坞堡和门阀,其原因是中央力量削弱、战乱频仍,人民被迫聚居以自保,而趁势壮大;隋唐一统天下后采取了科举制,到宋朝绝大部分官员皆从科举出身,这就将血统因素与政治地位的联系大大降低,从另一个方面抑制了大户的形成和财富的集中。最后,小农经济与中国古代的婚姻继承制度也有关,古代社会婚姻是一夫一妻多妾制,政治地位嫡长子继承,财产上诸子平分,对普通人家来说,只存在财产继承问题,多子而诸子平分,这就使作为主要生产资料的土地不断地被平均下去,难以形成雇佣大量劳动力的庄园。按说中国人的家族观念是易于形成财产集中从而又形成生产集中的,由于上面这些原因的综合作用,中国古代一直是以小农经济为主,强烈的家族、群体观念与分散的经济生产并存。

参照欧洲古代,我们发现,农业生产未必全是小农经济。欧洲中世纪也以

---

① 早期国家的形成,学者多以为是为共同治水的需要,然而秦汉以后统一大帝国的维持显然是与对抗游牧民族入侵有关的,这从长城的修建、历代王朝财政支出的比例、战争的次数等皆可看到。

农业经济为主,但是,欧洲未形成大一统国家,每个诸侯对外竞争的压力大于内部的张力;而且,中世纪欧洲是农奴制,贵族可以任意支配其治下之民,这就使家庭本位难以对抗"国家"本位,林立的诸侯就像中国古代的豪强,可以驱使其子民集体劳动;再者,中世纪欧洲实行长子继承制,身份和财产皆由长子继承,其他儿子只能得一些浮财,以致结婚都困难,这样社会人口增殖缓慢而且财产不被分散,有利于贵族地位的保持和生产的集中。欧洲中世纪以庄园经济为主,这是它与中国一家一户小农经济的显著不同。

二、家国同构的政权组织方式

家国同构问题的核心是君权与父权的关系。在世界其他文明类型中,只有在氏族社会阶段,社会组织才是家长制的,国家一旦形成,政治权力的运行与亲属关系就再无联系,这个过程被史学称为"地域破血缘"。国家多在民族征服过程中形成,这使其一开始就有强烈的压迫色彩,如古埃及、印度、罗马帝国。另外,一些国家以商立国,加大了人员交流,也在"破血缘"。但是中国国家的形成没有地域破血缘的过程,而是由氏族社会直接过渡到国家,尤其是周的亲属分封制,天下一家。在其他国家中,君主与臣民无亲属关系,贵族与平民(奴隶、低种姓、农奴)不通婚。古罗马等法律也保护父权,但君权与父权没关系。家国同构解决了政治合法性来源问题,与其他古代文明的以君权神授为政治合法性来源不同,古代中国的政治合法性建立在亲权之上。

(一) 周的宗法制与家国真实同构

夏、商、周三代中,周的家国真实同构最为典型,它奠定了中华文明的走向。夏、商二代带有比较明显的邦国联盟性质,夏、商君是天下共主,但与其他邦国之间等级关系比较模糊和松散,其亲缘关系以甥舅为主。周代替商的统治经历了两次战争。第一次是武王伐纣,当时商的主力在征讨东夷,加之周推翻商的共主地位后并未对商族进行屠杀,故商的元气仍在。周替代商后武王很快重病去世,周公摄政,武王的另外两个弟弟管叔、蔡叔不服,勾结纣的儿子武庚发动叛乱,周公二次东征,这次东征打了三年,所及之处地域广大。当时的情况是土地广而人民少,为了监视各地、巩固国家,周进行了大规模的分封,封邦建国,这是封建制的本意。封建的具体做法是,周天子将自己的兄弟子侄(宗室)和姻亲分封到各地去建国。如周公本人封到鲁(周公自己没去,其子伯禽赴国)、姜尚封齐、武王的儿子叔虞封晋,既封土地,又封人民,实则是派封侯带领着族人到封地去自己建国,有武装殖民的性质。封国人民在当地繁衍生息几代之后人口增多,诸侯再将自己的子侄分封往周边地区,周礼记载"五世而迁"是这种制度的一个反映。这样就形成一个"天子建国,诸侯立家,卿置侧室,大夫有贰宗,士有隶子弟"①的等级体系。对这种等级秩序的经典描述是"宗法制"。宗法制依靠自然形成的血缘亲疏关系以划定贵族的等级地位,从内部来讲,他防止了贵族间对于权位和财产的争夺,使之形成一种"礼序"。在宗法制度下,从始祖的嫡长子开始传宗继统,并且世代均由嫡长子承继。这个系统称为大宗,嫡长子称为宗子,又称宗主,为族人共尊。和大宗相对应的是小宗。在一般情况下,周天子以嫡长子继统,众庶子封为诸侯,历代的周天子为大宗,这些诸侯就是小宗。诸侯亦以嫡长子继位,众庶子封为大夫,这些大夫为小宗,而诸侯则为其大宗。大夫也以嫡长子继位,为大宗;众庶子为士,即小宗。在宗法系统里,诸侯和大夫实具有大宗与小宗双重身份。传统对宗法制的研究侧重于其如何稳固贵族阶级的内部秩序,本书这里的角度是,在宗法制的情况下,君亲是合一的,周天子是天下共同之大宗,在一个封国内,国君又是国内之大宗,天下一家,君父合一是一个事实。

在人类的任何历史时期,任何政权都要回答一个问题,即"凭什么由我来统治",这就是政权本身的合法性问题。早期国家大都以神话叙事的方式,把统治者虚构为超能的神、神的后裔或神的代言人,这就是君权神授。夏、商的政权合法性解释就带着浓厚的君权神授色彩,他们不断地通过对天、上帝的祭祀来确认这种合法性。君权神授不能仅仅理解成统治阶级的欺骗,它也是一种真实的信仰,有时统治者自己也被这种信仰所迷惑。武王伐纣时打近商都,纣王不理解为什么会这样,还发出了"我不有命在天乎"的疑问。周的政权合法性基础在早期国家中比较独特,它是建立在血缘亲情的基础上的,君王的合法性与父亲的合法性一样不证自明。这使整个国家的社会文化都蒙上了一层

---

① 《左传·桓公二年》。

温情脉脉的面纱,法律关系同时也是亲情关系,这使得礼法的制定和纠纷的解决必然受到亲属关系的影响。

(二) 汉朝之后的家国拟制性同构

秦朝统一天下后,君主与臣民之间没有了亲属关系。事实上,家国真实同构在统一的大帝国内是不可能的,它只能在早期小国寡民、层层封建的情况下才能实现。经过春秋战国几百年的兼并战争和人口情况变迁,地域破血缘在战国时期就已经是事实。韩非子指出,君与臣之间没什么亲情,不过是赤裸裸的利益交换关系,并因此而创立的新的政治学说。当时还是秦王的嬴政对此十分赞赏,说出了能见此人一面终身无憾这样的话。秦国人地处西鄙,没有中原国家那样深厚的文化传统,同时也就没有中原国家那么多的亲情礼仪包袱,没有那些依赖旧秩序格局的利益集团的阻碍,他们进行以赤裸裸的功利诱惑为导向的改革时,所受到的阻力较小,成功概率自然也比中原国家要大。当时的情况是,法家多出于三晋,而施展抱负在秦国。法家思想兴于中原、用于西戎的主要原因就是秦国本来就君臣无亲。

法家的功利主义、斗争哲学给秦国带来了巨大的成功,但是,一旦天下一统,法家的斗争哲学就失去了斗争对象,难以继续像以前一样发挥作用。秦很快就亡了,其成功于不讲人情,也失败于不讲人情。贾谊总结秦速亡的原因说:"仁义不施而攻守之势异也",代表了汉朝初年统治集团的集体反省。缔造汉朝的刘邦军事集团核心成员多是秦朝的基层官吏,他们熟悉秦的制度运行,也继承了秦的制度遗产。汉承秦制,这是一个历史事实,然而汉朝的政治哲学却与秦大不相同,这也是个事实。汉在制度上继承了秦,在意识形态上却继承了周,二者之间的调适经历了很长一段时间。

汉朝初年,统治集团看到了周朝的长久与家国同构的政权组织形式有很大关系,同时认为秦的速亡与没有诸侯帮助有关,于是就主张学习周的封建制。汉初先是封了一些异姓王,其有不得已的安抚功臣的因素,后来朝廷又分封了很多刘姓王,这就是有意为之了。但是,地域破血缘、郡县代封建已经是不可逆转的历史趋势,上层建筑无法彻底改变经济基础,后来中央不得不又花很大力气撤销封国。周的封建行不通了,秦的一味依靠武力也行不通,汉朝经过了七八十年的探索,终于走出了一条周制与秦制相结合的道路。这条道路就是"拟血亲"的政权组织方式,即国与家拟制性同构,君臣的政治关系被蒙上一层温情脉脉的血缘面纱,被比拟为父子关系。事实上,我们看到,首先周的家国同构是真实的,而汉的家国同构不是真实的,只是一种意识形态,里面包含很大张力,这就需要汉朝统治者必须进行理论创新,为虚拟关系提供貌似真实的依据;其次,统治者还必须一再加强意识形态的束缚,使人们安心于这一虚拟事实;最后,皇权与父权及族权的关系必须达成某种妥协和纾解。在第一方面,以董仲舒为代表的汉儒今文经学派作出了很大贡献,他们引入阴阳家的一些思维方式,把先秦抽象模糊的"天"的概念具体化,创造了天人感应理论,将天人关系,尤其是天和皇帝(天子)的关系也拟制为血亲关系,这样,家国的拟制同构就取得了天道的基础,变得扎实。从汉朝到清朝,尽管政治哲学,也就是政权合法性论证方式有所更新,政权组织形式的家国拟制同构的本质一直没变过。期间君权与亲权的斗争也往复不已。拟制性同构下的君权与父权事实上是有矛盾的,俗话说"忠孝不能两全"就是民间的一种生动反映。宗法观念会造成宗族势力的加强,从而威胁中央集权的安全,历朝政府对宗法宗族是既利用又提防打压,政权稳定的时候朝廷多强调皇权对父权的优越性,而且也能实现这种优越性。但是,当乱世来临的时候,大家族的生存能力优势就表现出来,人们十分愿意聚族、收族以自保,于是宗法宗族强大起来,汉末豪强、魏晋南朝时的士族门阀势力都是皇权衰弱、族权强大的表现。无论如何,家国拟制性同构对中央大一统国家的维护正面作用是主要的,它也带来了如对皇权"爱民如子"的要求等一系列政治文化现象。

(三) 传统政治文化的伦理型特点

理论有自身的逻辑,它必须是圆融的——除非它本身就不想讲理。汉代以来的家国拟制性同构既为皇权提供了合法性基础,同时也对皇权提出了一系列伦理性要求;既对臣民提出了伦理性的政治义务,也赋予了臣民向政权"亲情式索取"的权利。它导致了一系列被马克思称为"东方专制主义"的政治文化特征。

中国的"东方专制主义"是一种父权制的威权政治。在家国同构的政治条件下。君主一方面是政治上的最高统治者,另一方面必须扮演伦理上慈父的角色。不管皇帝实质上是不是一个暴君,他都有义务表现得慈爱,他从小所接受的政治伦理教育塑造他以天下为家的责任意识,继位后,作为儒家伦理的承担者的大臣们一再提醒、告诫他必须像个慈父。父权观念深入人心,甚至在语言中中国人已经无法将家和国分开。"国家"一词,英文偏重指地域的为country,偏重于指民族的为nation,偏重于指政府的为state,指一个生活在同一地域的、有相同血缘文化的政治共同体。在中国,国是放大的家(family),而英文family却毫无"国"的意思。国君在享受最高权力和尊严的时候必须承担起最高的责任,甚至是根本与他无关的责任,"万方有罪,罪在朕躬,百姓有过,在予一人"。① 这种在远古形成的观念在汉朝以后被以天人感应的形式继承下来,人祸天灾皆由皇帝来承担责任,而且是对"天"的伦理责任。国家不治是皇帝没有照顾好自己的子民,这是对"天父"的不孝。直到清朝,皇帝还一再对全国发布罪己诏,对天以及天下百姓检讨自己的错误。皇帝的权力虽然缺乏制度性的制衡,但是受到的伦理文化约束力是很强大的。同时,守牧一方的郡守县令被视为这种父权在地方上的代表,被称为"父母官"。父权制是一种威权政治,它也是专制制度的一种,但是与一般专制制度不同的是,它是伦理型政治,不是法治性或行政控制性的专制政治,政治关系被看成是一种伦理关系,政治主体皆受到伦理的制约。

但是秦汉以后,在大一统的郡县制国家内,君与臣、民毕竟不是家族关系,政治与伦理之间不仅有亲和,也有张力。在周代,任人唯亲天经地义,统治者与被统治者是家族内部关系,而在秦代以后,任亲与任贤之间就是一个矛盾。任亲则返回封建制,行不通;郡县制要求任贤,在郡县制之内任人唯亲其腐败成本极其高昂。最后,历史选择了天子任亲,臣工任贤的方法,它在皇帝位继承上采取周式的宗法制标准,力图避免因争夺最高权力而产生的斗争和动荡,在官员的选拔上采取任贤标准,鼓励良性竞争。这是当时历史条件下最好的方法。官员任贤的办法历代有所发展,汉朝采取察举制,魏晋乱世官员任亲有所反复,体现为门阀制度,隋唐发明科举制度,宋朝科举大昌。明清两代则官员绝大部分皆由科举出,科举不但成为求官的手段,本身也成为一种价值追求,文化秩序与政治秩序高度合一。皇帝制度也有一定发展,宗室、外戚、宦官、权相、母后、藩镇六种人干扰最高权力的继承和实施,从而带来国家灾难的

---

① 《尚书·尧曰》。

情况在早期多有发生,在后期则以制度化的方式基本解决。尽管如此,大一统国家与宗法制合法性理论基础之间的张力对国家的困扰一直没有终止。

(四) 行政权及其与宗法制的配合

当我们说一种政治是威权政治的时候,强调的是它的合法性来源在于"威权",可以是亲权的威权,可以是神权的威权,也可以是真理的威权。当我们说一种制度是专制制度的时候,强调的是它是以一种自上而下的"命令—服从"模式来运行的。专制未必依赖威权,赤裸裸的专制不需要威权,只需要力量;但是威权政治却极易导致专制,尤其是在较大的政治共同体内。在大共同体内政治不能仅仅依靠自身的威望实行统治,它必须借助一套官僚体系。在传统小农经济的条件下,国家政令的推行和社会的整合通过行政化的手段进行,社会运行以组织为中心而不是以规则为中心,以"支配—服从"关系为主而不是以"规则—博弈"关系为主,这是正常的。现代人所期待的法治关系事实上是一种平等主体之间的关系,只有在主体的相对平等成为一种事实而不仅仅是理想的时候才能实现。中国古代社会曾经有过民间力量壮大的机会,但统治者的治国指导思想一直是集权化的,其中既有"不患寡而患不均"的儒家价值作用,也有最高统治刻意削弱民间社会以消除统治隐患的自私考虑。也就是说,以低效换稳定有时是政府有意为之的。同时,社会的等级化有时也是政府刻意维持的,这能使国民的力量在等级斗争中消耗掉,从而保障皇权的安全。在等级化、组织中心主义的社会里,行政权力成为主导性的权力,司法权没有独立地位,被看成是行政权的一部分。政府的司法行为事实上不是就两个平等主体之间的争议进行中立的裁决,而是为民"作主",这使得司法活动的负担大大增加。司法官不但要负责对是非的裁决,而且要负责事实的调查,这反过来又加强了司法的行政化,因为只有行政权力才能够动员足够的资源来保障实质公正。这样的循环发展下去事实上是把政府往"全能"方向推,必大大增加政府的统治成本。宗法制的观念和社会结构这时为政府分担了不少负担。在宗法制的社会结构下,人际关系大都是人伦关系、亲缘关系,这时候人们是不愿"家丑外扬"的,而政府也十分乐于甚至培植宗法力量来实现自己的"息讼止争"目的。我国秦汉中央政府以来一直在削弱宗族势力,但在明清两代,又大规模培植民间宗法力量,在南方表现尤其明显,今天尚遗存的祠堂可见其一斑。先抑而后扬的主要原因是科举制的成熟有效解决了宗族势力过于壮大、把持政权的问题。当宗族力量已经不能构成政权的严重威胁时，其对政权有利的一面就被放心开发了出来。宗法力量对政府的主要作用之一就是民间纠纷的调解功能，它有效地解决了全能政府的成本问题。法律史学者所说的明清间"皇权不下县"与秦汉时的严格户口、保甲制度形成反差，历史条件变化所致也。

（五）腐败周期律与黄宗羲怪圈

皇权、官僚体系与民间社会之间的张力一直存在着，这其实是宗法制意识形态与大一统集权国家之间矛盾的一种体现。皇权被看成父权，但皇帝毕竟不是天下人之父；州县官被看成父权在地方的代表，但州县官一方面不能爱民若子，一方面也未必对皇权竭忠。多少皇帝虽然不能把天下人看作子民，但是却能把天下看成私人财产，而地方官也往往以此逻辑将治下看成个人私产。大多数人只愿享受家长的权利，然而却不愿尽家长的责任，这是人性一般的弱点。权力导致腐败，自上而下的控制性权力容易导致更大的腐败。按传统社会家国同构的理论，个人被要求服从国家和社会，而公权力却俨然以家长自居。这样，一方面私权不彰，另一方面最高统治集团却可以以其一家一姓之私冒充天下之大公。这种家长式的全能控制权力导致的几乎是一种受法律保护的腐败。有鉴于此，传统社会特别强调道德的力量，传统文化中的道德哲学也特别发达。这并不是说，古人就不重视制度约束的作用。事实上，中国古代社会在防止官员腐败上下了极大的力量，其主要方法是在官僚体系内部互相监督、互相牵制。这些方法不仅仅是为了防止腐败，也是为了防止重要官员的专权。秦朝建立之初，中央国家机关就分为三部分，宰相是全国的最高行政首脑，廷尉掌管军事和司法，御史是副宰相兼监察官，如果御史能够找到宰相的问题将其参倒，就会升为宰相。汉朝的时候，本来中央政府是采取的三公九卿制，三公九卿是正式的中央职能机构，汉武帝时，担心公卿权力大，影响皇权利益，就令充当尚书的近侍出入禁中，与闻国事。秦及汉初，尚书是少府的属官，是在皇帝身边任事的小臣，与尚冠、尚衣、尚食、尚浴、尚席合称六尚，因其在殿中主管收发（或启发）文书并保管图籍，故称尚书。也就是说，尚书本来是管理图书的小官，得到皇帝重用后，权力隐隐然开始与大臣抗衡，被称为"内朝"。随着内朝权力膨大,外朝当然衰落。东汉光武帝时,尚书台正式成为国家政务的中枢机构,"虽置三公,事归台阁"①,三公成了级别很高的摆设。但是,新问题又来了,当尚书台真正成为国家中枢机构的时候,它自身就成了"外朝",皇帝不放心,又设中书省以分相权,又设门下省以制相权。皇帝不相信大臣,但是总得用人,用谁权力就向谁转移,谁就成了真宰相。隋唐之时三省六部制成熟,三省形成互相牵制格局,这个局面发展好了,倒颇有些分权制衡的味道。但权力利益归一家一姓所有的本质使帝制王朝连这个局面也保持不住。宋朝时,就没了名正言顺的宰相,叫"中书门下同平章事","宰相不专任三省长官,尚书、门下并列于外,又别置中书禁中,是为政事堂。与枢密院对掌大政"。② 明洪武十三年(公元 1380 年)朱元璋正式废止了宰相,亲任政事。然而皇帝一人精力有限,不得已设了内阁大学士,五品的秘书班子。朱元璋的后代连内阁也不信任,于是让身边最近的人(太监)监督内外朝臣。即便如此,除司礼监太监秉笔政务外,还设了东厂、西厂、内行厂、锦衣卫等多个特务机关,既监视大臣也互相监视,可见对太监也不是完全信任的。用哪个机构,权力就向哪个机构转移,结果后机构取代前机构,非正式权力成为正式的权力,这是权力机构变化的普遍规律。朱元璋担心内阁大学士有一天会重走制度化之路,就命令后代永远不得设相,并动用相当于家奴的太监来监视行政权力,这说明连环监视的道路已经走到尽头。正式制度失灵,不得已依赖特务制度,由于没有正常的制度运转,机构越多效率越低、天下越乱,明朝的腐败混乱在历代中无出其右! 黄宗羲总结这种现象时说:"后世之法,藏天下于筐箧者也;利不欲其遗于下,福必欲其敛于上;用一人焉则疑其自私,而又用一人以制其私;行一事焉则虑其可欺,而又设一事以防其欺……向其法不得不密。法愈密而天下之乱即生于法之中。"③这是一个跳不出去的怪圈,机构越设越多,越多越不管用,其根源在于立法者自私自利,以天下为自己私财,唯恐别人占了便宜去,不但不能与天下人分享,对自己的队伍也无法放心。

古代行政与司法很大程度上混同合一,在司法机关的设置和制约上,大理寺监察刑部、御史台监察大理寺,六科给事中监察各部,巡按御史监察地方,在

---

① 《文献通考》。
② 《宋史·职官制》。
③ 《明夷待访录·原法》。

死刑复核上秋审、朝审、九卿会审,等等,监察机构设置及职能分工之严密也是世界上独一无二的。但是,仍然无法跳出"黄宗羲怪圈",或者说,这恰恰就是黄宗羲怪圈的反映。这种制度下的廉政监察不像是制度化约束,更像是宫廷斗争。反腐败往往变成朋党斗争,官员的落马与是否清廉关系不大,与"站队"正确与否的关系更为密切。新中国成立时民主人士黄炎培曾提过的王朝"历史周期律"与黄宗羲怪圈异曲同工,同样揭示了"封建"王朝走不出去的周期性彻底腐败的问题,这个问题是传统社会的制度性死结。古代社会极其强调道德约束与其制度性腐败和制度性约束失灵有关,道德起的作用甚至比制度还大,一旦道德崩溃,整个社会结构也随之崩溃。一些人片面抨击"德治"、"人治"不如法治,看不到在不可能有法治的情况下道德人格的巨大作用,这是脱离历史背景谈论问题。

三、礼法合一的社会整合方式

(一)礼法合一的法律体系

1. 早期的礼就是法

国家的出现,是人类社会进入文明阶段的标志,然而这并不是说,在国家未出现之前人类社会就没有规范秩序。国家与法的关系是紧密的,一方面,以现代法学的法的定义,法的制定和实施是国家行为;另一方面,有了法的制定和实施,才能说明该社会已经脱离了原始社会或简单暴力阶段,具有了国家秩序。但是,法律即"国家级秩序规范"的形成不是一朝一夕之功,它经历了一个漫长的演化过程。法学界一般把"前国家"的部落或者氏族原始秩序规范称为"习惯法",把原始秩序向国家秩序的过渡称为习惯法向国家法的过渡。

礼就是中国古代的习惯法。此处"习惯法"一词对于"礼"来说是个指称,其字面意义并不能完全概括礼的内涵。用概念类属的方法来分析,礼可以说是宗教、习惯、法律、道德的混合体。从本质分析的角度来说,礼是情感、理性、信仰、秩序的仪式性表达。早期礼是一套仪式性的行为规范,在先民那里,精神在行为之中,并未独立出来,所以无法脱离开礼的形式而直接说礼的本质是什么。春秋之时,礼崩乐坏,礼仪的表达与原始的精髓分离,人们开始区别真正的"礼"与仅仅是表面文章的"仪"。孔子提出,礼的精神实质是"仁",第一次把外在形式与精神实质作了分别,这样的一个结果是"礼"可以脱离传统之"仪"的形式而得到新的发展。

夏、商、西周皆不以现代人理解的"法"的形式治理社会,而是以礼治家国天下。《礼记·曲礼》说:

> 夫礼者所以定亲疏,决嫌疑,别同异,明是非也。

> 道德仁义,非礼不成,教训正俗,非礼不备。分争辨讼,非礼不决。君臣上下父子兄弟,非礼不定。宦学事师,非礼不亲。班朝治军,莅官行法,非礼威严不行。祷祠祭祀,供给鬼神,非礼不诚不庄。是以君子恭敬撙节退让以明礼。

> 鹦鹉能言,不离飞鸟。猩猩能言,不离禽兽。今人而无礼,虽能言,不亦禽兽之心乎? 夫唯禽兽无礼,故父子聚麀。是故圣人作,为礼以教人,使人以有礼,知自别于禽兽。①

可见礼是包罗万象的人间秩序;人的一切生活都离不开礼的笼罩,要依靠礼的调节。荀子论礼的起源说"礼起于何? 曰:人生而有欲,欲而不得,则不能无求,求而无度量分界,则不能不争。争则乱,乱则穷。先王恶其乱也,故制礼义以分之"②,"礼者,法之大分,类之纪纲也"③。荀子论礼法关系是深入的学理分析,更早人们就已经在语言上礼法并用。商鞅说"三代不同礼而王,五霸不同法而霸","前世不同教,何古之法? 帝王不相复,何礼之循"④,商君书中多次礼法并称,把礼法当一回事。慎到礼法并提说"法制、礼籍所以立公义也……定商分财必由法,行德制中必由礼"⑤。我们完全可以说,礼就是"古代法",当然,这个"古代"是有严格限制的,指的是家国真实同构的时期。家、国两分后,古代法的形式也产生了很大变化。

2. 礼、法的分与合

从起源上看,广义法有着礼、政、刑三个相对独立的起源。今人之研究或以为法律起源于苗人,或以为刑起于兵,或以为法律起源于原始习惯。以《六

---

① 《礼记·曲礼》。
② 《荀子·礼论》。
③ 《荀子·王霸》。
④ 《商君书·更法》。
⑤ 《群书治要》引《慎子》。

经》之载观之,礼、政、刑几乎同时起源。其中早期的礼就是原始习惯,孕育了后期的政、刑。早期的礼是包含了宗教、习俗、仪节、法律制度等在内的一种全能的原生态生活秩序,这也是学界比较统一的看法。但周公制礼之后,礼就有了新的特点——国家制定制度的性质。周公制礼的准确内容不可考,但《礼记》《仪礼》之记载和孔子、左丘明所描述的礼制内容无疑是周代的制度,周礼仍是内容广泛,几乎是无所不包的,但人们显然已经将刑、政、仪等与礼对称或并称,而将它们有所区别了。春秋时期,铸刑鼎、作刑书等事件代表着这个时期产生了一系列与传统的周礼不太一样的立法活动,新法与旧礼的区别逐渐明朗化。立法活动在战国达到高峰,其标志之一是商鞅改法为"律",在词源意义上,"法"与"礼"在当时是不易区分的,从本书前面的考证上可见一斑。商鞅改法为律,是"取其均布也"。律本来指的是音律,有整齐平均的含义,中国古代音乐使用的是五度循环律,现代音乐使用的是十二平均律。商鞅以律代法,是用一种新的、具有平等性特点的新法代替旧的、等级制的旧法,也可以说是以律代礼。事实上,当时各诸侯国都在变法,以血缘关系为基础的礼治等级秩序被以行政关系为基础的法律平等秩序代替是一个历史趋势,但是东方诸国的礼治秩序根深蒂固,以新代旧殊非易事。秦国地处西鄙,野蛮落后,本来就没有什么礼治秩序,用新的国家制定法来厘清和规定人民的权利义务相对容易。

在本质上,周礼是一种基于血缘亲情的自然秩序。在形式上,礼序有两大特点:一是等级制,人们按在血缘关系中的不同地位享受不同的权利义务;二是仪式化,即权利义务不是直接地表现为"你的"、"我的",而是被深埋在繁文缛节之中,礼仪上做到了,秩序就自然实现了。但仪本身并不等于礼,中国古代经学中的"三礼"是《周官》、《礼记》和《仪礼》,其中《礼记》和《仪礼》有所分工,《仪礼》侧重讲"仪",而《礼记》则侧重讲深藏在仪式后面的礼序本质。战国时期出现的变法,很大程度上是对仪式的抛弃,而直接用规范性文字分配人们的权利义务。这同时也是对《礼记》所代表的"法哲学"的抛弃,因为《礼记》是通过引导人们对礼仪的理解而加深人们对礼治的认同,而战国立法则是直接用权力性的规定强迫人们服从法治秩序。秦国在这方面做得最为典型。秦法对礼治秩序破坏得比较彻底,秦制代周制可以说是法律史学所说的人定法代替自然法、国家法代替原始习惯的一个例证。不过,周制是个比较特殊的例子,它祛除了大多原始迷信,而保留了重要的自然亲情,虽然"原始",但却又有统一的国家法的性质,既有国家法性质,其内容却不是阶级意志的强迫。按现在的法学理论,我们很难给周制一个对号的位置,只能说,周制是一种自然和谐的秩序。

秦制代周制,是一次礼、法关系的大断裂,秦法家的理论是直接为国家服务的,在胡亥时期,这种理论甚至发展到只为皇帝一人服务。在更长的历史阶段,按中国的传统叫法,这种法治被称为"为一家一姓"服务。周制是真实的"天下一家",为一家一姓服务与为天下人服务并无明显界限;秦制不承认天下一家,其为一家一姓服务的性质就显得极端自私。秦法尽管内容也很复杂,也能找到自然秩序的影子,但在本质上,它是一种典型的人定法、国家法。按经典马克思主义法学的理论,它是赤裸裸的统治阶级乃至最高统治者一人的意志的反映,"由国家制定,并由国家强制力保障实施的行为规范"。从整个历史长河来看,秦制可以说是中华法治文明的一个歧出,它的最大特征是按照最高统治者的需要来规定人们的权利义务,自然秩序的影子很淡,国家意志的成分很浓。

从周制到秦制,再从汉制到唐制,我国古代法经历了一个礼中生法,法背于礼,再摄法归礼的"正—反—合"过程。汉朝反省秦朝灭亡的教训,一方面暂时继承了秦制,一方面接受了周的意识形态,然后按周的意识形态来改造秦制,这个改造过程持续了上千年,终于到了唐代,《唐律疏议》可以实事求是地宣称自己"一准乎礼",礼法重新合一。从汉代到唐代的法回归于礼的过程在学术上是通过经学完成的。秦朝采取文化专制主义政策,百姓只能按照有利于统治阶级的一个模式思考,"挟书"被看成犯罪,有"自由"倾向的思想一概被镇压乃至灭绝,乃至进行大规模的焚书坑儒。秦的灭绝政策造成了文化断裂,汉朝开始进行"文化抢救"之时,古书被发现了一些,但是竟然找不到可以读懂的人。汉代的经学就是以残留的古书为底本,重新进行思想文化的构建。从法律史的角度,就是把用经学思想构建起来的原则用回法律。开始是"春秋决狱",即用《春秋》中的思想原则来处理诉讼案件,后来有"亲属容隐"、"准五服治罪"、"八议"、"官当"等一系列原则入律,到唐代时候,"引礼入法"过程基本完成,礼法合一。这个过程被老一辈法律史学家称为"法律儒家化"过程。我们换一个角度,从更长的历史时期来看,礼法不是各自独立的,礼法的分合是文明的嬗变,是中华文明在自己的轨迹上进行时的曲折和摇摆。

3. 礼、法的结构性互补

礼法合一,并不代表礼与法在形式上就区分不开,事实上,礼法还是有分野的,它们的合一并不仅仅表现在"不分",而且表现在"有分"。礼的规范直接有法的效力,法的条文体现礼的内容,这是它们在文本上不分的一面,更多的情况下,他们所规定的内容不同,表现为一种功能和结构的互补。早期的礼的互补对象不是后世有普遍意义的法,而是单纯作为惩罚手段的"刑"。即使在今天,我们知道,法律部门的划分不是以单一标准进行一次性划分的,民法、行政法、环境法等是以其调节的社会关系范围进行划分的,其中也包含一些调节手段,如民事、行政的处罚措施等,但是刑法纯粹是以其调整的手段划分的,凡是违反刑法的行为,必定是首先违反其他部门法律的,其性质严重到一定地步,其他部门法律手段不足以惩罚和制止,则以刑法惩罚、制止之。《管子》曰"人心之悍,故为之法,法出于礼",也就是说,礼的平和手段不足以规范人的行为,于是就发展到法,这里的法指的就是具有刑法性质的刑法。古人说"礼之所去,刑之所取,出礼则入刑"①,说的就是礼法的功能互补。凡是礼所不容的,就是刑法禁止的;凡是符合礼的,必然是刑所不禁的。行为一旦越出于礼的规范,就必须由刑来处罚。从内容的逻辑结构上看,礼是一个规则体系,调整各个方面的社会关系,它规定的是"如何作";而法或刑是一个罚则体系,它规定的是违反了"如何作"之后的后果,即如何惩罚。礼法分工犹如今天的其他部门法与刑法之间的分工,不仅是文化传统,也是自觉行为,"古之圣人,为人父母,莫不制礼以崇敬,立刑以明威,防闲于未然,惧争心之将作也"。② 古代的刑律,从唐律到大清律都比较符合现代法律特征,而礼制与现代法律差距较大。有法律史研究者认为中国古代只有刑法,这是不合逻辑的,没有所保护的社会关系,只有惩罚措施,为何而罚? 这种错误认识的源头就在于不能认识礼的规范性质,在一个原始和谐被完全破坏的社会,任何人际关系都要用强制性的法重新厘定下来;而在一个原始和谐保持的较好的社会,大部分行为规范是不言而喻的或者就存在于礼俗之中,不必明法申定。即使在今天,我们的刑

---

① 《汉书·陈宠传》。
② 《旧唐书·刑法志》。

法也没有首先规定"人的生命受法律保护,不得任意剥夺",而是直接规定了杀人如何惩罚。随着社会关系的发展,古礼也不是什么都能涵盖的,新的社会关系也往往用政令等方式规定下来,如清朝的《户部则例》里面就规定了大量民事关系规范,睡虎地秦墓竹简里面用法规定社会关系乃至创制社会关系的痕迹更为明显。

本书说了很多礼法关系,并不是说古代礼法就是不分,礼、法在调整社会关系的范围上、保护方法都有区分,但是它们在精神实质上是一致的,在体系结构和实施手段上是互补的,如果拆开来,法就不成其为法。所以说,从主流来看,中国古代法可以说是礼法合一的法律体系。以非严格形式的社会规范与严格形式的法互补,甚至非严格形式的规范更为基础,这一传统影响深远,非严格形式的社会规范不一定非表现为礼,在不同历史时期也可以有其他表现形式。

(二) 德主刑辅的治理手段

1. 德、刑的主辅关系

德主刑辅与礼法合一往往被人们当成一回事,德主刑辅也曾经被称为礼主刑辅。德、礼是互为表里的关系。在家国一体的社会状态下,其"德"是体现宗法精神的儒家伦理道德,是从礼中抽象出来的精神原则,其礼不是一般的文明礼仪,而是规范化、法律化的宗法伦理。以往法史学家们说中国古代法"儒家化",或者中国古代法是"伦理法",都是讲儒家伦理的影响的意思。本书把德、礼放在一个章节又分开来叙述的原因是,它们的确关系密切,然而着力角度不同,礼法合一侧重于法律体系本身的文本和结构功能方面,而德主刑辅侧重于政策手段方面。

西周初期,周公回顾商代夏的历史过程,说:"乃惟成汤克以尔多方简,代夏作民主。慎厥丽,乃劝;厥民刑,用劝;以至于帝乙,罔不明德慎罚,亦克用劝;要囚殄戮多罪,亦克用劝;开释无辜,亦克用劝。"①总结出了"明德慎罚"的历史经验,成王在总结周的成功原因时说:"惟乃丕显考文王,克明德慎罚;

---

① 《周书·多方》。

不敢侮鳏寡,庸庸,祗祗,威威,显民,用肇造我区夏,越我一、二邦以修我西
土。"①在分封子侄到各地封建时又嘱咐:"呜呼!封,敬明乃罚。人有小罪,非
眚,乃惟终自作不典;式尔,有厥罪小,乃不可不杀。乃有大罪,非终,乃惟眚
灾:适尔,既道极厥辜,时乃不可杀。"②周书中类似的总结和叮咛比比皆是,这
既是一种政策选择,也带有"以德配天"的信仰成分。

春秋时期,孔子对德礼政刑关系作了较全面分析,曰:"道之以政,齐之以
刑,民免而无耻;道之以德,齐之以礼,有耻且格。"③又讲"不教而杀谓之虐",
主张先教后诛。孔子显然没有把制止犯罪作为刑罚的唯一目标,而是把建设
一个以守法为荣、以违法为耻的文明社会作为更重要的目标。社会治理不仅
有威吓手段,更有教化手段,其中教化是更好的、更重要的手段。荀子说"不
教而诛,则刑繁而邪不胜;教而不诛,则奸民不惩"④,论述了"教"、"诛"两个
方面不可或缺的关系。《道德经》说:"兵者,凶器也,圣人不得已而用之。"中
国古代兵刑同源,《道德经》这一主张也适合于刑。可见德主刑辅并不是儒家
独见,而是共同的历史经验总结。汉代董仲舒在与汉武帝的对策中提出"任
德教而不任刑","节民以礼,故其刑罚甚轻而禁不犯者,教化行而习俗美
也"⑤,并用天人感应说为德主刑辅找到了天道的依据。董仲舒的思想后来成
为汉朝占统治地位的思想并延续为整个帝制时代的主流意识形态,不但是一
种思想,也转化成政策。《唐律疏议·名例》曰:"德礼为政教之本,刑罚为政
教之用,犹昏晓阳秋相须而成也。"明朝开国之初,朱元璋提出了"明刑弼教"
的基本刑事政策;清朝圣主皇帝的圣谕十六条、世宗皇帝的《圣谕光训》仍然
体现着"以德化民、以刑弼教"的精神。历代朝野君臣德主刑辅的论述数不胜
数,不单是思想家的总结,也是皇帝的谕旨,更贯穿于法典之中,是始终占统治
地位的意识形态和基本国策。教化和惩罚,是统治艺术不可缺少的两手,在重
教化的同时,统治者并不是忽视了刑罚,汉董仲舒说:"刑者,德之辅,阴者,阳

---

① 《周书·康诰》。
② 《周书·康诰》。
③ 《论语·为政》。
④ 《荀子·富国》。
⑤ 《汉书·董仲舒传》。

之助也。"①东晋刑名家李充曰:"先王以道德之不行,故以仁义化之;行仁义之不笃,故以礼律检之。"②宋司马光说:"杀人不死,伤人不刑,尧、舜不能以致治。"③但总的来说,"刑为盛世所不能废,亦为盛世所不尚"④,"王道陵迟,礼制隳废,始专任法以罔其民"⑤。教化与惩戒两手齐施、主辅配合,这是古代社会保持和谐秩序的重要经验。

德主刑辅不但是正面经验的总结,也有反面教训的警醒。战国时期各国崇尚法家,商鞅主张"去奸之本,莫深于严刑"⑥,"以刑去刑,刑去事成"。⑦《韩非子·心度》有"治民无常,唯治为法",否定礼主刑辅,厉行严刑峻法,倡导所谓"法治"。慎到、申不害等则主张以术、势为治理手段,也否认道德的力量。商鞅在秦,搞得"法密如凝脂",后来商鞅被人诬告谋反,亡命至关下,欲住客舍,被店主以"商君之法,舍人无验者坐之"而拒之门外,商鞅长叹:"嗟乎,为法之敝一至于此哉!"⑧韩非、李斯死于严刑峻法,最后整个秦国竟然也因"仁义不施"而亡于苛法。历史的教训不可谓不惨烈。战国时,儒家、法家针锋相对,秦汉之后,双方都在互相调整、互相吸收、互相融合。最后,法家的技术成分被吸纳进儒家,德主刑辅成为后世统治者的治国之本。

随着社会结构的变迁,宗法的松弛,德主刑辅或礼主刑辅的程度前后也略有变化。总的来说,古代社会前期更重德礼,后期更重政刑手段划分利益和维持秩序。清人薛允升说:"古人先礼教而后刑罚,后世则重刑法而轻礼教。""大抵事关典礼及风俗教化等事,唐律均较明律为重。盗贼及有关帑项钱粮等,明律则又较唐律为重。"⑨正是这一变化的写照。

2. 德治的延伸表现

德治作为主要的治理手段,有强烈的人治色彩,有道德教化(感化)、示

---

① 《春秋繁露·天辨在人》。
② 《晋书·李充传》。
③ 《宋史·刑法志三》。
④ 《四库全书总目提要·政书类》。
⑤ 《宋史·刑法志一》。
⑥ 《商君书·开塞》。
⑦ 《商君书·靳令》。
⑧ 《史记·商君列传》。
⑨ 薛允升:《唐明律合编》卷九,"祭享"条按语。

德、为政者率先垂范方面内容。

孔子在《论语·为政》中讲"道之以政,齐之以刑,民免而无耻;道之以德,齐之以礼,有耻且格",说的就是礼主刑辅原则。荀子在《富国篇》中主张"由士大夫以上必以礼乐节之,众庶百姓必以法数制之",说明当时的礼、刑适用时阶级性分明。这并不是讲,礼对普通庶人没有约束力,也不是讲士大夫犯罪可以不受刑的处罚,而是礼分贵族之礼与庶人之礼,刑分贵族之刑与庶人之刑,但都要实行礼主刑辅这一原则。《白虎通·德论》中讲"礼为有知制,刑为无知设",这样区别对待是等级歧视,也是礼、刑的政策性分工;《中庸》说"天命之谓性,率性之谓道,修道之谓教",这里的教也包括教化之意,而且把教化提到很高的地位;董仲舒说"圣人多其爱而少其严,厚其德而简其刑"。① 历朝历代皆强调教化为先,一以贯之。其中前期以道德教化为主,后期则法律教育增多。明朝太祖朱元璋与臣下一起讲读律令,在乡村组织读《大诰》,这样的法律教育也应视为教化的一部分。历史上也留下了很多教化治国的经典故事,西汉人韩延寿崇尚礼义,喜欢教化。他在颍川为太守时,颍川俗多朋党,互相告讦,民多怨仇。韩延寿想方设法教以礼让,请乡里长老吃饭问俗,一起议定婚嫁丧祭祀礼仪,让官校学员到民间传礼,几年之后风气大变。韩延寿就这样实施教化,所徙之处普遍民风变厚,断狱大减。作冯翊太守时,"民有昆弟相与讼田自言,延寿大伤之,曰:'幸得备位,为郡表率,不能宣明教化,至令民有骨肉争讼,既伤风化,重使贤长吏、啬夫、三老、孝弟受其耻,咎在冯翊,当先退。'是日,移病不听事,因入卧传舍,闭阁思过。一县莫知所为,令丞、啬夫、三老亦皆自系待罪。于是讼者宗族传相责让,此两昆弟深自悔,皆自髡肉袒谢,愿以田相移,终死不敢复争"。② "闭门思过"这个成语就来自这里。后来历代民事诉讼提起后,县官往往先将案子发回乡里,让宗族乡邻先主持调解,其调解自然是以当时的价值观和风俗情理进行的,也是个教化的过程。以调解方式结案调动了民间社会整合力量,保护了乡邻亲族间的社会生态。

德治的另一个重要方面是树立道德楷模,让人民学习,所以执政者自身的行为示范作用十分重要。孔子曰:"为政以德,譬如北辰,居其所而众星拱

---

① 《春秋繁露·基义》。
② 《汉书·赵尹韩张两王传》。

之。"①这一方面是说德政,一方面是说德的人格感召力。季康子问政于孔子。孔子对曰:"政者,正也。子帅以正,孰敢不正?"②人治社会不像法治社会那样法律严格、手段严密,它支付不起那样的管理成本,农业社会也无须让社会关系处处精确咬合,这种情况下德治成为重要治理手段。中国古代社会统治者与被统治者不是截然分开的,他们拥有着一样的价值观,受同样的伦理道德约束,因此官员的一举一动都影响着社会风气,所以在教化方面,执政者的率先垂范十分重要。如果统治者说一套、做一套,十年说教比不上一个反面案例。历代统治者都重视道德楷模的树立,汉朝和明朝最为典型,汉朝多树立孝子典型,授以官,"孝廉"即含此意,于是社会处处趋奉孝道,甚至产生很多伪孝;明朝多树立烈女典型,贞节牌坊远多于前朝,但明朝民风吏治之腐败远超前朝。这些事例说明,在德治问题上,榜样的力量是巨大的,但是榜样的角色应首先由统治者来承担,否则它就没有说服力。事实上,中国古代对士大夫的道德要求与对平民的要求是不一样的,比如王朝灭亡,国君应该死社稷,士大夫即使不殉国,也不能仕后朝,否则就是"贰臣",被打进历史的耻辱册,但是老百姓没有殉国和守节义务。

古代知识分子乃至平民还有一种自觉成为道德楷模的愿望,这与价值荣誉皆由政府出不一样。中国古代社会的主流价值是在社会进化中自然形成的,其中虽然有政府的主导,但更深刻的是,不是政府制造了价值,而是政府符合了传统价值才获得合法性。民间的乡规民约、家规行规以及宋明以后的民间书院等,其主张往往与朝廷教化完全一致。这既不能完全看成是统治者的欺骗或阴谋所致,也不能看成是自觉为统治阶级服务,而是应该从社会的和谐程度、政治秩序与文化秩序高度合一的角度去理解。

四、儒家伦理主导下的文化共同体

(一) 中华民族是一个文化共同体

文化共同体是指具有共同思维方式、分享共同价值观、拥有共同文化记忆

---

① 《论语·为政》。
② 《论语·颜渊》。

和文化精神生活的相对稳定的社会群体。中华民族在传统上是一个文化共同体。本书在这里提出文化共同体有与血缘共同体、政治共同体相比较的意思。血缘共同体的范围层次较广,以血缘为纽带聚合起来的任何人类组织都叫血缘共同体,其小者是家庭、宗族,其大者即有共同祖先、血统单一的民族。政治共同体指具有共同体政治利益、公认的政治机构和特定的居住区域的人们所构成的社会集合体。从今天的世界情况来说,各个国家无疑首先各自是一个完整的政治共同体。政治共同体不一定是血缘共同体或文化共同体,如靠武力征服和束缚下在不同民族、种族之间结成的政治共同体,就不是血缘共同体,不一定是文化共同体。单纯的政治共同体是不稳定的,建立在血缘、文化共同体基础上的政治共同体更为可靠。政治共同体稳定的时间长了,可以过渡为文化共同体。现代国家多建立在单一民族或者一个大民族主导、一些少数民族参与的基础上,所以叫民族国家。单一民族国家血缘、文化、政治合一,是稳定的,多民族国家比较而言没有共同的血缘纽带,所以建设共同文化尤其显得重要。

民族是有自我意识的语言文化共同体,不一定是血缘共同体。小的民族往往首先是血缘共同体,但历史悠久、经历丰富、分布地域广阔的大民族不可能血统十分单纯。事实上,世界上大的民族多是在漫长的历史时期内由多个单一血缘民族融合而成,中华民族也不例外。在汉族未形成之时,孔子区分夷、夏是以文明标准来区分,而不是以血缘标准区分。陈寅恪先生在《隋唐制度渊源略论稿》中总结胡汉关系时说:"全部北朝史中凡关于胡汉之问题,实一胡化汉化之问题,而非胡种汉种之问题。当时之所谓胡人汉人,大抵以胡化汉化而不以胡种汉种为分别,即文化之关系较重,种族之关系较轻,所谓有教无类者也。"[1]后在其《唐代政治史述论稿》中又对其"种族(民族)与文化"观进一步阐述说:"汉人与胡人之分别,在北朝时代文化较血统尤为重要。凡汉化之人即目为汉人,凡胡化之人即目为胡人,其血统如何,在所不论。""此为北朝汉人、胡人之分别,不论其血统,只视其所受教化为汉抑为胡而定之确证,诚可谓'有教无类'矣。"[2]金与南宋对峙之时,视自己为中原文化正宗,蒙古

① 陈寅恪:《隋唐制度渊源略论稿》,上海古籍出版社1980年版,第50页。
② 陈寅恪:《唐代政治史述论稿》,上海古籍出版社1997年版,第16—17页。

也称金国人为汉人,称南宋人为南人。西夏国名为"夏",就是把自己的祖先追溯到了夏。历代王朝,不论统治民族是否汉族、汉族血统有多少,一概以汉言为正式语言文字,以华夏礼法统治天下,敬天、祭祖、尊孔、读经、开科举,等等。共同的生活方式造就了共同的文化习俗,并不断地吸引着周边民族加入这个大家庭。直到"五四运动"之后,共同的文化尊奉才被打破,文明发生断裂。现在的中国首先是个政治共同体,但围绕中国特色社会主义核心价值进行的新的文化共同体塑造也在进行之中。文化共同体的形成非一朝一夕之功,需要文化积淀和核心文化的吸引力,也需要时间的磨合,现代交通和传媒的发达使世界同质化进程变得极其迅速。

(二)中华文化共同体的形成过程

汉族本身就是一个文化共同体,不是血缘共同体,北方汉人血统来源更是复杂。因为难以找到纯正汉人,研究早期汉族遗传基因甚至不能用汉族人作样本,而是得以羌族(姜族)等血统保持的比较纯正的早期汉族来源民族为样本。夏朝时天下万国,武王伐纣时还有八百国,当时还没有以血缘为基础的大规模分封,这些邦国其俗各异。春秋时期中原大地上也是夷夏杂居,因为夏朝名称的缘故,代表了先进文明程度的夏、商、周后人及其分封诸国被称为"夏",而同样生活在河北、山西、陕西、江苏、浙江、湖北一带的游牧、渔猎民族被称为夷、狄、蛮、狨等。诸夏纺织发达,衣着华美,讲究礼仪,又被称为"华夏"。落后民族断发文身,民风质朴。质朴者被礼仪之邦视为野蛮,礼仪之邦政治技术发达被质朴者视为狡猾,故又有"蛮夷猾夏"之称。当蛮夷文明进步了之后,主流文明就认可他们进入了"诸夏"之列,如楚国。先秦土地广而人民少,故中原地区亦有游牧生活方式,东部、南部地区有渔猎生活方式。战国、秦以后,人民渐众,能养活更多人的农业生产方式排挤和淘汰掉了其他生产方式,中原遂不复有大规模游牧部落,各部落一统于华夏文明,趋向于一个文化共同体。秦朝国祚短暂,中原农耕居民形成一个统一的民族是在汉朝,汉族的名称就来自于汉朝。当时以农耕文化与游牧文化为标志,东亚大陆分成匈奴和汉朝两个部分,汉朝人被匈奴称为"汉人"。汉人首先是个地域政治称呼,后传至后世,成了民族称呼。匈奴本身也不是一个统一的民族,而是由许多游牧部落联合而成。胡汉之区别是以地理气候条件决定的生产方式为基础的。

汉朝强盛之时有击败匈奴的实力,但是在决策上屡屡被"得其地不足以为广,有其众不足以为强,自上古不属为人"①所困惑。在当时的历史条件下,文化共同体只能在共同的生产方式基础上形成,汉朝能够打败匈奴,却不能将农耕生产方式推广到寒冷干旱的北方荒漠,所以无法对那些地区形成长期有效的统治,一个强大的游牧民族被打败、驱走之后,草原上的权力真空很快就被新崛起的部落填充。

胡汉对立的一个结果是,汉族自形成以来就不断地与北方少数民族进行血缘上的交流。西汉中后期、东汉前期,中原王朝连续对北方的匈奴用兵,匈奴在沉重打击下分成南北两部,北匈奴远走欧洲,而南匈奴放弃了原有的游牧生活方式,进入山西一带居住并迅速汉化,②其中多数人被赐姓刘。西晋末年民间首先起事的刘渊、刘耀就是汉化的匈奴人,其打着的旗号也是光复汉室。北朝数百年间,匈奴、鲜卑、羯、氐、羌先后进入中原,史称五胡乱华,其结果是,凡是进入中原的,无一不改游牧为农耕,只要改事农耕,无一不接受农业文化。数百年后各民族皆失其本来面目而成为汉人。隋、唐皇室皆有鲜卑血统而不害其为中国正宗。同时,魏晋南北朝期间,北方汉人大量南迁,也使南方原居民迅速汉化。魏晋南北朝是中国历史上第一个民族大融合时期,这个融合不能简单看成是汉族融合了其他民族,而是在血缘上汉族重组,在文化上其他民族接受汉化。

南北宋期间,宋朝先后与辽、金、西夏对峙,而后又被蒙元替代,这些游牧民族进入中原后也迅速汉化,皆事农耕、尊孔子、开科举。辽、金皆不是单纯的游牧民族国家,而是以游牧民族为主导的、游牧与农耕混杂的国家,他们后期汉化程度都很高。蒙元南下时,以金国为汉人,而以南宋为南人。在游牧与农耕对峙的情况下,农业民族强大时能打败游牧民族,但不能把游牧地区农耕化,游牧民族强大时能入主中原随后主动汉化,但随后他们就与新兴起的游牧民族重新构成农耕与游牧的矛盾。辽、金皆是例子。辽、宋、夏、金、元时期是我国第二个民族大融合时期。清朝中国有效治理的版图空前广大,更多的民族纳入主流文化之中,这个趋向现在仍在继续。自古以来,游牧民族入主不能百年,主要原因之一是百年之间汉化已经完成。而满族统治者在中国取得了

---

① 《史记·韩长儒列传》。

② 北匈奴西迁,南匈奴进入山西一代转事农耕,都放弃了原有的游牧生活,除政治军事原因外,疑当时北方气候生态出现巨大变故。

空前的成功,既完全汉化又维持了政权,这除了其政策对路之外,与生产力的进步也大有关系。在生产方式上,中国已经由上古的单纯农耕文明过渡到兼容其他生产方式,尤其是在不同生产者之间建立了产品交换关系,这使生产方式冲突减小;在另一方面,武器的进步使游牧民族的军事威胁相对减弱,康熙皇帝讨伐葛尔丹的胜利很大程度上就是依赖大炮粉碎了骑兵在开阔地带的优势。清朝的成功使中华民族从较单纯的以农耕文化为核心的汉族文化向内容更广阔的中华民族又迈进了一步。辛亥革命后,孙中山提出五族共和的中华民族概念,与清朝的实际民族状况有继承关系。

"礼闻来学,不闻往教"、"远人不服,则修文德以来之"①,这是国人对待其他民族的精神(这说明礼乐文明是文化力量,不是武力,是融合文明,不是输出文明,是靠吸引力改造别人的,而不是通过武力征服强迫别人改变的,事实上,汉代以来,汉族征服别人的少,而被别人征服的多,但每次征服唯一例外的是征服者"来学",融入被征服者的礼乐文明之中,并一起融合下一波来学者)。中华民族的形成和发展过程就是一个儒家文化共同体形成进而发展的过程。其他民族由接受儒家伦理而"入于夏",由原文化特征的消失而成为汉族的一部分,比如,当时北方的胡人,现在已经基本见不到了。北朝诸胡主动汉化以北魏孝文帝改革最为典型,其他北方少数民族大同小异,最后与原居民融合在一起,共同成为汉族的一部分。

我们可以总结说,中华民族是一个以汉族为主体的、以产生于中原农耕地区的礼乐文化认同为基础的文化共同体。中华民族不是主要以血缘为纽带的种族共同体或以一神信仰为基础的宗教共同体,不因血缘和宗教信仰而自闭和排外。事实上,更广阔地说,这个共同体可以叫做东亚农耕文化共同体,农耕边缘地区的渔猎、游牧民族深受其影响,因为血缘和文化的交流而逐渐失去了原有民族特征,使这个共同体不断融入新的血液而不断扩大。就宗教而言,传入中国的佛教、基督教、伊斯兰教也都被容纳、融化,其中佛教还成了中华文明的一个重要成分。随着世界化的来临,传统文明有了强大的竞争对手。近代以来中国在军事、政治和文化上一再失败,简单军事上的失败并不是最重要的,这对中原民族来说并非头一次,重要的是文化上的失败,致使"五四"以来

---

① 《论语·季氏》。

的几代知识分子失去了文化自信心，自认夷狄，文化中的核心力量四分五裂、自暴自弃，对周边国家和民族的吸引力更罔从谈及。中华民族是继续发展下去，还是在别的更大的引力源的作用下分崩离析，边缘民族是主动汉化，还是被其他文明吸引走，这都成了问题。文明的强盛不应仅仅是军事的、经济的，而更应该是文化的。如果文化的主体性不能延续和挺立，那么其他方面的成功不过是昙花一现，或者只为其他文明做嫁衣。

（三）儒家伦理是文化秩序的核心

儒家伦理远承尧舜，形成于周。一般来说，人们认为孔子是儒家学派的创始人，但儒家作为一个学派诞生与儒家伦理的形成并不是同步的，儒家自己追述先圣时也总是以尧舜禹汤文武周公为序，"祖述尧舜，宪章文武"。① 儒家伦理在周制中体现得最为充分，所以孔子说："郁郁乎文哉！吾从周"。② 不过那时候伦理体现在礼之中，其名称与"儒"无关。"儒"并不是孔子的发明，孔子曾谓子夏曰"女为君子儒，无为小人儒"③，可见孔子之前已经有"儒"。周制礼仪繁复，因历史变迁，春秋时期贵族的礼仪修养下降，出现了专业以"相礼"为职业的"儒"，孔子的学派被叫作"儒家"，可能是与孔子曾从事相礼职业有关。早期的伦理体现在仪式之中，春秋之时"礼崩乐坏"，礼仪分离，贵族们尽管还像模像样地在专业人士的协助下行礼如仪，但已经忘记了礼仪背后的伦理和政治精神，如叔齐批评鲁侯不知礼说："是仪也，不可谓礼。礼所以守其国，行其政令，无失其民者也。今政令在家，不能取也。有子家羁，弗能用也。奸大国之盟，凌虐小国。利人之难，不知其私。公室四分，民食于他。思莫在公，不图其终。为国君，难将及身，不恤其所。礼之本末，将于此乎在，而屑屑焉习仪以亟。言善于礼，不亦远乎？"④这段话中也可见礼本身是政治与伦理的合一。孔子与他的学派的功劳就是用以"仁"为核心的观念体系抢救了依赖于"仪"的礼，使"礼"成为"学"，可以脱离物质化的形式，以思想观念的方式存在。周礼的精神，就是孔子所主张的儒家伦理，或者说，儒家伦理是周礼

---

① 《礼记·中庸》。
② 《论语·八佾》。
③ 《论语·雍也》。
④ 《左传·昭公五年》。

的观念式抽象。今天我们看到的《三传》《三礼》《论语》等经典中的内容大量是对礼仪形式的记载,还有很多是对这些形式的精神实质分析。

孔子之后,历史进入了百家争鸣时期,诸侯国之间的军事竞争比诸子思想竞争更为激烈,诸侯重视实利,以技术见长的法家取得优势。秦成也法家,败也法家,汉反省秦的得失,重新思考政治的价值基础的问题。儒家经过几百年沉寂,经董仲舒等大儒的改造和弘扬,为统治者接受,成为主流意识形态。儒家在汉朝的成功,不能简单看成是与诸子学派在竞争中的最终胜利,诸子百家起于儒家,终于儒家,汉代的儒学吸收了诸子百家的思想,在核心价值观上忠于孔子,所以它是儒学,在其他方面广泛吸收了诸子的思想,将各派思想熔于一炉,所以它是新儒学。汉儒的成功也不能简单地看成符合了统治者或"时代"的要求,在各国互相进行残酷杀伐的竞争之时,基层人民群众之间一直没有放弃仁爱的温情,人们只要还以家庭为单位、以农耕为生产方式生活,孝悌仁爱就是不可离弃的。从这一点上来说,中国人天然是儒家,汉朝统治者采纳儒家思想也是对民间社会的一个妥协。

汉朝形成的伦理—政治哲学成为此后两千多年的正统伦理政治思想,直到清朝灭亡。这套伦理—政治哲学的实质性特点是以孔子的仁爱思想为基础性价值,在仁爱之上发展出孝悌忠信礼义廉耻等一系列价值观念,然后把政治合法性建立在这套价值体系上,这就是道德法律化、政治伦理化。汉朝宣布自己"以孝治国",就是一个极有意义的标志。在这种意识形态的作用下,社会呈现出一种类似周代真实家国同构下的宗法伦理与政治观念的同一。在形式上,汉代伦理—政治哲学的特点是以天人感应论为形而上的根据。汉儒构造了一个有意志的、主宰性的天,天与人是一种伦理关系,也是价值的来源与受体关系,这个过程叫"天命"或者"受天命"。伦理政治原则皆得之于天。天的意志通过灾异祥瑞等现象隐晦地表现出来,其意义由儒生来解释。天人互动不是单向的,人的行为也会引起天相反应。天人感应论和对天人如何感应的解释权使儒生有了各个重大方面的话语权,加强了儒家文化的地位。魏晋隋唐之际,汉儒以经学方式构建起来的伦理—政治哲学受到了一拨又一拨的挑战,既有现实的打击,也有挑战。魏晋玄学以道家思维对汉儒经学提出了挑战。隋唐佛学以佛教哲学对经学提出了挑战。随着科学的进步和人们思维的精密深刻,汉儒失于粗糙迷信的天人感应论已经不能收拾人心,无法与玄学、佛学抗衡,这时候理学在北宋应运而生,它在原样保持了汉儒的伦理—政治哲学实质性内容的原则上,吸收了道、释两家的合适部分,以抽象空阔的"天理"代替汉儒有意志的"天",给予了传统意识形态一种新的论证形式。这是儒学的一种自我更新,通过自新,儒家伦理政治又延续了七八百年寿命。

建立在伦理—政治哲学上的秩序是一种文化秩序与政治秩序的高度合一。这一点不但表现在伦理与政治的合一上面,而且表现在哲学、审美、日常生活的方方面面。社会各阶层分享一样的价值观,政治经济地位的差别构不成价值观的对立,尤其是宋朝以后官员绝大部分皆由科举出身,一方面培养了儒家意识形态,另一方面打破和防止了阶层固化,整个社会上下流通,更容易取得价值认同。我们可以从很多方面来实证文化秩序与政治秩序的合一,如忠与孝的合一,天理、国法、人情的合一,文学作品对忠义仁孝的歌颂、对背家叛国的谴责,乡里风俗对国家政策的配合,等等。文化秩序与政治秩序的合一使政治秩序得到文化秩序的大力支持,使统治成本大大降低。秦汉时保甲、连坐等制度还是一种强制性的日常措施,明清时竟然"皇权不下县"了,这就是乡村自发秩序与国家要求高度合一的结果。如果文化秩序与政治秩序相矛盾,政治上所主张的,正是民间生活所反对乃至唾弃的,统治行为将变得相当艰难。中国历代政治秩序与文化秩序的合一也历经矛盾和磨合,比如亲属容隐与臣民对国家的义务问题、血亲复仇与严格执法的关系问题等,这些问题都在漫长的磨合过程中解决了。如果文化秩序与政治秩序的矛盾长期得不到解决,政权的合法性就会失去。

(四) 儒、释、道的三教合一及其分工

1. 三教合一的过程

中国古代文明的内容不是仅仅有儒家文明,春秋战国时可以说是百家争鸣,汉朝以后,大部分学派因为其思考范围的局部性在竞争中被儒家、道家吸收和淘汰,诸子学衰微。汉以后,道家思想一直在流传,东汉末年时又出现了道教,道教与道家不是一回事,但有一定关系,本书将二者共同作为道家文化来阐述。在诸子学中,道家关于宇宙论的阐述最为深刻,其考虑的是物质世界的依据和来源等根本性问题,并将宇宙的一般规律与人道沟通。在今天看来,宇宙论部分的思考,先秦儒和汉儒都不如道家深刻。魏晋玄学所关注的核心

问题仍然是儒家的,即人的生活问题,而其思维方式更具有道家特征。在汉代中后期,儒家注重社会、道家注重自然的分工已经形成,魏晋玄学为士大夫在"达则兼济天下,穷则独善其身"之间进退自如提供了更广阔的空间。与此同时兴起的民间道教则为普通百姓的精神生活提供了回旋余地,这个回旋余地恰恰是儒家的伦理政治人生哲学所不能提供的。道教代表着游离于宗法社会之外的种种民间信仰,故它有一种混杂的感觉,并没有形成统一的严密的信仰体系。东汉时期佛教传入中国,沉寂和酝酿了很久之后,在南北朝时期爆发式扩张,成为中国人精神生活的一部分。佛教是一个高度精深和严密的宗教,其义理深奥玄妙,对士大夫很有吸引力,其对待一般信徒又有十分通俗的天堂地狱善恶报应之说,给了今生无望的人们以来生的期待。魏晋南北朝时期是国家分裂、礼法废弛、人民痛苦的时代,佛教适当其时兴起,并保持了上千年强劲的势头。道教与佛教的融合速度较快,佛教的多重世界设计理念很快被道教吸取,并以故事的形式使其变得更加生动有力,到后来,我们已经很难分清一些观念到底是佛教还是道教的。佛教的中观、空无学说也与道家相融合,唐代道家的"重玄双遣"理论与佛教的"非想非非想"就很难区别了。佛教与儒家的融合经历了较长的时间。刚开始,佛教的出世和个人思想与儒家的留恋人间和家族观念是格格不入的,后来佛教接受了儒家伦理,践履儒家伦理被视为善因,而且一人出家,全家受福报。佛教在中国诞生了很多宗派,不断地中国化,直到禅宗成熟。禅宗是彻底本土化的佛教,它的成熟代表着佛教中国化基本完成,也代表着佛教走回人间。北宋之际,儒家为了应对佛教、道教的理论挑战,走出了一条入其室、操其戈的道路,在吸收大量佛家、道家的精华义理的基础上更新了儒学,这就是后人所说的宋明理学。宋明理学博大精深,其代表性人物大都曾出入释、道二氏,其理论得二氏之精华而弃其繁难杂芜。宋明理学开始很像是三家的组装,道家的宇宙论、儒家的心性论、佛家的理事论,但其核心是礼法的辩护和重建。到了王阳明高徒王畿的良知学那里,三教合一达到成熟阶段,义理圆融,已经很难看出三家组装的痕迹。在民间的信仰状态上,三教合一亦为认同,三教信仰互相承认,三教神祇互相重叠,一庙中同时供奉三教圣人屡见不鲜,"绿叶白藕红莲花,三教原来是一家"这话现在在多数佛寺道观里还是口头禅。它们在义理上还有区别,但在社会功能上完全是互相配合,简直是天衣无缝。

2. 三教在义理和功能上的互补

三教合一的成熟状态,在义理上是儒家伦理、道家宇宙论、佛家因果报应的三合一。在宇宙论或者说世界起源问题上,原始儒家说得较少,"夫子之言性与天道,不可得而闻也"①;道家的论述比较丰富,"有物混成,先天地生。寂兮寥兮!独立而不改,周行而不殆。可以为天下母。吾不知其名,强字之曰道"②,"道之为物,惟恍惟惚,恍兮惚兮,其中有物,惚兮恍兮,其中有象"③,"道生一,一生二,二生三,三生万物"。④ 道家宇宙论的丰富弥补了儒家的缺失。在伦理道德上,道家的天没有道德属性,"天地不仁,以万物为刍狗"⑤,这样其人间伦理便缺少根基,片面追求前文明的自然状态,反对人世礼法也就在逻辑之中,"失道而后德,失德而后仁,失仁而后义,失义而后礼。夫礼者,忠信之薄,而乱之首"⑥。儒家的天是有道德属性的,"上天有好生之德",人得仁于天而仁,人必须"以德配天"才能得到天命的护佑。道家的天道与儒家的人道形成互补。《易经》为儒道两家共同原始经典,曰"形而上之谓道,形而下之为器"⑦,区分了形上形下世界;又曰"一阴一阳之谓道,继之者善,成之者性"⑧,肯定了事物以变易为常态。其辩证思想为道家更为强调,继善成性为儒家更为强调,而区分形上形下世界为会通佛学做了准备。区分道器事实上是区分了本质、规律与表象,是人们对事物"所以然"全面把握的努力。佛教华严宗把世界区分为"理世界"与"事世界",其曰"事理无碍"与儒家的"道器不二"有异曲同工之妙。宋代理学会通三家,推出"天理"二字,认为世界统一于理,"天道如何?曰:只是理,理便是天道也"⑨,"始言一理,中散为万事,末复合为一理"。⑩ 然而理不是独立一物,经验世界是由具体事物构成的,理在事中,抽象的物质被称为"气",理气关系很像亚里士多德所说的"形式"与"质

---

① 《论语·公冶长》。
② 《道德经》第二十五章。
③ 《道德经》第二十一章。
④ 《道德经》第四十二章。
⑤ 《道德经》第五章。
⑥ 《道德经》第三十八章。
⑦ 《周易·系辞》。
⑧ 《易经·系辞》。
⑨ 《河南程氏文集》卷九。
⑩ 朱熹:《四书章句集注·中庸序说》。

料"关系。这样,世界是有秩序的,这个秩序又不是外在的规定,而是在事物运行本身之中。道家的秩序主要是自然秩序,人要模拟自然秩序,佛家的秩序是因缘聚合、无自性,而理学的秩序是"宇宙之间一理而已,天得之而为天,地得之而为地,而凡生于天地之间者,又各得之以为性;其张之为三纲,其纪之为五常"①,继承了汉儒的天人合一,又消化了道、佛的思维方式,以本体论的方式论证了世间礼法的客观和应然。

在社会功能方面,三教的结构性配合和互补更为明显。作为官方哲学的儒家是不承认有鬼神的,其祭天祭祖的仪式存在一定宗教性,但与真正的宗教相去甚远。即使周人和汉儒的"天"也是非人格化的,无声无臭,以理性可以认识的自然规律昭示自己的存在。在通俗信仰层面,儒家管今生秩序、生活秩序,佛教管来生秩序、阴间秩序,道教是二者的补充,是森严秩序中的自由天地。儒家通过礼法的教化与惩罚实现现实生活秩序,但是从逻辑上来讲,儒家礼法既不能保证教人为善,也不能保证恶行一定受到惩罚。能够做到"既不放过一个坏人,也绝不冤枉一个好人"的是上帝,不是法官。儒家用法律进行的"现世报",至多做到基本公正,不可能保证善恶报应毫厘不爽。以"理性功利人"的立场考虑,"君子固穷,小人穷斯滥矣"②,只有道德高尚的人才能在不利的情况下坚持为善,而一般人,在为善对自己有利的情况下才为善,在为善对自己利益有损的情况下另作选择是完全正常的。但宗教在逻辑上能保证人们为善,因为它有全能的上帝或者其他的超越性力量来保证。逻辑的保证固然不是真实的保证,但逻辑一旦为人相信,就会产生现实的力量。

以儒家士大夫为主的统治阶层十分理性地认识到现实力量的有限,对佛道两家乃至伊斯兰教、景教的态度基本是允其自由,有时甚至十分支持,充分利用其信仰的约束作用。过去县衙大堂匾额上写"下民易虐,上苍难欺",又曰"举头三尺有神明"、"人在做,天在看",这就是宗教有神论的观念。儒家士大夫信佛教的很多,但是他们的信仰方式与普通民众明显不同,佛国对他们来说更是一种境界而不是实得。有趣的是,高僧的看法往往与士大夫趋同,而与一般僧侣不同。佛教与一神教的不同是,一神教下人的行为标准是主神定的,

---

① 《朱文公文集》卷七十《读大纪》。
② 《论语·卫灵公》。

而主神的意志或者不可猜测,或者只能看启示的原典,既然是主神的意志,就只能服从;佛教没有至上的主宰之神,而是"自作因果",也就是说,你如何对待他人(包括众生),就会得到同样的回报。因此,佛教徒的自由度远远比一神教大,因为"自作自受",所以也没有宗教法庭的审判和惩罚,人们服从的事实上不是主神,而是因果律。儒家思想里面是给"神"留有一定位置的:三代的上帝崇拜、孔子的"祭如在",一直到清朝的皇帝祭天。儒家的"天"是空阔抽象的,没有天堂地狱等宗教构造,这一方面说儒家不是宗教,另一方面说儒家是给宗教留了地方,也就给道、释兼容留了空间。佛教讲善恶有报,而善恶的标准却是儒家定的,符合儒家的伦理标准就是善,不符合的就是恶。佛教刚传到中国时善恶标准不同于儒家,它要斩断尘缘,结果受到社会排斥,后来佛教中国化,接受了儒家伦理,实现了优化组合。道家和道教也尊重儒家伦理,不过入世精神较少。道教原始自然信仰的成分比较重,没有至上的主宰神,这一方面作为宗教不够高级,另一方面对其他信仰的拒斥也不够坚决。道教原来只修今世,没有天堂地狱的构造,后从佛教的六道轮回那里得到了灵感,单取其地狱一道构建了自己的另一个世界。佛教的六道轮回本是因果律支配,没有人的意志因素的,道教的地狱又引入了儒家的审判仪式,由阎王担任法官对鬼魂进行全面的审判。于是我们就看到了这样一幅景象,一个人违法了儒家礼法,要受到世俗政权的审判,如果他侥幸逃脱了现世的审判,先别高兴,无处不在的神明把一切都记录了下来,做成视频资料,在他死后,他的灵魂要在道家的地狱接受儒家程序的审判,然后按照佛教的因果报应律去转世赎罪。三教功能结构上的搭配可谓精巧。三教合一在明清时不仅是民间思想,也成为统治者认可的意识形态,到清陵看康熙、乾隆皇帝的墓葬,可以发现他们死后的世界是佛教世界。

五、中国人的正义观念

(一) 以情定理

1. 以情定理的表现和原理

人们习惯于从现象上描述,说中国社会是个人情社会,情与理一直交错纠葛,"天理、国法、人情"、"人情大于天"、"向情向不了理"、"人情练达即文章",这些俗语谚语人们耳熟能详。人情不仅是古代社会特征,也是今日中国的特征,对于任何一个在中国长大的成年人来说,这是毋庸介绍的。但是,中国何以成为一个人情社会,情与理的深层关系及其对中国社会各方面的影响等就是值得研究的问题了。

在中国这样一个宗法制农业社会,重人情是自然而然的。聚族而居起码有两个后果:一、大多数人和人之间不是等距离的,而是有亲疏远近;二、发生联系的人之间大多有或远或近的亲属关系。一个人求人办事时七拐八拐就与被求人套上亲戚;两个人之间发生纠纷后,他们也很容易找到共同的亲属来调停。这样的生活方式,要求人们之间像陌生人一样冰冷无情或等距离交流才是不正常的。古代也有主张人与人之间等值地"兼爱"的墨家学派以及"拔一毛利天下而不为"的杨朱学派。孟子批判他们说:"杨氏为我,是无君也;墨氏兼爱,是无父也。无父无君,是禽兽也。"①人与人之间的感情是前观念体系的自然事实,不可能消灭,如何把感情纳入理性的轨道才是现实的问题。

情事实上包括了七情六欲,从根本上来说,它是前观念的事实,是人的感性存在,但是它也会发展成外在的、强迫性的"人情"。理,在今天的人来讲,容易把它理解成不以人的意志为转移的"真理",实际上古人的理是"道理"而非"真理";今天的法理在基础层面也应是"道理"而非"真理"。理既不是必然性意义上的客观规律,也不是外在于个人的主权者发布的律令。理是情的理性化,是人的理性。情与理之间,情是奠基者,情之放纵必引来人们之间的矛盾和自伤,"惟天生民有欲,无主乃乱"②,为了更好导情,人们以自己的智力为自己立法,这就是"理"。"礼以养欲"③,古人把礼法看成理性的凝聚或者理的体现,"法者,天下之大理也"④,"礼字,法字,实理字"⑤;法与情的关系是理与情的关系,而礼是情感化的理,或者说是情感的理性体现。可以说,礼本

---

① 《孟子·滕文公上》。
② 《商书·仲虺之诰》。
③ 《荀子·礼论》:"起于何,曰:人生而有欲,欲而不得,则不能无求,求而无度量分界,则不能不争。争则乱,乱则穷。先王恶其乱也,故制礼义以分之,以养人之欲,给人之求。使欲必不穷乎物,物必不屈于欲,两者相持而长,是礼之所起也。"
④ 《晦庵先生朱文公集·学校贡举私议》。
⑤ 《晦庵先生朱文公集·答吕子约》。

来就是情感的,但是它表现为一种规范,这就有了理性的性质。礼起的就是把情感欲望纳入理性渠道的作用,而不是作为对立面简单压抑防堵情感欲望。理以导情,情以成理,缘情而制礼,国法无外乎人情。这几句话从制度方面说情与理的关系。情、理的一致关系已经通过语言构造了中国人的思维。"情理"在汉语中既可理解为"情与理",也可以作为一个词来使用。当情理真的一致的时候,逻辑上并不存在人情对法理的干扰,甚至不存在法律对人情的强迫,因为法律就是人情的规范化。从中国立法史上,我们看到从汉到唐,人情与法律之间的关系越来越圆融。礼法合一、情理无碍,以情非法干涉理的情况就没有空间,也没有必要了。但是,理既不能独立于情,情也不能保持初始之态,在生活中呈现之情很少有"纯洁的爱情"那样的本源初始之情,而大都是经过种种工具理性加工衡量过的"人情";理也并非仅是公共理性,而是"公说公有理婆说婆有理",不同的立场就有不同的道理。所以,我们今天说的情理冲突事实上不完全是情理冲突,很多时候也是情情冲突、理理冲突,是新旧观念之间、正式规则与潜在规则之间、正义与利益之间的冲突。有时人的本源之情未必不认同于正式之理,但会被社会力量或"私欲"簇拥着背离自己的情感和法理的双重认同而作出违心之决断。从事法官职业者对此应有深于一般人的感受。

对情理关系的不同认识是中西方哲学的一大区别。中国古人的理偏于善,理是道理、情理,就在人心,在人心的自我反省和互动中,不是外在的、独立的,所以不能"向外求理",向外求理则越求越远。情感人心是基于个体感受的,以情定理必然富于特殊主义特征而缺乏普遍主义特征,故其"理"的绝对性、强制性必然不足。西方人的理偏于真,理是客观的、实在的、不以人的意志为转移的,所以求理必须有科学精神,排除人的意志和情感干扰方能求得真理。如果假定"理"是先验的、客观的、不以人的意志为转移的,那么"真理"必然是绝对的铁律,"定理"方式必然是认识论进路。假定真理是不容商量,只能服从的必然性,然后通过人的理性来认识到这个真理,反过来用这个真理来主宰世界,为之奋斗牺牲在所不惜,这就是为真理斗争。欧洲人历史上发生的以捍卫真理为名的战争不可胜计(如宗教战争),而中国古代史上却从来没有,这一区别与不同的真理观有关系。站在中国传统真理观的立场上,即使有真理,认识路径所得的并不是真理本身。首先,理是行一程,现一程的,"洪荒无揖让之道,唐虞无吊伐之道,汉唐无今日之道,今日无他年之道"①,作为"应然"的理乃至一些"社会规律",是人的实践创造的,而不是无论人们如何,世界就是那样! 其次,所谓真理,是被称为"真理掌握者"的人的认识而已,无论如何,主客不可能完全一致,所谓真理也不过是人的理性,于是坚持真理便成了理性的霸权,以真理为名义的战争不过是过头的意见之争,"为信仰"而战可能比"为真理而战"更能道出本质。现代人在西方主流思维方式的笼罩下,对情理关系的理解一般是情、理两分,扬理而抑情,在司法上简单地把情看成是法律的干扰因素,这是不够恰当的。这种局面近年来有所扭转,情在司法活动中的积极作用开始被挖掘,这是对传统的一种回归。

2. 以情定理的思想史源流

以情定理的思想源头最早见于《郭店楚简》里面的《性自命出》篇。②《性自命出》说:

> 凡人虽有性心,无定志。待物而后作,待习而后定。喜怒悲哀之气,性也。及其见于外,则物取之也。性自命出,命自天降。道始于情,情生于性。始者近情,终者近义。知情【者能】出之,知义者能入之。好恶,性也。所好所恶,物也。善【不善,性也】,所善所不善,势也。

这段话通过"性自命出,命自天降。道始于情,情生于性",这四个紧密连接的命题提出了"天—命—性—情—道"的逻辑结构。这里的道不是自然规律,而是指人道,人之应然,也就是我们日常所说的"道理"、"理性",把它还原成具体问题,可以看成是礼、法等人伦道德或道德理性。"道始于情",说明道理不是先验的知识,而是情的产物。《性自命出》被认为是子思的作品,虽然埋藏在地下几千年不为人知,但是子思的思想影响了孟子,并通过孟子影响了整个中国历史。从思孟学派到明朝心学,形成了一个心性儒学的传统,即以情定理或以心定理的传统。以马克思主义立场来看,这是一个主观唯心主义的传统。

孟子主张性善,曰仁义礼智皆自备于我,"恻隐之心,人皆有之;羞恶之

---

① 王夫之:《周易外传》,中华书局 1977 年版,第 203 页。

② 郭店楚简于 1993 年 10 月在湖北省荆门市郭店村郭店一号楚墓 M1 发掘,共 804 枚,为竹质墨迹。其中有字简 730 枚,共计 13000 多个汉字。楚简包含多种古籍,其中两种是道家学派的著作,其余多为儒家学派的著作。

心,人皆有之;恭敬之心,人皆有之;是非之心,人皆有之。恻隐之心,仁也;羞
恶之心,义也;恭敬之心,礼也;是非之心,智也。仁义礼智,非由外铄我也,我
固有之也,弗思耳矣"。① 仁义礼智都有明显的理性特征,是"理",但这个理
不是外部加予的,而就根植于恻隐、羞恶、恭敬、是非之心这"四端"。《礼记·
礼运》讲"喜、怒、哀、惧、爱、恶、欲七者弗学而能",《中庸》讲"喜怒哀乐之未
发,谓之中;发而皆中节,谓之和。中也者,天下之大本也;和也者,天下之达道
也","四端七情"往往合称,是"性","天命之谓性,率性之谓道"②,合起来看,
"道"还是在情的基础上建立起来的。四端七情是道德情感,它们是道德理性
的基础。

　　宋儒重视天道,但并非不重视情感,情与理的问题通过心性论表现出来。
程颐发明的"性即理"是程朱理学的核心命题,性即理意味着"理"是天人互构
的,而不是外在于人的客观性、必然性,天人之道在物为理,在人为性,人性之
"率"就是天理流行。天道的有序性、合理性在人间体现为礼法,人性与天理
一致保证了礼法的可行,保证了礼法是天道的正确体现。"性即理"在明朝被
王阳明发展为"心即理",进一步突出了人的感性存在对理的构建作用。

　　在法哲学的角度上,理的具体、规范化的体现是礼法,其抽象的、原则性的
表现就是正义,中国人的正义就是"讲理"。从中国的正义观来说,情对理的
构建比知对理的构建远更为重要,认识不到这一点,难免会陷入以西解中。

(二) 差序正义

1. 差序正义的特点

　　社会生活方式和思维方式使传统观中国人倾向"以情定理",情感本身个
体化、感性化、直接化特点使其上建立起来的正义观与"向外求理"相比更具
有特殊主义而不是普遍主义的特点。

　　正义观此处指的是一种文明在较长历史时期中的稳定法律文化中所体现
出的稳定的价值认同趋向。"正义"意味着这样做是合理的、道德的、正确的。
"特殊主义"与"普遍主义"的正义观相比,普遍主义意味着同样事情同样对

---

① 《孟子·告子上》。
② 《礼记·中庸》。

待,意味着平等、简单的正义原则;而特殊主义则是同样的事情在不同人身上不同对待,呈现为不平等、特殊的正义原则。

"差序正义"一词借鉴了费孝通先生"差序格局"的说法。费孝通先生在1947年的《乡土中国》一书中指出,中国乡土社会的基层结构是一种"差序格局"。在"差序格局"中社会关系是逐渐从一个一个人推出去的,是私人联系的增加,社会关系是一根根私人联系所构成的网络。这网络的每一个结都附着一种道德要素,道德也只是在私人联系中发挥作用。儒家最考究的人伦,就是从自己推出去的和自己发生社会关系的那一群人所发生的一轮轮波纹的差序。因之,传统的道德里不另找一个笼统性的道德观念来,所有的价值标准也不能超脱于差序的人伦而存在。我们社会中最重要的亲属关系、地缘关系都是这种具有伸缩性的"差序格局"。所以,在我们传统道德系统中没有一个像基督教里那种不分差序的兼爱的观念;而且我们也很不容易找到个人对于团体的道德要素。在"差序格局"的网络里,随时随地是有一个"己"作中心的。① 本书要补充的是,在儒家伦理保持得更为完好的古代社会,个人与社会的关系不仅是一个以自我为中心的差序格局,同时一个人必须在宗法等级结构中才能找到自我,因此,这个"我"不完全是个体式的,而是家族式的。以自我为中心有差等地向外推及感情,亲亲为大,先邻后国,并不只是一种乡土习惯,也是儒家从孔子开始就一直主张的伦理原则,并为法律所认可和规范。

差序正义作为一种法律正义,意味着每个人的权利义务既不是平等的,也不是等级制的,而是看相对于对方当事人的"格局",不同的亲疏远近关系当事人之间有不同的相对性权利义务。这不是现代人所歌颂的"法律面前人人平等",但也具有平等因素;不是现代人所批判的"封建等级制度",但也有浓重的等级因素。举一个例子就能直观地认清这一点,比如《唐律疏议》里面的亲属相犯。两个人之间发生了身体侵害行为,按照伤害的程度负法定标准的刑事责任,不论加害者是什么身份,法律面前人人平等。这是一种普遍主义的规定,现代法律是这么规定的,唐律也是这么规定的。不过在唐律中,这只是一个基础性规定,叫"常人相犯"。唐律更考虑到,相犯的人之间往往不是常人关系,而是亲疏尊卑关系。常人相犯的量刑标准是亲属相犯量刑的递增、递

---

① 以上是差序格局通说,可直接搜索于百度词条。

减基数。亲属相犯,如果是尊亲对卑幼的伤害,则亲属关系越近,尊亲责任越小,以至于无;如果是卑幼对尊亲相犯,则亲属关系越近,卑幼的责任越重,以至于列入十恶。通俗地说,这就叫老子打儿子天经地义,儿子打老子大逆不道。以当事人之间的亲疏尊卑关系为系数制礼作法,这叫"礼者,亲亲之杀也,上杀、下杀、旁杀",杀是减等、递减的意思。传统法律通篇都贯穿着"亲亲之杀"的原则,而且量化得非常细致繁难。为了能算清起见,《大明律》将"五服图"附在正文后,尽管如此,遇到人伦大案,刑部在审清案情后,往往还得转请礼部核算量刑。本书前面说过,秦汉以后的社会是拟制的家国同构社会,其他社会关系被拟制为人伦关系,也被法律所认可和保护,如上下级、师生关系,农业社会又有封闭、聚居的特点,所以,常人相犯反而少,当事人之间往往能套入人伦关系。

2. 等级性正义的制度基础比较

差序正义不能完全用西方传来的"平等"、"等级"来评判。我们可以进行一些具体的比较。先与等级式的正义观比较。西方早期,柏拉图的正义观是"各守其职"或"各守其位",不同的等级有不同的"职"、"位",这不是平等的正义观,但在一个等级内部,每个人的待遇有较普遍的平等性。柏拉图的正义观对各种等级制正义观有通用性。我们从《魔奴法典》上看到今天还遗留的印度的种姓制度的完整法律版,上面把人分为婆罗门、刹帝利、吠舍、首陀罗四个种姓,不同的种姓有不同的权利义务,首陀罗如果瞪了婆罗门一眼,就要挖去他的眼睛,如果在婆罗门面前放屁,就要挖掉他的肛门。欧洲中世纪分散的农奴制习惯法,贵族与农奴依照身份被分配给不同的权利义务。中国古代的差序正义观与这些文明中的"身份法"等级正义观似乎有相似之处,但是它们的不同之处也很明显。中国的差序正义中,每个人的地位是变化的,每个人有机会成为差序格局中的不同角色,其中包括两个方面,一是人伦秩序中的身份,二是政治社会中的地位。中国的差序正义是人伦差序,也就是说,人的权利义务不是量化相等的,不是以孤立的个体为单位享有权利,负担义务,而是按照他在人伦秩序中的相对地位来享有权利、负担义务。比如一个男人,是君的臣子、父的儿子、兄的弟弟、妻的丈夫、子的父亲,那么他相对于每个人就享有不同权利、负有不同义务,不可笼统地说他的权利义务如何如何。其他文明的社会地位身份是固定的,种姓制度和农奴制度中一个人的身份地位生来就注定,不可改变,而中国大部分历史时期一个人的地位身份不是固定的,除了皇帝的身份只能靠继承取得之外,其他所有身份都是对全社会开放的;而且皇帝也在人伦秩序之中,每一个皇帝登基之前也是臣、子,登基之后君位比拟于父,登基之后要事天如父,没有完全跳出人伦差序。古代中国人之间的身份流动主要是在士、农、工、商四种,后三种身份之间是平等的,可以自由流动,没有等级和地域的身份限制。士,泛指士大夫阶层或官员、准官员阶层。唐宋以后,科举成为官员的主要来源,法律意义上的士是取得"功名"的读书人,取得功名,就取得做官的资格,即使没有实际职务,也享有一定特权待遇。可以认定,士与其他身份之间有等级差。但除了占人口比例极小的贱民之外,"士"的身份是向所有男性开放的,每个男人都可以有一个"朝为田舍郎,暮登天子堂"的中国梦,如北宋之时,宰相出身工匠、农民家庭的并不稀罕。可见,中国古代的"身份等级"和人伦差序与其他文明的身份等级制度差异是非常之大的。中国古代是有等级,但等级地位并不是由出生决定了就不可改变的,而是可以靠个人努力向上流动。差序正义是同样事情依身份不同对待,但其基于的"身份差异",不是血统身份的不同,而恰恰是血统身份的相同。中国的"不同对待"基于人伦之序,而其他一些文明的"不同对待"基于血统之差;中国人的"不同对待"来源于基于个人内心情感的亲疏远近,其他文明的"不同对待"来自某种外在权威的秩序安排。我们很难将这些不同简单地用类型化的方式进行比较,较好的也是最老实的办法是就事说事,有什么说什么。

在原生态文明的情况下,法律制度与正义观是浑然一体、没有间隙的,主流价值就是立法宗旨。当文明断裂之后,传统正义观失去了制度依附,但并不会马上消失;新的法律已经颁布,但并不会让人心马上认同。于是出现了"恶法"及"落后法律意识"的问题,这是新制度与传统观念之间的不协调问题,不好简单断定谁对谁错,它们之间应当彼此走近,互相融合。

六、诉讼文化心理及其根源与影响

对于中国人的诉讼心理,学者们研究过很多,比如追求无讼、和谐、以诉讼为耻等现象性的描述。现象只是"症状",不是"病理",本书欲从文化整体性的角度来分析这些现象的原因和影响后果,为"对症下药"提供一些认识基础。

（一）轻视程序与独重实体

轻视程序正义,独重实体正义,这是学者们以今天的法理标准衡量过后或者以中西法律文化比较之后给中国古代法的一个评语。这个评语基本是符合事实的。中国古代法不但与今天的西方法律相比在程序公正方面不足,与西方的古代法相比也有程序缺陷之嫌。本书所赞成的程序正义,不是指在一般民事案件上一定要分清是非,在查清事实的基础上依法判决。私法领域的案件还是应该当事人意思自治优先,以息讼止争为求。本书所说的程序正义主要是指刑事案件中的证明的标准、被告人权利的保护等。中国从古到今,刑事案件的当事人权利保护和证据合法性制度一直不够严密,刑讯逼供及其造成的冤假错案比较多。相比之下,欧洲在中世纪就有了比较严密的刑事主义证据制度,今天的刑事被告人权利保护做得也比较好。这些反差不必举例,关键是挖掘产生它们的社会根源。

事实上,中国古代法并不是有意轻视被告人权利,为了保证案件结果的正确,古人发明了很多程序,如乞鞫、复鞫、鞫谳分司、复奏、会审等,但方向不对,并未从根本上解决问题,有时这些程序反而对被告人造成重复的程序性伤害。轻视程序公正与过于追求客观真实和实体公正有关,过于追求客观真实和实体公正又与社会整体结构有关。从事实和证据的角度来讲,一些案件是非常难以达到事实清楚证据确凿的,非要追求这个目标,只有用非常之手段,限制手段是自相矛盾,只能治标,不能治本。中国古代的家长制政治结构导致政府必须为人民负全责,既然一切权力归政府,那么一切义务也归政府,人民要求政府"明察秋毫",政府也要求自己"不冤枉一个好人,也不漏网一个坏人",这是独立司法、中立裁判办不到的,法律机关只能采取职权主义和全能主义。行政与司法合一的制度既加强了政府执法的能力,也加强了民众对司法的期待。刑事司法追求一定有结果且结果绝对公正,否则就是"对不起人民"。由于客观事实本身难以查清,"办铁案"往往被异化成"作铁案",司法机关动用一切手段包括刑讯逼供、伪造证据和限制翻案,来说明和维持案件结果的可信性,程序不公由此产生。我们从公案小说中可以看到,刑讯逼供与主审官是清官还是贪官关系并不大,民众对刑讯逼供是认可的——只要结果公正。这也从另一个角度说明程序不公来自制度性原因,而非道德原因。西方的中古和现代社会都是多元化社会,各种力量的博弈形成社会均衡,社会没有一个全能的政府,政府对民众不负伦理性责任,侦查与审判分家,法官采取当事人主义,主要注意力在程序公正,对实体正义的义务很小。尤其是那些采用陪审团的案件,法官事实上对实体公正不负责任,责任被通过陪审团转移回社会。他们的司法符号正义女神是手持天平、黑巾蒙眼的,这是一种当事人主义符号,意味着法官拒绝对事实真实性的担保责任,只在当事人举证上作裁判。在这种法律文化中,司法机关程序侵权的冲动相对小得多。西方司法文化的程序公正是以实体减责为代价的,由于其采用了合适的风险转移机制,实体不公的风险并没有转化成民众对司法的非议。久而久之,民众养成了相应的程序至上的法律文化心理。

实体正义是无法保证的,实体正义的实现也不一定非要依靠法律。法治的生命力在于程序,轻视程序公正不利于确立法治权威。

(二) 服从权威与苛求权威

服从权威与苛求权威很大程度上是一个问题的两个方面。专制主义和封建家长制政权乐于培养依附性人格,在这方面也很成功;但是,依附性人格是把"双刃剑",既使得统治便利,也为统治造成了麻烦。

家长式威权专制与其他类型专制不同。其他专制制度下,统治者与被统治者界限比较分明,彼此之间是赤裸裸的压迫关系,统治者对被统治者没有或很少有道德义务,被统治者也只有服从的义务。家长型威权专制情况下,统治者以家长自居,要求臣民绝对服从,同时就要负起做家长的绝对责任来,起码要给自己树立一个光明正大、爱民若子的外在形象。上一段说的对实体正义大包大揽,也是家长型全能政府不得不负起的责任。作为臣民,服从上级个人和体制既是被迫的,也养成一种依赖心理,到什么都要靠政府"明察秋毫"的地步,这就是苛求权威。十余年前,我国诉讼当事人还普遍有这种心理特点:不习惯自己举证,陈述主张,然后要求法院"不信你去查",甚至自己说不清事实,提不出明确主张,完全指望法院"为民作主"①,查不到就怨法院"不为人民服务"。许多当事人收集证据不积极,但是喊冤、上访很有韧性,这也是对

---

① 笔者作为一个从业 20 多年的基层审判员,1996 年曾亲遇这样的案件,原告是市计委在机关办实体大潮中办的公司,其实际负责人是市计委才离休的老领导,他对法院提出的诉讼请求是"实事求是,公公道道地办"。

权威期待和依赖的表现。

权威服从是长期在威权体制的压制下养成的一种惯性。极端的威权体制追求"闻善而不善,皆以告其上,上之所是,比皆是之"①,"天子唯能一同天下之义,是以天下治也"②,"治天下之国若治一家,使天下之使天下之民若使一夫"③,使意义、思考皆出于上,下级对上级层层交脑。出乎一般人所料的是,这些极端的政治主张并不出于儒家,而是出于带有鲜明下层色彩的墨家,后来法家将这些主张部分落实。但是,儒家的家族主义宗法主张与这些集权主张有高度的亲和性。在非真实的家国同构社会结构中,儒家亲亲为大的主张一方面对"忠君"原则的绝对性构成了抵触,以致有忠孝难以两全之说;另一方面,儒家伦理在家族中培养服从型人格,又为"忠臣"队伍提供了后备成员,以致有"求忠臣必于孝子之门"之说。不同的思想流派皆有威权主义主张,说明思想本身受共同土壤的影响,威权主义的根源不应仅归于某派思想,而更应该到生产生活方式中去寻找。儒家伦理是传统社会的主流意识,对社会人生影响更大,它的潜在忠孝观念冲突导致社会并不真正大比例产生绝对服从型人格,而是产生服从与背叛的双重人格,即在表面服从的后面保持了一定人格独立。在家国关系出现严重矛盾关键时刻,国人往往选择以家庭为核心的小群体利益而不是君国利益。

服从权威的惯性使人不敢思考,惰于思考,把该对事情本身进行思考的精力转用到揣摩上司的心思。上级要控制下级思考的内容和能力,下级要"君子思不出其位"④,以正确领会上级意思为本分。相关体制不鼓励通过个人奋斗争取权利,而是要依靠组织。公正或许会降临到你的头上,但你不可以自己去争取,要等权威的恩赐。一切权利属于权威,包括分配公正的权利;一个人要是自己去争取就会被看成是对权威的冒犯。家长式权威笼罩一切社会关系,统治者自己也不能例外。举个例子,中国古代的礼法皇位是嫡长子继承制,按这个礼法,长子继承就是理直气壮的,如果父亲欲立别的儿子,那是父亲不守礼法,但是,长子却绝不能去争辩、主张权利,如果那样他就糟了,然而他

① 《墨子·尚同》。
② 《墨子·尚同》。
③ 《墨子·尚同》。
④ 《论语·宪问》。

又不能不去争取,于是他只能暗地里争取,就是搞阴谋。一旦君主有不守礼法的倾向,阴谋马上层出不穷。对于官员来说也是如此,升官本来是正常的要求,可以公开主张,良性竞争,但权威既有一定的绝对性,又不能做到真正绝对,因为它是层级的,因此是可欲的,于是官员升迁也陷入"欲"与"不能说"的矛盾之中。这导致潜规则盛行,使整个官场道德虚伪堕落。由于社会地位的相对层级性和可欲性,人们在其中往往呈现暴君和奴性的双重人格,根据人的相对地位呈现出不同方面。这与不可逾越的等级制中的奴性人格又有明显不同,与真正的奴性人格比,人们显现出明显的灵活性和"不老实",表面服从而内心另有想法。

拟制家国同构的父权式权威政治下,臣民对皇权又爱又怕,既敬畏,对他又有某种指望;既服从,又不能做到心甘情愿。父权式威权政治是不利于以程序正义、平等为核心特征的法治型秩序的建立的。控制型权威与法治型权威的运作原理不一样,它们天然有一定抵触,难以融为一体。在诸种因素的作用下,诉讼当事人重视自己所认定的实体正义而轻视程序公正,把实体正义的期望寄托于威权而不是法律,对威权和实体的过度期待形成苛求。但是,由于人格的相对独立性和自我中心、小群体中心,威权并不能使他们无条件接受裁断结果,只有结果与预期一样时他们才会满意。由于威权的层级制和法律权威低下,裁判的标准是模糊的。依法作出的判决书权威性低,不论其内容是否公道。裁决的权威性并不是仅仅来自其与法律规定的一致性,而更是取决于作出裁决的机构的层级。俗话所说的"谁官大谁有理"是对这一现象的生动描述。在这种法律文化和政治体制下,当事人求正义不是求诸法律标准,而是求诸权威层级。权威信服与法律标准结合起来的结果是,如果当事人一审失败,他往往会认为自己遇到了一个贪官,于是就希望更上一级的官员是个清官。信官不信法、信访不信法,总是希望在更上一级官员那里改变对自己不利的审判结果。由于案件的当事人是双方的,一方的"获得公平"就意味着另一方"失去正义",于是案件反反复复,没完没了。父权式的威权体制既不能轻易用严厉压制的方法使百姓强吞下判决结果,又不能真正树立法律权威使当事人愿赌服输,处于两难境地。精心设置的制度产生内在的悖论,因其成功而带来不可摆脱的副作用,这是很难用技术方法解决的。威权体制本身不改变,法治的权威就永远不能真正树立起来。

（三）清官人格与贪官人格

服从权威与苛求权威是民众普遍的人格特征,官员当然也包括在内,而清官人格和贪官人格则是官员群体的特殊特征。清官人格与贪官人格是中国传统文化独特的产物,与其他文化中官员的贪与廉有深层的不同。

拟家国同构体制有产生贪官的深厚土壤。在真实家国同构的政治结构中,逻辑上是不存在贪官问题的,因为封地内皆属封君之财产,一个小的政治单位类似一个家庭,封君是作为权利代表人的家长,一个人不存在贪污自己家庭财产的问题。当然,这只是一种绝对化的推理,不同家庭、封君之间产生纠纷毕竟还需要司法权居中裁判,只要有权力,就有可能产生腐败。司法腐败是以权力交易为特征的腐败,不是官员对自己代管的财产的贪污,从这一点上说,司法腐败比行政腐败更为古老和难以去除。行政腐败可以通过制度的完善和权力的优化配置而减轻和去除,司法腐败则防不胜防,根治起来几乎不可能。在拟制家国同构的政治结构中,行政腐败的概率大大增加。专制权力理论上是一种缺乏外在制约,只能进行内部钳制的权力;家长式威权则进一步加大了官员的受信托权力额度,降低了民众对其监督的刚性程度。在中国古代,对家长式权利滥用的制度性防范主要是通过监察制度的加强来进行的,如前面第二节"腐败周期律与黄宗羲怪圈"部分所介绍。对家长式权利滥用的文化性防范则是通过儒家伦理的教育和清官人格的培养来完成。

古代社会官场腐败也有分配制度上的重要原因。中国自秦汉以后就是一个大一统国家,地方官员由中央直接委任,但是中央财政不能保证官员报酬甚至正常办公经费,中央的做法是授权自治,让地方官员自己筹措经费。这样实际上是以腐败机会为报酬,给权力,让官员自己去解决问题。在这种情况下,腐败其实是中央政府默许的,是弥补技术不足的必要手段。明朝初期,朱元璋作为一个草莽出身的帝王不明其中道理,企图在不改变基本管理和薪金制度的情况下用严刑峻法的手段消除腐败,官员及其家属因腐败受牵连处死的前后达十余万人,是整个国家编制的数倍,以致识字皆可当官,拒绝当官也是一种重罪。但是明朝的吏治并未因此而清廉,反而创历代昏暗之最,以致朱元璋不得不叹息"奈何朝杀而夕犯"。自私自利是人之常情,最高统治者要求天下官吏不能自私自利,而奉其一人之自私自利,何其荒谬!事实上按官员之权位,多付薪酬是完全合理的,以权力代薪酬的制度事实上就是以腐败机会为薪酬。

古代制度性预防腐败之不足主要是靠文化预防来弥补的,这就是以儒家伦理为标准的思想教育和人格塑造。宋朝以前的儒家道德教育主要是让官员对国家和人民负有一种伦理性责任,同时个人的荣誉与家族荣誉及盛衰紧紧联系在一起,做官不但光宗耀祖,而且可荫及子孙;反之,犯罪亦可使整个家族颜面扫地,无颜面对亲邻。这种文化环境之中,官员的廉洁与否关系的不仅是个人荣辱,其对礼义廉耻不得不重视,在利诱面前不得不考虑再三。整个社会文化环境反腐倡廉也对官员行为产生导向和压力,使其愿意选择廉洁自律。宋朝以后,生产方式的变化使传统礼教约束变得松弛,作为传统社会后期主流意识形态的宋明理学除了继承以往传统外,强调独立的人格价值,把廉洁看成是个人人身修养的境界和成就,使清官不但得到社会舆论的肯定,更得到一种自我价值肯定。期待外部肯定的清廉变成一种自我肯定的清廉。文化约束对文化氛围有较大的依赖性,当整个社会风气清正高尚时,舆论评价的导向是正面的,一个官员较容易保持清正廉洁;当整个社会道德堕落、风气颓靡时,个人清正廉洁反而会得到迂腐虚伪、不识时务等嘲笑和打击,这时候保持操守就困难多了。海瑞是清官难做的一个例子。海瑞是明朝乃至整个传统社会最著名的清官,与包拯、狄仁杰等传奇人物不同,海瑞的故事是真实的,他一生清廉,铁面无私,不畏权贵,竟然穷到死后没钱下葬。因其过于清正,贪官巨室忌惮他却又找不到把柄扳倒他,竟然一起给他活动官职,让他赶紧升迁他地。就这样海瑞一直升迁到右佥都御史,又因为严厉批评皇帝而被以诽谤罪逮捕,差点瘐死监狱。但海瑞并未得到当时舆论的认可,不但在官场上被看成极其罕见的怪物,在李贽等进步思想家眼中也是个不达人情的顽固分子。可见,在整个文化环境不利时,做清官是一件多么艰难的事。

贪官一般是指习惯性地利用手中权力贪污受贿搜刮钱财的官员。宋明之后贪官出现了一些稳定的、群体性的人格特征。漫长的历史时期中,贪官层出不穷,贪污也成为一种文化,在不同时代有不同特点。一般来讲,主流文化以礼义廉耻约束人,贪污事发不但要受国法制裁,也为社会舆论所鄙弃。政治文化秩序稳定时,贪污现象会受到一定遏制,一些政治极其混乱的年代,文化约束力也急剧减弱,如魏晋南北朝时期,官员贵族公然斗富,以贪为荣,此皆衰世、乱世之象。在传统社会前期,太平盛世总与政治清明联系在一起,二者互为因果,统治阶级对吏治清廉有较高的自觉性;但在后期,由于生产技术的快速进步,出现了政治不清明经济却发达的现象,这使统治者缺乏危机感,坐在火山上独享经济发展成果而不知危险之将至。典型的贪官人格在明清两代最为常见,与经济繁荣和政治混乱并存有关。贪官人格有贪婪、乡愿、虚伪的特点,是传统中国文化土壤中培育起来的一种特殊人格,他们一方面是贪,一方面是轻度自责。他们大多是科举出身,有较高文化程度,从小受儒家伦理的熏陶,多少有廉耻意识,但是道德约束总是战不胜内心的贪婪,于是总是用社会风气为自己的随波逐流开脱,这种人格就是孔子说的"乡愿"。贪官一方面行为贪婪,另一方面从小接受的价值观还多少起些作用,社会整体道德秩序没有崩溃,他们也必须注意外表形象,于是就表现出来虚伪和扭曲。贪官历代不缺,但承平朝代皆以贪为耻,以廉为荣,以贪为荣的时代实属罕见。这多少也是儒家伦理的一点作用。一种理论成为主流意识形态后,马上会被功利的涌入异化掉、空泛掉、虚伪掉,从而失去其教化的力量,儒家也不例外。孔子困厄之时,跟在他后面的弟子都是理想主义者,明清读书做官之时,进入考场的多是名利之徒,这是人之常情,不足为怪。

传统社会后期的文化整合和人格塑造主要是靠宋明理学来完成的。理学家为了防止儒学失去教化作用,变成赤裸裸的官场敲门砖,不断地用理论创新和人格践履来保持它的生命力。北宋到南宋早期的理学的创新使汉唐以来古老的儒学获得了新的生命力,南宋朱熹以其天才将理学各派熔于一炉,成为集大成者。朱熹身后,理学被朝廷正式奉为正统意识形态,并被元、明、清三代继承下去。理学是一套贯穿天人的道德哲学,其内容博大精深,非一语可概括,简单地说,后人耳熟能详的"存天理,灭人欲"的宗旨主要是约束官员,对准备做官的读书人乃至一般民众也有约束力,其路径主要是内在约束,让人通过修养功夫接近圣贤——自然就是清官。理学在宗法制松弛、市民社会兴起的传统社会后期继承了儒家学说的文化整合作用,延续和丰富了士大夫品格并且向下层延伸。理学与以往儒学不同的一点是强调人格独立、道德自律,这样就把清官人格锻造成独立型人格,而不是依附型人格。王阳明创立的心学流派是明代理学主流,它把主体人格的挺立推到一个等同宇宙的巅峰,其核心主张十个字:"心即理"、"知性合一"、"致良知",在哲学上表现为一种极端的主观唯心主义,在个人行知领域要求人们不盲从任何外在权威,只忠于个人良心。

心学影响巨大,塑造了半个明朝的士大夫人格,它为人们在外部环境极端不利的情况下坚持特立独行提供了道德和学术支持。海瑞这种极品清官的出现与当时的心学环境有一定关系。

宋明理学对人要求过高,它不但是统治者所提倡的主流意识形态,也是整个社会风气所崇奉的权威学说,其严苛被清朝人戴震批评为"以理杀人"。理学成功地培养出了一些清官的人格,但是它也培养了更多贪官的人格。贪官不是理学培养的,但贪官的虚伪和扭曲是理学培养的,理学培养清官的工程失败,就产生了一批貌似清官的次品——表面清廉,实则肮脏的贪官。儒家能培养出真君子、伪君子、迂夫子,但不会培养真小人,其不成功相对于理想而言,相对于赤裸裸的丛林规则,理学造就的假道学氛围还是文明的,虚伪堕落的社会强于公然率兽食人的社会。制度与道德是清廉高效吏治的两个方面,制度的不足需要官员的个人道德来补充,道德或"德治"的有限性是明显的,但是如果没有正确的主流道德引导,社会崇尚寡廉鲜耻,人欲横流,情况肯定会更糟。儒家道德不足以约束官僚集团的腐败,但有它在,起码是非荣辱有正常标准,而不是黑白颠倒、价值错乱。

民众的服从权威和苛求权威典型表现为清官期待。清官期待的本质是权威依赖和人治期待,与法治社会文化的要求有较大差异。只要威权主义政治基础存在一天,清官期待和依赖就是民众的必然选择。人格独立、只忠于自己的良知不是清官人格的全部,更不是清官文化的全部,但它是清官文化中最核心和最有价值的部分。清官文化中一些东西具有普适性价值,如果有一天真的法官独立办案,只对法律负责了,清官人格对保证公正办案的作用恐怕不但不会降低,反而更加重要。

(四) 伦理感召与息讼止争

中国古代的诉讼指导思想是息讼止争,而不是非要判明是非。孔子说:"听讼,吾犹人也,必也使无讼乎。"[1]法律到底是应该追求权利义务的明确化还是应该追求案结事了、息讼止争,在古代并无争论。礼或者法的作用既然是"定分止争",司法活动追求息讼止争就天经地义。司法的目的到底是求"理"

---

[1] 《论语·颜渊》。

还是求"和",与我们前面所说的真理观有关系。如果认为理是外在的、高于人的生活的必然性,人活着的目的就是为真理或正义而斗争,那么司法当然就应该以求理为最高目的,输赢后果并不重要,重要的是规则得到了遵守,正义得到了伸张。这种观点古今都有一定市场。现代人诉讼时不说是为了自己利益而是"为了捍卫法律尊严",与古代人诉讼不说是为了利益而是为了"人伦秩序"有异曲同工之妙。如果认为理不外乎情,理就是生活之理而不是神圣不可侵犯的教条,那么司法就应该以和为最高目的。事实上,按《中庸》之说,和就是最高的理,"中也者,天下之大本也;和也者,天下之达道也"。"致中和"能够达到"天地位焉,万物育焉"的宇宙目的。

　　和谐是自古以来的政治目标,然而纠纷也是客观存在,无法回避的。司法活动主要是依赖调解,使裂隙得以弥补,失去的平衡得以恢复。古代调解与现代调解的不同特点是,现代调解侧重利害分析,古代调解侧重道德伦理的感召,而且是越往古代,越重视伦理性感召。我们说到道德伦理时一般不分,但是它们之间还是有些区别的。大致而言,道德指普遍的、各种类型的道德,伦理是人伦关系上的道德。中国古代的政治是伦理型政治,特别依赖伦理感召,而伦理感召也确有实效。事实上,伦理感召里面包含着复杂的亲伦利害关系,它对人的约束力比一般的道德自省更为有效。比较而言,近古以来很少再有"闭门思过"那样有效果的伦理感召案例。从主流思想的转变上看,宋明理学使中国进入了近古社会,①道德形态实际上是从连带型转向独立型。思想形态的变化很大程度上是社会变化的结果。在市民社会条件下,不管是伦理感召还是独立型道德感召,想要起到宗法制社会条件下伦理感召的切实作用已经不可能。既无情,如何动之以情;虽有理,不能使懂理者知行合一。生活的变化使得旧的生活逻辑不敷使用,伦理亲情下"刑措而不用"的和谐社会日益被厌讼与健讼相夹杂的纷乱景象所代替。

(五) 厌讼心理与健讼心理

　　中国古人的主流心态是厌讼的,但也不妨碍部分人在一定条件下有好讼

---

　　①　一些学者如中国的陈来、日本的沟口雄三等把宋代以来称为"近世",本书的"近古"指称对象与之相同。

之心、健讼之举。

厌讼首先与宗法制的社会结构有关系。在一个血缘纽带密切的熟人社会,诉讼必然破坏原有的和谐关系,或者说,诉讼根本就是和谐被打破之后的产物。历朝历代的主流思想也是不鼓励百姓"拿起法律武器保护自己"的,不以完成多少案件审理为功绩,而以辖区多发诉讼为失德。本书前面介绍过,汉代韩延寿为冯翊太守时,有兄弟讼争,他把自己关起来闭门思过,这种做法有一定代表性。官员们宁可压制诉讼,通过调解等非正式的方法来解决矛盾,这不仅是个价值选择,也是对恢复和谐更有利的现实选择。德主刑辅的历代基本国策里面就体现着重教化、轻诉讼的价值,用判决的方法解决问题是不得已的选择,尤其是对那些"民间细故"。对于当事人来说,挑起诉讼会被看成"麻烦制造者",是一种丑事,所以他们往往也乐于选择更为平和的替代性解决方式,恰恰古代民间替代性解决方式十分发达,且为官府推崇。好的民间组织如宗族组织往往能把纠纷在小范围内解决,把不留余地的开庭对质变成和解的大会。当然,这么做也往往是以牺牲对事实本身的清晰调查和是非曲直为代价的,真相和是非在恢复和谐面前比起来并不是很重要。

厌讼也是当事人的一种理性的选择。古代有很多民间谚语和通俗诗歌道出了诉讼的艰辛。俗话说:"衙门八字开,有理无钱莫进来。"俗谚曰:"世宜忍耐莫经官,人也安然己也安然;听人挑唆到衙前,告也要钱诉也要钱。"宋人《戒讼录》有歌曰:"些小言碎莫若休,不须经县与经州,衙头府底赔茶酒,赢得猫儿卖了牛。"士大夫也一再劝谕百姓不要经官,朱熹在《劝谕榜》中说:"劝谕士民、乡党、族姻,所宜亲睦。或有小忿,宜启深思。更且委曲调和,未可容易论诉。盖得理亦须伤财废业,况无理不免坐罪遭刑。终必有凶,切当痛戒。"王阳明也在"申谕十家牌法"中劝告:"每月各家照牌互相劝谕,务令讲信修睦,息讼罢争,日渐开导。如此则小民益知争斗之非,而词讼亦可简矣。"明清《三言二拍》等世情小说为研究国民厌讼心理提供了更形象的材料。诉讼过程中的经济负担和尊严损失,人治社会不可预期的诉讼风险,对这些因素的清醒认识使人们理性地不敢轻启讼端。

但是,健讼现象同时也存在着。普遍意义上说,矛盾冲突是客观存在的,如果它不能以某种方式真正解决,而只是暂时压住,其必积怨日深,一旦爆发则破坏力更大。具体来说,北宋以后中国社会生活方式发生了很大变化,经济活跃、宗法纽带松弛,而利益冲突增多,诉讼活动也相应增多。南宋《明公书判清明集》中已屡提及"讼师"及"健讼之徒",有清一代,健讼之习达到巅峰,从江苏、浙江、江西、湖南、安徽等经济发达、人口密集地区向全国蔓延。一代名幕汪辉祖说湖南宁远县一带"向在宁远,邑素健讼"①。清代地方官蓝鼎元曾记载潮州地区的健讼风俗:"吾思潮人好讼,每三日一放告,收词状一二千楮,即当极少之日,亦一千二三百楮以上。"②日本学者夫马进统计,嘉庆二十一年(1816 年)仅有 23366 户的湖南宁远县居然在一年间提出了约一万份诉讼文书,乾隆年间湖南湘乡县一年间约收受了 14400 份至 19200 份呈词,道光年间任山东省邱县知县代理的张琦仅一个月就收到诉讼文书 2000 余份,康熙末年曾任浙江省会稽知县的张我观在 8 个月内收到约 7200 份左右的词状。这种情况不能不说确实是"好讼"、"健讼"③。健讼、好讼在官员的眼里被描述为为一点小事缠斗不休,清代吴宏知徽州,说该地"从未有如休邑之甚者。每见尔民或以睚眦小怨,或因债负微嫌,彼此互讦,累牍连篇,日不下百十余纸,及细阅情节,又并无冤抑难堪。本县逐加裁决,有批示不准者,亦念尔等不过一朝之忿,且冀少逾时日,则其气自平,诚欲为尔民省争讼,以安生理之至意。不料尔等嚣竞成风,无论事情大小,动称死不离台,固结仇连,不准不已,风何薄也"④。具体案例可能更能说明一些纠纷的特点,四川省《冕宁县清代档案》中记载了这样一个案例:吴华与谢昌达因孩童口角而互控在案,在此过程中,文人吴华不依不饶,以各种理由九次控县、三次控府,不达目的誓不罢休,充分展示了其好讼、健讼风格。⑤

诉讼的滋长促使了讼师这一职业的繁荣,反过来,讼师职业的繁荣也促进了诉讼的滋长。

---

① (清)汪辉祖:《学治臆说·治地棍讼师之法》,清同治十年慎间堂刻汪龙庄先生遗书本。
② (清)蓝鼎元:《鹿洲公案·五营兵食》,刘鹏云、陈方明(注译),群众出版社 1985 年版,第 5 页。转引自邓建鹏:《清代健讼社会与民事证据规则》,《中外法学》2006 年第 5 期。
③ 参见[日]夫马进:《明清时代的讼师与诉讼制度》,载[日]滋贺秀三等著:《明清时期的民事审判与民间契约》,范愉、王亚新(译),王亚新、梁治平(编),法律出版社 1998 年版,第 392—394 页。
④ (清)吴宏:《纸上经纶》卷五《词讼条约》,载郭成伟、田涛(点校整理):《明清公牍秘本五种》,中国政法大学出版社 1999 年版,第 219 页。
⑤ 转引自李艳君:《清人的健讼与缠讼——以〈冕宁县清代档案〉吴华诉谢昌达案为例》,《大理学院学报》2012 年第 1 期。

厌讼与健讼是古代社会并存的现象,它们的存在时间有一定差异,厌讼和健讼的原因大很多情况下并存,越靠近近代,健讼的现象越普遍,说明产生其的因素在起越来越大的作用。总的来说,健讼现象的兴起是生产关系没有适应生产力的变化及时进行调整的结果。我们前面说过,古代中国有家国同构的特色,宗法制的基层社会组织与国家法律制度高度协调。宗法制条件下,人际关系以依附制的身份关系为主,人际交往多呈等级间关系而非平等主体之间的关系,这本身就抑制了民事纠纷的发生,因为民事关系本质上来讲是平等主体之间的关系。即使"民间细故"发生了,当事人既考虑到亲缘、地缘关系而不愿把事情弄大,基层组织和政权也能利用礼制手段压制和消解矛盾。并不是说这种情况下就没有健讼现象,这种情况之下的诉讼往往有轻易不启动,一旦撕破面皮就一不做、二不休的特点。具体利益的纠纷演变成当事人之间以及他们的家庭、家族之间全面冲突,变成纠葛复杂难以化解的仇恨,诉讼极容易由打官司发展为"打冤家",是一件非常严重的事情。"打死不经官"不但是对官府清廉和解决问题能力的怀疑,也是对诉讼对社会关系造成的破坏的后果的畏惧。近古以来,生产力的发展导致原有的人身依附关系的松弛,个人和小家庭成为产权和利益的实际主体,然而社会并未对人际关系作出重新厘定,比如用立法仔细规定人们之间的权利义务,权利义务不清的社会比陌生人社会更容易产生诉讼。陌生人之间的产权和利益关系是界限清晰的,民谚有曰"亲兄弟,明算账"之说,就是希望亲属之间为防患于未然,在利益交往上不如及早模仿陌生人关系。种种复杂情况说明"从身份到契约"的社会变迁到了一定程度,传统的礼法制度已经不适合需要,以平等主体为基础的法治时代应该到来了。然而历史变迁是缓慢和连续的,欧洲的类似转型以工业革命为推动,并付出了全面社会革命的代价。简单靠立法改变不了亲情和生活习惯,没有更大的历史变迁对旧有社会结构和生活方式进行涤荡之前,这种困境将长期存在。

健讼又与威权体制的具体运作方式有关系。我们前面说过,威权体制的本质不是以法律为标准,而是"谁官大谁说了算",按这一逻辑,除非皇帝亲断,所有案件都是没有终结机制的。判而不决必然导致无限上访,当事人可以一直告下去,直到打得一方彻底失去诉讼能力为止。诉讼过程中的清官期待思想也起着一体两面的作用,清官期待的本质不是信任法律,而是人的依赖,如果案件处理不如意,那一定是没遇见"清官";审判权出自多门、金字塔形威权体制,给人一种"事情都是底下的人办坏的",越往上层越清廉的假象。诸种因素鼓励当事人一直往上告,直到"老天开眼",遇见他所期待的清官,也就是给出他所期待的判决结果的官。然而,诉讼的本质是"一手托两家事",必须"一碗水端平",否则就会"按住了葫芦浮起来了瓢",以向健讼者妥协为代价换取和谐必然对另一方造成不公,从而把另一方也改造成健讼之民,最后的结果往往是谁更能闹谁有理。

从另一角度说,威权体制官级大于法律的规则使案件结果失去了可预期性,这既使良民畏惧于打官司,也使"刁民"、"讼棍"看到了可乘之机,上下其手以影响诉讼。清代李渔说许多当事人:"且侥幸于未审之先,作得一日上司原告,可免一日下司拘提。况又先据胜场,隐然有负隅之势,于是启戟森严之地,变为鼠牙雀角之场矣。督抚司道诸公,欲不准理,无奈满纸冤情,令人可悲可涕。又系极大之题,非关军国钱粮,即系身家性命,安有不为所动者。及至准批下属,所告之状,与所争之事绝不相蒙。"①既无依法之治,当然无守法之民。威权体制的不当运作也损害了官场形象。"人治"精神下的判决正确性逻辑上不是完全以事实和法律为标准,而是靠官员的人品来保障的,这导致一些健讼之民在上访时重点不在事情本身,而是质疑官员人格、动机。因为公正是靠官员人格来保证的,所以只要抹黑了前审官员的人格,就釜底抽薪,达到了削减和否决前判决的公信力的目的。威权体制在一定历史条件下成为一种悖论,它越想通过加强力度来达到治理目的,就产生越大的对社会和自我的伤害。

(六) 实用主义的法理选择

实用主义的法理选择似乎并不是中国人独有的特点,拣对自己有利的说是全世界诉讼当事人的共同选择,但是注意到在中国近古时期的这一点有特殊的意义。近古以来的社会变迁导致了思想和法理上的分裂。明清两代,"天理、国法、人情"这三个词写上牌匾,挂进衙门,为当时官吏思维宗旨,近年

---

① (清)李渔:《论一切词讼》,载贺长龄(辑):《皇朝经世文编》卷九十四《刑政五·治狱下》,台湾文海出版社 1972 年版(影印本),第 3340 页。转引自邓建鹏:《清代健讼社会与民事证据规则》,《中外法学》2006 年第 5 期。

来亦为许多当代法律人所称道,其自有合理性,然其亦是法理分裂的一个例证。

世界必须统一于"一",法理也应统一于"一",这是人类几千年认识得到的结果,如果世界有了两个或更多的来源或至高权威、或游离于权威之外的思想,权威就不成其为权威。在哲学领域,多元共存无有大碍,在现实的政治法律领域,如果出现了两个权威,必然一片混乱。但是,世界的分裂有时是不以人的意志为转移的,比如历史的变迁导致的新旧观念冲突,立法的超前导致的习俗与法律冲突,政治的需要导致的说教与事实的冲突,当这些冲突出现时,实践理性的任务就是弥合它们之间的矛盾,对于不能否认、准备接受的思想,就要把它们纳于一个理论体系之内,不可这个也最好,那个也最高,那样会让执行者无所适从。天理、国法、人情三个词并列,事实上体现了一种多重标准、多元价值。多个权威之间的矛盾如何融合不是本书要说的,本书要说的是,多元标准为诉讼当事人的实用主义法理选择提供了绝好的条件,国法对自己有利时则诉诸国法,人情对自己有利时就强调人情。天理是抽象的,代表着最高的依托、最神圣的原则,它既可以成为法律的最高依据,也可以消减"不合理"的法律的威信力。当三种标准都至上时,法律秩序必遭破坏。古人对其弊端其实知道,故一再用"国法就是天理人情"等说辞进行理论修补,但是理论的圆融非一日之功;理论的矛盾是现实矛盾的反映,消除现实矛盾更非一日之功。汉朝春秋决狱与正法之间的矛盾也是一种多元权威之间的矛盾,这个矛盾后来被立法的进步解决了。打开立法大门、提高立法技术、积极应时而变,是消弭多元权威矛盾的可取方法。法律歧义不要放在司法中解决,否则,在执法者一面既容易滋生腐败,又容易无所适从;在当事人一面则容易取自己之所需,非他人之解释。细阅明清档案,可见其健讼之风是与当事人各是其是、各非其非的实用主义法理选择与政府立法执法上的标准不一、政出多门相联系的。

第二章　中国传统司法制度及其基本特点

中国司法制度源远流长,它几乎与国家、政权同时出现。尽管限于史料的原因,我们对于夏商乃至西周时期的司法制度,仅仅知其大概情形,不得其详。然而即使从史料确凿的秦汉开始算起,中国传统司法制度也已逾两千年。经过了数千年的发展,无论制度建设、活动原则、理论指导、法律规定,都基于中国国情形成了独有的特点,积累了丰富的经验,产生了深广的影响。它是中华法制文明的重要组成部分,更是传统中国人理性与智慧的结晶。其中许多制度以及制度背后所体现的理念、技术乃至具体实践,都已经成为我们当今社会注意现代法治建设的不可多得的宝贵财富。

一、行政权力主导下的司法机构

有论者曾经指出:"法自君出,权力支配法律,法律维护君权;君权凌驾于法律之上,是中国古代法律的传统之一。"[1]这一论断作为一种理想类型的分析,确为至论。传统中国的一切制度设计,根本上都是为了维护君权,司法机构的创设也没有例外,司法机构始终受到以皇帝为核心的行政权力的主导。当然,客观上,皇帝也无法单独完成庞大的司法任务,所以,为了皇权的巩固,为了帝国的有效统治,历代王朝无不重视司法机构的建设和完善,在长期的实践过程之中,终于创设出一套系统、严密且卓有效率的司法机构。其中最堪代

---

① 张晋藩:《中国法律的传统与近代转型》(第三版),法律出版社 2009 年版,第 139 页。

表传统司法机构精华的是汉代以后逐渐形成的中央司法"三法司"系统——刑部、大理寺、御史台(明代后改为都察院),除此之外,历代还有一些特设的司法机构,也颇具特色。

(一)"三法司"确立之前的中央司法机构(隋唐以前)

隋唐以前,中央司法机构代有变化。夏商周的王、秦之后的皇帝作为最高统治者,无一例外自然享有最高的司法权。除此之外,最高统治者也设立专门的官员或者机构来处理司法事务,这在夏朝就已经开始。史料记载:"夏后氏百官"①,说明夏代已经有专职官员的设置。夏朝的司法官称作"士",或称作"理",他们既处理军政事务,又处理狱讼事务。中央的司法官又特称做"大理",这可能是"大理"最早的出处。到商朝,商王之下最高司法长官名为"司寇",下设"正"、"史"等司法官吏辅助。同时掌管卜筮事务的所谓"贞人"、"巫"、"史"也常常参与司法活动,享有司法权力。大致而言,据目前所见的史料来看,夏商司法机构突出的是"人",至于"机构"的层次,并不清晰,这也意味着现代常见的科层制官僚系统,在当时还没有建立起来,司法机构自然是至为简陋的。

到了西周,中国的制度文化狂飙突进,如同著名史家许倬云论述的那样:"西周以蕞尔小国取代商崛起渭上,开八百年基业,肇华夏意识端倪,创华夏文化本体,成华夏社会基石,是中国古代史上一个重要的历史阶段。"②它的机构建设规模宏大,影响深远,从《周礼·秋官》一篇中,可览西周司法机构的全貌。③ 西周的中央司法机构主要有大司寇、小司寇、士师,其佐官有司刑、司刺、司约、司盟、职金、司厉、司圜、掌囚、掌戮、司隶、布宪、禁杀戮、禁暴氏等。大司寇乃周天子之下的最高司法机关,职责为"掌建邦之三典",即"轻典、中

① 《礼记·明堂位》。
② 许倬云:《西周史》(增补本),生活·读书·新知三联书店2001年版,封底。
③ 《周礼》一书的成书年代究竟何时?所述制度是否确为西周制度?历来聚讼纷纭,传统上较有影响力的一说以钱穆为代表,认为此乃战国时期一些儒生面对兵连祸结的现状,思考社会的出路,强烈主张建立一个秩序井然的天下,于是参考周代以来各种制度,杂以自身对秩序的憧憬,创设了一套完备的官制,整个书呈现出一种制度"乌托邦"的色彩。但近年经过多地考古发现,许多制度确实在西周实行过。至少在理念上,我们可以将《周礼》当成是西周人一种治国理政的智慧的体现。

典、重典",根据社会实际和治安状况来决定刑之轻重。还负责宣布法律,并监督行刑。小司寇主要辅佐大司寇处理事务,掌外朝的刑罚。士师也是大司寇的属官,掌理大司寇官府中的政令、审察狱讼言辞,诏告司寇断决狱讼。在他们之下,还有专门官员负责某一项具体的司法事务。司刑"掌五刑之法,以丽万民之罪";司刺"掌三刺三宥三赦之法,以赞司寇听狱讼";司约"掌邦国及万民之约剂";司盟"掌盟载之法";职金"掌凡金玉锡石丹青之戒令";司厉"掌盗贼之任器货贿";司圜"掌收教罢民";掌戮"掌斩杀贼谍而博之";掌囚"掌守盗贼";司隶"掌五隶之法,辨其物而掌其政令";布宪"掌宪邦之刑禁";等等。虽然这些官职未必能一一到位,但从中反映了到西周时期,司法机构已经扩大,且内部已经细化分层。

春秋时期各诸侯国的司法机构基本上沿袭西周的名称,但因各国文化不同,所以名称有所区别,对于各国中央司法机构,鲁国称"司寇",齐国称"士",晋国称"理",楚、陈称"司败",等等。到了战国,各诸侯国司法机构名称起了变化,秦国的中央司法官员称之为廷尉,其后秦汉时期其官府即为我们所熟悉的"廷尉府"。后来秦国一统天下,建立帝国之后,中央司法就称为"廷尉"。"廷,平也,诏狱贵平,故以为号。"①从商周"司寇"到秦汉"廷尉"的名称变化中,我们可以发现,古代司法从军事领域到朝廷狱讼领域的转化,同时也预示着上古兵刑同源到后来兵刑分化,文官政治的发展态势越来越清晰,司法机构的专门化演变轨迹日益明显。

秦朝廷尉是战国时期秦国制度的延续,属下有"左右正"、"左右监"等,廷尉是秦朝宫廷专司审判的司法机构,其职能是审理皇帝下令交办的"诏狱"。汉承秦制,也设廷尉一职,作为中央司法机关的长官,作为"九卿"之一,除审理诏狱之外,还审理全国各地上报的重大疑难案件。这个为以后刑部取得一定的案件复核权奠下基础。在汉代,中央司法机构除廷尉及其属官之外,还有总理行政事务的丞相,作为"一人之下,万人之上"的行政官员,他负责方方面面的政府事务,理论上廷尉都受他管辖,所以丞相自然有权力过问乃至亲自参与司法事务。需要指出的是,在整个帝制时代,虽然司法机关的分化越来越细,职权越来越专门化,但始终没有能独立于行政机构。理论上,司法总有专

---

① 《汉书·百官公卿表》,颜师古注。

官,然而在实践上,几乎各个中央衙门都有一定的司法权,如果按照皇帝的指令,则本来与司法事务毫不相干的衙门,譬如钦天监、太医院等,都可能会参与司法审判。这最终的原因乃是皇权专制,一切机构、职位的设置本身不是目的,为皇权、为专制服务乃是根本的目的,设置机构只是变换工具而已。在这样的情况下,司法机构也只是体制中的一颗螺丝钉,本身并不拥有任何超然的、特殊的地位,这造成古代对于司法事务的看法,并不与其他具体行政事务有多少区别。

回过头来再来看汉代的中央司法机构,除了丞相、廷尉之外,还有负责监察事务的御史大夫。御史大夫作为专门的监督官吏,理所当然地行驶着监督司法审判的职权。同时在一些重大案件中,他们还直接参与审判。在汉代,由丞相、御史大夫、廷尉等共同审理案件的行为,称之为"杂治",这可能是后来"会审"制度的先声。至隋唐之后,御史制度日益成熟,其与其他法司司法事务的划分也更加明确,关于御史专门的司法权限,我们将在三法司以及司法监察部分详细叙述。此外,汉代从内廷中又分化出一部分官僚机构,也拥有司法权限。这就是"尚书台"中的"三公曹",开始参与司法审判;到东汉,在尚书令、仆射以下分设六曹,其中二千石曹"主辞讼事",为隋唐创设刑部提供了前提。"历代皇帝总是疑心朝臣搞鬼,宰相弄权,因而用身边的亲信秘书(内朝)分外朝之权,乃至架空外朝而取代之。然而这些原先的近侍奴才一旦权重事繁,又演变为新的'外朝',引起皇帝的疑心。于是皇帝又另建一个秘书班子来架空之",这就是所谓的"内外朝循环"①。如汉之丞相统公卿而主朝政,皇帝便培植"尚书台"(原仅为官吏文牍的秘书)而分其权,演变为以后至隋唐的尚书省,秘书已经成了新的宰相,于是皇帝又重用"同中书门下"的近臣,使其架空尚书省。到宋朝"同中书省门下平章事"又演变为新的宰相,并出现以他为首的外朝"中书省",于是明代皇帝又用身边的一些"大学士"组成"内阁"来架空中书省。到明代后期,内阁俨然变成实际上的宰相,于是清朝又出现南书房、军机处之类的秘书班子,以架空内阁。在这样的"内外朝循环"中,会出现很多具有司法权限的机构,即使是隋唐三法司确立之后,司法机构也因为这

---

① 秦晖:《西儒会融,解构"道法互补"》,载哈佛燕京学社编:《儒家传统与启蒙心态》,江苏教育出版社 2005 年版,第 136 页。

"内外朝循环",而无法最终获得其独立地位,必得受制于这样的循环。

三国两晋南北朝时期,司法机构有了全面的发展。这一时期掌握中央司法审判工作的主要官吏是廷尉,曹魏时又称"大理",西晋初,曾以吏部尚书、三公尚书郎等职与廷尉共领狱讼之事。东晋、南朝大体沿用西晋旧制,廷尉权限有所扩大。南陈时将前代临时设立的朝臣会审制度进一步制度化,规定:"每年三月,朝廷各主要职能部门的长官共赴京城诸狱及治署,联合审理囚犯,清查冤狱。"①北朝北魏入主中原后,开始仿照魏晋官制,设置廷尉来主持司法审判工作。廷尉寺以廷尉卿为长官,增置少卿为副职。永安三年,在正、监、平三官基础上,加设司直十人,掌理复审御史弹劾诸案。北齐正式将廷尉定名为大理寺,此后,我国历代帝制王朝中央最高司法审判机关基本上都沿用这一名称。北齐大理寺长官称之为"大理寺卿",大理寺卿后来都成为"九卿"之一,地位较高。大理寺卿掌"决正刑狱",置少卿、丞各一人,为其辅佐。主要属官有:正、监、平各一人,律博士四人,明法掾二十四人,槛车督二人,掾十人,狱丞、掾各二人,司直、明法各十人。此外,还加强了尚书省兼管司法工作的职能,其中的都官尚书到了隋唐之后改为刑部尚书,其官署都官曹改为刑部,成为著名的三法司中的一个重要司法行政部门。

总的来看,隋唐之前,司法机构虽无后世"三法司"之名,但总体上朝着专门化、分权化、职能化方向发展,主要的中央审判机关虽然各代名称有异同,但廷尉占据着主流。秦统一天下之后,设御史大夫为附丞相。御史大夫之下设御史,作为监察专官,但对特殊案件具有审判权。西汉成帝时置三公曹尚书"主断狱事",东汉时期尚书台由内而外,政治权力逐渐扩大,成为行政总汇,尚书台之下的两千石曹尚书"主词讼事",尚书台的三公曹及两千石曹先后成为专门的司法审判机关。两者后来发展成为了隋唐时期的尚书省刑部。②

(二) 传统专门中央司法机构——三法司(隋唐—清末)

如前所述,三法司至隋唐确立,并非一朝一夕,空穴来风,而是经过千余年的发展历程,至隋唐正式形成,亦不过是"水到渠成"之事。此后直至清末,三

① 《隋书·刑法志》。
② 有关论述参见那思陆:《中国审判制度史》,上海三联书店2009年版,第36—37页。

法司尽管职能上发生过一定的变化,名称也在明代发生了重大改变,但三法司整体的功效、其内部的分权及制衡,是始终一脉相延的。

1. 刑部

隋代周禅,废除原先北周官制,但仍循其天、地、春、夏、秋、冬六官体制,将尚书省依六官之法,分为吏部、礼部、兵部、都官、度支、工部六曹。开皇三年,改度支为民部,都官为刑部,从此六曹改为六部。刑部之称一直沿用,直到清末光绪丙午改制(1906年),始将刑部改为法部。

刑部以刑部尚书为长官,侍郎为次长,其所辖刑部、都官、比部、司门四司,先以侍郎为长官,隋炀帝时径以"郎"称之,如比部郎等,其副职则以员外郎称之。唐仍隋旧,只是各司职务的划分更为明确。

刑部司:郎中、员外郎,各二人,掌律法,按覆大理及天下奏谳。

都官司:郎中、员外郎,各一人,掌俘隶簿录,给衣粮医药,理其诉免。

比部司:郎中、员外郎,各一人,掌勾会内外赋敛、经费、俸禄、赃赎等物资,及军械、和籴所入。

司门司:郎中、员外郎,各一人,掌门禁出入之籍及阑遗之物。①

宋代一度设宫中审刑院,侵夺刑部的职权。神宗元丰三年之后,刑部恢复唐代旧制,机构设置仍是四司,但刑部司分成左右两厅,左掌详覆,右掌叙雪。都官司掌徒流、配隶。比部司掌勾覆中外帐籍。司门司仍掌门关、津梁、道路之禁令等。②

元代在中书省下设置刑部,为中央审判机构和最高司法行政机构。以尚书为长官,侍郎副之。司法权有所扩大,但是在实践中,刑部的审判权常常被大宗正府、宣政院、枢密院等侵夺和限制。

明代三法司制度有着重要的发展。洪武十三年(1380年),朱元璋废除丞相,直接统领六部,部权因之升高。起初仍旧实行类似于此前刑部、都官等四司的"四部制",分总部、比部、都官部、司门部。洪武二十三年废除四部,改为河南、北平等十二部,洪武二十九年改为十二清吏司。宣德十年(1435年),定为十三清吏司。以唐宋两代的刑部四司,到明代的刑部十三司,设立的标准由

---

① 根据《唐六典》卷6。
② 参见《宋史·职官三》。

以任务为区分到以省份为区分,这是一项重大的改革。其最完备阶段当属继承明代的清代。清代刑部可谓部务蒙繁,因此其下设的机构也最为完备,堪为传统三法司之一刑部的典型。清代刑部主要设有下述内部机构:

(1)十七清吏司

顺治元年(1644 年),设江南、浙江、福建、四川、湖广、广西、陕西、云南、贵州、河南、广东、山西、山东、江西等十四司。[①] 雍正元年(1723 年),增设现审左右二司,办理在京八旗命盗及皇帝特交各衙门案件。雍正十一年(1733年),分江南司为二,一曰江苏司,一曰安徽司。[②] 乾隆六年(1741 年),改现审左司为奉天司,改现审右司为直隶司。[③] 自此,刑部始定十七清吏司,分掌各该省刑名案件。各省刑名案件题、咨到部,分由各司复核原审,具稿呈堂,以定准驳。同时兼管部内各项司法行政事务及其他事务。

(2)督捕清吏司

初隶兵部。康熙三十八年(1699 年),始在刑部设督捕前后二司及督捕厅。雍正十二年(1734 年)罢督捕前司及督捕厅,并入后司,并省"后"字为督捕司。[④] 掌督捕旗人逃亡之事。

(3)律例馆

顺治二年(1645 年)设律例馆,特简王大臣为总裁,以各部院通习法律者,为提调、纂修等官。乾隆七年(1742 年)始隶刑部,总裁无定员,以刑部尚书、侍郎兼充。掌修法令,刊定条式颁行。每经五年汇辑编排,叫做小修。到十年,重编新格,或补充,或删减,定为宪典,颁行全国,叫做"大修"[⑤]。除纂修律例之外,并有稽核律例的任务,凡各司案件有应驳者及应更正者,都交律例馆稽核。[⑥]

此外,尚有秋审处、减等处、提牢厅、赃罚库、赎罪处、饭银处及清档房、汉档房、司务厅、督催所、当月处等机构,分掌刑部各项事务。

从刑部机构的由小到大,由其职能部门的由简到繁,我们可以发现刑部的

---

① 《大清会典事例》卷 20《吏部·官制·刑部》。
② 《大清会典事例》卷 20《吏部·官制·刑部》。
③ 《大清会典事例》卷 20《吏部·官制·刑部》。
④ 《历代职官表》卷 13。
⑤ 《历代职官表》卷 13。
⑥ 《大清会典》卷 57。

部权由轻到重,亦可看出司法专门化、独立化的趋势。

至于刑部的职权,各代因整个官僚体制的不同,权力也有大小之分。唐代刑部属于尚书省的一个部门,其执掌并非全属司法事务,如上文所述的比部司和司门司,执掌的就是一般性行政事务,而非司法事务。刑部代表尚书省处理有关司法审判事务,此时大理寺为中央第一审,而刑部是复审性质的中央第二审机关。刑部在司法中的主要作用乃是主管司法行政方面的事务,掌管法律、法令及制定各级司法机关在诉讼审判中的个中行为规范,更多带有行政事务机关的色彩。宋元刑部执掌大体与唐相似。只是相比较而言,刑部的权力因被其他中央机关侵夺(如审刑院、大宗正府等),而呈现弱化的趋势。

到了明代,刑部才真正成为一个司法专门机构。关于刑部的执掌,《明史》中说:"三法司曰刑部、都察院、大理寺。刑部受天下刑名,都察院纠察,大理寺驳正。"①可见,此时刑部的部权已经跃升,它取代了大理寺,成为中央第一审。

据《大明会典》所载,明代刑部所掌司法事务大致分成刑名、徒隶、勾覆、关禁四事。刑名指直隶及各省徒罪以上案件之复审,徒隶指徒流充军等刑罚之执行及监督,勾覆指死罪重囚之处决。关禁指监狱之管理与监督。②

到了清代,刑部更有"刑名总汇"之称,其职掌兼有司法审判及司法行政,《大清会典》规定,刑部"掌天下刑罚之政令,以赞上正万民。凡律例轻重之适,听断出入之孚,决宥缓速之宜,赃罚追贷之数,各司以达于部,尚书侍郎率其属以定议,大事上之,小事则行。以肃邦纪"。③ 刑部所掌司法审判事务,具体如下:

(1)复核各省徒罪以上案件

《大清律例》规定:"军流人犯解司审转,督抚专案咨部核复,仍年终汇题。"④无关人命徒罪案件,督抚批结后按季汇齐,咨报刑部查核。有关人命徒罪案件,督抚审结后,专案咨部核复,年终汇题(即以题本奏闻皇帝)。遣军流罪案件,督抚审结后,专案咨部核复,年终汇题。至于死罪案件,嘉庆十三年定

---

① 《明史·刑法志二》。
② 参见前揭那思陆:《中国审判制度史》,第32页。
③ 《大清会典》卷53。
④ 《大清律例·断狱·有司决囚等第》条例。

例,罪应凌迟、斩枭、斩决案件"俱专折具奏"(以奏折专案奏闻皇帝),"其余寻常罪应凌迟、斩枭之案,仍循例具题"(以题本专案奏闻皇帝)①,奉旨"刑部核拟具奏"之案件,由刑部单独复核。奉旨"三法司核拟具奏"之案件,虽由三法司会同复核,亦由刑部主稿。法司定拟判决意见具题,俟皇帝裁决。

(2)办理现审案件

即京师徒罪以上案件。《大清律例》规定:"五城及步军统领衙门审理案件……如应得罪名在徒流以上者,方准送部审办。"②京师案件除笞杖罪案件由步军统领衙门、五城察院自行审结外,徒罪以上案件均由刑部审理,称为"现审"(意指实审,现审为事实审)。除督捕司现审案件由刑部17司轮流签分。寻常徒流军遣罪案件,刑部审结后,按季汇题。死罪案件,刑部各司审讯取供后,"大理寺委寺丞或评事,都察院委御史,赴本司会审,谓之会小法。狱成呈堂,都察院左都御史或左副都御史,大理寺卿或少卿,拿同属员赴刑部会审,谓之会大法。"③法司定拟判决意见具题,俟皇帝裁决。

(3)办理秋审、朝审案件

秋审是对各省斩绞监候案件的复核程序。朝审是对京师斩绞监候案件的复核程序。刑部现监重犯,每年一次朝审。

除司法审判事务外,刑部还职掌办理各种造册汇题、考核各省命盗案件、管理狱政、管理刑具考核本部司员以下官员等司法行政事务,同时主持修订律例。

2. 大理寺

隋采北齐之制,改廷尉寺为大理寺,此后直到清末光绪丙午改制(1906年),方将大理寺改为大理院,为全国最高审判机关。大理寺以卿为长官,少卿为次官,仿北齐制置正、监、平各一人,又置司直十人,律博士八人,明法二十人,狱掾八人。开皇三年,又罢大理寺监、平及律博士,加置大理寺正为四人。唐代除设卿一人,少卿二人之外,另设大理寺正二人,大理丞六人、司直六人及评事十二人。依据《唐六典》记载,大理正掌参议刑狱,详正科条之事,大理丞

---

① 胡星桥、邓又天:《读例存疑点注》卷49"有司决囚等第"条例,中国人民公安大学出版社1994年版,第861页。

② 《大清律例·断狱·有司决囚等第》条例。

③ 《清史稿》卷144《刑法三》。

掌分判,司直掌承制出使推覆,而评事掌出使推按。①

宋代前期,大理寺审判权限有所削弱,仅作为慎刑机关,不能直接受理和审断案件,只负责对各地上报的案件进行书面审,然后上交审刑院复审,并与审刑院同署上报。不唯如此,宋初大理寺长官都不设专职,而由朝臣兼任。置判寺事一人,兼少卿事一人。神宗改制以后,恢复大理寺原有的审判职能,独自审断流罪以下的案件。死罪断决后再报御史台复核,重大案件,奏上裁决。恢复后的大理寺较之唐朝有一大变化,即大理寺少卿设二人,分掌左断刑和右治狱两个系统,其下设有正、推丞、断丞、司直、评事、主簿等官职。可见,宋代司法系统内部又有了进一步分化,审理和断罪分开。其具体分工则为“天下奏命官、将校及大辟因以下以疑请谳者,隶左断刑,则司直、断事详断,丞议之,正审之;若在京百司事当推治,或特旨委勘及系官之物应追究者,隶右治狱,则丞专委推鞠。该少卿分领其事,而丞总焉”。②

金、元时期并没有设置大理寺,有学者对此的解释是女真民族和蒙古民族对于汉民族所建立的三法司制度较难了解,对于刑部与大理寺职掌的划分,更是难以理解。“依女真民族与蒙古民族的认知,刑部与大理寺的职掌互相重叠,大理寺是无需设置的审判机关。”③事实是否如此,姑且存疑。不过异族入住中原,汉化需要一个过程,在原先法制简陋的基础上陡然要设置三法司,大概是比较困难的事;但是更为重要的原因是,其原先的一些机构,可能分化了本应由大理寺处理的司法事务,比如元朝的大宗正府、宣政院等,使得统治者认为没有必要再设大理寺。

明代大理寺名称和设置在明初多次变化,至永乐年间才成为定制,大理寺设卿一人,左右少卿各一人,左右丞各一人,左右二寺各寺正一人,寺副二人,评事四人。明代的大理寺职掌与唐宋有很大的不同,大理寺不再是京师案件初审机关,而转化为复审机关。据《明史》记载,明代大理寺卿的职掌为“掌审谳平反刑狱之政令,少卿、寺丞赞之;左右寺分理京畿十三布政司刑名之事。凡刑部、都察院、五军断事官所推问狱讼,皆移案牍、引囚徒,诣寺详谳。左右

---

① 根据《唐六典》卷18归纳之。
② 《宋史·职官五》。
③ 前揭那思陆:《中国审判制度史》,第30页。

寺寺正,各随其所辖而复审之"。①

清代大理寺机构设置基本沿袭明代,但是地位较之明代更低。大理寺分左、右二寺,各设寺丞三人,满、汉、汉军各一人,满洲、汉军寺丞初为"寺正",顺治元年改为寺丞,与汉员同②,评事一人,经承四人,分掌核办京内外刑名案件。左、右二寺,初各有寺副一人,康熙三十八年(1699年)裁撤。③

大理寺官员,初为十六人。顺治十五年(1658年)上谕曰:"大理寺衙门所管事务无多,不过三法司会议时少有事耳,此等事,堂上官三人办理足矣。"④这时裁减了一部分。乾隆间才有了一定额数,总人数是三十一人。光绪三十四年(1898年)曾一度并入刑部,旋又恢复。光绪三十二年(1906年)改革官制,改为大理院。

清代大理寺司法审判上之职掌,主要有三:

(1)会谳死罪案件

大理寺会同复核京师及外省死罪案件,《大清会典》规定:凡重辟,在京者,左、右寺各会其刑司与其道而听之,以质成于卿、少卿。(左、右寺官暨各道御史过部,与承办之司官会审,曰:小三法司,各以供词呈堂,大理寺复与部院堂官会审。无疑义者,俟刑部定稿送寺,堂属一体画题)。在外者,寺受揭帖(各省总督、巡抚具题重辟,皆以随本揭帖投寺,各按其应分应轮,发左、右寺)。各定谳以质成于卿、少卿,而参合于部谳。左、右寺先据揭帖,详推案情,与所拟罪名、所引律例是否符合,预定谳语呈堂,俟刑部定稿送寺,谳语相合无疑义者,堂属一体画题。凡重辟,必三法司之议协于一而后狱成。

(2)会同复核朝审、秋审案件

(3)会同参与热审

纵观大理寺整个发展历程,从最初的三公之一的"廷尉"演变到清代的复核机构,大理寺总体的司法权限在逐渐萎缩,从作为最高司法机关的一级单位,主管中央审判到最终仅仅局限在复核领域,可见司法权逐渐被司法权所挤

---

① 《明史·职官制二》。
② 《大清会典事例》卷1043《大理寺·官制》。
③ 《历代职官表》卷22。
④ 《清文献通考》卷77。

压和侵吞,这也是帝制中国官僚系统发展的必然结果。

3. 御史台—都察院

相比于刑部与大理寺,御史或者御史台这一称谓出现得最早。御史之名,在《周礼》中即曾出现,"御史掌邦国都鄙及万民之治令以赞冢宰"①。春秋战国时御史作为史官出现,与后世作为风宪之官有很大不同。

秦汉中央政权形成之后,皇帝为监察百僚,提高御史的地位,从此,御史成为君人之耳目。秦时,御史大夫位列三公,处于国家中枢的地位。汉承秦制,以御史大夫为副丞相,且以官名为署名,监察机构称御史大夫府或御史府,也称宪台。西汉末年,宰相由三公(丞相、廷尉、御史大夫)改为三司制(司徒、司马、司空)制,为适应此种官制变化,专设了御史台。所以御史台最早出现在西汉末年,到东汉,御史台又称为兰台寺。御史中丞作为御史台最高长官,到东汉时权势日隆,"与司隶校尉、尚书令会同,专席而坐,故京师号曰三独坐"②。当然御史最主要的职责是进行各类监察活动,比如在司法领域内进行司法监察。但是就诉讼审判而言,御史仍可参与。在汉代,御史台官员握有审判权,御史中丞属官侍御史中,有两名治书御史,专司审判,"凡天下诸谳疑事,掌以法律,当其是非"③。

魏晋南北朝因袭汉制,以御史中丞为御史台主。但基本上,此时的御史台仍然是特别审判机关,主要职责是纠弹监察,司法只是它的一项特别任务。在审判上,御史台的权力低于廷尉。

御史台真正在司法领域形成气候,并与大理寺、刑部并驾齐驱为三法司之一的,是在隋唐时期,唐代御史台设大夫一人,中丞二人。"大夫掌以刑法典章纠正百官之罪恶,中丞为止贰。其属有三院:一曰台院,侍御史隶焉;二曰殿院,殿中侍御史隶焉;三曰察院,监察御史隶焉。"④

其中台、殿、察三院分工井然,台院侍御史四人,"掌纠察百僚,推鞠狱讼,其职有六:一曰奏弹,二曰三司,三曰西推,四曰东推,五曰赃赎,六曰理匦。凡有制敕付台推者,则按其实状以奏,若寻常之狱,推迄断于大理。"殿院殿中侍

① 《周礼·春官》。
② 《后汉书·宣秉传》。
③ 《后汉书·职官制二》。
④ 《新唐书》卷48"百官三"。

御史六人,"凡两京城内,则分知左右巡各察其所巡之内有不法之事"。察院监察御史十人,"掌分察百僚,巡按郡县,纠视刑狱,肃整朝仪"①。

此时的御史台,仍是特别审判机关,审理皇帝交议的特别案件,以贵族和官员犯罪案件居多。它并非初审和复审机关,而是类似于终审机关性质的单位。

宋代御史台基本延续唐代制度,但是它不设御史大夫,设御史中丞一人为御史台长官,其副职为侍御史一人。就组织而言,此时的御史台较之唐代大为精简。就职责而言,有关审判之权力也较唐代为小,只是遇到大案要案、疑难案件之时,奉皇帝敕令与刑部、大理寺会审。

元代御史台权力有所加强,设殿中司,职掌朝廷礼仪制度;设察院,为天子耳目;设肃政廉访司,分驻各地,督查地方官府违法行为。

明代初年置御史台,洪武十三年(1380年)罢之,十五年设都察院,设监察都御史八人,分监察御史为十二道,各道置御史或五人、或三四人,十六年设左右都御史各一人,左右副都御史各一人,左右佥都御史各二人。明代都察院权力特重,亦可行使独立审判权。清承明制,但更为细化。入关之前,原设有都察院,但其主官为承政。顺治元年,改都察院承政为左都御史,参政为左副都御史,无定员。右都御史、右副都御史皆非专员,俱为总督、巡抚、河道总督、漕运总督兼衔。三年,定左副都御史满汉各二人。五年,定左都御史满汉各一人。② 都察院堂设经承二十五人,门吏一人,分设堂印房、本房、吏、户、礼、兵、刑、工六房及火房、架阁库等单位,分办堂上各事。③

御史制度发展到清代到达了帝制时代的巅峰,亦可视为传统御史制度的典型。清代都察院所述机构主要有六科、十五道及五城察院。六科,即吏、户、礼、兵、刑、工六科,顺、康时期,沿袭明制,为独立的监察机关,主要监督六部政务。雍正元年(1723年)合并入都察院。六科设掌印给事中、给事中,掌印给事中、给事中,定制均为正五品,一般以资深者为掌印。与司法审判事务较密切的是刑科给事中。

十五道,顺治初年即设河南、江南、浙江、山东、山西、陕西、湖广、江西、福

---

① 《唐六典》卷13。
② 《大清会典事例》卷20《吏部·官制·都察院》。
③ 《大清会典事例》卷147。

建、四川、广东、广西、云南、贵州、京畿十五道。十五道设监察御史若干人,乾隆二十年(1755年)定制,设御史宗室四人、满二十二人、蒙古二人、汉二十八人(兼用汉军),共五十六人。各道御史人数不等。①

十五道分掌有关省刑名,但京畿道管顺天府、直隶省,兼管盛京;陕西道管陕西,兼管甘肃、新疆;江南道管江苏、安徽;湖广道管湖南、湖北等两三个省区。此外,十五道还分别稽察京内各衙门事务,如京畿道稽察内阁,河南道稽察吏部、詹事府、步军统领衙门等。

掌印御史,御史,定制均为从五品,唯掌印御史以资深者任之。

都察院号风宪衙门,"掌司风纪,察中外百司之职,辨其治之得失,与其人之邪正,率科道官而各矢其言责,以饬官常,以秉国宪。率京畿道以治其考察处分辩诉之事,大政事下九卿议者则与焉。凡重辟,则会刑部、大理寺以定谳,与秋审、朝审。大祭祀则侍仪,朝会亦如之,皇帝御经筵亦如之,临雍亦如之"。② 其主要的司法职掌为:

(1)会谳死刑案件

清代,凡奉旨"三法司核拟具奏"之各省死罪案件,刑部须会同都察院、大理寺复核。经刑部定拟判决意见后,其题稿须送都察院画题,由十五道依其职掌分别办理。都察院如无异议,画题后,题稿送刑部,由刑部办理会题,奏闻裁决。京师死罪案件审理程序与各省死罪案件审理程序不同。顺治十年题准:"刑部审拟人犯,有犯罪至死者,有犯罪不至死者,若概经三法司拟议,恐于典例不合。嗣后凡犯罪至死者,刑部会同院寺复核。又定:凡审拟死罪者议同者,合具看语,不同者各具看语奏闻。"③自此,京师死罪案件须由三法司会审。

(2)会同复核秋审、朝审案件

尽管御史台司法权限有增大的趋势,然而与其说它的设立是专门为了从事司法事务,不如说是为了代天子监察司法事务,它的司法权限,实际上在监察之外的一个特别附加的权力。这同样体现了传统司法的行政主导性。

---

① 《清史稿·职官志二》。
② 《大清会典》卷69。
③ 《大清会典事例》卷1021《都察院·各道》。

（三）传统地方司法机构

中国古代自春秋战国之交逐步完成了从封建邦国制向郡县制的过渡,相应地建立了地方行政体制。各级地方长官作为中央集权的皇帝委派在地方的代表,既是该地方的最高行政长官,自然也是当地最高司法长官,事实上在地方,行政与司法是合一的,或者说司法事务其实亦是行政事务的一环。

秦朝统一天下之后,分全国地方为三十六郡,后增设至四十多郡,均设郡守,为一郡之长,其下有郡守丞,协助郡守处理行政事务,边疆之郡,另有长史,掌管兵马,郡守有缺,丞或长史代行其职。郡守的属吏有卒史、主簿、牧师令。其中与司法事务密切相关的有卒史与主簿,卒史负责协助郡守审断案件,而主簿则负责管理郡中文册部书,包括司法文件。此外,郡中还有郡尉,主管逮捕郡中的盗贼,有一定的侦查职能。

郡以下设县,县设令、长,其区别在于人口在万户以上设令,不足万户设长,县令下有县丞和县尉,县丞佐令、长办事,县尉负责一县治安及缉捕之事。此外,县的属吏尚有功曹、狱掾等。其中功曹主管选用县之吏卒与考绩,狱掾主管监狱事务。

县以下的行政组织为乡,乡以下是亭,亭以下是里。《汉书·百官公卿表》云:"大率十里一亭,亭有长;十亭一乡,乡有三老、有秩、有啬夫、游徼。"①这些都是基层司法的组织。

汉代因袭了秦代地方制度,郡县二级的地方司法机构,在西汉年间,并无变动。但东汉之后,设立了州(部)作为各郡的监察区。州(部)刺史的权力越来越大,州的性质与地位起了变化,由监察区变成了行政区。

自秦郡县制度确立之后,一直到明代,郡县基本就成为地方行政单位,尤其是县,在基层行政单位中最为稳定。但是地方行政区划各朝各代都有所变化,主要表现在中央巡视官员与地方"诸侯"的循环。

因为有这样的"巡环",导致了地方政权的层级数发生了变化,大致说来,有几级地方政权,司法审判相应就有多少级审级。为简便故,我们仅以循环的最后一个阶段——清代为例,来考察地方司法机构的组成情况,它可以看成是整个帝制时代地方司法机构的缩影,因为它作为循环的最终级,自然也最

---

① 《汉书·百官公卿表》。

为完备。①

《大清会典》载:"总督巡抚分其治于布政司,于按察司,于分守、分巡道;司、道分其治于府,于直隶厅,于直隶州;府分其治于厅、州、县;直隶厅、直隶州复分其治于县。"②按照审级的次序,依次为:

1. 县、州、厅

县为基层政权,在一些冲要地方设州,一些边远少数民族聚居、杂居地方设厅,其地位大致与县相等。清代全国共设有县及厅、州 1500 个左右。

《大清律例》规定:"军民人等遇有冤抑之事,应先赴州县衙门具控。如审断不公,再赴该管上司呈明,若再屈抑,方准来京呈诉。"③

凡是境内发生的人命、强盗、窃盗、棍骗、邪教、私盐、光棍、窝赌、衙蠹等应判处徒刑和徒刑以上的刑事案件,特别是人命、强盗两大类,清朝最视为严重犯罪,州县都有其责。州县管辖刑事案件,有两方面的职责:

侦查,州县对刑事案件的侦查职责,包括缉捕、查赃、勘验现场、检验尸伤、采取强制措施等。

初审,州县对捕获的人犯经行审理,称为"初审"。州县初审刑案,要根据和引用《大清律例》的条款来定罪量刑,称为"拟罪"或"拟律"。但是,拟罪不是发生法律效力的判决,州县初审完毕,应按期(如命案是四个月)将案卷、拟罪意见和案犯一起解送上司复审。

2. 府、直隶州、直隶厅

清朝在全国设有府 80 余个,直隶厅、州 100 余个。府一般辖有五六个至八九个州县,直隶州一般辖有二三个县,直隶厅一般不辖县。

府有"决讼检奸"的职责④,是州县的上一审级。直隶厅州既辖县又亲民,所以既是所辖县的上一审级,又是本州民、刑案件的直接受理者。

《大清律例》规定,军民词讼"须本管官司不受理,或受理而亏枉者,方赴

---

① 清代地方司法机构部分主要参见张伟仁:《清代法制研究》,(台湾)"中央研究院"历史语言研究所专刊之七十六,该所刊印,第 143—210 页。
② 《大清会典》卷 4《吏部》。
③ 《大清律例·诉讼·越诉》。
④ 《清史稿·职官志三》。

上司陈告"①。府、直隶厅、直隶州既受理辖区内一审刑事、民事案件,又复核州县上报之刑事案件。雍正帝谓:"刑名案件,知府尤为上下关键,务期明允公当,地方始无冤民。"②但刑事案件,府、直隶厅、直隶州同样只能对处刑枷杖以下案件作出裁决。

知府主要职责为复核州县上报之刑事案件。对于州县解来人犯进行审理,查验人证、物证,审查州县拟罪意见。如无异议,知府即作"看语",亦即拟罪意见。之后上报按察使。如有异议,则一面详报臬司、督抚,一面驳回重审或遴派他员复审,改正后上报按察使。

府级还接受军民百姓不服州县审判的上诉和申诉。就司法职能而言,知府既负责受理和审理本管辖区内一审刑、民事案件,也要复核州县上报之刑事案件,对于州县解来人犯进行审理,查验人证、物证,审查州县拟罪意见等。

由于清代严越诉之禁,一般来说,知府是为所有上控案件之必经审级,因此相对其他上控审级而言,知府一级最为重要,其审理上控案件的数量最多,事务也最繁。

3. 守道、巡道

清代守巡两道实为布、按二司之佐贰官。时人谓:"守巡两道非止为理词讼之际设也。一省之内,凡户婚田土、赋役、农桑悉总之布政司;凡劫窃斗杀、贪酷奸暴悉总之按察司。两司堂上官,势难出巡,力难兼得,故每省计远近设分守、分巡道,令之督察料理;所分者总司之事,所专者一路之责。"③

道的主要司法职能有二:一为查核所属府州县自理词讼,二为审转直隶州及遥远府州县招解、秋审案件。清代府属州县案件,由府审转至按察使司。

4. 按察使司

按察使司又称臬司,为一省"刑名之总汇,事务繁多"。④ 雍正帝谓:"朕惟直省大小狱讼民命所关,国家各设按察司以专掌,一切州县申详,至尔司而狱成,凡督抚达部题奏事件皆由尔司定案,任岂不重。"

---

① 《大清律例·诉讼·越诉》。
② 阮元(编)撰:《广东通志》卷1《训典一》,雍正八年上谕。
③ 陈宏谋:《从政遗规》卷上"明职"。
④ 《清会典事例》卷122《吏部》。

审理自理案件,是按察使司法职能之一。雍正五年议准"按察使自理事件,限一月完结"①。唯自理案件内容,一为守训上报案件,一为自理案件。

按察使的主要职能是复审全省刑事案件。《大清会典》规定:州县:"狱成,则解上司以审转。"②案件经知府、守道、巡道审转后送至按察使司,"向来各府州县承审案件,斩绞重罪,由司转解巡抚审理。军流则将案情详报,其人犯止解按察司,而不解巡抚衙门。徒罪以下人犯,则归各府州县自行审理,不过将案情详报核批,其人犯即臬司衙门亦不解审。此向来办法也。"③按察使对于上报的徒刑案件进行复核,对招解来的军流、斩绞案犯进行复审。如无异议,便可加上"审供无异"的看语,上报督抚。如发现上报的案情有疏漏,供词、证据不符,可以驳回原审衙门重审,或者改发别的州县(常常是发省城的首县)"更审"。军、流人犯,按察司复审后,就可将人犯发回原审州县关押待罪。而死刑人犯,按察司审后,尚不能发回,要报督抚复审。

按察司还主办全省秋审事务,管理狱政。

5. 总督、巡抚

总督、巡抚既是省级军政长官,又是地方最高审级,按察司虽综理全省刑名事务,仍须报呈督、抚。

《大清律例》规定:外省徒罪案件,如有关系人命者,均照军流人犯解司审转,督抚专案咨部核复,仍令年终汇题。寻常徒罪,各督抚批结后,即详叙供招,按季报部查核。④ 拟律为徒刑的案件,如无关人命,督抚即可批结,按季汇报刑部。关系人命徒罪案件及军流案件,督抚专案咨送刑部复核,年终汇题。至于死刑案件,"在外听督抚审录无冤,依律拟议(斩绞情罪),法司复勘,定议奏闻。(候有)回报,(应立决者),委官处决。"⑤如罪应凌迟、斩枭、斩决之重大案件,由督抚专折具奏,其余寻常罪应凌迟、斩枭之案件,仍由督抚循例具题。

徒流军罪案件审结后,督抚咨部复核,刑部如认为事实认定合乎情理,适

---

① 《大清会典事例》卷 122《吏部·处分例·外省承审事件》。
② 《大清会典》卷 55。
③ 胡星桥、邓又天:《读例存疑点注》卷 48"鞫狱停囚待对"条例,第 835 页,中国人民公安大学出版社 1994 年版。
④ 《大清律例·断狱·有司决囚等第》条例。
⑤ 《大清律例·断狱·有司决囚等第》。

用法律并无不当,则可定拟依议之判决,以题本奏闻皇帝。如认为督抚适用律例有不当之处,可依律例径行改正。如果刑部认为督抚认定事实不合情理或者引用律例不当时,得驳令再审。各省死刑案件,由三法司复核。如认为督抚认定情罪不协、引用律例失当,则驳令再审。

（四）传统特别司法机构

如上所述,传统帝制中国,司法权是附属于行政权的,司法事务在统治者看来,与行政事务并无本质上的区别。因此,实践中各个衙门都有可能插手司法事务。大案要案更是经常采用会审的形式,最为规范的自然属三法司会审。此外,尚有朝廷六部加上大理寺、都察院及通政司在内的"九卿会审",有内廷宦官在大理寺监审的"大审",有集合百官公卿的"廷议",等等。所以,中国帝制时代并无严格意义上的独立的司法机构,即使是大理寺、刑部、御史台,其司法性质也并不纯粹。事实上,正因为不仅仅是司法机构,刑部、御史台才获得了更大的权力,而相对更为纯粹的大理寺,却在行政事务的挤压下日益萎缩,这也显示出了传统司法的"类行政化"的属性。当然,相比于其他行政机构,三法司作为常设中央司法机构,其司法特性毕竟是居于首位的,也一直存在。但是,因为皇权专制的本性,又因为上述所论的"内外朝循环"、"中央巡视员与地方'诸侯'的循环"等专制时代难以解决的固陋难题,导致了在正常的三法司之外,历朝历代还创设过一些特别的司法机构,这些机构是林林总总,难以尽述,我们仅举三法司确定之后、在中央层次上影响深远的、较有代表性的数个特别司法机构来述之,其余如五城察院、步军统领衙门、内务府慎行司、清代宗人府等,就暂时从略了。

1. 审刑院（或称宫中审刑院,宋初至宋神宗元丰改制前）

北宋初期,宋太宗为了防止大理寺和官员营私舞弊,于是在皇宫中又设了一个特别的审判机构——审刑院,以朝官一人或者二人为其长官,下设有详议官。审刑院由皇帝亲自管理,不隶于外廷任何机构,作为宰相的平章政事也无权过问审刑院事。审刑院设立之后,所有上奏案件必须先报送该院,由其再发给大理寺和刑部。原本大理寺决断后再由刑部复核的案件,还要经审刑院详议,实际上审刑院又成为刑部以上的又一级复审机关。审刑院创设两年之后,大理寺所断案件干脆不再经过刑部的详复,而直接由审刑院处理。这事实上就架空了刑部的权力,刑部只保留了对官员进行行政处分的职权。所以审刑院之设,实际上是皇帝绕过刑部,直接插手司法事务,为"御笔断罪"开绿灯,体现了皇帝生杀予夺、至高无上的权力。这是皇权专制的突出表现。虽然到元丰三年,审刑院因为机构重叠故被并入刑部,然而皇帝御笔断罪的情形仍旧没有终止,一直到帝制时代结束。

2. 大宗正府与宣政院(元朝)

元朝建立之后,撤销了大理寺,将管理贵族事务的大宗正府,作为重要中央审判机构,以亲王为府长,府长由蒙古贵族担任。设断事官受理蒙古人、色目人,尤其是蒙古上层人士的诉讼案件。有时也全面掌握国家刑狱,兼理汉人轻重罪囚。"凡诸王驸马投下蒙古、色目人等,应犯一切公事,及汉人奸盗诈伪、蛊毒魇魅、诱掠逃驱,轻重罪囚……皆掌之。"①

而宣政院是元朝的最高宗教审判机关,由佛教国师兼领,负责审理僧侣的狱讼。最初,世祖忽必烈任八思巴为帝师、大宝法王,统领全国佛教,朝廷立总制院,管领佛教僧徒及吐蕃境内事务,包括司法事务。《元史·百官志三》载:"至元二十五年(1288年),因唐制吐蕃来朝见于宣正殿之故,更名为宣政院。置院使二员,同知二员,副使二员,经历二员,都事四员,管勾一员,照磨一员。"但到1311年时,宣政院就不再审理僧人诉讼,而归于专门法司。

3. 厂卫特务机构(明朝)

厂卫指的是东厂、西厂、内行厂及锦衣卫,它们都是明代的特务机构,负责的事务繁多,原不限于司法一端。其中对司法的操纵和控制最为厉害的机构为东厂和锦衣卫镇抚司。锦衣卫创设于洪武十五年,为皇帝的亲军,负责皇宫护卫,其镇抚司负责重大案件的巡察、缉捕,并理问诏狱,具有很大的司法权力。锦衣卫办理司法事务,仅对皇帝负责,其余任何人都不得加以干涉,是以其凌驾于一般司法机构之上。"凡问刑,悉照旧例,径自奏请,不经本卫。或本卫有事送问,问毕,仍自具奏,俱不呈堂。凡鞫问奸恶重情得实,俱奏,请旨发落。内外官员有送问,亦如之。"②可见锦衣卫镇抚司司法职权之大。

东厂创设于明成祖永乐十八年,为主要侦察政治犯的特务组织,由提督太

---

① 《元史》卷87《百官制三》。
② 《明会典》卷228。

监统领。东厂刺探重大刑案,也参与审判。案件首先由东厂审理,定罪后,再交刑部量刑。各地王公大臣的犯罪,也往往由东厂太监组织专案组前往查察,常常是一审终审。东厂对司法领域的干预和操纵是全面的,甚至在地方司法中,也进行干预。"每月旦,厂役数百人,掣签庭中,分瞰官府。其视中府诸处会审大狱、北镇抚司拷讯重犯者听记;他官府及各城门访缉坐记;某官行某事,某城门得某奸,胥吏疏白坐记者上之厂曰打事件……以故事无打小,天子皆得闻之。"①因为厂卫有"大内密探"的身份,所以在外界看来,它们直接代表着皇帝的司法权,故而通常的司法事务及司法程序要受制于厂卫的行动。

厂卫司法组织对司法活动全面干预和操纵,充分表明专制制度发展到了君主对本是其附属物的官僚组织的不信任程度,也从侧面显示出了专制程度的进一步加深。

4. 盛京刑部(清朝)

清代崛起于关外,在关外时期,盛京(今沈阳)乃其国都。入关之后,盛京保留了除吏部以外的五部,这与明代都城由南京北迁北京之后体制一样。但是与明代南京五部为闲职不同,盛京刑部发挥着重要的作用,主要在处理与边外蒙古的关系上,是一个处理民族关系的桥头堡。

盛京刑部职掌审办盛京旗人及边外蒙古的案件,每年秋审会同盛京户、礼、兵、工四部侍郎及奉天府尹审议汇题。奉天府重犯秋审,也会同盛京刑部酌定具题。

盛京刑部的内部组织,有肃纪前司、肃纪左司、肃纪右司、肃纪后司。肃纪前、左二司分掌盛京十五城旗人狱讼及旗、民交涉案件。案在盛京所属六十里以内者,由部员审讯,逾六十里以外者,由该厅、州、县审拟完结,按月造册送部,重案则解部审拟。肃纪右司掌边外蒙古狱讼案件。凡窃盗命案与旗、民交涉之案,都解犯到部审讯。应验视者,行奉天府尹酌派附近州县往验,录供报部。肃纪后司掌讯办私刨私贩人参案件。凡私刨私贩案件,俱会同盛京将军、奉天府尹等官审议定拟。

综上,在传统专门法司之外,历代因为各自不同的具体情形,还创设过一些特别的司法机构,总结起来有两个方面的原因。第一是由于民族和宗教的

---

① 《明史·刑法志三》。

原因，一般体现为少数民族进入中原，成为新的统治者之后，在司法中如何处理复杂的民族和宗教问题，不至于激起民族矛盾，于是因俗因地制宜，设立一些特别的司法机构；第二个更为根本的原因，则是皇权专制的日益深化，如何更为有效地巩固自己的皇权，如何不被外官蒙蔽，如何利用司法控制臣下，于是在专门司法机构之外，更是设计了特别司法机构，这是传统司法制度演变的必然，因此，第二个原因才是最终的原因，因为因俗因地制宜，最终的目的还是为了维护皇权专制统治。

二、兼顾和谐与公正的民事诉讼

夏商时期，因为文献不足征，我们无从知道期间的民事审判情况。但是知道了西周，从出土的青铜器铭文中，我们知道当时虽然没有民事诉讼这样的提法，但是刑事诉讼和民事诉讼在当时的审判人员和一般民众心中存在着一定的区分，大体而言"争罪曰狱，争财曰讼"，大体而言，狱、讼的分别即刑民的分别。此后，关于民事诉讼，古代一般都以争讼来指代。

西周民事诉讼虽然案件性质为民事，但是往往采用刑罚的惩罚方式，这导致了长期以来对中国古代司法制度存在着误解，即认为中国古代只有刑事司法而无民事司法。实际上这是一种"从刑论法"观念的误读。诚如有学者指出的那样："传统法观念中所表现出来的强烈的刑法色彩，与世界各国，甚至与中国周边少数民族的法观念相比，也显得相当独特。'杀人者死，伤人者刑'的同态复仇主义强有力地塑造了中国人的法观念，不仅在历史上深入人心，甚至直到今天仍然根深蒂固，如果政府不对杀人犯处以死刑，纵使百倍的财产赔偿也难以平息受害人家族的愤怒。明清时代的中国周边少数民族，如蒙古族、满族和藏族等习惯法中均保留着以财产补偿方式处罚杀伤、盗窃等刑事犯罪行为。然而，在中国人心目中以金钱补偿替代刑罚不仅是不道德的而且是野蛮的、落后的。"①

在这种以汉族为主所谓"先进"的法观念的指引下，中国古代法律案件最

---

① 苏亦工：《明清律典与条例》，中国政法大学出版社 2000 年版，第 4 页。

终的指向都是刑罚,甚至在主要的法律条文中,"定罪"本身不是目的,而"刑罚"才是归宿,所以各项制度都是围绕着刑罚展开的。民事诉讼的最后也是刑罚的执行。这是我们提及民事诉讼必须要注意到的,否则按照今天的法律理论,中国古代甚至都没有民事诉讼这样一种诉讼形态。

秦汉时期,民事诉讼承袭西周、春秋战国各时期的传统观念,坚持"以两造禁民讼"、"以两剂禁民狱",可惜关于民事诉讼审判制度的历史记载,实在太过匮乏,有专家认为其原因乃是"这既同历代封建统治者奉行'重农抑商'的政策,'重刑轻民'的方针有关,同时也与时间久远,战乱不息,文书档案的损坏严重有关"①。我们只能通过残留下来的秦汉简牍中的只言片语,形成一个大概的概念,但是具体的起诉、审判、执行过程则无从考究。这种情况到唐代以后,随着历史材料的丰富,方得以改观。

首先法律规定了民事案件的管辖机构,唐代中央对民事案件是以行政手段和司法手段相结合的方式进行管理。不涉及侵权犯罪的案件往往以行政方式加以解决,涉嫌犯罪的才用司法方式处理,涉及高级官员的案件则由御史台审理。中央并没有严格意义上的管理民事诉讼的机关或审判组织,民刑管辖机构区分并不明显。至于地方民事案件,由兼理司法的长官进行处理。州县的刺史、县令不仅亲自掌管刑事案件,民事诉讼也由其负责。

在审判的时间上,唐代对民事诉讼规定了"务限"制度。根据唐令《杂令》规定:"谓诉田宅、婚姻、债负,起十月一日,至三月三十日检校,以外不合。若先有文案交相侵夺者,不在此例。"②

需要说明的是,古代民事案件,通常在法律中即指户婚田土债务等案,这些案子必须在农历的十月一日起开始受理,到次年正月三十日截止,三月三十日以前审结完毕。所以十月一日至三月三十日这段时间是处理民事诉讼的时间,三月三十日至九月三十日,正好是一年的农忙时节,在这段时间内,不再接受民事诉状。这样的规定颇合古代农本主义的实际,为了避免诉讼双方当事人因为打官司而影响农业生产,所以法律必须对受理和审断民事案件进行限定。

当然,务限制度也有例外,如果涉及土地争讼,比较迫切时,官府可以在不

---

① 张晋藩主编:《中国司法制度史》,人民法院出版社 2004 年版,第 20 页。
② 《宋刑统》卷 13"婚田入务门"。

违农时的前提下,进行审判。"入务"(指三月三十日至九月三十日)之后,如果发生民事纠纷又该如何,一般情形下,官府提倡"调处息争",在中国古代,经过调解而平息诉讼称为"和息"、"和对"。秦汉以降,司法官多奉行调处息讼的原则。至两宋,随着民事纠纷的争夺,调处呈现制度化驱使;清明时期,调处日臻完备。调处适用的对象是民事案件与轻微的刑事案件,调处的主持者,包括地方官州县、基层小吏和宗族之长。由于诉讼的繁简是考核官吏政绩的标准之一,所以州县官都很注意贯彻调解息讼的原则。这里面固然有儒家"无讼"思想的影响,儒家思想强调"致中和,天地位焉,万物育焉",和谐观念自古就在司法思想中占据重要地位,所以在民事诉讼中官员自觉不自觉地应用调解的方法,以达到息事宁人,劝和为贵。然而"务限法"这一司法制度,也可以从制度上解释为什么中国古代民事诉讼中调解占有很大比重,实在是因为如此短的受理期限内通过审判无法解决日益增多的民事纠纷。

唐代的法律中还规定了某些案件的诉讼时效,比如对订婚的保护期不超过三年,对占据逃户田地的保护期只有五年,有关债权债务的诉讼时效最高不超过三十年①,等等,这些时效制度,被宋代以后的民事诉讼继承。

至于民事案件的起诉,和刑事诉讼一样,也是自下而上,由州县开始,在原告、被告户籍所在地或者案发地的官府衙门起诉。衙门受理之后,根据需要,可以传唤有关当事人。其审理方式与刑事诉讼有相同的地方,一般在县或州解决,多以笞、杖刑结案,如果高于杖刑的民事案件,则须逐级报到尚书省。

民事案件的审判相对较为宽松,除了引用律、敕外,还可援用约定俗成的习惯和乡约。因为古代视民事案件为"田土细故",所以能用调解结案的,一般还可加以调解。对于已经生效的民事判决,一般由当事人自觉执行,对于债权债务案件,也可强制执行。

除了有关机构和具体的地点发生改变之外,这一整套民事诉讼的制度自唐到清大同小异。因为清代存留下来不少地方州县档案,且文书资料异常丰富,我们从中可以发现更为详尽的民事诉讼程序细节,下面通过考察清代民事诉讼制度,来对传统的民事诉讼进行一个全景式的扫描。②

----

① 相关时效内容参见《宋刑统》卷 13"户婚律"所载唐代令、敕的规定。

② 该清代民事诉讼部分主要参考前揭张晋藩主编:《中国司法制度史》第十章第三节相关内容。

（一）民事诉讼的受案范围

清代民事案件的受案范围与前朝相同,多为土地、钱债、继承与婚姻纠纷,故称之为"户婚田土案件"或"田宅、户婚、钱债案件"。因多属于民间细故,故列为州县自理案件范围。但发案数量不断增加。

（二）民事诉讼的管辖

一般主体的普通民事案件,均由事犯地方的州县衙门管辖。清律规定:"户婚、田土、钱债、斗殴、赌博等细事,即于事犯地方告理,不得于原告所住之州县呈告。"①

直省客商在异地经商所发生的钱债纠纷案件,也只许向所在司法机关陈告。清律对此规定:"直省客商在于各处买卖生理,若有负欠钱债等项事情,止许于所在官司陈告,提问发落。若有蓦月赴京奏告者,问罪递回。奏告情词不问虚实,立案不行。"②

如果是宗室觉罗之间因继嗣、宗籍、婚姻而发生的民事诉讼,则适用特别的管辖制度。一律由宗人府管辖,宗人府专门负责管理皇族事务,裁决皇族内部的法律纠纷,其法律依据为宗人府制定的《宗人府则例》。

而旗人之间与旗民之间的民事案件,则各有不同的管辖。在京八旗人等如有应告地亩,在该旗佐领处呈递,如该佐领不为查办,许其赴户部及步军统领衙门呈递。

京师旗民之间如发生争控户口、田房案件,"旗人由各本旗具呈,民人由该地方官具呈。如该管官审理不公及实有屈抑,而该管官不接呈词者,许其赴部控诉,亦有事系必须送部者,该管官查取确供确据,叙明两造可疑情节,送部查办"。③

各驻防旗人之间的民事案件,由理事厅专理旗人案件的佐贰官——理事同知,或理事通判管辖,同时也审理地方旗民之间的民事案件。

凡军人之间的民事诉讼,"从本管军职衙门自行追问"。④ 军民之间的民

① 《大清律例·刑律·诉讼·越诉》条后附例。
② 《大清律例·刑律·诉讼·越诉》条后附例。
③ 《大清会典》卷二四,第1页。
④ 《大清律例》卷三〇《刑律·诉讼·军民约会词讼》。

事诉讼,由管军衙门会同州县一体约同,即所谓"军民约会词讼"。

至于少数民族地方案件,则由少数民族定例专条加以处理,相应适用诸如《蒙古律例》、《理藩院则例》等,与内地不尽相同。

(三) 民事案件的起诉

1. 起诉资格

清代延续唐明旧制,原告称为"原造"、"告状人"、"具告状人"等,被告亦称"被造"、"被论"等。无论原告、被告,起诉均有资格上的限制。《大清律例》"现禁囚不得告举他事"条规定:"其年八十以上,十岁以下,及笃疾者,若妇人,除谋反、叛逆、子孙不孝,或己身及同居之内为人盗、诈、侵夺财产之类听告,余并不得告。"该条附例则规定:"年老及笃疾之人,除告谋反叛逆,及子孙不孝,听自赴官陈告外;其余公事,许令同居亲属通知所告事理的实之人代告。"据此,"年老及笃疾之人"在民事诉讼中必须由他人代告。《大清律例》"官吏词讼家人诉"条规定:"凡官吏有争论婚姻、钱债、田土等事,听令家人告官对理,不许公文行移,违者笞四十。"据此,官吏在民事诉讼中亦不能自行呈控,而须由家人代告。生监亦须由他人代告。

2. 抱告

所谓抱告,即原告本人因为种种原因,无力亲告,而由与其有身份联系的人代为告状。抱告本人除应具备完全诉讼能力外,一般须与告状人有特定的身份联系。平民告状抱告多为亲属,生监及官吏则多为雇工。

《大清律例》"越诉"条附例明确规定:"军民人等,干己词讼,若无故不行亲赍,并隐下壮丁,故令老幼、残疾、妇女、家人抱赍奏诉者,俱各立案不行,仍提本身或壮丁问罪。"清代民事诉讼中,官吏、生监、老幼废疾及妇女涉讼应以抱告呈诉是各地通行惯例。

3. 相关证人制度

证人通常被称为"干证"或"证佐",一般指由当事人所提供的知悉案情,并被传唤到堂证明案件事实的人。清代民事诉讼中,当事人交易时的中人通常作为证人。"中人",在明清时期又被称为中证、凭中、中见、中保等。交易活动,如买卖、典当、借贷,乃至分家析产等领域大都有中人参与,"防讼结信"。一旦发生纠纷,则多扮演仲裁人和调解人的角色。如果纠纷最终进入诉讼阶段,中人自然成为必不可少的证人,会被传唤到堂作证。受血缘、地缘因素的影响,民事诉讼中的证人一般数量较多,以致法律对当事人可提供的证人数量作出限制,并允许州县官择要传唤证人。《大清律例》"越诉"条附例规定:"凡词状止许一告一诉,告实犯实证,……承审官于听断时,如供证已确,纵有一二人不到,非系紧要犯证,印据见在,人犯成招,不得借端稽延,违者议处。"

清代对证人的身份亦有限制,《大清律例》"老幼不拷讯"条规定:"其于律得相容隐之人,及年八十以上,十岁以下,若笃疾,皆不得令其为证,违者,笞五十。"

证人负有如实作证的义务。《大清律例》"诬告"条附例规定:"词内干证,令与两造同具甘结,审系虚诬,将不言实情之证佐,按律治罪。"

4. 起诉方式

起诉的方式分为三种:呈诉、禀诉和喊诉。前两种为书面方式,后者为口头方式。

呈诉是起诉普遍适用的方式。原告初递者曰"原呈",次递者曰"续呈",被告所递者曰"诉呈",多数人联名公递者曰"公呈",均有一定格式,由各州县自行刊发。遇讼事发生时,诉讼人至官署购买呈纸,请官代书作状填写;或自拟状稿,仅请代书照录盖戳呈递,并标明"来稿照录"字样。

禀诉即用禀词起诉,一般仅限公益事件之诉讼。通常禀词字数不设定限,亦不由代书录写盖戳,因属公益案件,故不照普通之例。禀词分红禀和白禀两种。其呈递方法,或由三八告期堂递,或由收发房传递,与呈诉同。所异者呈诉由期呈者多,由传呈者少,禀诉则期呈与传呈皆有。禀词字数不设定限,亦不由代书录写盖戳,因属公益案件,故不照普通之例。

喊诉即口头起诉,仅限于危急案件及重大怨抑案件的起诉,分为登堂喊诉和拦舆喊诉两种。

(四) 民事案件的受理

1. 受理时间

清代官府受理案件,同样继承了前朝"务限法"的做法,但是受理日期的规定更为详备。《大清律例》"告状不受理"条附例规定:"每年自四月初一日至七月三十日,时正农忙,……其一应户婚、田土等细事,一概不准受理;自八月初一日以后方许听断,若农忙期内受理细事者,该督抚指名题参。""州县审理词讼,遇有两造俱属农民,关系丈量踏勘有妨耕作者,如在农忙期内,准其详明上司,照例展限至八月再行审断。"①在农忙停诉期间,"其余一切呈诉无妨农业之事,照常办理,不准停止……如州县将应行审结之事,借停讼稽延者,照例据实参处。经管道府如不实力查报,该督抚一并严参例处"。②

受诉日期有确定者及不定者二种,三八放告之期为确定之日期,随时呈诉之期为不定之日期。遇停讼期间内虽三八亦不受理诉讼,停讼期间约分二种:其一,每年自四月一日至七月三十日农事繁忙之时,除谋反、叛逆、盗贼、人命及贪赃枉法奸淫骗劫有确证之种罪外,其他户婚田土细故概不受理。

2. 批呈

州县官坐堂亲自接收当事人的呈词,并及时作出批示,称为"批呈"。通过批示将简单纠纷分流给当事人的亲属或基层组织调处,使当事人免于诉讼拖累,减少词讼,有利和解。

州县官通过批词的形式,决定案件是否受理。或于当日,或3日或5日,或10日,对所呈"不准"的批示,主要有以下几类:事在赦前或已经审结者;田土无地邻,钱债无中保及不粘抄契尾者;婚姻无媒凭者;非奸拐牵连妇女者;寻常事被告过三名或中证过五名者;生监及妇女老幼废疾无抱告者;诉状及续呈不开原批注语月日并历次批语者;呈词潦草冗长者;与告状书式不合或应载事项有缺欠者。

为防止借故推诿,《大清律例》规定告状不受理应负的法律责任,凡告谋反、叛逆,官司不即受理掩捕者,杖一百,徒三年。以致聚众作乱,或攻陷城池及劫掠人民者,斩。若告恶逆,不受理者,杖一百。告杀人及强盗不受理者,杖八十。斗殴、婚姻、田宅等事不受理者,各减犯人罪二等,并罪止杖八十。受财者,计赃以枉法从重论。若词讼原告、被论在两处州县者,听原告就被论官司告理归结,推故不受理者,罪亦如之。若各部院、督抚、监察御史、按察使及分司巡历去处,应有词讼未经本管官司陈告及本宗公事未结绝者,并听置簿立

---

① 《大清律例》卷三〇《刑律·诉讼·告状不受理》附例。
② 《大清律例》卷三〇《刑律·诉讼·告状不受理》附例。

限,发当该官司追问,取具归结缘由勾销。若有迟错不即举行改正者,与当该官吏同罪。

当事人递交呈词(或禀词)后,只有得到司法官批示准予受理,案件始能进入审理程序。准予受理是对当事人程序权利的确认。

3. 传提

传唤当事人和证人,采用差票。州县官批呈后,一般需及时传唤当事人和证人,以查明事实,进行裁判。在紫阳县档案中,被称为"查夺"。"查"即查明事实;"夺"即对是非曲直、权利义务作出裁判。州县官签票传唤时,一般根据传唤人数的多寡,道路的远近及案情的难易等因素确定到案的日期。

在两造及相关人证传唤到案、勘丈等必要的准备工作完成后,便可确定堂审日期。

州县官签票传唤时,一般根据个案的具体情况明确期限,对传唤期限届至者即唤原差到堂问话,如原差未按期传唤,即予比责,仍令限期传唤;如已按期传唤,即令原差带被传唤人照到单点名过堂,予以核实。如经过堂核实,即可确定审期。审期确定后,书吏即将所有的案卷材料按时间次序整理成卷以备州县审讯之用。

若某些被传唤人未至,州县官可根据其在诉讼中的地位,决定是否开庭审理。《大清律例》"越诉"条附例规定:"承审官于听断时,如供证已确,纵有一二人不到,非系紧要犯证,印据见在,人犯成招,不得借端稽延,违者议处"。

审期确定应挂牌公告,并不宜更改。①

(五) 民事案件的审理

1. 堂审

对于民事案件的审理,严格遵循据原告诉状推问,不得于本状外别求他事的原则,否则以故入人罪论。原则上由印官自行审问。唯首县事繁,间有委员代审者。由印官审问者归印官判断,由委员审问者归委员判断,或先由委员审问,后由印官审问,始行判断。民事案件之审理不禁止他人旁听。原被告所提

———————————

① 《未信编》卷三"听审";《福惠全书》卷十一"审讼";《学治臆说》卷上"与民期约不可失信"。

出之证据,一任官吏自由取舍。清代民事诉讼中,证据只供审判官之参考,并无拘束审判官之效力。

州县官在堂审阶段应通过对案件当事人和证人的讯问及其他证据的审核认定,查明案件事实,作出判决。州县官对证据的判断具有自由取舍的权利,"凡田土案件,当事者呈验印契,若官吏视为非真,可即时毁消"。①

对于争议中的财产,如租谷、牲畜等,可以因当事人的申请,而由官府采取保全措施,"先行封贮存佃",至案件审结后再判归应得之人。

由于民事案件不同于刑事案件,因此很少拘提、逮捕、监禁被告,至多看押而已。

民事案件的审理,如未经州县长官特别授权迳直审理者,州县长官要负连带责任。即使是乡保、典史、巡检查勘呈报的事项,也要求州县官"亲加剖断,不得批令乡、地处理完结。如有不经亲审批发结案者,该管上司即行查参,照例议处"②。

2. 调处

同前朝一样,调处也是重要的结案手段,州县调处是在州县官主持下的诉讼内调解,州县官通过"不准"状的办法,促成双方和解。所谓"善批者可以解释诬妄于讼起之初"③。虽然清律并没有规定调解息讼是必经程序,但实际上,往往处于被优先考虑的地位。经由调处而讼清狱结,是州县官治绩的突出表征,也是大计考官的一项重要指标,因此州县官对于自理案件,首先着眼于调处,调处不成时,才予以审决。康熙时陆陇其任河北灵寿县知县,每审民事案件,则传唤原告、被告到庭,劝导双方说:"尔原、被非亲即故,非故即邻,平日皆情之至密者,今不过为户婚、田土、钱债细事,一时拂意,不能忍耐,致启讼端。殊不知一讼之兴,未见曲直,而吏有纸张之费,役有饭食之需,证佐之友必须酬劳,往往所费多于所争,且守候公门,费时失业。一经官断,须有输赢,从此乡党变为讼仇,薄产化为乌有,切齿数世,悔之晚矣。"④

州县官对当事人的起诉进行审查后,认为案件尚不必传唤集审,即由保约

---

① 当堂涂毁虚假证据的做法,在各地的民事诉讼习惯中,比较普遍。
② 《大清律例》卷三〇《刑律·诉讼·告状不受理》附例。
③ 《牧令书》卷十八,白如珍:《论批呈词》。
④ 吴炽昌:《续客窗闲话》卷三。

等负责调处更为适宜,便会在当事人的呈词上作"候谕饬保约调处"之类的批示。州县官如决定将案件批发保约调处,须向保约等受委托调处人发出谕饬,对具体案件的调处作出指示,要求保约等人秉公处理,并将处理方案报州县官审核批准。保约等人如查清了案件事实并调处成功,便向州县呈递恳息禀呈,汇报已查明案件事实并妥善解决了当事人之间的纠纷,当事人均已允服不愿终讼,请求州县官准息销案,以为民便。州县官审核后,如认可,即作出"准息"之类的批示,案件到此即告结束。保约等人如最终未能成功调处,亦须向州县官如实报告,案件遂转入审判程序,州县官会及时发出传票传唤双方当事人及相关证人,择期堂审,作出判决,解决纠纷。经调处息讼的案件占较大比重。

除州县调处外,民间调处是诉讼外的调解,其主要形式有宗族调处和乡邻调处及基层组织调处。清代的判例集和司法档案中,记载了州县官强调乡里调处的重要性。凡未经调处的民事诉讼,州县官一般不予受理。在"不准"的批词中,多建议原告向乡里寻求帮助。故富有经验的代书,多于呈词中注明业经调处无效字样。

在"准理"的批词中,州县官也往往批转乡里基层组织协助进行调查与调处。州县官甚至可以为调处确定原则,指出调解时需注意的问题,此即"官批民调"。现有司法档案说明,调处的最终结果,仍需官府"准息"的认可。

3. 判决

清代民事诉讼中堂判宣告系当堂为之,但判词之制作多系退堂后为之。[①]判词一般书写于供单供叙之后。[②] 一般将判语朱书于点名单上年月之内,以防止当事人之具结与州县官当堂宣告之判决不符,事后翻异。一份完整的判词应包括事实、理由与裁判结果。

判词制作完成后,一般应榜示头门,供当事人抄录,亦可起到宣传教育作用。当事人需要收执保存时,可以申请抄录,并盖印确认。[③]

民事案件之判决不必严格具引律令,《大清律例》中亦缺乏可作为裁判依据的民事实体法规范。州县官一般在不明显违背律例规定的前提下准情酌理

---

① 《州县须知》"理讼十条";《平平言》卷四"退堂不可草率"、"审结案件不必当堂书判"。
② 《牧令须知》卷六"检卷法"。现存清代司法档案亦可为明证。
③ 《学治臆说》卷上"退堂时不可草率";《平平言》卷四"判语须列榜"。

而作出判决。清人方大湜曰:"自理词讼,原不必事事照例。但本案情节,应用何律何例,必须考究明白。再就本地风俗,准情酌理而变通之。庶不与律例十分相背。否则上控之后,奉批录案,无词可措矣。"①黄六鸿曰:"所谓审语,乃本县自准告词,因情判狱,叙其两造之是非而断以己意者。夫不曰看语而曰审语,以主惟在我,直决之以为定案,而更书其判狱之词以昭示之也。然看语之难,不在引律,……;审语之难,不在合式,在原被之匿情虑恝,两证之左袒饰虚而我能折之使彼此输心允服,因笔之以为不可移易之为难也。"②

从民事诉讼的角度看,程序的规制更多依靠的是具有地域特点的司法惯例。相对于整个国家而言,因地域差异,习惯表现出了多样化的特点;但是,相对于特定州县而言,习惯的约束力是客观存在的。

清代民事案件系州县自理案件,州县即为终审。州县官作出判决后,还必须有当事人出具的表示服判的遵结或称甘结,判决才可能生效。当事人出具遵结后,州县官应对遵结的内容进行审核,如经审核,遵结与判决一致,州县官便可在当事人的遵结上批"准结"或"附卷",案件之审理始正式告一段落;如遵结与判决并不一致,则或令当事人重新具结,或须重新作出使当事人折服的判决。③ 判决或于当堂或于退堂后制作。

(六)民事案件的执行

判决作出后,须当堂予以执行。民事诉讼中,州县官偶尔会对败诉当事人施以戒责等轻微刑罚,此类轻微刑罚也须当堂执行。其他田宅、钱债等纠纷案件,具有交付内容的,须受领的一方当事人出具缴状、领状,经州县官批示"准缴"、"准领"等字样后存卷,执行便告结束。

有些交付钱款的案件,无法当堂执行。对此类案件,州县官一般会要当事人讨保,并限以具体的交付期限,将款项如数缴案,然后再由权利人当堂领受。当事人履行义务后,亦需由对方当事人出具缴领状,州县官批示"准缴"、"准领",才能实际领受。义务人如到期确实无法将款项如数缴案,亦可说明情况,请求宽限。在义务人没有正当理由拒绝履行义务的情况下,可以直接执行

① 《平平言》卷二"本案用何律例须考究明白"。
② 《福惠全书》卷十二"看审赘说"。
③ 《州县须知》"理讼十条";《平平言》卷四"审结案件不必当堂书判"。

保人。

民事诉讼的费用由原、被告同时负担。诉讼费用的种类和数额,一般而言,包括呈状费、传提费、审判费、抄卷费等。由于数额并无明文规定,不仅存在地域之间的差异,还存在个案之间的差异。呈状费起诉时向原告收取,辩诉时向被告收取,续诉时则向续诉双方收取,贯穿于诉讼程序的始终。只要向官府递交书面的申请,必须向其交付呈状费。传提费由被传提者供给差费。无论已结、未结案件,原、被告均须缴纳费用,此外还有抄卷费等。对于其他如佃户的离庄等无法在堂上执行的事项,州县官一般会在判决中作出明确执行期限,由当事人具结,对判决的履行作出承诺。如义务人逾期仍未履行,权利人可向州县官呈控,请求强制执行。

(七) 民事案件覆讯和上控

覆讯既可指案件并未审结而再次予以堂审,亦可指案件审结后因当事人不服原判决,恳求重新审理。

上控是清代民事诉讼中对当事人不服州县官判决时的又一救济方法,亦是一重要的审判监督程序。《大清律例》"越诉"条规定:"凡军民词讼,皆须自下而上陈告,若越本管官司,辄赴上司称诉者,笞五十。"是条附例规定:"凡在外州、县有事款干碍本官,不便控告或有冤抑审断不公,须于状内将控过衙门审过情节开载明白,上司官方许受理。若未告州县及已告州县不候审断越诉者,治罪;上司官违例受理者,亦议处。"

事实上当事人起诉后在州县官审理的任何阶段,只要认为州县官的审理有不公之处,便可请求上一级衙门的介入。当事人的上控可逐级进行,直至京控。民事诉讼案件的上控,上级衙门常批回州县重审,而很少主动提审。清人陈宏谋曾对民事诉讼案件上控的处理作过详细论述:"赴上控告者,查系未在县控告,即系越控,或予责处,或批赴县具告。已告而未审者,上司察核月报册内,如捏造已结,立即指名行提县承究处。如原告未完,即发签勒限十日内审结,于该月自理词讼内登覆某日完结字样通报。至于已审断结之事,如所告情事已无可疑,即可指明批驳不准,如尚有可疑,未甚平允,止批仰某县送卷查阅。该县止须将审后粘连之卷,即日送详。详文止须数句,不必录供叙案。上司查阅,断案平允者,将卷随详批发,并令将刁告之人提到责处,不须再审。如不平允,然后提审。赴司道以上具告者,将县卷发府提审改拟,知府审明,止将谳语叙之连县卷送阅,不必叙供具详,以省繁牍。但不得仍发原审衙门,致滋回护冤累。如此分别办结,层层责成,官无滥准批查之烦,民难施捏词翻告之计矣。"①

由于民事案件在官府看来不过是"细事",法律多次明确禁止民事案件的京控。乾隆三十四年定例:"外省民人,凡有赴京控诉案件,……其仅止户婚田土细事,则将原呈发还,听其在地方官衙门告理,仍治以越诉之罪。"②嘉庆十年针对京控定例:"至钱债细事、争控地亩,并无罪名可拟各案,仍照例听城坊及地方有司自行审断,毋得概行送部。"③嘉庆十二年再次发布上谕曰:"其户婚田土钱债细务各案仍照例将原呈发还,听其在地方官衙门呈告申理,以符体制。"④

近年来,有许多学者通过田野调查,发掘出许多尘封已久的清代诉讼档案,如黄岩、巴县、冕宁、紫阳、南部等县的档案,其中如冕宁县等,因为地处四川腹地,受时代冲击较小,得到了较好的保留,更能细致地反映出清代地方民事诉讼的开展。李艳君教授通过爬梳冕宁档案,归纳出清代民事诉讼的特点,应该具有较强的可信度。她认为,诉讼是当事人解决纠纷的被迫选择,在纠纷产生初期,当事人都寻求过民间调处的帮助,只是调处失败,才被迫进行诉讼。然而一旦选择诉讼作为解决纠纷的手段时,民众会发现,打官司并非那么可怕,虽然整个社会诉讼环境对百姓诉讼有诸多不利,但还是有日益增多的当事人选择诉讼,而民事诉讼的数量一直也逐年呈上升的趋势。且民众并非如我们想象的那样颟顸无知,事实上他们有一定的法律意识,首先在诉状内容中他们尽力使用诸如"天法"、"律例"等词汇以引起官府维护法律权威;其次,在诉讼过程中他们能够按照法律及地方有关诉状的要求行事。

而整体来看,州县官民事审判上存在着较大的裁量权,审判方式灵活多样。在案件的受理上,很多有责任的官员并不拘泥于"状式条例"规定的状式

---

① 《牧令书》卷十八,陈宏谋,"越告"。
② 《钦定大清会典事例》卷八百十五,刑部九三,刑律·诉讼,越诉。(清)吴坛:《大清律例通考》,马建石、杨育棠主编校注,中国政法大学出版社1992年版,第873页。
③ 《钦定大清会典事例》卷八百十七,刑部九五,刑律·诉讼,告状不受理。薛允升:《读例存疑》,胡星桥、邓又天主编点注,中国人民公安大学出版社1994年版,第680页。
④ 《清仁宗实录》卷一百七十七,嘉庆十二年四月壬午。

不合不准受理的限制,而是根据案情及书状违式的具体情况,作出是否受理的决定。而且,由于清代律例中民事法律的规定较刑事法律规定简陋粗略,许多民事纠纷都没有相应的法律规定,根本无法达到依律断案的要求,而律例之外的民事法律渊源又形式多样,如宗族法规、行规、儒家思想的情理观念、各地的风俗习惯等,都可以作为司法官员审判民事案件的依据。对于民事判决的执行,也充分体现了州县官在司法实践中的灵活性,在清代的民事判决中,州县官在进行判决时就会想到其执行的可行性。因而在判决中他既会顾及民事案件的受害者,同时也充分考虑侵权人的偿付能力,为使其判决不至于因为侵权人的无力偿付而落空,州县官们总是二者兼顾,从而达到了既让受害人获得一定的赔偿,又不至于超出侵权人偿付能力之外而使偿付落空的灵活策略。①

三、严格谨慎的刑事侦查和审判

相比于民事诉讼,中国古代的刑事诉讼则要古老得多,也规范得多。其制度设计之精密,程序之严格,官员对待之谨慎,在世界法制史上,也是独一无二的。现在能见到的夏商刑事诉讼材料固然缺乏,然而在西周,刑事诉讼竟然已经形成了一个精密的体系。

西周的诉讼有一定的审级,在周天子的管辖区域内,分为三层审级。周天子是最高的司法长官;天子以下,中央一级由大司寇、小司寇和士师负责;地方一级,依照管辖地域的不同,由乡士、遂士、县士、方士等负责。在周天子分封的诸侯国中,自成一司法系统,然而如果诸侯国中有疑难案件或者重要案件,也需要呈报到周天子处,由中央决断。

西周的刑事诉讼已经有了审限的规定,"凡士之治有期日,国中一旬,郊二旬,野三旬,都三月,邦国者,期内之治听,期外不听"②。

西周刑事诉讼受理时,必须两造具备。在审判时,重视证据的作用,虽然当时还谈不上严格意义上的刑事侦查,然而已经脱离了夏商那种"天罚"、"神

---

① 参见李艳君:《从冕宁县档案看清代民事诉讼制度》,云南大学出版社 2009 年版,第272—275 页。

② 《周礼·秋官·朝士》。

判"等带有迷信和宿命色彩的审判方式,而是重视司法官的审判经验和技术,通过对犯人言语、面色、气息、反应等各个方面来探明案情的真相,所谓"以五声听狱讼,求民情"①,即辞、色、气、耳、目五听,是审判心理学在刑事诉讼中较早的应用。

且在追求案件真相时,西周已经开始注意"兼听则明",要求司法官"三刺",即通过讯问"群臣、群吏、万民"来"断庶民狱讼之中"。对于犯人的供词,也要考虑五到六天,甚至十天,来研究供词中的可信程度。

在量刑上,西周司法官员也注意"上下比罪,无僭乱辞,勿用不行,惟察惟法,其克审克之"②,实际上这就是"罪刑相适应原则"在西周的表现,要求对罪重者处重刑,罪轻者处轻刑,对于犯人的供词和审判的判决词,都必须与事实相符,体现出了西周时代已经注意到刑事诉讼的谨慎性和科学性。

春秋战国时代的刑事诉讼较之西周有了很大发展,对于法官的司法责任也更为严格,如果错判了案件,错杀了无辜,都要承担相应的责任。

秦汉时期,刑事诉讼在程序上更为精密,这点可以从1975年出土的湖北云梦睡虎地秦墓竹简上看得出来。③ 秦朝的起诉方式分成原告告诉、犯罪人自首和官员纠举三种。且对于控告的受理,有一定的规则和要求,秦朝及其之后的朝代,只有县级以上的地方机构才有权受理对犯罪的控告。为了防止犯罪人逃亡,保证刑事诉讼的顺利进行,秦汉还采取强制措施,主要有逮捕和囚禁。当时,无证早已被广泛采用,并作为定案的重要根据,秦简"封诊式"中记载了两个案例,一为私铸钱币案,一为盗窃案。告发者在捆送罪犯的同时,都把钱范和私铸的钱、马、衣服等物证交给官府,可见当时审案对收集物证的重视。而且秦朝在侦缉刑案时,非常注意现场的勘验,对自杀与他杀、生前伤和死后伤、真伤与假伤、缢死、绞死、烧死、烫死、冻死等情形都规定了明确的勘验标准与相应的要求,以便于司法官员确定案件的性质,提出审判意见等。这些侦查技术在秦简中都有记载,且为后世所继承。

---

① 《周礼·秋官·小司寇》。

② 《尚书·吕刑》。

③ 因篇幅所限,我们不再具体征引秦简原文。具体的事例请参看睡虎地秦墓竹简整理小组编:《睡虎地秦墓竹简》,文物出版社1977年版。其中的"法律答问"、"封诊式"多有关于刑事诉讼方面的内容,为研究秦朝刑事诉讼制度主要参考资料。

秦汉刑事诉讼中还特别强调法官的司法责任,且有专门的官员对之进行司法监察,这点留待下述。等到现场勘验、外出查问、法医学检验完毕等侦查活动结束之后,下面就进入审判环节了。秦代司法官员除了重视客观的物证等证据外,也很重视犯罪人口供,为了获得口供,允许一定的刑讯,当然秦简中也承认:审理案件,能根据记录的口供,进行追查,不用拷打而察得犯人的真情自然最好,而刑讯拷打为下策,迫不得已而为之,这是因为害怕导致审判的失败。①

什么时候可以拷打? 历来法典都严格限制刑讯。秦律规定有一定证据而被告人不供述时可拷打,所犯罪行较为严重拒不服罪时也可拷打。案件结束之后,如果犯人不服判决,秦时规定可以上诉,称之为"乞鞫",然后进行复审。如果服判,则刑罚加之其身。这样一个刑事诉讼流程告一段落。

其后的魏晋南北朝基本延续了这一套刑事诉讼体制,当然因为行政体制的变化,存在着相应的改变。至唐代,刑事诉讼审判更加程式化,各项制度日趋完备。其起诉形式可分为告诉、告发、自首、纠弹、纠问五种。对起诉和受理法律规定了一定的限制,形式上的限制主要指诉状的格式要求,《唐律疏议》就规定"诸告人罪,皆须明注年月,指陈实事,不得称疑"②;内容上的限制主要是针对所告事实,如受雇为他人写诉状随意增加内容为律所禁止,又如事情经过国家赦免后即不允许再告等规定;身份上的限制则包括禁止或限制子孙卑幼告尊长,禁止或限制部曲、奴婢告主人等;年龄和能力上的限制则主要针对老、小、残疾人等主体。唐律的这些规定将人对权利和责任结合起来,具有相当的科学性。

此外,唐律对审级、管辖、讯问、判决、上诉、复核、执行等环节,都有细密的规定。宋明因之,又大有发展;及至清代,则在州县审判、审转复核、中央审判、会审制度上都达到了巅峰状态。我们下面就以清代刑事诉讼制度为典型,来体会传统刑事诉讼制度的严格和谨慎。因为清代刑事诉讼制度过于繁密,我们不可能面面俱到,只是从程序的角度,叙述一个诉讼活动从开始到结束这一过程中的主要的法律规定。

---

① 参见《睡虎地秦墓竹简》,第245—246页。
② 《唐律疏议·斗讼》。

在讨论清代刑事诉讼制度时,必须对清代的审级和各级的审判权限有所了解,才能开始探讨这整个流程,实际上这也是理解中国传统刑事诉讼制度的前提。

清代依然是按照政府的层级来设置审级,地方可以分为四个审级,分别为州县—府道—藩臬—督抚;从省的督抚审级往上,至中央则有刑部、三法司、九卿会审等各个等级,直至最高裁判者皇帝。但是绝大多数案件,一般从州县开始启动,如果是死刑案件,则理论上最终必须到达皇帝那里。

关于审判权限,按照清律规定:州县可以判决笞、杖刑案件;督抚有权批准徒刑案件;刑部审批流(包括军、遣)案件;皇帝才有权核准经三法司具题的死刑案件。由此看到,地方四个审级中,院(督抚)、县(州)两级具有判决权,而司(藩臬)、府(道)两级虽审转案件而无权判决。① “审转”是清代司法审判的一种程序,下级审判机关将经手案件或不属于自己有权判决的案件主动详报上级复审(不问当事人是否上诉),并层层转报,直到有权作出判决的审级批准后才算终审。这种审级制度,已故的郑秦教授将这一体制称之为“逐级复核审转制”。② 明白了这样一个前提之后,我们首先从州县审判程序开始。

(一) 州县审判

1. 告诉

清代在州县一级,也没有严格的民刑事区分,所以前文中所提及的三八放告等规定同样适用于刑事诉讼。清代刑事诉讼程序,以事主告诉,即向所属州县陈告为主,年老、笃疾之人除谋反、叛逆及子孙不孝外,其余不许自行陈告。但如事主因病、因伤或其他重大事故不能亲告,可以委托同居亲属、邻右代为控告。倘告不实,罪坐代告之人。一般禁止越诉。

凡经官告诉需采用文书形式,如呈词、状词、禀词等。对于诉状的要求,以一百四十四字为率,内容应包括案发时间、案情梗概、被告姓名、住址、告诉人及抱告、代书的姓名,以及告诉人的签押等。诉状允许书吏代书,如伙同作弊情节不实者,从重治罪。尤其严禁讼棍包揽辞讼,即使生员代为告诉,也依例

---

① 参见《大清律例·断狱·有司决囚等第》所附条例。
② 郑秦:《清代法律制度研究》,中国政法大学出版社 2000 年版,第 130 页。

褫革治罪。

如刑事案件发生在同一州县,实行原告就被告的管辖原则。如发生在不同州县,实行轻囚就重囚,少囚就多囚,后发就先发的管辖原则。

凡经告发的案件不得私自和解,私和公事者治罪,诬告者给予惩处。

告诉除起诉方式外,还有举劾、自劾和告发。举劾是由监察官纠举犯罪的官员,或上级纠举属下的犯罪。自劾是官吏检举自己的渎职行为。告发是法律要求臣民有义务告发某些犯罪。

2. 立案

同民事诉讼一样,州县官通过批词的形式,决定案件是否受理。一旦受理后,就牵涉到拘提和羁押的问题。呈状受理之后,州县就要传讯原被两造和人证,传讯一般田土细故的当事人也是采取饬派衙役持票拘提的刑事,被传讯之人稍有抵抗一般就会被衙役锁拿。至于对命盗大案有关的人犯或有干碍之人,那是一定要锁拿的。寻常细故的两造和人证被拘传到县以后,可以自行寻找歇家(一般是开设在州县衙门附近的旅店,便于传唤出庭受审)投宿待审。如果是锁拿来的重犯必须要收禁在州县监狱待审,对于与命盗案件有关联的人员,包括在盗窃案中失窃失盗的事主一经到县也就失去了人身自由,老弱者可以取保候审。[1]

3. 勘验

清代地方州县官,既是审判人员,同时也是案件的侦查人员,侦查是为了日后的堂审服务。对于民间细故,即所谓的田土户婚等民事纠纷的,州县官可不必亲临,但对一些水利界址,不立即查清有可能妨碍农业生产的,州县官则必须亲自去查验,而不能将这些事务委托给当地乡保。对于强盗和窃盗案件,理论上州县官得亲自去现场勘验,但实际上并没有得到很好的执行,还是因为古代对于财产的重视程度,远远低于人身的缘故,所以无论刑民,往往涉及人身侵权的,法律看得比什么都严重,这也能解释为什么古代法典中对于婚姻等规定得较为详尽,而对于债和所有权内容则较为漠视了。所以在清代,命案是所有司法官员最为重视的,州县官在此情形下必须亲自去现场勘验,包括谋杀、故杀、斗杀、戏杀、过失杀、误杀以及擅杀、格杀、自杀等。《大清律例》有强

---

① 参见前揭郑秦:《清代法律制度研究》,第114—115页。

制性的规定:"凡人命呈报到官,该地方印官立即亲往相验,止许随带仵作一名、刑书一名、皂隶二名,一切夫马饭食俱自行备用。"①而且规定,南宋提刑官宋慈所著的《洗冤录》是官定的法医书,勘验时必须照此书规定的去做,刑部按此书印制颁发"尸格",即验尸表册。检验时,由仵作唱报,刑书或者幕友填格,勘验完毕,本官标朱。清代很强调这种命案的检验,如州县正印官公出,佐杂官则必须申请邻境的正印官代为勘验。

4. 堂审

清代规定,不论是民事案件还是包括命盗大案的刑事案件,都由州县进行第一级审理,重要的案件在县衙大堂审理,一般案件可在二堂问案。在问案时,必须相关证据,查清楚案情事实。如拿获盗犯,州县官得先讯捕役何由而知,如何访获,将盗提案验明有无私拷伤痕,以防捕役以良充盗。如果获盗得实,应继续追究未被捕获之盗,并起赃物传事主当堂讯明认领、发还赃物。州县官还需审取盗犯口供,讯明籍贯年岁,有无父母兄弟,其为盗何人起意,何人引线,何人纠约何人,窝主是谁,同伙几人,何日在何处聚集,何人执带何械何时到事主门首,何人上盗、把风、接赃、搜赃,等等,再查原报原验,是否相符。又必须核对赃物,与失单校对明确。又问其此外有无另犯别案,及为匪不法情事。其父兄伯叔及弟,曾否分赃,保邻有无得钱容隐,等等。② 审问命盗案件,如有疑犯不吐露真情者,州县官皆可使用刑讯。

律例规定衙门在鞫问人犯之时,必须根据"招草"定罪。州县谳狱时,由招房书吏照当堂呈供书写,写就读与两造共听,无异才可令犯人画供。如果书吏故意改写或增减情节以致影响判决,以故出入人罪论。③

如果在审问时,犯人翻供,或有犯人家属称冤,正在审问的官员必须要重新推鞫,确实冤枉,则改正其罪。如不为申理,官员以入人罪故失论。④

清律除沿用《大明律》"老幼不拷讯"条外,对于刑讯多以条例有形式作出规定,如内外问刑衙门刑具不照题定工样造用,用刑官照酷刑例治罪。顺治四年"定狱具之图",规定板、枷、杻、铁索、镣、夹棍、拶指等刑具规格,如刑讯用

---

① 《大清律例·断狱·检验尸伤不以实》所附条例。
② (清)刚毅:《牧令须知》,载《官箴书集成》(九),黄山书社 1997 年版,第 256—268 页。
③ 《大清律例》卷 37,《刑律·断狱下·吏典代写招草》,第 602 页。
④ 《大清律例》卷 37,《刑律·断狱下·有司决囚等第》,第 589 页。

板，"以竹篦为之，大斗径二寸，小头径一寸五分，长五尺，重不得过二斤"，枷"以干木为之，长三尺，径二尺九寸，重二十五斤"。至于夹棍，"命盗重案供辞不实男子"适用，"以梃木三根，中梃木长三尺四寸，旁木各长三尺，上圆径二寸，下方阔二寸二分，自下而上至六寸，于三木四面相合处各凿圆窝，径一寸六分，深六分"。拶指专为女犯使用，"妇人供辞不实用拶指，以圆木五根为之，各长七寸，径圆五分"①。以后各朝对刑具皆有修改。

清律仅允许中央法司，地方督抚、按察使、正印官酌用夹棍，其余大小衙门概不许擅用。② 直隶各省督抚亦需设立用刑印簿，分发问刑衙门，将某案、某人因何事用刑讯，及用刑次数，逐细填注簿内，于年终申缴督抚查阅。如有滥用夹棍，及用多报少情弊，即将用刑官参处。③ 如果司法官吏将不应拷讯的干连人犯，刑讯致毙者，依决人不如法因而致死律，杖一百。将徒流人犯，拷讯致毙二命者，照决人不如法加一等，杖一百、徒三年；三命以上，递加一等，罪止杖一百、徒三年。但若依法拷讯人犯，致其死亡，或是犯人受刑之后，因他病而死者，均照邂逅致死律勿论。④

州县官在审理时，必须责令书吏做原始笔录。《大清律例》规定："各有司谳狱时，令招房书吏照供录写，当堂读与两造共听，果与所供无异，方令该犯画供。"⑤如属审转案件，还需根据书吏纪录的供与招，写就"看语"。看语与审语不同，审语为官员对州县自理案件的谳语。由于徒罪以上案件必须呈送上司审转复核，因此州县的审拟意见称为看语，蕴含"以所谳不敢自居成案，仅看其原情以引律拟罪而仰候宪裁"的深意。审语则为"本县自准告词，因情判狱，叙其两造之是非，而断以己意者"。看语和原始笔录，由州县经府、司、院、部，直达皇帝的题本、奏折里都层层转抄。

总体看，审讯时，官员必须遵守三个原则，即"依状以鞫情"、"如法以决罚"、"据供以定案"，即对于呈控案件，必须按照状子上所述的内容来问案，按照法律规定加以刑讯和刑罚，要在获得犯人口供后定案。

---

① 《大清会典事例》卷723《刑部·名例律·五刑》。
② 《大清律例》卷37《刑律·断狱上·故禁故勘平人》，第562页。
③ 《大清律例》卷37《刑律·断狱上·故禁故勘平人》，第562页。
④ 《大清律例》卷37《刑律·断狱上·故禁故勘平人》，第561页。
⑤ 《大清律例·断狱·吏典代写招草》所附条例。

5. 判处

对于只处笞杖刑轻微的刑事案件,州县官有权判决,判决分两种类型,一是责惩,二是训诫和息。但是对于原则上可能判决徒刑(含徒刑)以上的刑事案件,也就是审转案件,州县只能在初审后提出处理意见,称为拟律或拟处。州县对于这类案件,虽然只审不判,然而也必须尽到自己的责任,比如拘捕人犯、起获赃证、勘验、堂审。此外,还必须履行"通详"程序。审转案件一般有两次通详,比如命案报案之后,州县就应当在短期内将验尸、凶犯、有无缉拿到案犯、是否找到邻证、人犯初步招供、自杀还是他杀等案件情况作一简明通报,呈送府、道、司、院等各上宪衙门,一般在报案后一二十天内就须上报。这时州县一方面等待上司批示,一方面继续审理,这是第一次通详。等到批示出来以后,州县按照批示的要求审理完毕,把人犯、佐证、证据等解送上司衙门,同时就报去第二次详文,这是第二次通详。这个程序主要意在让审转之后的上级官府能及时了解案件处理情况,以便作出相应对策。

如果上司认为原审情节不清量刑不妥,就可以驳回重审。府、司、院、部、皇帝,哪一级发现问题都可以往下驳,逐级转下来,直到原审州县。如果上司为了慎重起见,将人命一类大案委经任的县再审一次,或者同时委任几个县会审,这一般应用于重案或疑案之上。

6. 执行

如果是轻微刑案,州县有执行权,执行笞杖刑。如果是审转案件,必须逐级报上审转,州县等候批示,如果批示中要州县协助执行某种刑罚的,州县照办即可。

这样州县审判的程序就已经完成。如果是审转的,或者是人民上控的案件,则涉及更高级别的审判。从控诉人的角度看,这属于上控程序;从官府的角度看,这又属于复审程序。这个从府开始,理论上可以一直到达皇帝那里。我们下文姑且将之命名为上控阶段的审判。

(二)上控阶段的审判

清代上控制度形式完备,从地方到中央,分为地方上控、京控、叩阍三种形式。其中,地方上控又包括府控、道控、司控和院控四种形式。在地方司法中,清代以州县为初审,当事人或其亲属如认为初审失当,应逐级上控于府、道、司、院，直至京控、叩阍，以使案件得以重新审理，并因此获得案件改判或纠正错判的机会。

1.地方上控

清代地方上控的审级依次为：府、直隶厅、直隶州—道—藩司、臬司—督抚。

（1）府控

知府作为清代地方行政司法的中间环节，其地位殊为重要。所谓"总州县之成，而大吏倚以为治者也"。① 知府亦是亲民之官，所谓"朝廷设官分职，无大小臣工，均为牧民起见，而要知与民最相亲之官，县宰以上，惟有郡守为最。"②

就司法职能而言，知府既负责受理和审理本管辖区内一审刑、民事案件，也要复核州县上报之刑事案件，对于州县解来人犯进行审理，查验人证、物证，审查州县拟罪意见等。由于清代严越诉之禁，一般来说，知府是为所有上控案件之必经审级，因此相对其他上控审级而言，知府一级最为重要，其审理上控案件的数量最多，事务也最繁。与知府平级的，还有直隶州知州、直隶厅同知、通判，只是设置不似知府普遍，地位也不如知府重要。

（2）道控

清代守巡两道实为布、按二司之佐贰官。道的主要司法职能有：查核所属府州县自理词讼以及审转直隶厅州及鸾远府州县招解、秋审案件等。

道所负责受理的上控案件，主要来自下辖的直隶厅和直隶州，当直隶厅、州无属县时，道是第二审级，当直隶厅、州有属县时，直隶厅、州是第二审级，道是第三审级。

（3）司控

按察使复审全省刑事案件和主办全省秋审事宜，均系臬司职能，但藩司同样可以受理和审理上控案件，有时臬司会"以事隶藩司"将案件转交藩司亲审。有时总督、巡抚将民间词讼及告官案件批交藩臬两司亲自审理。乾隆二十九年（1764 年）复准："民间词讼赴督抚衙门控告，发藩臬两司审理，内有必

---

① 席裕福、沈师徐辑：《皇朝政典类纂》卷 246"职官"。
② 卢崇兴：《守禾日记》，闽浙总督郝玉麟序。

派员查案者,于取供后,仍由该司复加亲提研讯,定拟复详。其控告官吏之案,一经批发,即亲身勘问,定拟具详,不得复派他员代勘。"①

（4）院控

督抚所接受的上控案件,或交藩臬二司,或交发审局。从律例的规定来看,督抚亲审的上控案件主要是:"案涉疑难,应行提审要件,或奉旨发交审办,以及民人控告官员营私枉法滥刑毙命各案。"②

上控案件的审理方式主要是亲审、委审和发审。律例中分述了督抚亲审、司道亲审以及控经督抚者发司道审办、控经司道者发知府审办（或邻近府州县审办）、控经知府知州者亲提审问三种情况。

上控案件的裁判,不同于初审,包括针对未经在县控告或无理具控,或已告而未审结或在原审衙门即可审结的上控案件,分别情形,常常直接、明确地批示不准,或者作出批示当事人回县具控、投案的决定,或发签要求原审官府限期审理结案的决定。

2. 京控

自清代中叶起,随着上控案件的增多,一般民人赴京控诉的模式,逐渐形成了系统化的京控审理制度,京控正式成为一条民间上控的渠道。

清代各省民人京控的方式,有呈递诉状和击登闻鼓两种。一般以向京师各部院衙门递送呈词者居多。向通政使司呈控时,无论有无呈词,均得击鼓为之。顺治元年（1644 年）,登闻鼓设于都察院,由御史一人监管。顺治十三年（1656 年）,将登闻鼓移至长安右门外,每日由给事中或御史一人轮流值班。康熙六十一年（1722 年）,又将其并入通政使司,别置鼓厅,由参议一人监管。凡内外官民遇有冤抑之事,原审衙门不理或审断不公时,可赴通政使司击鼓诉冤,先由通政使司讯供,如确属冤枉,奏报皇帝交刑部查办。《大清会典》定曰:"有击鼓之人,由通政使司讯供,果有冤抑确据,奏闻请旨,交部昭雪。"③

清律对呈控者的呈状评阅苛刻,要求诉状必须符合程式,明列款项。诉状内容必须真实,不得妄称或故意增减情状。诉状一般应由本人书写。清朝木榜还规定,鼓状若为人代书,须书明代书人姓名,不书者不准受理。此外,受理

---

① 《清会典事例》卷 122《吏部》。
② 《大清律例·刑律·断狱》"辨明冤枉"条附例。
③ 《钦定大清会典事例》卷 69。

京控案件的京师各部院衙门不会受理单纯控诉民间细事的呈状。

清代严禁京控无故越诉,提起呈控的案件必须是经由其他部门审结的重大冤案。各省民人京控之前,应在本籍地方及该上司先行具控并经审断结案。《大清律例》规定,"或有冤抑审断不公,须于状内将控过衙门审过情节开载明白,上司官方许受理","如审断不公再赴该管上司呈明,若再有屈抑方准来京呈诉"。①

清初京控案件的处理方式大致有提审、派审、发审等几种。对于确有重大冤抑之案,在地方上无法审理得当时,可以特旨将案件卷宗、人犯、证人提交刑部审理;对于距京路途遥远地方的重大案件,不便提京审理,皇帝每每特派大臣赴当地审理。乾隆中后期各省赴京控诉的案件急剧增多,因以往以派审为主的处理方式费用较繁,于是嘉庆四年上谕:"向来各省民人赴都察院、步军统领衙门呈控案件,该衙门有具折奏闻者,有咨回各该省督抚审办者,亦有径行驳斥者。办理之法有三。"②各省民人京控案件基本上形成了奏交、咨交和驳回三种处理方式,一般而言,案件情节较重者,具折奏闻;情节较轻者,咨回本省督抚审办。

道光以后还有交发审局审理的情形。"发审局"又称"谳局",其设置缘于清代的审转复核制,是清朝中后期各省地方政府为了适应经济、社会和人口的变化而设立的一个专门案件审理机构。道光之后发审局逐渐成为各省常设机构,通常设立在各省首府,与督抚、臬司同城相处,既便于上司对其监督,又利于上下交流,避免案件往返提传,同时也可节省办案经费支出,共同促使案件得以昭雪。发审局主要经办京控交审案件、部驳发回之案和提省后发交案件。

3. 叩阍

除上述两种方式外,还可以呈递封章的形式叩阍,只是不如击登闻鼓或迎车驾普遍。封章奏事是清朝具有一定重要职位的官员奏事的一种方式,由有权呈递封章的官员附带将封章上奏皇帝是允许的,但一般的低级官僚及平民不得呈递封章,只能露呈投递。

---

① 《大清律例》卷30《刑律·诉讼·越诉》。
② 《钦定大清会典事例》卷1001。

关于叩阍案件的审理,除个别案情简单的由皇帝直接裁决外,多发交刑部等中央各部院衙门审办,其中以刑部审理最为常见,有清一代概是如此。除发交中央各部院审理外,亦有发交各省督抚或钦派大臣前往审办。皇帝出巡时受理的叩阍案件多发交军机大臣会同行在刑部审理。

叩阍案件由皇帝发交刑部等中央各部院衙门或各省督抚审办,或钦派大臣前往审办完结之后,应当定拟判决,奏闻皇帝,以听取皇帝本人的最后裁决。

(三) 会审制度

清代会审制度,溯源于明会审制度,分为朝审、热审、秋审三种。

1. 朝审与热审

是指刑部对于京师在押监候死囚的审录。根据《大清律例》,刑部现监重犯,每年一次朝审,其程序是刑部堂议后,奏请特派大臣复核,"核定具奏后,摘紧要情节,刊刷招册送九卿、詹事、科道各一册,于八月初间(按惯例朝审先于秋审一天举行),在金水桥西,会同详审,拟定情实、缓决、可矜具题,请旨定夺"①。朝审与秋审的不同之处,一是在押囚犯需解至当场审录;二是直到嘉庆二十年(1815 年)以前,朝审案件一直保持三复奏程序,以示对京师案件的慎重。直到嘉庆二十年始决定:"朝审与秋审同一例,嗣后朝审亦著改一复奏。"②

至于热审,于每年小满后十日至立秋前一日,由大理寺左右二寺官员会同各道御史及刑部承办司(称作小三司),审理发生在京师的笞杖刑案件。

2. 秋审

清代刑事诉讼中的会审,以秋审最为重要,秋审制度经顺治初的提起,至康熙朝正式确立。清代将死刑分成斩、绞两等,在执行方式上,又按照轻重程度分成"监候"和"立决"两种。立决即立即执行,决不待时;而监候则需等待秋后再做处理。地方各省奉旨"监候秋后处决"的案件就是秋审案件,但并非"秋后"就立即执行死刑,而是要经过一种特别的复核程序再决定是否执行。如果没有裁定核准执行的,则继续监押到下一年再复核,有的多达十次复核。

---

① 《大清律例·断狱·有司决囚等第》。
② 《钦定台规》卷一四,六科分掌。

第一次纳入秋审程序的案件称为新事或新案,第二次以上则被称为旧事或旧案件,但新旧案都同样对待,地方或中央有关部门都要依据一定的程序进行。

就地方而言,"各省每年秋审,臬司核办招册"①。招册即案犯清册。由于监候的死刑犯人,一般都押在原审州县监狱中,臬司在年初就要行文全省州县核办招册。各州县接到臬司的札饬后,即对监候囚犯一一审录,将人犯分为情实、缓决、可矜、留养承祀等几大类。实际上,州县在办理招册时,就开始对案犯审录,然后将招册和案犯转送府、司审录。各省秋审时,督抚会同司道等官审录。会勘完毕后,督抚具题报刑部批复。

就中央而言,根据规定,凡是死刑案件,不管是立决执行还是监候,地方督抚专案具题给皇帝的同时,也将题本的副本(揭帖)移咨刑部。皇帝看过题本后,一般都会在题本的封面上用朱笔批示"三法司核拟具奏",也就是"三司会审"。因此,各地死刑监候的"原案"在刑部都有保存,刑部作为秋审的主稿部门就是根据这些原案进行的。

秋审大典在八月内举行,在天安门外金水桥西南朝房,由九卿、詹事、科道主议。秋审凭《重囚招册》审核。在复核中,与议者若有不同意见,则另单写成"签商"交查班御史转达刑部,刑部即为签复。② 若仍各执己见,签商者可直接向皇帝具奏,请旨定夺。复核之后,刑部就依次分别定期缮进黄册和题本。秋审题本先发至内阁,内阁将题本和黄册一并进呈。皇帝将黄册留览,题本发下。刑科又按照题本办复奏本,仍由内阁进呈。得旨后,各道御史以掌印御史领衔,按题本先后,及刑科复奏人犯先后,办理勾到本。

对死刑人犯勾决,最后要经过皇帝批准。人命关系重要,皇帝在勾决时,也是慎之又慎。康熙云:"此等虽皆当死。然朕于伊等情罪当死之中、曲求可生之路、不忍轻毙一人也。"③

勾到之后,还要经过复奏才能执行死刑。顺治、康熙时,勾决重囚没有复奏之例。雍正二年,仿朝审之例,各直省秋审亦三复奏,至乾隆十四年,只一复奏。嘉庆十二年,将朝审改为一复奏,省去繁冗。勾到与覆奏后,只有情实人犯予勾者才执行死刑,缓决则留待下一次秋审或朝审时审核,可矜则因情节不

---

① 薛允升:《读例存疑》卷四十九。

② 《钦定台规》卷一二《会谳》。

③ 《清实录圣祖仁皇帝实录(二)》卷一百九十五。

严重免于处死,留养承祀则情节虽重但家有老人无人奉养,亦可因此免于处死。

正如雍正帝所云:"从来帝王于用刑之际,法虽一定,而心本宽仁。"①秋审制度,正是"以宽仁之心去行严格之法",体现了中国传统司法强调的"人命关天"、"慎重民命"的思想精华。

综上可见,中国传统的刑事诉讼制度规定是异常严格和谨慎的,从侦查到起诉,从审判到执行,可谓"皆有法式"。这要求审判官援法断罪,有效地防止了任意司法、违法擅断的行为,根本上不同于中古西方和中亚存在过的"卡迪司法"的情形,而是渗透着人文与理性的色彩。

四、系统完备的司法监察制度

中国传统的社会管理,是通过各级官员的行政司法活动实现的,这就是"官治"。为了更好地协调运转官僚系统,历代统治者无不把"治官"作为首要任务,韩非子所说的"明主治吏不治民"被历代皇帝奉为圭臬,从而形成了人治—官治—治官—治吏—治民的理论体系。其中的核心就是治官,治官之法的主要内容是:明确官僚的职、权、责;规定官僚的行为方式与自我调整、自我约束的机制;实行考选举荐、考课、监督等一系列制度,使之奉公守法,为国效力、为君尽责。随着社会文明的进步和国家制度的发展,职官管理法不断充实,使官僚们在组织建设、政治运营、经济文化策划、治民理事、司法审断各方面,均有法可依,从而发挥着重要的作用。② 这个治官之法涉及职官管理的方方面面,构成了古代行政法制的主要部分。因为我们讨论传统司法制度,所以在此仅简述法官的司法的责任,再由司法责任推开去,来探讨司法监察制度。

(一) 传统法律中对司法责任的有关规定

司法审判事关庶民切身利益和社会稳定,因而受到历代统治者的重视,各

---

① 《大清会典事例》卷 846。
② 前揭张晋藩:《中国法律的传统与近代转型》(第三版),第 161 页。

类官员对此也有深刻的认识。如清代著名律学家王明德就认为律例关系民命,又鉴于世人轻视律学,"鄙之为刀笔之传,薄之为残忍之习,抑之为俗吏之司,泥之为拘牵之具";甚至"身膺民牧,职隶司刑,终其职,终其身,终莫别其科条之办鱼鲁亥豕者"。① 因此撰《读律佩觿》,成为一代律学名著。因为司法如此重要,而司法官的行为若有不当,则会造成"霜飞六月、积怨九幽"的严重后果,所以为了约束官吏依法审判,不得玩法行私,历代都立法明确司法官的责任与违法制裁。

早在西周时期,周公告诫弟弟康叔封时,就提出要"敬明乃罚",要求康叔到其封国之后,要慎重地对待刑罚。到秦汉时,则规定司法官如果用刑不当,则按"实刑"罪进行处罚。到唐代,则更是全面规定了对官吏依法断案的要求。通过确立司法管辖系统,明确司法权限,防止滥用司法权或者超越司法权。而且,在律典中确立了受理词讼的各项原则,如强调依法受理,依法刑讯,我们在以上的民刑诉讼制度的介绍中已经有所提及。正如日本法制史家仁井田陞所认为的那样:"中国古代的司法的法定主义,可以认为具有两个基调,一方面具有旨在威吓民众的一般预防主义思想,另一方面则具有旨在防止官吏擅断的思想。"②这一"法定",实质上意味着司法官的责任源自法律的要求。而责任的设置,也为司法监察提供了一个法律根据。下面,我们仅以《大清律例》中"断狱"一门中的规定,来展示传统法律中对法官的责任的要求。当然,这不代表仅有这一门提到的司法责任问题,在清律中的"诉讼"、"逋亡"等门中也大量涉及法官责任。此外,在清代别的法律法规中,如各部院则例以及处分则例等法规中,也有大量的司法责任条款,更别提整个传统中国的法律规范了。我们仅仅管中窥豹,可见一斑,以此能体会中国传统司法责任规定之严格与细密。

"断狱"一门共二十九个条款,几乎都涉及法官责任。

首先,在羁押囚禁方面,如果司法官对应该囚禁的被告不囚禁,应该使用锁枷等戒具的不使用,导致罪囚逃离监狱,或者私自打开锁枷导致罪囚逃脱,则法律规定应该处相关司法官吏笞三十到杖六十不等的刑罚。如果司法人员

---

① 王明德:《读律佩觿》序。
② ［日］仁井田陞:《中国法制史》,牟发松译,上海古籍出版社 2011 年版,第 57 页。

存在着受赃而故意轻重其手的情形,则最高可以处以绞刑。① 而如果官吏挟私报复,故意将不应囚禁之人囚禁的,则要杖八十,若导致被囚者死亡的,则要处以绞刑。② 如果过了审限,依然囚禁被告的,或者应当释放而不释放的,则对于司法官员最高可处以流刑。③ 如果狱卒故意凌虐罪囚的,则按照斗杀伤罪论处。④ 如果司法人员给囚犯刀剑或者毒药等物,致使罪囚自杀或者逃脱的,则最高要处杖八十的刑罚。⑤ 如果司法官吏教令罪囚翻供或者与罪囚串通的,则按照"故出入人罪"论。⑥ 此外,还有供应狱囚衣粮方面的责任、关于探视方面的责任等,在羁押囚禁这一环节都考虑到了。

其次,在证据及勘验方面,规定官司检验尸伤,必须亲自勘验,而且有一套固定的程序要求,详如上文。如果出现冤枉之事,内外问刑衙门辨明冤枉,须要开具囚犯所枉事迹,向上奏报,被诬之人,依律改正。而对原先冤枉错判的官员,以故失人罪论处。在刑讯方面,也规定有司法官吏的责任,具体情形上文已经涉及。此外,法典专门规定了"老幼不拷讯"条,就主要规定"凡应八议之人,及年七十以下,若废疾者,并不合拷讯,皆据众证定罪,违者,以故失入人罪论"。

再次,在审理方面,要求断罪必须依告状来,如果于本状之外别求他事,以故出人罪论。而出人罪,是规定法官责任的一个最为重要的条款之一。法律详细地规定了"增轻作重"、"减重作轻"、"断罪失于入"、"故增笞从徒"、"故增杖从流"、"故增轻徒从重徒"、"故增徒从流"、"故增近流从远流"、"故减徒从笞"、"故减徒从杖"、"故减重徒从轻徒"、"故减流从徒"、"故减死罪从笞杖徒流"、"失增笞从杖"、"失增杖从流"、"失增轻徒从重徒"、"失增徒从流"、"失增笞杖徒流入死"、"失减徒从笞"、"失减流从徒"、"失减死罪从流徒杖笞"等具体情形的司法责任。⑦

最后,在判决方面,对司法官员要求最为严格的是"断罪引律令"条,这条

① 《大清律例·断狱·囚应禁而不禁》。
② 《大清律例·断狱·故禁故勘平人》。
③ 《大清律例·断狱·淹禁》。
④ 《大清律例·断狱·凌虐罪囚》。
⑤ 《大清律例·断狱·与囚金刃解脱》。
⑥ 《大清律例·断狱·主守教囚反异》。
⑦ 《大清律例·断狱·官司出入人罪》。

规定可以上溯到公元三世纪的魏晋时期。清律规定:"凡断罪,皆须具引律例,违者笞三十;若律有数事共一条,官司只引所犯本罪者,听。"还规定:"其特旨断罪,临时处治,不为定律者,不得引比为律。若辄引比致断罪有出入者,以故失论。"①与这条律文相关的,则有"决罚不如法"、"断罪不当"等条,共同构成了中国古代司法上的"罪刑法定"原则。诚如有论者一样,其出发点是维护法律的统一适用,约束司法官权力的滥用,由此提高了法律的权威,严肃了司法官的责任,维持了法律秩序。尽管在封建专制制度下的司法是以皇帝擅断为本质特征的,使得援法断罪的规定,不可能完全贯彻,而且为了弥补律文的不足,也允许比附与类推,但它毕竟是中国古代法治文明最有价值的部分,赢得了世界的高度评价。② 仁井田陞亦认为:"与欧洲近世刑法理论相类似的理论,中国早在一千多年以前的 3 世纪就已在原则上加以采用,而且这是作为被制定颁行的成文法规的,这一点应该值得特别注意。"③

此外,为了促使司法官员理解法律,更好地司法,还有强制官员学习法律的规定。清代经过科举入仕的官员,多不悉法律,而依法判决又是对官吏的基本要求,《大清律例·吏律》"讲读律令"条规定:"百司官吏务要熟读,讲明律意,剖决事务。""若有不能讲解、不晓律意者,官罚俸一月,吏笞四十。"《钦颁州县事宜》以"律例者,出仕治人之大纲也",告诫州县官务要"究心律例"。"讲读律令"之制,亦可以看作对司法官员的一项技术上的要求,如果因为不明律令,错断案件,同样要严格追求司法官吏的司法责任。

可见,就法律规范本身而言,对司法责任的规定已经细密完备,目的是让司法官合格地完成司法事务,而消除司法渎职的弊漏。

(二) 遏制司法渎职与腐败的重要防线——司法监察

虽然在司法责任方面,法律规定备详。然而徒法不能以自行,光靠法典规范司法责任是难以防范司法腐败和渎职的,所以历代为了维持国家纲纪、整肃官僚队伍、提高行政效率、纠正冤假错案、惩治贪污腐败官吏、维护社会公平与秩序,特别注重司法监察,使得司法监察从秦汉开始就已经制度化、常备化。

---

①　《大清律例·断狱·断罪引律令》。
②　参见张晋藩:《中华法制文明的演进》(修订版),法律出版社 2010 年版,第 7 页。
③　前揭仁井田陞:《中国法制史》,第 57 页。

　　司法监察主要由风宪官吏——御史来负责执行。当然,御史的任务不仅仅限于司法监察,举凡行政、经济、军事、文教等各个领域都有御史监察的身影,但司法不可否认是其中的重中之重。中国古代御史号称为"天子之法官",御史台(都察院)也因此始终位列于中央三法司之内。

　　《睡虎地秦墓竹简》"秦律十八种"中有"尉杂"一律,内中提到"岁雠辟律于御史",指的是负责司法审判的廷尉每年都要到御史处去核对刑律,虽然不能直接表明御史的监察状况,但又据《商君书·定分》中所云,说法令都藏有副本,以防止删改,说明廷尉每年必须与御史一道核查刑律条文,防止廷尉决法不如律。① 这从一个侧面说明御史对司法的监察情形。到汉代,出现了目前所能见到的中国古代最早的全国性监察法规——《六条问事》,又名《刺史六条》,其中第三条为:"二千石不恤疑狱,风厉杀人,怒则任刑,喜则淫赏,烦扰刻暴,剥戮黎元,为百姓所疾,山崩石裂,妖祥讹言。"②实际上即是对二千石官员司法活动的监察,如果该官员不能做到证据确凿,事实充分,而凭主观断案,导致冤假错案,或者凭借自己的喜怒,肆意赏罚,那么御史有权对之进行参处。

　　此外,汉代御史还有权力亲自参与司法官的司法活动中,主要通过"杂治"和"录囚"两端来加以审判监督。"杂治"就是监察官员与其他机关共同参与案件的审理,既可以提供审判意见和建议,也能够发挥检察机关的司法监察的效能。而所谓"录囚",则主要指对于在押已决的或者未决的犯人进行复审,以防止冤狱或滞狱。汉武帝元封五年(公元前106年)规定:州刺史每年八月"巡行所部郡国,录囚徒"。③ 汉成帝时任京兆尹的隽不疑当年在青州刺史任内,每到下属诸县审录囚徒回来时,其母亲都要讯问有没有平反什么冤案,存活了多少人。可见录囚制度在汉代的经常性和权威性。

　　魏晋南北朝继续沿袭汉代的做法,曹魏时期贾逵制定刺史六条时也特别提出要"考竞其二千石以下阿纵不如法者,皆举奏免之"。北魏《六条诏书》第五条即"恤狱讼",北周《诏制九条》之一就是"以杖决罚,悉令依法"④。

---

①　前揭《睡虎地秦墓竹简》,第110页。

②　《汉书·百官公卿表》。

③　《后汉书·百官制》。

④　转引自张晋藩:《中国监察法史稿》,商务印书馆2007年版,第169页。

　　到隋唐,三法司机构正式成立,御史台既是中央监察机关,又具有司法机关的性能。御史们不仅具有一般行政监察权力,而且享有司法监察权和一定范围的审判权。如监督大理寺和刑部的司法审判活动,参与会审、受理行政诉讼案件等。台官还有权参加刑部会议。此外,为了便于检察机关对司法的监察,唐代还改变了旧制的规定,御史不仅仅只是一个监督者,它本身也能受理诉讼。《唐会要》载:"故事,御史台无受词讼之例,有词状在门,御史采有可弹者,即略其姓名,皆云风闻访之……至开元十四年,始定受事御史,人知一日劾状,遂题告事人名,乖自古风闻之义,至今不改。"①

　　而且唐代御史台还一度设置了专由御史台管辖的牢狱,"以囚自大理来往滋其奸故,又案事入法多为大理所反,乃奏于台中置东西二狱,以自系劾"。②

　　到了宋代,司法监察向纵深发展。御史台设检法一人,另设推勘官十人到二十人,凡百官犯法,先交御史台鞫问。宋朝的司法审判分离,互相制约,在京城的案件一般先由开封府和御史台审问,然后由大理寺和刑部判刑。部分上诉案件也交由御史台审理。宋朝的一些大案要案往往由皇帝交由御史台负责审理。御史台对司法审判方面的监察,主要是在发现司法机构作出的判决与案情不实时,可以将案情重新审理。弹奏假报狱空也是御史台司法监察的重要职责。而为了加强对州县官吏的监察,两宋时期制定了监司监察州县官的出巡制度,其中一个重要的职责就是查察地方官员的司法行为是否合法。

　　到了元代,已经制定了专门的司法监察办法。元朝废除了大理寺,而增加了御史台的权力,凡是刑部官吏的奸邪非违的行为,都在御史台的监察范围之内,甚至刑部所属之一的司狱司,也竟然直属于御史台,以便从组织机构上加强对刑部司法活动的监督。

　　明清两代则主要通过会审制度,加强对司法的监督,同时大幅度提高御史的权力。顺治十八年,为提高巡按制度的监察效果,并督励巡按洁身自好,由兵部尚书管左都御史事阿思哈等遵旨议定《巡方事宜》十款:"1.禁地方官诌

---

① 《唐会要》卷60"御史台上"。
② 《唐会要》卷60"御史台上"。

媚巡方,私派供应。2.察州县官于额私派。果有私派,即行纠参。如巡按不纠,以溺职论。3.巡按于属官内,清廉贤能者,不举,而反劾,贪酷阘茸者,不劾,而反举,被臣衙门及科道访察纠参,革职,从重处分。4.纠参大贪,应首严于藩臬道府。今后若但以庸冗老病塞责者,将该御史从重治罪。5.巡按于地方利弊,要必实心详察。差满后,曾兴何利,除何弊,册报臣衙门详核。真实者,以优等论叙。草率虚诳者,题参惩处。6.访拿衙蠹,必先本院衙门奸恶,其次督抚司道府厅州县分司衙门,及地方棍豪。实系大奸大恶之人,务须严拿,毋致巧脱漏网。其该管官隐匿,即行参处。如已揭报,而御史故为宽纵,指称访拿名色,捉拿无罪之人,诈取财物,随复纵放者,该抚即行纠参。7.巡按入境,及出巡地方,铺陈等物,应自携带。蔬薪,发银买办。如地方官献媚取荣,及巡按携带书役家人厨役前站之类,以致扰驿累民,督抚访确,即行题参。8.巡按入境后,属员不得越境参谒。其随巡该道刑官,办理公事之后,即令速回。其督抚按互相馈遗结纳,照旧禁革。9.互纠之法,原欲彼此觉察,然从未有督抚指参一巡方者。今后御史倘有不法,而督抚明知不纠者,一并议处。10.考核御史,立为上中下三等。其在地方清慎端严、恪遵上谕、洁己爱民、奖廉去贪、兴利除害、听断明恪、锄奸捍患、轸恤民瘼、察核钱粮、招抚流移、垦荒兴学等事,无不修举,又能大破情面,纠察地方恶宦劣衿者,照例酌量分别加级、纪录,回道管事。其次谨慎奉法、察吏安民者,准其回道管事。其行事碌碌,无实政及民者,参送吏部降调外用。至于有徇情贪贿等弊,一经访确,即据实纠参,革职治罪。"①

有清一代更是出现了整个帝制史上最完备的一部监察法典——《钦定台规》。《钦定台规》始纂于乾隆八年,由都察院汇辑有关监察制度方面的上谕及皇帝批准的奏议、条例等,分别编辑。共八卷二十二目。各类、目内容按文件产生时间顺序排列,间有若干文献附于各类之后。嘉庆七年(公元 1802年)由贡阿拉奉命领衔续修台规,共二十卷。嘉庆九年钦准刊布。道光七年(1872 年),由松筠领衔续修颁行,增为四十卷,所增条款多为乾隆九年至乾隆五十九年时所增,兼有少量嘉庆初新颁的条款。至光绪朝由延煦奉命续修《钦定台规》增为四十二卷,于光绪十八年颁行。新增者多为道光、咸丰、同

---

① 《清实录·圣祖仁皇帝实录》卷 1,中华书局 1986 年版,第 44—45 页。

治、光绪历朝新增的各种监察规定,并保留了部分乾嘉时的旧例。① 分为训典、宪纲、六科、五城、各道、稽查、巡察和通例等八类。每类又分若干目。以"六科"为例,包括"通掌"与"分掌"两目,"通掌"为六科的共同任务及其要求;"分掌"规定各科的具体任务及其要求。光绪十六年颁行的《钦定台规》是最后的版本,它是以"钦定"的形式出现,所录谕旨之多,指陈之细,显示了台规所具有的权威性,由此也更强化了皇帝所拥有的最高监察权。《钦定台规》肯定了监察机构的特殊地位和功能,为监察机关广泛行使监察权提供了法律依据,使之深入行政、经济、司法、军事、礼仪、教育、社会等各个领域。《钦定台规》是中国古代历史上最完备的一部监察法典。我们就以《钦定台规》中部分关于司法监察的条款为例,来看看传统司法监督的严密性。其中关于京控程序的,在我们上文的介绍中已经涉及,通过受理京控案件,对各地的司法进行监督,这是一项重要的司法监督职权。

除会审和京控之外,《钦定台规》还规定都察院所属科道对于直省及各省案件有权察核。顺治十一年议准:"凡直省重案已结、未结者,令按察使司、各道,年终具题造册送刑科察核。"②康熙十二年议准:"各省刑名事件,分道御史与掌道御史一同稽核。"③雍正四年又规定:"直省州县原谳情罪,果与律例吻合,上司混驳,许承审官抄录原审供册并批驳案卷,直揭刑科,以凭察核。实则将上司议处,虚则将属员治罪。"④乾隆十三年又定:"满、汉御史以十五省分十五道,分理各省刑名。"⑤

对于监狱的管理情况,也由都察院派御史负责监察。雍正十二年奏准:"刑部南北二监,均系重犯,无论贫富,务使一体办理,并交与都察院委满汉御史各一人,前往稽查。如有苦乐不均等弊,即行题参,将提牢、司狱等官议处,狱卒立拿严究。"又议准:"刑部南北二监,十五道御史按月轮流差委稽查,仍于月底将所委御史知照刑部,转饬司狱,将羁禁人犯,造册花名清册,送改御史

① 《钦定台规凡例》(光绪朝),香港蝠池书院出版有限公司2004年,第7页。
② 《钦定台规》卷16"六科二"。
③ 《钦定台规》卷16"会谳"。
④ 《钦定台规》卷16"六科二"。
⑤ 《钦定台规》卷16"会谳"。

稽查。"①

由于司法监察的实行,监察官参与司法活动,并且针对司法领域中的种种积弊,不断抨击,力求整治,对提高司法公正与效能起到了一定的作用,至少可以使得积案因司法监察而清理,讼累因监察而避免。各地司法官员因为有人监察,也不敢公然疲玩因循,敷衍塞责。监察官通过复核案件,平庶冤狱,对当事人合法利益的维护、社会矛盾的缓和、社会秩序的安定,显然是有利的。

但是即使如此,我们来看很多历史遗留下来的材料时,会发现司法腐败依然屡禁不绝。清桐城派散文大家方苞的《狱中杂记》,就记录了清代康乾盛世间刑部大牢内的黑暗。盛世如此,衰世又如何? 诚如论者所认为的:就以监督机制而言,我国古代官场监督机制应当说是各大传统文明中最发达的,不但从中央到地方都设有监督机关,有大批常驻的或巡视的监督人员,许多朝代还热衷于发展秘密监督系统即所谓的"特务政治",如锦衣卫东厂等。但是这些监督主要是为了行政安全,而不是为了行政正义。所以,对"官"的监督尽管很严密,有时到了动辄掣肘的地步,然而,这些监视主要防止这些官员尾大不掉于皇权不利,并不真正关心司法官对百姓到底如何。因此,这样的监督机制对行政正义的作用有限。不但如此,这种监督往往就是腐败之源。御史出巡,地方官竞相巴结,厂卫纳贿,科道受托,台殿稽查之职皆成肥差。叠床架屋、互相掣肘的监督机制不但未收澄清吏治之效,反而增添无数"创收"机会。这是当时设立监察制度之时始料未及的。

五、古代史上几次重大的司法改革

在漫长的中国法制文明的演进过程中,司法制度总是随着时代的变革而变革。但是这种变革往往不是瞬时间的,也无法归功于特定的英雄人物。诚如德国历史法学派大师萨维尼所说的那样:"对于法律来说,一如语言,并无绝然断裂的时刻;如同民族之存在和性格中的其他的一般性取向一般,法律亦同样受制于此运动和发展。此种发展,如同其最为原初的情形,循随统一内在

---

① 《钦定台规》卷16"会谳"。

必然性规律。法律随着民族的成长而成长,随着民族的壮大而壮大,最后,随着民族对于其民族性的丧失而消亡。"①从这个角度来看,法律发展有其本身的内在规律,本不以人的意志为转移。司法改革,也遵循此理。事实上,如果不尊重法律本身的逻辑发展,这样的法制改革最后一定会失败,如同西汉末年王莽的改制,以及南北朝时期北周的复古改制,最终都难逃失败的结局。而成功的司法改革,与其说是个别领导人物强硬的政治作风使然,不如说是他们很好地遵循了法制改革的规律,适用了时代的要求,切合了民族的心理,从而昌明法制,奠定成功之基础。历史上的司法改革大大小小,难以尽数,有些在潜移默化中不知不觉地就已经更张,难考其源流本末。所以我们在此叙述的司法变革,实质上只是三个历史瞬间,然而其对中国司法制度的影响都是十分深远的。其中的两次,都是在宏大的"变法"框架下的一个环节。变法内容本身很庞大,限于我们讨论的主题,我们着重谈其中司法改革的部分。

(一) 商鞅变法

商鞅本名公孙鞅,是战国时期卫国的公族后代,故又称卫鞅,但是因为是"庶孽子"(非正统的爵位继承人)的关系,到他一辈时,已经没有多少身份可言了。卫国在春秋时期是一个儒学大国,吴国贤公子季札访问卫国时就曾赞叹卫国多君子,孔子周游列国十余年,居住时间最长的地方也是卫国,可见卫国当年儒学之盛。然而到了战国时代,卫国积贫积弱,早不见当年的风采,同时处在强国环伺当中,卫国时刻处于忧患当中。这一种气氛可能感染了年轻的卫鞅,"儒学无用论"可能在当时的卫国很流行,卫鞅最终没有成为儒家的信徒,却成为法家一代宗师,可能跟其出身是有关系的。

商鞅后来去魏国游学,投在当时的魏国相国公叔痤门下当了一名秘书性质的门客,同时跟着公叔痤学习治国理政的学识,可能商鞅的法律学问就是在这段时间内掌握的。商鞅很快就在相国府中脱颖而出,公叔痤临死之前,向当时魏国国王惠王举荐商鞅,以代自己职掌国政,然而惠王却因商鞅身份低微而不用。

---

① [德]弗里德里希·卡尔·冯·萨维尼:《论立法与法学的当代使命》,许章润译,中国法制出版社 2001 年版,第 9 页。

恰好此时秦国孝公初继位,为了改变秦国落后的面貌,下诏向东方六国求贤,声明如若来人确有才华学识,能治国理政,则许诺其高官厚禄。卫鞅在魏国既不得志,又恰闻秦国求贤,于是西入秦地。经过一番挫折,与秦孝公三次会谈,结果说服了孝公,孝公决意起用商鞅变法。

为了说服朝臣,孝公又在朝堂举行了一场公开大辩论。辩论的一方是商鞅,另一方是秦国保守势力代表甘龙、杜挚。卫鞅说:"若对自己的品行常怀疑虑,就永远博不到好名声,若对自己的事业常怀疑虑,就永远无法获得成功。况且有高人一等的品格者,往往不见得容于这个世界,有独到的智虑的人,必定为人民所误解。愚昧的人只知道墨守成规,而明智的人常常有着卓越的预见性。对待老百姓,不能与他们一同考虑如何开始,只能与他们一起分享成功的喜悦。所以有最高品德的人一定不会与世俗同流合污,成非凡功业的人一定不会什么事情都和大家讨论。所以圣人如果可以强国,他不会一定要固守着先前的传统,如果可以利民,一定不会遵循着以前的礼法。"

孝公表态:"说得好!"

这时身居相位的甘龙说道:"商鞅说得不对,圣人不通过改变人民而达到施行教化的目的;明知者不通过变法就达到治理国家的结果。摸清人民的习性,因民而教,不用费力气就能成功;按照习惯的做法来治理国家,官员也早已习惯而人民也能安心稳定。"

卫鞅说:"甘龙大夫的话,是一般俗人的话。常人安于世俗,学者沉溺于他所听说的,一般情况下,安于传统,按照经验办事,做官守着习惯也可以,但是我们不是讨论在习惯做法以外该干些什么吗?就算是尧舜禹三代为王,也遵循着不同的礼;春秋五霸各自称霸,也采取了不同的做法。智者制定办法,愚昧的人才受制于此办法;贤者改变礼法,而不肖的人就拘束于礼法。"

这时另外一个人杜挚,此人为甘龙的学生,也是朝廷高官,他与甘龙的说法不一样,甘龙主要从理论上阐述要不要变法,而他从现实成本考虑要不要变法。他说:"如果变法所得收益不是百倍于现在,那么就不要变法;如果造就的功业不十倍于现在,那么就不要改变制度(就是一个意思,如果变法不能明显地增加效益,最好不变)。所以按照古代的做法去做没有什么过错,遵循着古代的礼法,也无可厚非。"

卫鞅这时说了一句名言:"治世不一道,便国不法古。世界变了,治国之道就得改变。所以商汤和周武王不循古却成就王业,而夏桀商纣不改变礼法却导致了灭亡,那些幻想着返回古代遵循古代礼法的人虽然不能认为错,但这样的人绝对不能太多,否则国家怎么进步?"

孝公听了辩论说:"好,非常好!"于是事情就定了,任用商鞅为左庶长,开始变法。① 孝公随后发布了第一批变法法令——《垦草令》,即开垦荒地的法令。此后,变法时间更是陆陆续续延续了二十年。这一变法,乃是整个春秋战国史上最为全面、最为彻底,也最为成功的变法。牵涉经济、政治、军事、文化、社会等各方面内容,我们仅仅看其在法律上特别是司法上都有哪些变革。

1. 改法为律

商鞅的时代,最为流行的法典乃是魏国人李悝当年制定的《法经》六篇,商鞅当年去秦国的时候,随身就带着这样一部法典。然而限于时代的要求——人们已不满足于法的公平性,更加注重法律的普遍适用性、稳定性和必行性,要求法律予以改革;另外,秦国的迫切需要——改革晚,国力弱,危机感强,也渴望用新的法律手段推动改革;再次,《法经》已落后于社会发展阶段——内容过于狭隘(以刑事法律关系为主),无法满足人们对法律规范普遍性和必行性的要求。这三大背景,决定了商鞅需要改法为律,并扩大法律的内容。于是商鞅将《法经》改为"六律",这不仅仅是名称的改变,更意味着对于法律的秩序价值和普遍适用性的凸显。

2. 扩大法律范围

原先的《法经》,都是刑事法律,分为:盗律、贼律、囚律、捕律、杂律、具律。商鞅变法时,扩大了法律的范围,从后来我们看到的《云梦秦简》中,至少可以看到如下的法规:

(1)《田律》:有关维护乡间社会秩序、农事管理和田赋征收的法规;

(2)《仓律》:关于仓库管理的法规;

(3)《厩律》:关于牲畜饲养、管理和使用的法规;

(4)《金布律》:关于财政制度的法规;

(5)《传食律》:关于驿(站)传(舍)饮食供给的法规;

---

① 关于商鞅生平以及商鞅变法之前开展的辩论,皆来自《史记·商君列传》及《商君书·更法第一》。此外,本节商鞅的司法改革具体内容,亦以《史记》及《商君书》记载为准。

(6)《工律》:有关官营手工业生产与管理的法规;

(7)《置吏律》:关于官吏任免制度的法规;

(8)《效律》:关于检验官府物资财产的法规。

尽管《云梦秦简》所载的法令为秦始皇时代应用的法律,距商鞅变法已有百年,不能完全代表商鞅变法的内容,然而不可否认的是,秦国此后法令密于凝脂,是从商鞅开始的。我们逆向推测,可以想见商鞅扩大了法律内容。单从《商君书》上记载,亦可看见《垦令》、《刑约》等内容和名目,足以证明商鞅所立之法规模的宏大。

3. 在司法上适用"重刑主义",强化用刑

商鞅基本上就是后世"酷吏"的先驱者,其思想的核心乃"壹法重刑",强调一断于法,以法为教,轻罪重刑,以刑去刑。其司法思想是异常丰富的,详细内容可见本书司法思想部分。我们仅来看其创设的用刑制度,其中最能代表其重刑思想的,莫过于"连坐法"。

连坐,亦称"相坐",意味古代一人犯罪株连自己家庭、家族、乡邻和其他人的刑罚制度,源起于上古的孥戮、劓殄等制,商鞅将其大大发展,形成一整套连坐体系。

(1)邻伍连坐:"令民为什伍而相牧司连坐。不告奸者腰斩,告奸者与斩敌首同赏,匿奸者与降敌同罪。"

(2)军事连坐:"一人逃则,刭其四人。"

(3)家庭连坐:"一人有罪,并坐其家室。"

(4)职务连坐。

4. 商鞅变法的其他措施

并非属于司法领域,但与司法也有一定关系的改革,尚有:

(1)废除"世卿世禄制"。商鞅规定:"宗室非有军功论,不得为属籍",从中重新确立赏罚体系和提拔制度。

(2)奖励军功。商鞅规定:"有军功者,各以率受上爵",并且重新订立二十等爵制:公士、上造、簪袅、不更、大夫、官大夫、公大夫、公乘、五大夫、左庶长、右庶长、左更、中更、右更、少上造、大上造(大良造)、驷车庶长、大庶长、关内侯、彻侯(通侯、列侯)。建立起一种军功贵族制度。

(3)废除井田制。"为田开阡陌封疆,而赋税平。"

（4）发展农业生产。"耕织致粟帛多者，复其身。"

（5）颁布"分户令"。"民有二男以上不分异者，倍其赋。"

（6）推行郡县制。

商鞅的改革措施，主要是以严厉的国家暴力为后盾施行。其司法改革，也以残酷著称，有一点"军国主义"与"战时管制"的味道，然而却很适应那个战争的大环境，短期起到了很好的效果。但要求人们一下子适应这种严格的法制是很难的。商鞅变法的当年，在首都雍城到处说法令不便民的人有数千人，太子也是其中之一，太子也犯了法。商鞅说"法之不行，自上犯之"，将要对太子用法。但是太子是王位继承人，不能施刑。于是就对公子虔用刑罚，对其师傅公孙贾用墨刑。于是这样一来，秦国的人都依法办事。法令推行了十年，秦人大悦，几乎到了"道不拾遗，山无盗贼，家给人足"的地步。人民勇于公战，怯于私斗，乡邑大治。当然这都是在残酷的法令中养成了习惯。秦国当初说法令不便民的人这时又来说法令很便民，于是商鞅说这些人都是乱化之民，就把这些人都给移民到边远的地方去了。从此以后，人民再也不敢对商鞅的法令说三道四了，不过这也钳制了民主，商鞅也是防民之口，甚于防川。商鞅执行起来，也是信赏必罚，对于赏，徙木为信的故事人人称道；而对于罚，则一次将怠于行新法的数百人于渭水边加以处斩，致使"渭水尽赤"，使人人胆寒。诚如美国学者史华兹所论：商鞅是"一个充满自信的行动上的'铁人'……他显然没有感到有必要去为他的方案提供一套宇宙论——本体论的基础。他的目标是清楚的，而且知道应该如何实现它"。① 商鞅靠酷刑推动法律的推行，然而却无法使人从内心真正接受并承认。商鞅身死，并没有让秦统治者反思，而是继续推行此一套司法制度，且变本加厉。如果说战争年代这一套尤可支持，那么到了秦一统天下、天下进入和平年代，秦国依然用此严刑峻法，其最后的失败也就可期了。所以一百余年间秦国所向披靡，而统一后仅仅十余年，国祚却已倾覆，尽管不能完全归咎于司法制度，但是司法制度的残酷确为覆亡之一。更为关键的是，自商鞅变法之后的秦国，长期以来，刑事政策和司法制度不能随时代的变革而变革，一直延续商鞅的做法，其失败当然在所难免。商鞅

---

① ［美］本杰明·史华兹：《古代中国的思想世界》，程钢译，江苏人民出版社2004年版，第344页。

当年变法的成功,正在于"时移世异则变",此后秦国僵化的司法体制,估计也是商鞅当年变法时所未料想到的。

(二) 董仲舒"春秋决狱"

汉代开国将相,大多数出身布衣,他们能从切身体会中感到秦朝法令严苛,赋敛綦重。于是开国之始,就黄老之治,轻徭薄赋。然而也因为文化层次不高,所以没有完善的上层建筑的规划,甚至连汉代秦的合法性理由都没有提出,在法律上,一开始废除了秦法,"约法三章",然而又失之太简,"三章之法不足以御奸",于是只能再"承秦制"。但是随着时代和平的演进,经济的发展,社会治安的好转,汉统治者治国意识形态逐渐向儒家思想过渡,到汉武帝时,正式确立了"罢黜百家,独尊儒术"的意识形态。这样一个突出的矛盾就摆在当时人们的面前:法律上依然用的是法家思想主导下的制度,而意识形态上此时已经到了儒家思想领域,如果要坚持儒家思想,那么势必要废除法制,这样就会变成法律虚无主义;而如果要坚持汉代法制,那么就意味着与主流意识形态背道而驰,这样就会变成法律机械主义。那么如何解决此两难问题,最好的办法自然是调整法律制度使得其与主流意识形态合一,然而这不是一朝一夕之事,否则会变成"没有法律的秩序"。这一难题最终在董仲舒之手得以解决,这就是"春秋决狱",通过司法达到法制与意识形态的吻合。

所谓"春秋决狱",又称"引经决狱"、"经义决狱",指西汉武帝时期董仲舒等人提倡的一种断狱方式,是以儒家思想为指导思想,要求司法官吏在审理案件的过程中,用儒家经典,特别是《春秋》一书的"微言大义"作为分析案情,认定犯罪的根据,并根据经义的精神解释和施行法律。

董仲舒本人的生平极其简单,事见《史记·儒林列传》。他是广川人,年少时就开始精研《春秋》一经,其人读书极其刻苦,曾"三年不窥园"。进退容止,非礼不行,学士都以之为师。汉武帝即位后,董仲舒曾向武帝上"天人三策",即宣扬:天人感应,君权神授;推崇孔氏,抑黜百家;春秋一统,尊王攘夷。武帝很欣赏,欲大用仲舒,但遭同事大臣公孙弘之嫉恨,乃暗地里排挤董,最终将其荐为胶西国的国相,董仲舒恐久获罪,乃以病归家。从此读书治学,并撰写《春秋决事比》,即春秋决狱的案例指导之书,后来的酷吏廷尉张汤等,都曾亲自来到董仲舒所居陋巷,询问"春秋决狱"的方法和道理。

"春秋决狱"这一司法改革的提出,有其深刻的背景。

首先是时代背景:其一,汉初的休养生息政策到武帝时已经收到成效,需要重新确立刑事政策和法制指导思想。其二,如上文所述,秦朝法家之治与汉初黄老之治至此已经出现了某些危机。其三,到汉武帝时期国力强盛,经济达到鼎盛,朝廷有国力、有时间来进行改革。最后,武帝本人作为一代强主,也要改弦更张,作为一番,且当时他已经采纳了董仲舒天人三策,从而确立了主流意识形态。

其次是思想文化背景:其一,武帝"罢黜百家、独尊儒术"治国策略的推行,势必引起法律施行方面的变化。其二,以"春秋"为代表的儒家经典有助于在和平年代推行"大一统"方略。其三,以董仲舒为代表的儒家知识分子传播儒学,使得儒学与政治的结合日益紧密,继而使之从一种政治思想落实到法律实践层面上。

这里需要解决一个问题:《春秋》究竟是一本什么样的书,何以能用在司法实践领域?

其一,春秋属"礼义之大宗"。"上明三王之道,下辨人事之纪,别嫌疑,明是非,定犹豫,善善恶恶,贤贤贱不肖。"[1]其二,《春秋》为孔子手定,高度精练,一字寓褒贬,"微言大义",给予后者的解释空间较大。比如《春秋穀梁传》中《庄公二十三年》中提到"夏,公如齐观社",《穀梁》对之解释为"常事曰'视',非常曰'观'。观,无事之辞也,以是为尸女也。无事不出竟"。即按照通常规矩去办事称为"视",违反常规的就称为"观"。"观"是表示没有什么重要事情的说法,因为庄公不过是借此去贪恋主持祭祀仪式女子的美色,国君如果没有重大事情是不应该走出国境的。因此,《春秋》中的用词,表明了孔子对于之中人事的评价。至于《春秋公羊传》,则更是超出了字面解释,深入到探索《春秋》中蕴涵的道德思想中来,公羊学派由此获得了"代圣人立言"的地位,董仲舒恰是最杰出的一位公羊派圣人。总之,经过董仲舒等学者的努力,西汉最流行"公羊春秋",而"公羊春秋"是着力于制度的解释和设计的,由此开启了《春秋》古为今用的过程。

再次,是法律制度的背景。其一,当时的成文法典尚未能全面引礼入律,

---

[1] 《史记·太史公自序》。

儒家精神尚未完全渗透进法律中。当汉朝统治者对立法思想作了重大修正后,思想对法律的渗透往往通过诏令这一法律载体实现。而成文法典中的相关规定反而不足。其二,当遇到疑难案件,现行律条不足引征为据,特别是当经义与法律发生冲突时,经义便承担起了法律的功能,于是在法典之外构筑了细密的法律解释权。

那么,"春秋决狱"到底是怎么运作的呢? 其运用遵循两项原则。

1. 原心定罪

董仲舒指出,"《春秋》之听狱也,必本其事而原其志。志邪者不待成,首恶者罪特重,本直者其论轻"①,即按照春秋经义审狱,一定要根据案情追究犯罪者的动机。动机邪恶者即使未成其罪也要治罪,首恶者罪最重,动机善良者则应从轻处罚。董仲舒在此举出一个案例,具体说明"原心定罪"原则的适用。

> "甲父乙与丙争言相斗,丙以佩刀刺乙,甲即以杖击丙,误伤乙,甲当何论? 或曰殴父也,当枭首。论曰:臣愚以为父子至亲也,闻有斗,莫不有怵怅之心,扶杖而救之,非所以欲诟父也。《春秋》之义,许止父病,进药于其父而卒,君子原心,赦而不诛。甲非律所谓殴父,不当坐。"

这里采用春秋中所说的许止进药误害其父的事例,来突出"君子原心,赦而不诛"的法理,来改变秦律中常常见到的只按结果来定罪的做法。

2. 亲亲尊尊

即以"君臣父子之义"为评判案件标准。我们来看这一原则在汉代的司法实践。《汉书·隽不疑传》记载了一个案例:汉昭帝始元五年,一男子着黄衣黄帽,乘着黄犊车至长安未央宫北阙,自称是武帝卫皇后所生太子刘据。事情被上面知道了,皇帝让公卿将军中两千石官员去辨认。长安城内吏民聚观的有好几万人。右将军勒兵阙下,以备非常。丞相御史中二千石到者并不敢发言。京兆尹隽不疑后到,叱从吏收缚。或曰:"是非未可知,且安之。"不疑说:"诸君何患于卫太子,昔蒯聩(卫灵公世子)违命出奔,辄(聩之子,是为卫出公)拒而不纳,《春秋》是之,卫太子得罪于先帝,亡不即死,今来自诣,此罪人也。"遂送诏狱。

---

① 《春秋繁露·精华》。

实际上这个案例为了说明这个问题,即使原先为父子,但后来如果儿子当了君主,父亲作为臣子需要服从儿子,所谓父子之亲,必须让位于君臣之义,三纲以"君为臣纲"为先。此案中的黄衣男子,且不管他是否是前卫太子,即便真的是,那么此时兄弟之亲也必让位于君臣之义。隽不疑即以此为依据解决了这一当时让人棘手的问题。

董仲舒的这一司法改革,具有重大的历史意义。其一,它发展出一套法律发展的路径。其二,弥补了成文法的不足,为司法寻找到一个合适的依据。其三,使得儒家思想进入到了现实政治法律操作中,给儒生一个通经致用的途径,从而大大传播了儒学,并使得儒学成为实学(后世的郑氏章句亦渊源于此)。其四,在定罪量刑时,强调分析行为人的主观动机有其合理因素。其五,积累了法律解释的经验,为后来章句及疏议奠定了学术与思想文化基础。

当然,这一司法改革也有其致命的缺陷,主要表现为:其一,它太注重主观动机。汉代就有人批评说它"志善而违于法者免,志恶而合于法者诛"(《盐铁论》)。其二,使法律与道德出现混同局面,不利于纯粹法律科学的发展,使得法学成为儒学的婢女。到后世虽然发展出单纯的注释律学,但忽视了思想上的法律革命。其三,使得后世审理案件时,如果律条与儒家经义有不合时(当然这种情况本身非常少),常常舍前者而就后者。如唐太宗曲赦党仁弘之例,即是渊源于此。

当然"春秋决狱"实际上是在法律规定不完善的情况下,而创造性发挥儒学的无奈之举。本质上和有着悠久制定法传统的做法是不符合的,所以此后经过长时间的法律演进,到《唐律疏议》的横空出世,传统法制臻于完善时,"春秋决狱"这一做法也就逐渐退出历史舞台。

(三) 王安石变法

王安石,字介甫,抚州临川人。父益,都官员外郎。生于宋真宗天禧五年(1021年),少好读书,过目不忘,堪称奇才。庆历二年(1042年)进士第四名,签书淮南判官。秩满知鄞县,在任兴水利农贷,民受其利。史书记载他"议论高奇,能以辨博济其说,果于自用,慨然有矫世变俗之志"。① 嘉佑三年(1058

---

① 《宋史·王安石传》。

年），他向仁宗皇帝上万言书，以为："今天下之财力日以困穷，风俗日以衰坏，患在不知法度，不法先王之政故也。法先王之政者，法其意而已。法其意，则吾所改易更革，不至乎倾骇天下之耳目，嚣天下之口，而固已合先王之政矣。因天下之力以生天下之财，取天下之财以供天下之费，自古治世，未尝以财不足为公患也，患在治财无其道尔。在位之人才既不足，而闾巷草野之间亦少可用之才，社稷之托，封疆之守，陛下其能久以天幸为常，而无一旦之忧乎？愿监苟且因循之弊，明诏大臣，为之以渐，期合于当世之变。臣之所称，流俗之所不讲，而议者以为迂阔而熟烂者也。"①十一年后，王安石当国，其所注措，大抵皆祖此书，时间在宋神宗熙宁二年（1069 年）

熙宁二年二月，王安石任相当于副宰相的参知政事，在神宗皇帝的支持下，开始主持变法，前后七年。但是从一开始变法就受到守旧势力的强力反对，终于神宗皇帝抵抗不了旧党的轮番攻击而罢安石职，令其致仕，从此安石归隐泉下，直到元祐元年（1086 年）去世。他所变新法在神宗皇帝去世之后，除保甲一法外，其余尽废。所以就个人的仕途与人生遭际来看，王安石要比商鞅和董仲舒平稳畅达得多，然而就变法的彻底性和历史影响力来看，则王安石所变之法不旋踵而废，尤其在司法改革方面，要比前两者小得多。

王安石变法，主要针对的是北宋社会两极分化、国家财政困难、边患严重等问题。所以，其变法的重心，主要在经济领域方面，兼及司法改革。其经济领域方面的措施有方田法、募易法、青苗法、农田水利法、市易法、免行钱、制定陕西盐钞法、创制三司条例司（以统一全国财政税收）。② 这些理财措施，当时攻之者尤甚，以为聚敛贪求，与民争利。而实际上这些措施主要以增加生产、减轻负担、抑制豪强为目的，其政策之真精神，则有两点类似于"统制经济"。这个经济措施的前提出发点很好，然而完全在所行得人，事实上后来新法之败，在于官府垄断了大量的经济权力，一旦官府贪腐，则所害尤深。

当然，在政治与社会领域，王安石同样突破传统推行了一定举措。主要有：增俸养廉；赐新进士集期费，废除陋俗；取材不以资序；兴学以培人才；定考绩制及裁汰冗员；创宫观制以安老；注重调查统计资料；建官制以阶制禄；开民

---

① 《宋史·王安石传》。
② 参见吕振羽：《简明中国通史》，人民出版社 1955 年版，第 366—368 页。

主立法风气。①

王安石在司法领域内的变革，最为重要的是促进司法的专业化。早在仁宗年间，王安石就认为以文章取士，"大则不足以用天下国家，小则不足以为天下国家之用"②，所以在他主持变法的第二年，就改变科举，罢诗赋，以策试取士，置刑法科，要求吏民懂得法律。而到神宗熙宁七年，更是设置了律学。据《文献通考》云：

> "神宗熙宁七年四月设置律学，设教授四员，公试习律令生员议三道，习断案生员一道，刑名五事至七事，试私义二道，按一道行名五事至三事，先时已置刑法科，诏法寺主判官诸路监司奏举京朝官选人两考者，上等进秩，补法官，余减磨勘，循资免选射阙推恩有差；法官却员以次补之；其考试关防，如诸科法。"③

王安石特别注重司法官员依法审判，且强调国家法制的统一、司法的专门化，禁止私人刑罚权。这一点在其《复仇解》一文中，尤其凸显出来，我们抄录如下：

> "'复仇，非治世之道也。明天子在上，自方伯诸侯以至于有司，各修其职，其能杀不辜者少矣；不幸而有焉，则其子弟以告于有司；有司不能听，以告于其君；其君不能听，以告于方伯；方伯不能听，以告于天子，则天子诛其不能听者，而为之施刑于其仇。'乱世则天子诸侯方伯皆不可以告，故《书》说纣曰：'凡有辜罪，乃罔恒获，小民方兴，相为敌仇'，盖仇之所以兴，以上之不可告，辜罪之不常获也。方是时，有父兄之仇而辄杀之者，君子权其势，恕其情，而与之可也。故复仇之义见于《春秋》传，见于《礼记》，为乱世之子弟者言之也。《春秋》传以为'父受诛，子复仇不可也'，此言不敢以身之私而害天下之公。又以为'父不受诛，子复仇可也'，此言不以有可绝之义，废不可绝之恩也。《周官》之说曰'凡复仇者书于士，杀之无罪'，疑此非周公之法也，凡所以有复仇者，以天下之乱而士之不能听也。有士矣，不使听其杀人之罪以施行，而使为人子弟者仇

---

① 参见范文汲：《一代名臣王安石》，中国社会科学出版社 2003 年版，第 310—316 页。

② 王安石：《上仁宗皇帝万言书》。

③ 转引自杨鸿烈：《中国法律思想史》，中国政法大学出版社 2004 年版，第 154 页。

之,然则何取士而禄之也? 古之于杀人,其听之可谓尽矣,犹惧其未也,曰
'与其杀不辜,宁失不经',今书于士,则杀之无罪,则所谓复仇者,果所谓
可仇者乎? 庸讵知其不独有可言者乎? 就当听其罪矣,则不杀于士师,而
使仇者杀之,何也? 故疑此非周公之法也。或曰世乱而有复仇之禁,则宁
杀身以复仇乎? 将无复仇而以存人之祀乎? 曰可以复仇而不复,非孝也。
复仇而殄祀,亦非孝也,以仇未复而耻居之终身焉,盖可也。仇之不复者,
天也,不忘复仇者,己也;克己以畏天,心不忘其亲,不亦可矣乎!"①

这就是说复仇乃是天下大乱、法令失效时的变态行动,相信法治有最高效
率的人就不能煽动此风。实际上这也是主张由专门的人司法,以解决社会问
题。"以身之私而害天下之公"是要坚决予以杜绝的,而司法恰恰是"天下之
公"的表现。所以在熙宁变法时,王安石不遗余力地主张司法专门化。

在王安石的主持下,官制得以回归正轨。比如六部秩序,传统应为吏、户、
礼、兵、刑、工,唐太宗时改成吏、礼、户、兵、刑、工,宋初则改为吏、兵、刑、户、
工、礼,而到王安石变法时,重新更为吏、户、礼、兵、刑、工六部二十四司体制,
千余年来此一秩序为以后所沿袭。此外,即使在王安石罢相后,其官制改革的
思路依旧延续着,比如将原先的宫中审刑院撤并为刑部,即是改革的结果。

王安石的一系列措施,主要的精神在"严"、在"国家统制",对于促进人民
生计、抑制豪强有一定的作用。然而正如萧公权批评的那样:"其所代终难施
行者,殆由其精神既与中国传统之放任习惯相反,又大违士大夫既得之利益。
遂不免备受多方之攻击。加以有统制之政策而无适当之人才与机构以推行
之,其遭失败,诚事之必然。"②

王安石变法虽然失败了,但其制度与思想仍然给后人很大的启示。其中
有一点,即司法须得人,王安石的变法措施理论上不可谓不好,然而很大程度
上是没有合适的人才来施行。其实对此王安石有预感,在变法之初,他曾经向
神宗皇帝提及:"天下风俗法度一切颓坏,在廷之臣,庸人则安习故常而无所
知,奸人则恶直丑正而有所忌。有所忌者倡之于前,而无所知者和之于后,虽
有昭然之见,恐未及效功,早为异论所胜。陛下诚欲用臣,恐不宜遽,谓宜先讲

---

① 转引自杨鸿烈:《中国法律思想史》,中国政法大学出版社 2004 年版,第 210—211 页。
② 萧公权:《中国政治思想史》(二),辽宁教育出版社 1998 年版,第 430 页。

学,使臣所学本末不疑,然后用之,庶能粗有所成。"①按照王安石的设想,先用教育培养出一批合格的行法之人(包括皇帝本身),然后再推行新法,即他所强调的"刑名法制,非治之本。是为吏事,非主道也。精神之运,心术之化,使人自然迁善远罪者,主道也"。② 归根到底还是儒家那套正人心厚风俗的理论,但是这需要一个长期的过程。而当时神宗皇帝急于求功,没能给安石从容布置的时间,所以改革的失败,岂能归咎于安石措施不善耶!

六、中国传统司法制度的特点及制度外群体

中国传统司法制度源远流长,本章所述,并没有涵盖方方面面,而更多采取了"小切口,大视野"的方式,来鸟瞰整个传统司法制度。然而,就此整体描述中,我们也可归纳出其显著特点:

其一,农本主义。所谓农本主义,指以农为本,制度配合农业生产,并且不违农时。中国传统司法制度充分照顾到国情,其制度设计大体是围绕着农业生产来进行。早在西周时期,《礼记·月令》中就记载:"仲春之月……命有司省囹圄,去桎梏,毋肆略,止狱讼……孟夏之月……断薄刑,决小罪,出轻系……孟秋之月,命有司修法制,缮囹圄,具桎梏,禁止奸,慎罪邪,务搏执。命理瞻伤,察创,视折,审断。决狱讼,必端平。戮有罪,严断刑……仲秋之月,乃命有司,申严百刑,斩杀必当,毋或枉桡。"这说明,古代司法中严格贯彻"天人合一"的哲学理念,并且在现实司法中配合"以农立国"的国策,在司法时,注重各个集结和时令。最著者为"务限法",前已涉及。再来看《宋刑统》"户婚入律"条的规定:"所有论竞田宅、婚姻、债负之类,债负,谓法许征理者。取十月一日之后,许官司受理,至正月三十日住接词状,三月三十日以前断遣须毕,如未毕,具停滞刑狱事由奏闻。如是交相侵夺及诸般词讼,但不干田农人户者,所在官司随时受理断遣,不拘上件月日之限。"元代以后诸如此类规定法典详尽无遗,其目的就是不愿农人因田土细故对簿公堂而有违农时。此外,秋

---

①　《通鉴长编记事本末》卷59。
②　《通鉴长编记事本末》卷59。

后处决、细故官府毋须亲临勘验等,都说明了此点。

其二,崇尚理性。中国传统司法制度,很早就已经摆脱了蒙昧的状态,远神近人。这表现在非常注重客观事实,注重证据,而不相信天启与审判。所以中国传统司法制度中没有类似于中亚国家曾经有过的"卡迪"行为,也没有西方国家现在仍流行的"宣誓"证据制度。早在西周的"五听"制度,就充分考虑到了人的心理活动,具有较强的理性色彩,这点使得中国古代司法制度呈现出很强的科学性。举一西周时期的事例,《尚书·酒诰》中,周公针对不同的饮酒对象规定了不同的司法措施,周人"群饮,汝勿逸,尽执拘以归于周,予其杀",正义曰"其择罪重而杀之也"。但如殷之旧臣,"乃湎于酒,勿庸杀之,故惟教之"。此项规定说明周公鉴于商人嗜酒,招致国家昏乱腐败、终于亡国的教训,严戒周人不得沿袭商人旧俗,嗜酒坏事,尤其严戒群饮。如群饮,首要者处死刑。对于商朝旧臣饮酒,则以教育为主,不处刑罚。这充分反映了周公处理饮酒问题的原则性和灵活性,这从一个侧面也说明了古代司法传统中的理性精神,不一味死守教条,而是一切从事实出发,因时因地因俗制宜,这在后来规范的司法制度上表现得尤为明确。另外,理性通常与人文相通。理性在古代司法中的突出表现还表现为人本、仁政和恤刑主义的完善。如同上文所展示的那样,其法律表现一者为重视人命,从西周开始,统治者就强调在司法中要矜恤人命,尤其是从唐朝以后,更是通过设立会审、复审等制度使得死刑案犯的处决权上操于皇帝之手,且其程序异常严密和复杂。所有这一切,都表明中国传统司法人员很早就意识到人命关天,刑者不可复属、死者不可复生,故而要剥夺他人的生命,必须全凭理性,而不能求助于神或者任意妄为。再者还表现为对社会弱势群体的恤刑,如唐律中就规定"诸年七十以上,十五以下及废疾,犯流罪以下,收赎","八十以上,十岁以下及笃疾,犯反、逆、杀人应死者,上清;盗及伤人者,亦收赎"等规定,都体现了中国古代司法中人本主义精神和刑罚中的人道主义。我们不能以这是统治阶级温情的面纱或者所谓美丽的骗局来一言以蔽之,而其中确确实实是传统司法理性精神的光辉所致。

其三,制度完备。比如我们讨论到历代完善的各级政府与审级制度时,诚如秦晖先生所揭示的那样:历代皇上总以为地方官居心叵测,不断派出巡视员巡视地方并授予钦差特权。于是这些中央代表便由干预地方政务发展为越俎代庖,由分诸侯之权到架空诸侯,临时的特派员成了地头蛇,又演变为新一代诸侯。而皇上又要派新的中央代表来巡视这个地盘了。如秦之郡县本为正式的地方政府,皇上不放心,到汉时设十三州刺史以巡查各郡,那时十三州本为监察责任区,刺史亦为巡行之官而非常设官员,但汉末刺史权渐重,由过江龙变成了坐地虎,终于由中央代表演变为新的地方官,州也由巡查区变成郡以上的又一级行政区了。于是中央又开始担心州刺史尾大不掉,到唐代新设诸道按察使分巡各州,至宋则由"道"而"路",又成为州以上的一级行政区,路官(安抚使等)也由巡视官变成一方父母官了。于是朝廷又疑其奸,派员到诸路"行中书省",亦即作为中央代表行中央特派之事。到元代,行省便发展成路之上的一级行政区,"行省平章"成了新的诸侯。于是新的中央特派员又来了,这就是明中叶的巡抚。然而到明末,巡抚由巡行渐渐变为常设,而且事权愈重,行省正式官员(布政使)反成虚设,入清后巡抚终于又成了一省之父母官。

　　这种循环可以图视如下①:

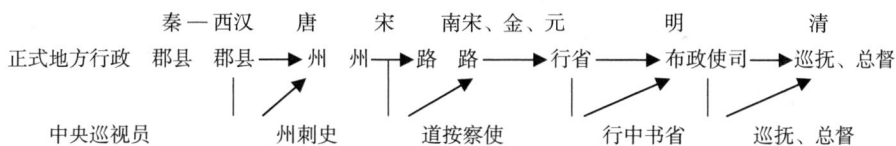

	秦—西汉	唐	宋	南宋、金、元	明	清
正式地方行政	郡县　郡县 → 州		州 → 路　路 →	行省 →	布政使司 →	巡抚、总督
中央巡视员	州刺史		道按察使	行中书省	巡抚、总督	

　　故而中国古代司法制度考虑到了司法活动的方方面面,在司法机构上注重协调与制衡,比如三法司之设置,各级司法机构权限分工也至为明确,比如清代的逐级复核审转体制,就对审判权力与用刑权力进行详细的区分,使得各机构权责明确。而且还设置了细密的司法监察制度,以防止司法腐败。制度设计之完备,在世界古代法制史上也是少有的,所以中华法系蔚然为东方一大法系,绝非偶然。

　　其四,追求和谐。中国司法制度的设计,考虑的不仅仅是司法公正,诉讼的终极目标也并非找到真相、辨明谁是谁非,而是服务于造就和谐社会的手段。甚至在刑事领域中,使用刑罚本身也不是目的,"以刑去刑","明刑"是为了"弼教",最终"正人心,厚风俗"。正所谓"德礼为政教之本,刑罚为政教之用",刑罚最终还是为了促成德礼的普照,从而达到和谐之境。清代的民事诉

――――――――――

①　前揭《儒家传统与启蒙心态》,第136页。

讼从一个侧面印证了我们对中国古代法观念的印象,即中国古代司法活动追求的价值,首要的不在于平等或者西方意义上的正义,而在于和谐和公正,这和谐与公正就是所谓的"合理性"。中国人的"理"允许体现差别,只要这个差别在正常的法律秩序之内,民众是能够接受的,必要的吃亏,在民众看来有时也在所难免。具体到民事诉讼,其首要的目的并不在于明辨是非,而在于恢复或者确定秩序,达到"案结事了"、"再造和谐"的境地。尽管当原被告两造走上法庭、对簿公堂的那一刻,他们事实上早已关系破裂,然而州县官在审断时,仍然试图弥补这样的裂缝,因为他知道,审理案件不只是一时性的处理,而根本的是要让和谐的道理回归到原被告两造的心中,他着眼的是一个未来的、长久的秩序。

所以就出现了这样的图景,当两兄弟为争地产大打出手,最终闹到公堂时,法官的做法不是按照一般程序进行诉讼的准备,而是将两兄弟背对背捆绑在一起,关进一个房间让他们进行反省,最后两兄弟幡然悔悟,既羞且惭,在法官的谆谆教导中重归于好,兄友弟恭。这个图景也许是官员有意虚构的,但是我们却从中发现官员在民事诉讼中的态度和处理民事纠纷上的智慧。

其五,秩序为重。中国传统司法制度虽然规定了完备的程序,然而这只是作为一种原则而存在,常常被司法官员所突破。究其原因,还在于这种监督,始终限于官僚体制内部,以官制官。这样就陷入了一个怪圈,监督者背叛了之后,又该如何? 只能再派出新的监督者,如此循环,无有已时。所以历史上虽有"重典治吏"的帝王,但却无法真正使吏治澄清。孟森在评价明太祖朱元璋洪武年间峻法治官时,倒并没有批判洪武的残酷,反而认为:"民权不张之国,不能使官吏畏法,则既豢民膏,复以威服肆于民上,假国宠以殃民,即国家养千万虎狼以食人耳。故非有真实民权,足以钤束官吏,不能怨英君谊辟之持法以慑其志也。"①诚哉斯言! 然而君主又必须通过其下官僚来达到其个人目的,如果总是要靠重典治其爪牙,那么谁又能为国君真心效力呢? 所以最终皇帝会向其官僚系统妥协,残酷如朱元璋者,最后也哀叹,奈何贪官越杀越多。清代史学家赵翼早就发现此弊,认为御史乃"察弊适以滋弊也"②。事实上,"究

---

① 孟森:《明史讲义》,上海古籍出版社 2002 年版,第 75 页。
② 赵翼:《廿二史札记》,卷 33 "遣大臣考察官吏"。

其根源,缺少社会监督这一块,'监督监督者'的问题是很难解决的。"①所以,完备细密的司法监察,只能减少或者部分地防止司法腐败,只要专制制度依然存在,这样的监督只能是治标不治本,难以彻底根除司法腐败。但不管如何,传统司法监督的许多智慧,依然是值得当今吸收和借鉴的,因为并非其本身不善,只是其运作环境限制了它本身功能的发挥而已。其实本质上,司法监督被作为一种保障秩序的手段,其根本的价值取向并不在于社会公正和司法正义,而是皇帝希望通过司法监察达到其所希冀的秩序。

当然司法监察或者民众所诟病的,往往并非司法官员违反法律程序的行为,而更多是最后结果的不公正。所以只要最终能够达到所谓的"实体正义",即使存在着程序不法的行为,最终仍然会被上下所接受。中国传统自始至终就不存在所谓"毒树之果"的问题,所以我们看到传统包公戏中,包公用装神弄鬼的方法收到证据,或者用某种恐吓的方法迫使犯罪人认罪时,百姓非但不曾质疑,反而赞叹包公审案钦若神明。这背后的理由在于,中国古代的司法制度,其追求的价值理念第一位的还是秩序。所以如果要归纳中国司法制度的最直接的特点逃不脱秩序为重这一范围。

当然,以上所讨论的都是见诸在各朝法典及单行法规之中的司法制度,传统绝大多数时候,都是按照这样的制度在运行的。但是有原则总有例外,除去明显的有法不依或者违法犯罪之外,在传统司法实践中,我们还需要注意一个问题,即除了官吏等国家正规工作人员(包括各级主官、佐贰以及书吏、衙役等领国家薪资的人员)之外,尚有不为制度所规定或者为制度所禁止,但仍活跃在司法领域内的群体。这一群体到明清尤盛,主要为幕友和讼师两类。我们在此附论一下。

研究这两类群体的专门著作和论文很多,我们不拟一一介绍。我们仅仅将此两类群体在传统司法中的作用做一简单勾勒,以便更好地了解传统司法的实际情况。

幕友,法律是允许公开活动的,但是国家并无任何制度来界定其司法的权限。他们往往是精通法律的专门人员,但没有进入国家公务人员的体制,而是被州县或者州县以上各级官员私人聘请的处理行政或者司法的助手,其报酬

---

① 前揭《儒家传统与启蒙心态》,第144页。

由官员私掏腰包。此时他相当于受雇佣人员，而官员则为他的东家。幕友多为科举不第或仅取得生员之文人士子，各自以刑名律例、文书案牍、钱粮会计等专业知识，襄赞主官治理政务。所谓"佐官为治"，"掌守令司道督之事，以代十七省出治者，幕友也"。① 因为幕友属于学有专长的行政司法技术人员，所以东家对其都很客气，常常奉若上宾。

幕友按照处理的事务不同，有很多种类。其中，又以刑名、钱谷两类幕友最为重要。刑名主要处理刑事司法事务，钱谷主要处理赋税和民事事务。刑事诉讼都有刑名幕友参与；而民事诉讼则要分情况，一般而言，婚姻、争继等民事案件归刑名幕友办理，普通田宅、钱债等民事案件归钱谷幕友办理。故而在司法中，主要以刑名幕友为主。

刑名幕友由来已久，迄至雍正朝已形成队伍庞大、家世相袭、门生众多的特殊社会阶层，直至清亡才最终消失。刑名幕友在司法审判中的主要职责为拟律和批答案牍。拟律即根据案件选拟适用的律例以定罪量刑。按清律，"承问各官审明定案，务须援引一定律例"。然科举出身的官员于律例或茫然无知，或知之甚少。而刑幕则多明习《律例》，不仅掌握了拟律之权，还代主官批答案牍。从州县至督抚，以主官名义批写的判词、批语、札饬等，多为幕友代笔，实际成为主官断案决狱的主宰。由此促使刑名幕友钻研律例知识，总结审判经验，著书立说。清代著名律学家沈之奇、汪辉祖、万维翰、沈辛田、王又槐、李观澜、祝庆琪等人，均为一代名幕，其律学著作，既是学幕秘本，又是佐治司法的指南，被广泛援用。

刑名幕友的律例注释虽为无权解释，但却受到关注，视为"备律所未备"。② 在官府的支持下，幕友们纷纷以个人名义刊印发行其注律文本。著名的如康熙年间江苏吴兴钱之清著《大清律例笺释合抄》、沈之奇著《大清律辑注》。乾隆时浙江钱塘王又槐著《办案要略》，江苏吴江万维翰著《大清律例集注》、《律例图说》、《三订图说辨伪》，浙江武林鲁廷礼著《律例掌珍》，浙江萧山汪辉祖著《佐治药言》、《学治臆说》、《学治续说》，江苏澄江夏敬一著《律例示掌》。嘉庆时浙江杭州黄忍斋著《大清律例全纂》，浙江山阴李观澜著《大清

---

① 《皇朝经世文编》卷25，吏政一，韩振《幕友论》。
② 《大清律例汇辑便览·凡例》，同治十一年，江苏臬署刻本。

律例全纂集成汇注》,浙江石门赵佑文、王又槐合辑《大清律例重订统纂集成》,浙江上浣吕芝田著《律法须知》。道光时山阴姚润、胡仰山著《大清律例增修统纂集成》,浙江会稽祝庆琪纂《刑案汇览》,江苏常熟邵春涛著《读法图存》。同治时会稽任彭年重辑《大清律例增修统纂集成》。光绪时会稽陶东皋等著《大清律例增修统纂集成》等。

所以,幕友的出现,除了佐官为治、具体办理司法案件之外,还促进了中国古代法律学术与技术的发展。他们在司法上的影响是不可低估的。

而讼师,则为法律所严禁,讼师主要活跃于乡村舞台。

在整个传统中国,尽管城市化水平随着商品经济的发展在日益提高,但是乡村始终是绝大多数人活动的舞台,这一转型过程迄今还没有完成。所以朝廷最关注的自然是乡村治理问题,尤其是基层政府,更是时刻在围绕着乡村治理打转。配合这样的国情,中国传统法律制度,主要也是针对乡土生活来设计的。一直到《大清律例》,规范的主要也还是乡土中国中的各类行为。我们看清代最有名的案例汇编《刑案汇览》,也发现里面记载的案子绝大多数发生在乡村。

这给了我们一个直观的感受,如果乡村平静了,那么国家就会相对太平。历史上异族入侵的时刻,恰恰是乡村中农民运动不休的时刻。当然不排除有贵族革命和宫廷政变的例子。但总体上治理的重点在乡村,这一点是不用怀疑的。在政府的乡村治理中,我们可以看到一个有趣的现象,就是历朝历代,对于在乡村中不事渔樵耕读,不类士农工商,整天游手好闲,来往于乡村市政的“闲人”,政府和法律都深恶而痛绝之,起码他们会给人带来一种表面上的不安定感,所以法律中往往称这些人为“棍徒”。棍徒中,又有高低之分,最为低俗的,是不务正业、寻衅滋事、调戏妇女,类似于《水浒传》“杨志卖刀”中牛二那种泼皮无赖;高级一点的,则是隐藏在百姓之中,借机生事、搅乱秩序、舞文弄墨的刁奸之徒。这些人有的还有一定的功名。讼师这一群体,在两类棍徒中都有其人。低级一点的,也就被称为讼棍;高级一点的,竟也以师名之。我们就以清代为例,看一看讼师在法律史上的地位。

《大清律例》在三个罪的规定上出现过“讼师”的字眼。

第一个罪为“私出外境及违禁下海”,该律第16条附例中出现了“教唆之讼师”要受惩的规定。

第二个罪为"发冢",规定"其唆令盗葬之地师、讼师,与本犯一体治罪"。

第三个罪就比较集中地规定了有关讼师的犯罪,这也是讼师的本行,叫"教唆词讼"。

该律第6条例中就规定了"审理词讼,究出主唆之人,除情重赃多,实犯死罪,及偶为代作词状,情节不实者,俱各照本律查办外,若系积惯讼棍,串通胥吏,播弄乡愚,恐吓诈财,一经审实,即依棍徒生事扰害例,问发云、贵、两广极边烟瘴充军"。

第7条例则规定"坊肆所刊讼师秘本如《惊天雷相角》、《法家新书》、《刑台秦镜》等一切构讼之书,尽行查禁销毁,不许售卖。有仍行撰造刻印者,照淫词小说例,杖一百,流三千里"。

此外,还有一些零碎的地方,我们就不再征引,仅从以上若干条文中,就看出讼师的"恶行",其表现主要有:

第一,教唆、唆令犯罪。本人本无意犯罪,但经不起讼师在旁教唆,以至于在违禁出海、发冢这样的大罪面前都铤而走险,在这类情形中,讼师无疑是一教唆犯的角色。

第二,教唆词讼,拨弄乡愚。本来乡民遇到纠纷或者委屈,由家族处理或者邻里调处即过去了,但经讼师的架词构讼,可能将原被告两造拖入无休无止的诉讼中,而从中渔利的只有讼师而已。

第三,制作秘本,败坏人心。讼师不仅挑词架讼,还传播"犯罪技巧",制作讼师秘本。此处的讼师一般粗通文墨,以能"立言"而自炫自矜,这种秘本相当于今天《律师成功的一百个法则》之类的成功学作品,讲究诉讼技巧和胜诉效果,而对手段和职业道德往往不太注意,以至于官府认为读该书和读淫秽小说一样,惑乱乡民,败坏人心。

当然,从我们掌握的材料来看,讼师的恶行自然不止法典中所列。也有富有正义感的讼师,只是身处这个群体中,其正义的光辉被覆盖了,讼师整体上也就呈现出了一种猥琐、卑鄙、骄横、狡黠的形象。对此,《清稗类钞》有专章记叙,此处不再征引。

那么在清代专门的司法官员眼里,为什么要打击讼师呢?观点有很多,我们仅举薛允升的看法,作为深富学养又具备长期实践经验的一代法律大家,他的观点一定程度上具有代表性。

在论到严禁讼师秘本时，薛认为："讼师之技，多系以虚为实，以无为有，颠倒是非，播弄乡愚，因得售其奸计，究其实，则此等构讼之书，阶之厉也。严讼师而禁及此等秘本，亦拔本塞源之意也。"

薛又认为之所以乡村中出现这么多诉讼案件，"告人者，多系乡愚无知，均由此辈播弄而起，非严办无以清讼端"，本来没有那么多是非，系讼师穿梭其中，无事生非。

基于这样的观点，法律自然要求官员对讼师进行严厉打击。"教唆词讼"中第4条，对地方官捉拿讼师提供了严格的要求，它规定"讼师教唆词讼，为害扰民，该地方官不能查拿禁缉者，如止系失于觉察，照例严处。若明知不报，经上司访拏，将该地方官照奸棍不行查拏例，交部议处"。第11条："凡审理诬控案件，不得率听本犯捏称倩过路不识姓名人书写呈词，务须严究代作词状唆讼之人，指名查拏依例治罪。"此外，还有一些督促官员惩治"棍徒"之例。总之，若对这些讼师打击不力，官员在法律上负有责任。

我们必须明确，法典中的每一个条款都是具有很大意义的，即使现实生活中可能出现执行不力的情形，至少也表明了国家的态度或评价，有立法的存在，本身就是其意识形态或者背后哲学理念的宣教。在对讼师的态度中，立法本身就是一种清代官方理学的宣传。

那么官员在实际情况下是如何做的呢？首先，在官员上任之初，所谓"新官上任三把火"，他会讲自己的行政举措，其中重要的一点就是"清讼师"。在莅任之初，就要防止讼师请托交结之弊，清代名幕兼著名知县汪辉祖在其《学治臆说》就谆谆劝告为官者："盖新官初到，内而家人、长随，外而吏役、讼师，莫不随机尝试，事事投其性之所近，阴窃其柄。"讼师之狡诈，一开始即需防备。在莅任后，则要随时严拿讼师，主要的原因不外乎讼师危言耸听、祸害闾阎、挑讼渔利、败坏人心。清代官员官箴书中对此的记载比比皆是。

"大凡讼师作呈词，空空无据，专以危言恐吓者，不惟自取驳斥，抑且惹人憎怒。"（樊樊山《樊山政书》）

"两造各延讼师，各贿书役，全氏家财不旋踵而消磨净尽矣。"（同上书）

"讼师积习兮，所当严惩；俾无唆构兮，闾阎乃宁。"（陆陇其《莅政摘要》）

"好讼乃闾阎之害，息争为风化之原，近来案牍纷繁，总由讼师教导，黠者奉为师表，愚者堕其术中。"（桂万超《宦游记略》）

当然还有更多的言论无法一一引证,仅上寥寥数语,即可从中看出地方行政官员的关注点倒不在于讼师的法律业务素质究竟如何,是不是在诉讼过程中违反乱纪,而在于他们的存在本身就是错误的,他们构成了对既存乡村秩序的威胁。这个威胁表面上看是因为他们较之于愚民更懂得如何诉讼,如何与官府周旋,其背后则在于他们会根本上导致民心的败坏。在官府理想的状态下,整个乡村犹如柏拉图笔下的黑暗的洞穴,而讼师犹如那个尝试跑到洞口,接受光明的那一个异类。因为不符合理学中正人心、厚风俗的乡村治理理念,更是与历代统治者苦心倡导的息讼与和谐理念背道而驰,这使得讼师犹如悬在乡土社会上的一颗毒瘤,有癌变的可能。

但不管正统人士、朝廷官员喜不喜欢,讼师依然顽强地生存在乡土社会中。真正自名为讼师身份的人是很少的,他们大多兼有别种身份,以此为掩护行讼师之实,比如落魄文人、在监生员等。官府也意识到讼师客观上起到的作用。比如清代著名官员黄六鸿就曾提到:"为父母者原期息讼、以养民财力,然而有情关迫切、势难缄默者、不得不赴官鸣控,其乡愚孤嫠不能自写,必倩代书,类多积年讼师惯弄刀笔。"(黄六鸿《福惠全书》)

虽然长时间官府试图"息讼"、"抑讼",但诉讼的一天天增多却是客观的现实。官府在某种程度上将诉讼的增多归咎于讼师的头上,但也并非总是怨天尤人,他们也想尽办法来消解讼师的作用。

首先,自然仍旧是宣扬教化,倡导一种和谐的邻里观,比如"讼则终凶,遇有寻常口角,即行化解,勿信讼师,以致拖累"(桂万超:《宦游记略》)。

其次,将境内讼师登记备案,严密监视其动向。"境内有土豪、滥仔、讼师、匪首及刁生劣监,将姓名开列,此外如有未兴之大利、未除之大害,一并开载。"(徐栋《牧令书》)

再次,用保甲之法将讼师牢牢限制在乡村中,不让他自由穿梭。"力究讼师,记其名确拿惩治,将名登入讼师号簿,填明年貌居住,令自画供于上,以备稽查。及再犯加等治罪,收狱羁禁,或一年或数月,必待悔悟自新方释之。既释后,每逢乡约另查。其后行伍严稽核之法,如十家为甲,甲有长,甲内有讼师、游民、不孝、败伦、无赖、窃盗、奸宄等,甲长以闻之官……如治讼师,法有不善、不举察,出罪保甲长。"(杨名时《杨氏全书》)

最后,在制度上设计代替讼师活动的官代书,由官府统一考录。如上述黄六鸿就提出了考代书的方法。

当然,在这整过程中,在司法上对于讼师严厉打击,《刑案汇览》中就记载了多例这种情形。道光十年,琦善在四川任总督时,一次就拿获川省三十三名讼师,其中二十四名充军,六名流刑,三名徒刑。由此可见刑罚的严厉性。

法律史上为什么要打击讼师? 事关乡村治理。律学上的解释与理学上的宣教如上所述,除此以外,还有什么原因呢? 我以为还有一些隐因,或许那才是最根本的原因。

首先,传统社会是一熟人的、停滞的社会,作为父母官的官员一直有这样的理念:百姓如官员的子女,其纷争应该由父母来平息,不应假手于第三者而使纷争越搅越乱,讼师在官员眼中,就是这种可恨的第三者。陷入官司中的人民本已是迷途的羔羊,讼师不把他们领向回家的路,却让他们离家渐行渐远。在熟人社会中,这恰是造就陌生人的,促使社会流动的敌人,长此以往,必定会造成乡村的波动,引起统治的麻烦。所以必须坚决打击之。

其次,法律作为上层建筑的一种,在官本位的时代看来,只能垄断在朝廷手里。知识代表了权力,这一知识权力,应该是官府掌握的,而绝不允许草民分一杯羹,迫不得已时,也得由官府来分配,如考选官代书。而讼师胆敢挑战这一知识权力,注定了被打击的命运。

再次,就实际情形而言,传统的政府体制施行的是一种大家族、小政府的治理结构,乡村中大量的纠纷由家族势力出面解决,讼师总是想将家族问题引向政府,这使得本已繁忙的政府工作雪上加霜,很多官箴书中实际上也反映此类问题。

最后,就社会结构而言,传统中国是家国一体、官民两分的结构。国是家的放大,理论上,一个人若不在家,必定在国,所谓在国,其实意味着成为国家官员。家国之间,属于现在所说的社会的范围极小,游离于家国之外,则就是社会边缘人,是对乡村秩序存在隐患的群体。讼师就是这类边缘人,传统的社会结构挤压了讼师生存的空间,使得其如同"穿梭的蜉蝣"。

以上就是中国传统司法制度的大略,我们在研究传统司法时,首先要注意正式的制度规范,此外,还得考察制度外的因素。这样,我们才能不蒙蔽于法规表面的东西,而能更加深入地领会到传统司法的实质。

第三章　中国传统司法思想及其基本特点

一、西周司法思想

西周时期是中国传统司法思想和制度孕育发展的重要时期,这个时期所形成的司法思想和制度可以说决定了中国传统司法思想和制度的基本特质和基本走向。西周时期的司法思想主要包括慎刑思想和教化刑思想。

(一)慎刑思想

西周统治者从商亡的教训中认识到德的重要性,天命是无常的,有德者居之,无德者失之。在司法中如果一味"重刑辟",不讲"德",就会引起民众的反抗,失去天命。为了使天命不再转移,为了使周政权能够稳固长久,以周公为代表的西周统治者提出了"明德慎罚"的慎刑思想。明德慎罚的慎刑思想见于西周时期的出土铭文和传世文献。

1. 出土铭文中的慎刑思想

金文中有关"明德慎罚"的慎刑思想,主要见于成康时期的《班簋》、《大盂鼎》,共懿时期的《师望鼎》,宣王时期的《毛公鼎》等铜器铭文。如《班簋》铭文中,毛公班对周穆王说:"隹(唯)苟(敬)德,亡【逪】(攸)违。"只有敬行德政,才能不违天命。这说的是明德的问题。又说:"文王孙亡弗褱(懷)井。"文王后世子孙无不谨慎用刑。这说的是慎刑的问题。

《大盂鼎》:"王若曰:'今余隹令女(汝)盂召荣【丂】(敬)雍德至(经),敏朝夕入谏,宫(享)奔走。畏天威。'……王曰:'盂,廼召夹死(尸)司戎,敏谏罚讼,夙夕召我一人烝四方。'"这是康王的诰辞,要一个叫盂的人辅助荣施行德政,勤于政事,敬畏天命,谨慎而及时地处理狱讼案件。

《毛公鼎》铭文中记载周宣王告诫父【厝】的话,周宣王让父【厝】在治理百姓的时候不要贪污受贿,不要欺凌鳏寡孤独贫苦无告的人们,善于教导朋友和所属官员,不要沉湎于酒,不得荒废政务,像先王一样谨慎地施用刑罚。

上述铜器铭文一般是先讲先王或先祖的德政,然后告诫今王或由王告诫臣下效法先王先祖,谨行德政,勤于政事,在司法中做到谨慎施刑,反映了明德慎罚的慎刑思想。

2.《尚书》中的慎刑思想

在《尚书·康诰》《梓材》《无逸》《康王之诰》《立政》《吕刑》等文献中都有慎刑的思想,周公是慎刑思想的代表人物。

《尚书·康诰》中,周公告诫康叔要像文王那样明德慎罚,爱惜民命:"惟乃丕显考文王,克明德慎罚。不敢侮鳏寡,庸庸,祗祗,威威,显民,用肇造我区夏,越我一二邦以修我西土。惟时怙冒,闻于上帝,帝休,天乃大命文王,殪戎殷,诞受厥命越厥邦厥民。"意思是文王明德慎罚,不侮鳏寡,用其可用,敬其可敬,刑其可刑,从而造就西周政权,上天因此授天命予文王,接受并治理殷商旧民。可以说明德慎罚是文王在司法中的重要原则,也是以文王为代表的整个西周统治者的基本司法理念。

周公本着慎刑的思想,主张用殷商旧法中仍然符合时宜的部分来治理殷商旧民,而不是随作为统治者的康叔的性情和好恶随意刑杀殷民,"汝陈时臬,事罚蔽殷彝,用其义刑义杀,勿庸以次汝封。"[1]为保证慎刑,周公又提出了司法相对独立性的问题。周公认为,统治者有绝对的刑杀权,这种绝对的刑杀权容易使统治者恣意滥杀,导致司法冤滥,天怒人怨。所以周公告诫作为统治者的康叔要限制自己的权力,不要干涉司法官的司法;司法官也要依法办事,将慎刑之意实现在司法当中。无论是统治者还是各级司法官,都不能以心治代替法治。对国君来说,顺从常典,让主管司法的人去独立行使司法权就是慎刑;对于司法官来说,"予罔厉杀人",即不滥杀无辜就是慎刑。君臣上下都能够顺从常典,谨慎施刑,则司法无有冤滥矣。

---

① 《尚书·康诰》。

　　周公甚至主张对犯有重罪的人也要从宽处理，以显示统治者的好生之德。如《尚书·梓材》："肆往，奸宄，杀人，历人，宥。肆亦见厥君事，戕败人，宥。王启监，厥乱为民。曰：'无胥戕，无胥虐，至于敬寡，至于属妇，合由以容。'王其效邦君，越御事，厥命曷以。引养引恬，自古王若兹监，罔攸辟。"对于司法官来说，不仅"予罔厉杀人"，而且对于往日内外作乱者，杀人者，虏人者，要宽宥；泄漏国君大事者，残害人体者，也要宽宥，可见其慎刑之甚。因为王封邦建国，终为其民，故不以刑罚侵害之，且要广施德政，不残害民众，不虐待民众，对于鳏寡孕妇宽容之，还要"引养引恬"，长养民，长安民，统治者若此，德政秩序就能稳定，政权就能长久保持。

　　包容民众是德政的重要内容，体现在司法上，统治者就不会因民众的怨言而滥施刑罚。《尚书·无逸》记载了周公告诫成王的话，周公说："呜呼！自殷王中宗，及高宗，及祖甲，及我周文王，兹四人迪哲。厥或告之曰：'小人怨汝詈汝'。则是皇自敬德。厥愆，曰：'朕之愆允若时。'不啻不敢含怒。此厥不听，人乃或诪张为幻。曰：'小人怨汝詈汝。'则信之。则若时，不永念厥辟，不宽绰厥心，乱罚无罪，杀无辜。怨有同，是丛于厥身。"

　　这段话中，周公以先王的德政告诫成王。从殷王中宗、高宗、祖甲到周文王，都是以德政为本。他们虚怀若谷，包容民众，有人告诉他们："老百姓在怨恨你，咒骂你。"或有人举出他们的过错，他们就更加谨慎修德，不敢懈怠，并承认自己确实有过错，而不迁怒于民众和举错者。民众效其所行，则亦有高尚之德，没有欺骗和诈伪。若不能谨慎修德，不能包容民众，也就不会过多考虑国家的法度，不宽广自己的胸怀，乱罚无罪，滥杀无辜，不能慎重用刑，其结果是民怨汇集于统治者的身上，再想保持政权稳定就很难了。由此可见德政对于慎刑的重要意义，没有包容的德政就没有慎重的刑罚。

　　西周统治者的慎刑思想尤其反映在《尚书·吕刑》中。在《尚书·吕刑》中，周穆王首先回顾历史，认为苗民就是由于不慎刑而招致灭亡的，然后指出："典狱非讫于威，惟讫于富。敬忌，罔有择言在身。惟克天德，自作元命，配享在下。"①《说文》："富，厚也。"富当指仁厚。"典狱非讫于威，惟讫于富"的意思是说司法非以威刑为目的，乃以仁厚为宗旨，非以威刑来严惩，乃以仁厚来

---

① 《尚书·吕刑》。

宽宥。故当慎刑敬忌,不可因滥刑无辜而招致怨言。若能做到慎刑,则可配天德,享禄位。穆王又设问于诸侯大臣:"在今尔安百姓,何择,非人?何敬,非刑?何度,非及?"①治国安民无非是择人、敬刑、度宜,敬刑即慎刑,为治国安民之重要内容。慎刑在司法实践中的表现就是司法官对于疑狱当核验于众人,不可轻易裁断,"简孚有众,惟貌有稽。无简不听,具严天威。"②

《尚书·吕刑》中又有"哀敬折狱"之主张,司法官不可视折狱为吉祥喜庆之事,要怀着谨慎怜悯的心情审理狱讼,并主张"其刑上备,有并两刑"。孙星衍注曰:"言犯二罪以上,止科一罪也。"③曾运乾也认为:"两罪俱发,则但科以一罪,不复责其余。"④"有并两刑"可减轻对罪犯的惩罚,体现慎刑的思想。

3.《周易》中的慎刑思想

慎刑的司法思想同样体现在《周易》中,如《萃·九五》:"萃有位,无咎。匪孚,元吉。永贞悔亡。"意思是勤勉于德政,不轻施刑罚,自然大吉。《噬嗑》:"亨。利用狱。""噬嗑"为口中含物咀嚼,比喻司法官在司法审判中玩味再三,慎之又慎,所以有利于审断狱讼。

较之其他各卦,《革》卦更能体现慎刑的思想。《革》:"巳日乃孚,元亨。利贞。悔亡。""巳"借为祀,祭祀。"孚",罚也。"巳日乃孚"意谓祭祀之日方行罚,以示慎重也。《革·九三》:"征凶。贞厉。革言三就有孚。""革言"为更改供辞之意,"就"借为"鞫",审问。孚,罚也。有罪者更改供辞,要经过三次审问,才能对其施加刑罚。《革·九四》:"悔亡。有孚改命,吉。"前已下令惩罚罪人,但发现自己有错,更改前令不加惩罚,非它,慎刑也,则吉而无悔。《象》曰:"'改命'之'吉',信志也。""志"当作之,罪犯信任司法官,即使改命也信任之,以其秉直而能慎刑也。

《革·九五》:"大人虎变,未占有孚。"高亨曰:"爻辞言:大人服花彩之衣,如虎之斑纹,威猛残暴,动辄用刑,故人筮遇此爻,在未占之时,大人已有罚加于其身矣。"⑤《上六》:"君子豹变,小人革面,征凶,居贞吉。"高亨曰:"君子服

---

① 《尚书·吕刑》。
② 《尚书·吕刑》。
③ 孙星衍:《尚书今古文注疏》,中华书局1986年版,第540页。
④ 曾运乾:《尚书正读》,中华书局1964年版,第288页。
⑤ 高亨:《周易大传今注》,齐鲁书社2009年版,第361页。

花彩之衣,如豹之斑纹,威猛残暴,以刑临民,则庶民面厚如革,畏刑而不知耻。如此,出兵征伐,则民不用命,必致大败,是凶矣。"①《革·九五》和《上六》以虎豹比动辄用刑之大人(统治者),动辄用刑不但达不到治理民众的效果,还会使"庶民面厚如革,畏刑而不知耻"。在此仍然强调了慎刑的重要性,慎刑方能使民知耻,起到教化的作用。若威猛残暴,频繁用刑,其结果如"震遂泥"②,统治者之威刑如雷坠入泥中,不起作用矣。

《易传》则从自然主义的立场阐释了《易经》中的慎刑思想。如《旅·象》:"山上有火,《旅》。君子以明慎用刑,而不留狱。"君子审理狱讼,当如火之明察,如山之慎重,不敢拖延狱讼。《中孚·象》:"泽上有风,《中孚》。君子以议狱缓死。"金景芳、吕绍纲解曰:"君子观中孚之象,应用到政治上,能做到议狱缓死。议狱,判决之前进行充分的讨论,以求其入中之出,把所有可疑的或者不能据以定罪的东西都查出来。缓死,判决死刑之后从缓执行,尽量在犯人必死的罪行中找出可以不死的因素。经过议狱而判刑或经过缓死而处决,在君子来说,做到了尽忠尽诚;在犯人来说,可谓无所遗憾。"③

《贲·象》:"山下有火,《贲》。君子以明庶政,无敢折狱。"《贲》卦为上艮下离,艮山离火,其卦象为"山下有火"。山下有火,其光明有限,比人之认识亦有限。君子观此卦象,当明察庶政,慎重断狱,以免造成冤案。《解·象》:"雷雨作,《解》。君子以赦过宥罪。"金景芳、吕绍纲解曰:"统治阶级观解卦雷雨作之象,从中悟出一个道理来,天地尚有解散而雷雨作以致使百果草木甲坼的季节,对人民的刑罚怎可没有轻缓的时候。君子要赦过宥罪。……是过失,可以赦免不罚,是罪恶亦当宽宥轻罚。"④

《震·象》:"洊雷,《震》。君子以恐惧修省。"孔颖达:"洊者,重也。"⑤省,省察。震为雷,本卦卦象是二雷相重,雷相继而作。又雷为刑,二雷相重喻刑罚繁重。君子观此卦象,从而恐惧谨慎,修省其德,不敢滥施刑罚。《恒·象》:"雷风,《恒》。君子以立不易方。"《恒》卦上震下巽,卦象为雷上风下。

---

① 高亨:《周易大传今注》,齐鲁书社 2009 年版,第 361 页。

② 《周易·震·九四》。

③ 金景芳、吕绍纲:《周易全解》,上海古籍出版社 2005 年版,第 474 页。

④ 金景芳、吕绍纲:《周易全解》,上海古籍出版社 2005 年版,第 318—319 页。

⑤ 孔颖达:《周易正义》,北京大学出版社 1999 年版,第 210 页。

雷比刑罚,风比德教。雷上风下为先德教而后刑罚。君子观此卦象,当重德教而慎刑罚,持守其道而不改易。

《象传》以"泽上有风"、"山下有火"、"雷雨作"、"洊雷"、"雷风"等自然物象来阐释《易经》中的慎刑思想。无论是山上有火,还是泽上有风,都意味着自然现象并不是无目的、无意识的,而是对人们的行为有所告诫,有所指引,有所启示。司法的实施就是要遵循自然的启示,将自然物象所揭示的道理体现在司法中,这就是司法自然主义的价值所在,同时也使司法具有了本体的意义。对司法官来说,最重要的是善于从自然物象中获得慎刑的启示,认识到滥施刑罚给犯罪者所带来的痛苦,从而能够慎重用刑,哀矜折狱;认识到司法不是为了报复犯罪,而是要在司法中实现德政教化的目的,它是以珍惜犯罪者的生命为主要价值取向的。

4. 慎刑思想的具体表现

(1)三宥、三赦

如何实现慎刑思想?西周时期已有一些具体的制度设计,其中就有三宥、三赦制度。三宥是指:"壹宥曰不识,再宥曰过失,三宥曰遗忘。"①蔡枢衡先生认为:"不识就是行为人在行为时对自己成为犯罪的行为,危害的对象或结果,全不了解或了解不够。"而过失则是"认识不符合实际,实际发生的事实出乎自己的意料"②。西周司法规定,对因"不识""过失"和"遗忘"所导致的犯罪予以宽宥。

三赦是指:"壹赦曰幼弱,再赦曰老旄,三赦曰蠢愚。"③对于"幼弱""老旄"和"蠢愚"犯罪则予以赦免,不予追究。矜恤老幼、废疾、蠢愚、鳏寡说明西周统治者已注意到年龄、废疾等因素与刑事责任能力之间的联系,体现了司法的人道主义,体现了西周统治者的慎刑思想,无论对犯罪者还是对民众都具有普遍的教化意义。

《周易》中也有"蠢愚"犯罪减免刑罚的内容。如《萃·初六》:"有孚不终,乃乱乃萃若号,一握为笑,勿恤,往无咎。"《象》曰:"乃乱乃萃,其志乱也。"

---

①　《周礼·秋官·司刺》。

②　蔡枢衡:《中国刑法史》,广西人民出版社 1983 年版,第 186 页。

③　《周礼·秋官·司刺》。

高亨注曰:"'有孚不终',谓'有罚不果行也'。乱者,神志昏乱也。"①"萃"通瘁,病也。号,哭号。闻一多在《周易义证类纂》中认为,"一握"通于嗢喔、咿喔,笑声。②《周易》中"乃乱乃萃若号"是指罪犯时哭时笑,神志昏乱,即《周礼·秋官·司刺》所谓"蠢愚","蠢愚"犯罪赦免,所以"有罚不果行也"。又《易·丰·六二》:"往得疑疾,有孚发若。"意为一人外出得了精神病,虽触犯刑律应受处罚,但最终得以开脱。③

(2)灾荒时减缓刑罚

在发生灾荒的时候,西周统治者一般都会减缓刑罚,体现了慎刑的司法思想。如大司徒在发生灾荒的时候有十二项职责,其中第三项职责就是减缓刑罚:"以荒政十有二聚万民:一曰散利,二曰薄征,三曰缓刑,四曰弛力,五曰舍禁,六曰去几,七曰眚礼,八曰杀哀,九曰蕃乐,十曰多昏,十有一曰索鬼神,十有二曰除盗贼。"④如果诸侯国遇有灾荒或疾病,大司徒就命令他们迁移灾民,互通米粮,放宽关市山泽禁令,免除力役,减轻租税,宽缓刑罚。⑤

朝士的职责与大司徒相同,"若邦凶荒、札丧、寇戎之故,则令邦国、都家、县鄙虑刑贬。"⑥如果国家有大灾荒、瘟疫或军事行动,就命令诸侯国、采邑、公邑考虑减缓刑罚。士师除了掌管宫禁、官禁、国禁、野禁、军禁五禁之法外,在国家发生大灾荒的时候也实施缓刑:"若邦凶荒,则以荒辩之法治之。令移民、通财、纠守、缓刑。"⑦

上述可见,西周时期的缓刑不仅仅是因为灾荒,在发生瘟疫或战争的时候也要实行缓刑,并且与其他措施相结合,如通财、舍禁、弛力、薄征、移民、纠守等,包括缓刑在内的这些措施都由大司徒、朝士和士师等职官专门职掌。以缓刑为主要内容之一的众多措施的实施以及有专门的职官职掌缓刑都说明西周时期的慎刑思想不仅仅停留在观念的层面,还被广泛地运用于实践,凸显了德

---

① 高亨:《周易古经今注》,中华书局1984年版,第288页。

② 闻一多:《周易义证类纂》,载《闻一多全集·古典新义》,生活·读书·新知三联书店1982年版,第62页。

③ 参见从希斌:《易经中的法律现象》,天津古籍出版社1995年版,第132页。

④ 《周礼·地官·大司徒》。

⑤ 《周礼·地官·大司徒》。

⑥ 《周礼·秋官·朝士》。

⑦ 《周礼·秋官·士师》。

政之下司法所应有的人道价值。

（3）对过失和偶犯减免刑罚

慎刑的思想还表现在区分故意和过失、惯犯和偶犯上，对故意犯罪和惯犯加重惩罚，对过失犯罪和偶犯减免刑罚。在《尚书·康诰》中，周公告诫康叔要"敬明乃罚"，慎重地对待刑罚，"人有小罪，非眚，乃惟终，自作不典，式尔，有厥罪小，乃不可不杀。乃有大罪，非终，乃惟眚灾。适尔，既道极厥辜，时乃不可杀。"①犯有小罪者，出于故意，且是惯犯，即使是小罪，也要刑杀。《尚书·大禹谟》所谓"刑故无小"是也。若犯有大罪，但属偶然为之，且为过失，非是出于故意，"时乃不可杀"，所谓"宥过无大"是也。周公告诫康叔要区分故意犯罪和过失犯罪，从主观上考察犯罪动机，从而做出不同的裁决。

区分故意和过失、惯犯和偶犯并给予不同程度的惩罚，是西周时期司法思想和制度的一个进步。西周统治者已注意到考察主观动机和犯罪情节对于审理案件的重要性，对过失犯和偶犯从轻或免除刑罚，而对故意犯和惯犯加重惩罚，绝不宽宥。区别用刑已见司法官对刑罚运用之慎重，而对过失犯和偶犯从轻或免除刑罚，更见司法官恤刑之美意。区分故意和过失、惯犯和偶犯，也从司法技术上保证了慎刑思想能够落到实处。

（4）疑罪从轻从赦

疑罪从轻从赦的思想有其历史渊源，《尚书·大禹谟》中就有"罪疑惟轻，功疑惟重"的思想。西周时期无论从思想层面还是从制度层面都有所发展，如《尚书·吕刑》："五辞简孚，正于五刑；五刑不简，正于五罚；五罚不服，正于五过。""从刑入罚，从罚入过"正是慎刑过程的体现，以防轻罪重刑或罪及无辜。又："五刑之疑有赦，五罚之疑有赦，其审克之。"②此也是就慎刑而言，五刑有疑，赦之，五罚有疑，赦之，以示生命之珍贵，刑罚之不可滥施。《礼记·王制》中有相似记载："附从轻，赦从重。"

疑罪从轻从赦之慎刑思想不但有原则上的规定，还有相应的具体制度，如《尚书·吕刑》："墨辟疑赦，其罚百锾，阅实其罪。劓辟疑赦，其罚惟倍，阅实其罪。剕辟疑赦，其罚倍差，阅实其罪。宫辟疑赦，其罚六百锾，阅实其罪。大

---

① 《尚书·康诰》。
② 《尚书·吕刑》。

辟疑赦,其罚千锾,阅实其罪。墨罚之属千,劓罚之属千,剕罚之属五百,宫罚之属三百,大辟之罚其属二百。五刑之属三千。"按照疑罪之轻重,施以相应之罚金,既没有对疑犯造成身体上的伤害,又可使可能的罪犯受到罚金刑的惩罚,慎刑之意尽在其中矣。

(5)慎刑与司法的民意参与

在"民惟邦本"民本思想的主导下,西周统治者除了"询国危"、"询国迁"和"询立君",在司法审判方面也征询民众的意见,以示对民意的重视和对刑罚的慎重。在司法实践中,西周实行"三刺"制度,司法官在审理狱讼时,以"三刺"来防止司法妄断,保证司法公平。如《秋官·小司寇》:"以三刺断庶民狱讼之中:一曰讯群臣,二曰讯群吏,三曰讯万民。"傅隶朴先生认为"刺"有讯问的意思:一刺,讯问群臣,群臣以为该杀,则二刺,讯问群吏,若该,则三刺,讯问万民。万民都以为当杀,然后杀之。① 可见民意对司法审判的重要性,司法官要尊重民众的意见,"听民之所刺宥,以施上服、下服之刑。"②小司寇根据民众的意见,做出或刑杀或宽宥、或重刑或轻刑的判决。又《秋官·司刺》:"司刺掌三刺、三宥、三赦之法,以赞司寇听狱讼。壹刺曰讯群臣,再刺曰讯群吏,三刺曰讯万民。"司刺掌"三刺"之法,协助大司寇审理狱讼。和小司寇的职责一样,司刺在审理狱讼时也要"讯群臣"、"讯群吏"、"讯万民",以"求民情,断民中,而施上服、下服之罪,然后刑杀。"③除《周礼》外,其他文献也有"三刺"的记载,如《礼记·王制》:"司寇正刑明辟以听狱讼,必三刺。"可与《周礼》互证。

在"三刺"的司法审判实践中,尽管也征询群臣群吏的意见,但征询民众的意见是最重要的环节。吴荣曾先生认为,"三刺"是把要判死刑或其他重刑的疑案,讯问群臣、群吏和万民。但万民比起群臣、群吏更重要,这是因为在早先的氏族制下面,氏族大会对一切大事都有最后表决权。像这样的原始民主权,到春秋时还有若干残余存在。例如在政治上,诸如迁国、立君等大事,君主或执政都须朝国人,根据大家意见才作出最后决策。因而在司法领域中保留一些民主制残余也是情理中的事。④ 吴荣曾先生从原始民主制来解释西周时

---

① 傅隶朴:《春秋三传比义》(上册),中国友谊出版公司1984年版,第531页。
② 《周礼·秋官·小司寇》。
③ 《周礼·秋官·司刺》。
④ 吴荣曾:《试论先秦刑罚规范中所保留的氏族制残余》,《中国社会科学》1984年第3期。

期为什么要在司法审判中征询民众的意见,此说固有其合理性,但更为重要的是,殷商灭亡给西周统治者带来了思想上的震动,他们目睹了民众在商亡周兴中所表现出来的巨大力量,因此才有"民之所欲,天必从之"的感慨,才有施惠于民、关心民瘼的德政,才有司法中征询民意的制度安排。

对一些疑难案件,司法官更要征询民众的意见,以民意来裁夺罪与非罪,轻罪还是重罪,如《礼记·王制》:"疑狱,泛与众共之;众疑,赦之。必察小大之比以成之。"《尚书·洪范》也有相似的思想:"汝则有大疑,谋及乃心,谋及卿士,谋及庶人,谋及卜筮。"司法中征询民意,使民众能够参与到司法审判中来,可以减少或杜绝冤案的发生,同时也能起到监督司法审判、防止司法腐败的作用,是慎刑思想的重要表现。

民意参与司法审判的慎刑思想在后世得到了传承,孟子的思想就具有代表性。《孟子·梁惠王下》:"左右皆曰可杀,勿听;诸大夫皆曰可杀,勿听;国人皆曰可杀,然后察之。见可杀焉,然后杀之。故曰国人杀之也。"民意在司法审判中之表达可预防或减少司法官在司法审判中的随意性或主观性,确保司法结果的客观公正,这无论是在古代还是在今天都是不易之定理。种种司法不公,司法冤滥,皆是民意未参与司法审理之表现,致使社会失去公正之最后屏障,不复有公序良俗也。

(二) 教化刑思想

1. 刑罚与司法教化

西周统治者重视司法的教化功能,认为司法是德政教化的重要保障,或者说是德政教化的最有效手段,通过司法的裁断与惩治,使不服教化者知所教化,改邪归正,合于德政秩序的要求。

周公是西周时期重视司法教化的代表人物。在《尚书·多方》中,周公宣扬成汤等殷商明君以刑罚教化民众的思想,以此来表达自己对司法教化功能的认同:"乃惟成汤,克以尔多方简,代夏作民主。慎厥丽,乃劝;厥民刑,用劝;以至于帝乙,罔不明德慎罚,亦克用劝;要囚,殄戮多罪,亦克用劝;开释无辜,亦克用劝。"[1]从成汤到帝乙,无不施行德政,他们施行德政的目的就在于

---

① 《尚书·多方》。

劝勉民众,使人向善。在德政教化的政治原则下,司法也被赋予教化的意义,各种刑罚的运用最终是为了教化民众,如慎施刑罚是为了教化民众;囚禁罪犯、刑杀多罪之人也是为了教化民众;"开释无辜"也可以起到教化民众的作用。在以周公为代表的统治者看来,司法的目的不仅仅在于对犯罪者的报复性惩罚,还在于教化罪犯和民众,使罪犯和民众遵从教化,少罹刑害,以实现德政秩序。

西周统治者提出了"厥民刑,用劝"的司法教化方式,各种刑罚的运用最终都是为了教化民众,恢复或加强德政秩序。在《尚书·吕刑》中可以更清楚地看到这一点:"士制百姓于刑之中,以教祗德。"刑罚的使用是为了使百姓受到教化,从而改恶向善。刑罚的教化功能于此句尤为显明,用公正之刑罚惩罚有罪者,教化无罪者,则有罪者与无罪者皆服教化矣,所谓"以教祗德"是也。又:"惟敬五刑,以成三德。"①通过五刑的谨慎使用,以成就三德之教化,构建德政之秩序。

西周统治者提出"士制百姓于刑之中,以教祗德"和"惟敬五刑,以成三德"的思想,最能说明德政与司法教化之间的关系,即德政是司法教化的目的,司法教化是实现德政的手段,司法教化最终要服务于德政。正如王国维先生所说:"周之制度、典礼,乃道德之器械。"②就司法而言,也是"道德之器械",道德之手段,其最终目的,乃在于德政秩序之建设。西周统治者看重的是如何建立和维护德政秩序,包括司法在内的所有手段的运用都是为了这一目的,没有德政作为价值目标的司法是毫无意义的。

《周易》中的一些卦爻辞也反映了西周司法所具有的教化功能。《蒙·初六》:"发蒙,利用刑人,用说桎梏,以往吝。"高亨注曰:"发,除去也。蒙借为矇,目生翳不明也。发蒙,医去其目翳而复明也。利用犹利于也。……爻辞言:除去目之蒙翳,乃去黑暗之境、入光明之域之象。刑人脱桎梏,出牢狱,亦是去黑暗之境,入光明之域。故筮遇此爻,利于刑人,以脱桎梏。"③崔永东教授认为,"本爻发蒙之义是指对罪犯进行教育,通过教育而使其弃恶从善并重返社会,故称'利用刑人,用说桎梏。'否则,若只重刑罚而不重教化,就会给国

---

① 《尚书·吕刑》。
② 王国维:《殷周制度论》,《观堂集林》,河北教育出版社 2003 年版,第 242 页。
③ 高亨:《周易大传今注》,齐鲁书社 2009 年版,第 75 页。

家带来祸患,故称'以往吝'。这正是《易经》重视刑罚的教育功能的表现。……它给我们以深刻的启示:刑罚不是目的,而是一种手段,它通过教育使犯人悔过自新。这就是说,刑罚不但具有惩罚性,还具有教育性,教育性就存在于惩罚性之中。用惩罚的手段使犯人受到教育和感化,从而产生自责和悔罪的心理,主动消灭犯罪意识,弃恶从善,重做新人。我们可以用'刑罚教育主义'这一概念来指称《易经》的刑教思想,它与那种把刑罚当成最高目的、唯刑罚是务甚至乐以刑杀为威的刑罚恐怖主义相去甚远,后者是反人道的,而前者则体现了一种朴素的人道精神。"①上述注家都通过对《初六》爻辞的注解阐明了司法教化的意义。

《周易》中的《归妹·九二》和《大壮·九四》也反映了司法教化的思想。《归妹·九二》:"眇能视,利幽人之贞。"眇,盲也。高亨注曰:"眇能视者,目疾愈也。目疾愈者,由晦返明也。囚人脱囹圄者似之。"②从司法教化的功能来看,则是幽人经过教化而知悔改过,出得监狱,如盲人重获光明。此爻与《蒙·初六》都以双目重获光明来比喻罪人通过司法教化重返社会,重新做人。

《大壮·九四》:"羝羊触藩,羸其角。贞吉,悔亡。藩决不羸,壮于大舆之輹。"高亨:"羝羊,牡羊。藩,篱也。羸借为累,系也。贞,占问。决,破裂。壮借为戕,伤也。……爻辞言:牡羊以角触篱,人宜以绳系其角,以防其再触。如此则吉而悔亡;如篱已被触破,而不系羊之角,则羊将触伤大车之辐条。此喻臣民以小事违反法度,国君宜采取预防其再犯之手段;如其不然,则民将在大事上违反法度。"③预防民众"在大事上违反法度"的有效手段就是在初犯时即有所惩戒,施以教化刑,使其有所省悟,免罹重刑之祸。这里强调的仍然是司法的劝善和教化功能。

由此可见,《周易》往往用比喻的手法来宣扬司法的教化意义,无论是双目的失而复明,还是"羝羊触藩"的及时预防,都旨在说明司法的目的非在惩治,乃在教化,最终使人远离刑害,敬德向善,合于德政秩序。

其他文献中也有教化刑的记载,可与上述文献互证,如《礼记·王制》:

---

① 崔永东:《帛书〈易经〉与西周法制》,《孔子研究》2001年第5期。
② 高亨:《周易古经今注》,中华书局1984年版,第318页。
③ 高亨:《周易大传今注》,齐鲁书社2009年版,第268页。

"凡制五刑,必即天论。刑罚丽于事。凡听五刑之讼,必原父子之亲、立君臣之义以权之。意论轻重之序、慎测浅深之量以别之。悉其聪明、致其忠爱以尽之。"对人于五刑的争讼,司法官在审理的时候要"原父子之亲、立君臣之义",通过审理和判决,将君臣父子的伦理关系实现在司法中,以达到教化罪犯的目的,恢复被破坏了的德政秩序。

2. 司法教化的具体方式

在司法实践中,西周统治者常常采用坐嘉石、入圜土、施象刑等方式实施教化。

(1)嘉石的教化功能

嘉石是指刻有劝告罪人文字的石头,置于外朝门左边,用以感化犯罪者,使其坐而知悔。坐嘉石基本上属于耻辱刑。

坐嘉石的记载主要见于《周礼》、《周易》等文献。如《周礼·秋官·大司寇》:"以嘉石平罢民,凡万民之有罪过而未丽于法而害于州里者,桎梏而坐诸嘉石,役诸司空。""以嘉石平罢民",郑玄注曰:"平,成也。成之使善。"[1]嘉石的作用在于教化罢民,使之向善。所谓罢民是指"有罪过而未丽于法而害于州里者"。据郑玄和贾公彦的解释,罢民是指未触犯五刑而为害乡里的人。对于罢民,"桎梏而坐诸嘉石,役诸司空。"不仅要坐嘉石,还要在司空那儿服劳役,其具体的制度规定是:"重罪,旬有三日坐,期役;其次九日坐,九月役;其次七日坐,七月役;其次五日坐,五月役;其下罪三日坐,三月役。"[2]在服完劳役之后,"使州里任之,则宥而舍之。"[3]由州长里宰提供担保,保证其不再重犯,然后释放。可见坐嘉石并不是单一的刑种,还附加了桎梏刑和劳役刑,以使犯罪者彻底悔改,达到教化的目的。

《周易》中也有坐嘉石以施教化的内容。如《困·六三》:"困于石,拒于蒺藜,入于其宫,不见其妻,凶。"李镜池认为"困于石"之石当为嘉石。[4] 张立文所解亦同:"石为嘉石,立于庙门左边当众的地方,民有罪过,桎梏之使坐于嘉

---

① 贾公彦:《周礼注疏》,北京大学出版社 1999 年版,第 906 页。
② 《周礼·秋官·大司寇》。
③ 《周礼·秋官·大司寇》。
④ 李镜池:《周易通义》,中华书局 1981 年版,第 93 页。

石之上,以示众耻辱他,谓'困于石'。"①《随·九五》:"孚于嘉,吉。"高亨注曰:"孚读为浮,罚也。"②"嘉",崔永东注曰:"嘉当指嘉石。'复(孚)于嘉'即罚坐嘉石,这是一种较轻的处罚(对象是犯轻罪者),若能悔过自新便可被释放,故称'吉'。"③

坐嘉石作为一种耻辱刑,对坐嘉石者并不造成身体上的伤害,然其对坐嘉石者心理上所造成的压力是极大的,坐嘉石者往往会产生极大的羞耻感和愧疚感,从而能够知悔改过,重新做人。坐嘉石的场所一般是人群集中之地,可以既使"罢民"或"害人者"遭受舆论的谴责,产生人格上的耻辱感,又使观睹者知其所犯,从而加强内心的戒备,以防自己也成为坐嘉石的人。所以嘉石之制在西周时期的教化作用是不容忽视的。

(2)圜土的教化功能

圜土即西周时期的监狱,除了坐嘉石,圜土也是实施教化的场所。正如郑玄所说:"圜土,狱城也。聚罢民其中,困苦以教之为善也。"④大司寇职掌圜土教化之事,他"以圜土聚教罢民,凡害人者,置之圜土而施职事焉,以明刑耻之。其能改者,反于中国,不齿三年。其不能改而出圜土者,杀。"⑤圜土所惩罚和教化的对象主要是"罢民"或"害人者",所谓"害人者"是过失犯罪者,所以在圜土收教之而不施以五刑,但要"以明刑耻之"。盖圜土为主刑,"明刑"为辅刑也,其主要目的都是为了使过失犯罪者知耻而悔改。若能悔罪改过,"反于中国,不齿三年。"郑玄注曰:"反于中国,谓舍之还于故乡里也。""不齿者,不得以年次列于平民。"⑥若不能悔罪改过越狱逃亡者,则斩杀之。

大司寇之下,司圜具体负责狱政的实施,"司圜掌收教罢民,凡害人者,弗使冠饰而加明刑焉,任之以事而收教之。能改者,上罪三年而舍,中罪二年而舍,下罪一年而舍。其不能改而出圜土者,杀。虽出,三年不齿。"⑦司圜依据"罢民"或"害人者"罪行轻重制定了不同的劳役教化时间,重罪服三年劳役后

---

①　张立文:《帛书周易注译》,中州古籍出版社1992年版,第408页。

②　高亨:《周易古经今注》,中华书局1984年版,第213页。

③　崔永东:《帛书〈易经〉与西周法制》,《孔子研究》2001年第5期。

④　贾公彦:《周礼注疏》,北京大学出版社1999年版,第904页。

⑤　《周礼·秋官·大司寇》。

⑥　贾公彦:《周礼注疏》,北京大学出版社1999年版,第905页。

⑦　《周礼·秋官·司圜》。

释放,中罪服两年劳役后释放,轻罪服一年劳役后释放,对圜土制度有了更详细的规定。以圜土收容教化的好处在于,"凡圜土之刑人也,不亏体;其罚人也,不亏财。"①以圜土代替五刑,故不亏体;罚做劳役,故不亏财,而教化的效果却是显著的。

《周易》中将圜土称作幽谷,《困·象》曰:"'入于幽谷',幽不明也。"盖其黑暗若幽谷,故有此称也。周易中反映圜土教化功能的卦爻辞有,《困·初六》:"臀困于株木,入于幽谷,三岁不觌,凶。"高亨注曰:"臀困于株木者,盖谓臀部受刑也。杖以木株为之,故谓之株木。""入于幽谷者,盖谓入于圜土也。"②崔永东教授认为,"所谓'三年不觌,凶',是说犯了重罪('上罪')的人,在被囚于幽谷('圜土')的三年之中屡教不改,须对其惩治,故称'凶'。"③"三岁不觌,凶"与《秋官·司圜》相关内容可互证,《秋官·司圜》:"能改者,上罪三年而舍,……其不能改而出圜土者,杀。"意思是经过三年的惩罚和教化,仍不能知悔改过,就要予以刑杀,这正是《周易》"三岁不觌,凶"的最好注解,同时也说明西周时期确有此制。

《周易》中又以"蒺藜"、"葛藟"、"丛棘"比圜土,都强调其教化的意义。如《困·六三》:"困于石,拒于蒺藜,入于其宫,不见其妻,凶。""蒺藜"当指监狱。爻辞的意思是:有罪而困于嘉石,因不知悔改而被拘系于监狱。等出狱后已不见其妻,故凶。《困·上六》:"困于葛藟,于臲卼,曰动悔有悔,征吉。""葛藟"和"臲卼"都指圜土,如果困于监狱中的人知悔改过,则吉。《坎·六四》:"樽酒簋贰用缶,纳约自牖,终无咎。""纳约自牖"之"牖"即圜土。"终无咎"者,以其接受教化,改恶从善而出狱。

《周易》中的履卦最能反映圜土的教化作用,如《履·九二》:"履道坦坦,幽人贞吉。""履道坦坦"意思是走上平坦的道路。"幽人"是指幽谷即监狱中的人。"履道坦坦,幽人贞吉"的意思是狱中之人经过教化走上正道,重返社会,所以占问结果是吉利的。

(3)象刑的教化功能

象刑是一种古老的刑罚制度,性质上属于耻辱刑。象刑是使罪人穿不同

①　《周礼·秋官·司圜》。
②　高亨:《周易古经今注》,中华书局1984年版,第293页。
③　崔永东:《帛书〈易经〉与西周法制》,《孔子研究》2001年第5期。

于常人的衣服,不同颜色和样式的衣服代表不同的罪刑,以达到耻辱和教化罪犯的目的。

据《尚书》记载,舜时即有象刑,所谓"象以典刑"。① 舜首创象刑以教化罪人。西周统治者继承了象刑制度,并有所改进和发展。如《周礼·秋官·司圜》:"司圜掌收教罢民。凡害人者,弗使冠饰,而加明刑焉,任之以事而收教之。""弗使冠饰"属于象刑中之上刑,施与"罢民"或"害人者"以耻辱和教化之。"罢民"或"害人者"是为害乡里而未入五刑的人,对他们施以五刑则太重,施以象刑则可使其及时悔改,免入五刑。

周人在象刑的基础上又发展出了"明刑"。贾公彦认为,"以版牍书其罪状与姓名,著于背,表示于人,是明刑也。"②"明刑"作为耻辱刑,是在象刑的基础上附加的刑罚,所谓"弗使冠饰,而加明刑焉","弗使冠饰"即象刑。"明刑""以版牍书其罪状与姓名",既使犯者知其罪状而悔改,又使他人知其所犯而警戒。象刑附以明刑,其耻辱和教化的功能更强了。

二、儒家司法思想

儒家司法思想主要包括先秦时期和秦汉以后儒家代表人物的司法思想。这些代表人物主要是孔子、孟子、荀子、董仲舒、朱熹和丘濬等,他们都有比较丰富的司法思想。

(一) 孔子的司法思想

孔子是春秋末期鲁国人,儒家思想的创始人,他的司法思想主要建立在仁的基础上。

1. 仁与宽刑慎杀

孔子提出了仁的概念。仁的基本含义是"爱人",反映了人道主义的思想。本着仁爱的思想,孔子主张统治者要有仁德,应该成为道德的楷模,以此

---

① 《尚书·舜典》。
② 贾公彦:《周礼注疏》,北京大学出版社 1999 年版,第 958 页。

来影响和教化民众,所谓"君子之德风,小人之德草,草上之风必偃。"①"上好礼,则民莫敢不敬;上好义,则民莫敢不服;上好信,则民莫敢不用情。"②有一次,季康子问政于孔子,孔子说:"政者,正也,子帅以正,孰敢不正?"③为政者当先正其身,然后才能谈到正人的问题。有仁德的统治者以道德教化治国,时间久了就可以克服残暴,免除刑罚,所谓"善人为邦百年,亦可以胜残去杀矣"④。

受仁的思想的影响,在教化和刑罚之间,孔子首选教化,主张先教后刑。他说:"道之以政,齐之以刑,民免而无耻;道之以德,齐之以礼,有耻且格。"⑤在孔子看来,"政"和"刑"只能使人暂时避免犯罪,而不能培养人们内心的道德感或羞耻感。"德"和"礼"的教化则使人有羞耻之心,能够自觉遵守伦理秩序,服从统治。孔子注重礼义道德的教化作用,反对"不教而杀","不教而杀谓之虐"⑥。认为民有过失,罪不在民,而是由于教化不行或教化不够,这是导致犯罪和刑罚的真正原因。

仁的思想表现在司法领域就是宽刑慎杀。季康子曾问政于孔子:"如杀无道,以就有道,何如?"意思是假若杀掉坏人来亲近好人,如何?孔子回答说:"子为政,焉用杀?子欲善而民善矣。"⑦说明孔子反对适用死刑,对死刑持慎重态度。《荀子·宥坐》记载:"孔子为鲁司寇,有父子讼者,孔子拘之,三月不别。其父请止,孔子舍之。季孙闻之,不说。曰:'是老也欺予,语予曰:为国家必以孝。今杀一人以戮不孝,又舍之。'冉子以告。孔子慨然叹曰:'呜呼!上失之,下杀之,其可乎?不教其民而听其狱,杀不辜也。'"这段记载表达了孔子对教化的重视,对刑罚的慎重。孔子还主张"赦小过"。⑧"赦小过"是针对统治者滥施刑罚提出的。只有宽刑慎杀和"赦小过",才能得到民众的

---

① 《论语·颜渊》。
② 《论语·子路》。
③ 《论语·颜渊》。
④ 《论语·子路》。
⑤ 《论语·为政》。
⑥ 《论语·尧曰》。
⑦ 《论语·颜渊》。
⑧ 《论语·子路》。

支持,才能"宽则得众"①。

2. 礼治秩序与司法原则

春秋末期,礼崩乐坏,周天子徒具虚名,诸侯、大夫掌握政权,甚至连"陪臣"也可以"执国命"。孔子视这些为"天下无道",表示不能容忍。如鲁国的大夫季氏僭用天子礼乐,"八佾舞于庭",孔子说:"是可忍也,孰不可忍也?"②在孔子看来,破坏宗法等级秩序最严重的,莫过于臣弑君、子弑父之类的犯罪行为,君、父有过,只可进谏,绝不可采取极端的行动。

为了维护"君君、臣臣、父父、子子"的礼治秩序,使君臣父子各有其礼,改变春秋末期"君不君,臣不臣,父不父,子不子"的社会现状③,孔子主张将礼作为司法的原则,认为:"礼乐不兴,则刑罚不中,刑罚不中,则民无所措手足。"④如果礼乐衰败,刑罚就不能中正得当,刑罚不能中正得当,就会使民众手足无措。

以礼为司法的原则,法官在司法中就必然会维护"君君、臣臣、父父、子子"的伦理秩序,允许当事人"为亲者隐"。《论语·子路》篇中:叶公告诉孔子,他们那里有个正直的人,其父偷了别人的羊,他便向官府检举告发。孔子说:"吾党之直者异于是,父为子隐,子为父隐,直在其中矣。"⑤孔子把父子相互包庇隐瞒罪行视为正当的行为,在法律上是不追究责任的,这一思想对后世影响深远。

3. 公正司法与无讼思想

孔子重视司法官明察秋毫的能力,这一点从他对学生的赞赏中可以看得出来,他说:"片言可以折狱者,其由也与?"⑥是说子路仅凭只言片语就可以断狱,表达了他对子路明察秋毫的审判能力的欣赏。据《论语·微子》,柳下惠做鲁国司法官的时候曾经多次被撤职,有人劝他离开鲁国,他说:"直道而事人,焉往而不三黜? 枉道而事人,何必去父母之邦?"意思是公正地司法,到哪

---

① 《论语·阳货》。
② 《论语·八佾》。
③ 《论语·颜渊》。
④ 《论语·子路》。
⑤ 《论语·子路》。
⑥ 《论语·颜渊》。

里都会被多次罢免,何必离开父母之邦呢? 不公正地司法,到哪里都不会被罢免,又何必离开父母之邦呢? 论语中虽然没有记载孔子对柳下惠的态度,但我们可以想见孔子对这位公正的司法官肯定是赞赏有加的。

孔子自己也曾为鲁国的司法官,他断狱公正,无有偏私,董仲舒称赞孔子说:"至清廉平,赂遗不受,请谒不听,据法听讼,无有所阿。"① 为保证审判的公正,孔子还注意采纳众人的意见,据《孔子家语·好生》记载,"孔子为鲁司寇,断狱讼,皆进众议者而问之曰:'子以为奚若? 某以为何若?'皆曰云云。如是,然后夫子曰:'当从某子几是。'"在广泛听取众人意见的基础上,采纳最合理的意见作为审判案件的依据。

孔子认为,司法的最高境界是无讼,"听讼,吾犹人也,必也使无讼乎!"② 在孔子看来,司法的目的不仅仅在于惩罚,更在于通过教化使人向善,不再犯罪,最终实现"无讼"的境界。

(二) 孟子的司法思想

孟子是战国中期儒家思想的主要代表人物,他继承和发展了孔子的思想,提出了"省刑罚"的司法主张。

1. 性善论和仁政说——司法主张的法理基础

孟子的司法思想是以性善论和仁政说为基本的理论依据,性善论和仁政说是孟子司法思想的法理基础。

(1)性善论

孟子是性善论者,他认为人都有"恻隐之心、羞恶之心、辞让之心、是非之心",而且是人生来就有的,它们是人区别于禽兽的主要因素。"恻隐之心、羞恶之心、辞让之心、是非之心"是仁、义、礼、智等道德品质和伦理规范的"四端",仁、义、礼、智由"四端"孕育生发出来,所谓"恻隐之心,仁之端也;羞恶之心,义之端也;辞让之心,礼之端也;是非之心,智之端也"③。"四端"是人生来就有的,所以由"四端"产生的仁、义、礼、智也是人生来就有的,正如孟子所

---

① 《春秋繁露·五行相生》。
② 《论语·颜渊》。
③ 《孟子·公孙丑上》。

说:"仁、义、礼、智,非由外铄也,我固有之也。"①

（2）仁政说

孟子的仁政说就是从这种性善论引申出来的。他认为,人人都有对别人的恻隐、同情之心,即所谓"不忍人之心"。如果统治者把这种"不忍人之心"扩而充之,推而广之,用到政治上,就是仁政,只有实行仁政,才能安天下,得民心。否则,"尧舜之道,不以仁政,不能平治天下。"②

孟子主张仁政,认为实行仁政就是要以德服人而非以力服人,以德服人就是要实行教化,使民众能够心甘情愿地服从统治,所谓"以德服人者,中心悦而诚服也"③。孟子显然继承了孔子为政以德的思想,并有所丰富和发展。

实行仁政的另一个方面就是要以民为本,得到民众的拥护和支持。孟子认为"得乎丘民"才能得天下。"诸侯之宝三,土地、人民、政事。"④民众被视为三宝之一,谁要想得天下,必须先得到民众的拥护和支持,尤其要"得民心","得天下有道:得其民,斯得天下矣。得其民有道:得其心,斯得其民也。"⑤从"重民"思想出发,孟子提出了"民为贵,社稷次之,君为轻"⑥的主张。民众是最重要的,其次是社稷,君主是最不重要的。当然,孟子是从争取民众、赢得民心的角度提出民贵君轻的,并不是说人民果然比君主更尊贵,这种思想在封建专制时代是任何进步思想家都不可能提出的。

2.基于性善论和仁政说的司法主张

孟子认为,既然人性本善,既然要实行仁政,就要多采用道德教化的手段,不轻易施用刑罚。在教化上,统治者要"谨庠序之教,申之以孝悌之义"⑦。要"教以人伦",使"父子有亲,君臣有义,夫妇有别,长幼有叙,朋友有信"⑧。这样就可以达到预防或减少犯罪的目的。否则,"上无礼,下无学,贼民兴,丧无日矣。"⑨

---

① 《孟子·告子上》。
② 《孟子·离娄上》。
③ 《孟子·公孙丑上》。
④ 《孟子·尽心下》。
⑤ 《孟子·离娄上》。
⑥ 《孟子·离娄上》。
⑦ 《孟子·梁惠王上》。
⑧ 《孟子·滕文公上》。
⑨ 《孟子·离娄上》。

基于性善论和仁政说的思想,孟子反对严刑峻法,反对法家的重刑主义,并阐述了他的"省刑罚"的司法主张。孟子说:"如有不嗜杀人者,则天下之民皆引领而望之矣。诚如是也,民归之,由水之就下,沛然谁能御之?"而当时的国君"未有不嗜杀人者也"①。孟子认为,对待死刑要慎重,"以生道杀民,虽死不怨杀者。"《孟子·尽心上》意思是法官要存矜恤之心,在死罪中设法找到使犯人不死的理由,这样,即使犯人被处以死刑,也不怨恨司法官。死刑必须经过认真考察,不能只听一面之词。他说:"左右皆曰可杀,勿听;诸大夫皆曰可杀,勿听;国人皆曰可杀,然后察之,见可杀焉,然后杀之。故曰:国人杀之也。"②他反对滥杀无辜,认为"杀一无罪,非仁也"③;"无罪而杀士,则大夫可以去,无罪而戮民,则士可以徙"④。孟子还反对族刑连坐,主张"罪人不孥"⑤,即刑罚只加于犯罪者本人,不应株连其妻室儿女。

为了将仁政实现在司法中,孟子不但主张君主要有仁德,"惟仁者宜在高位"⑥,还要"尊贤使能,俊杰在位",任用那些贤能的人主持国政,这些贤能的人就包括了担任司法审判的法官,他们的贤能在一定程度上可以保证仁政在司法中的实施,可以保证宽刑慎罚,避免滥杀无辜。因为在孟子看来,"徒善不足以为政,徒法不能以自行。"⑦只有将仁人和善法结合起来,才能达到理想的治理效果。

3. 维护尊亲的司法特权

从维护等级制出发,孟子强调统治者的司法特权,认为"君子犯义,小人犯刑"⑧。孟子所说的君子是指统治者,小人是指一般平民。君子可以不受法律的约束,而小人必须遵守法律,若有违反,必受惩罚。孟子甚至认为,为了维护亲亲尊尊的宗法伦理原则,可以包庇尊亲中的杀人犯。据《孟子·尽心上》:"桃应问曰:'舜为天子,皋陶为士,瞽瞍杀人,则如之何?'孟子曰:'执之

---

① 《孟子·梁惠王上》。
② 《孟子·梁惠王下》。
③ 《孟子·尽心下》。
④ 《孟子·离娄下》。
⑤ 《孟子·梁惠王下》。
⑥ 《孟子·离娄上》。
⑦ 《孟子·离娄上》。
⑧ 《孟子·离娄上》。

而已矣。'‘然则舜不禁与?’曰:‘夫舜恶得而禁之? 夫有所受之也。'‘然则舜如之何?’曰:‘舜视弃天下,犹弃敝屣也。窃负而逃,遵海滨而处,终身訴(欣)然,乐而忘天下。'"大致意思是说,桃应问孟子,舜的父亲瞽瞍杀了人,舜该怎么办? 孟子的回答是舜应该偷偷地背着父亲逃到海滨居住,放弃天下如同放弃破鞋一样。从孟子的回答中可以看到,孟子主张舜应当包庇其父罪行,逃避法律制裁。在亲情面前,法律应该做出让步,以使尊亲享有法外特权,这正是对孔子亲亲相容隐思想的继承和发展。

(三) 荀子的司法思想

荀子是战国末期儒家思想的代表人物,他在儒家思想的基础上,吸收了法家等其他各家的思想,形成了较为丰富的法律思想。

1. 礼是司法的总原则

荀子说:"礼者,政之挽也。为政不以礼,政不行矣。"①礼对于国家来说,正如绳墨对于曲直,权衡对于轻重,规矩对于方圆一样,是衡量一切的标准,也是治国的根本。礼的作用还在于"明分使群","使有贵贱之等、长幼之差、智愚能不能之分。"②荀子所要维护的就是这样一种等级制度。

在礼与法之间,荀子既重礼又重法,"治之经,礼与刑。"③"隆礼至法则国有常。"④礼和法都是维护和巩固封建统治的工具,治国必须礼法并重,表现在司法上就是教化和刑罚并行,单纯的教化和单纯的刑罚都起不到司法治理的效果,"不教而诛,则刑繁而邪不胜;教而不诛,则奸民不惩。"⑤

但荀子认为法必须以礼为本,"礼义生而制法度。"⑥"礼者,法之枢要也。"⑦礼是法的总原则,如果仅仅知法而不明礼,那么司法难免失当,"不知法之义,而正法之数者,虽博,临事必乱。"⑧又说:"故械数(法)者,治之流也,非

①　《荀子·大略》。
②　《荀子·荣辱》。
③　《荀子·成相》。
④　《荀子·君道》。
⑤　《荀子·富国》。
⑥　《荀子·性恶》。
⑦　《荀子·王霸》。
⑧　《荀子·君道》。

治之源也。"①法只是治国的工具,礼义才是其本源。司法的最终目标是实现和维护礼所确定的尊卑等级秩序,使"贵贱有等,长幼有差,贫富轻重皆有称者也。"②显然,荀子虽然重法,却没有摆脱儒家以礼为治、"德主刑辅"的传统。

2. 性恶论与司法选择

荀子是"性恶"论者,认为人都有一种好利恶害的自然本性,"好利而恶害,是人之所生而有也,是无待而然者也。"③如果顺应人的本性,必然发生违法犯罪的行为,造成社会秩序的混乱,"今人之性,生而有好利焉,顺是,故争夺生而辞让亡焉;生而有疾恶焉,顺是,故残贼生而忠信亡焉;生而有耳目之欲,有好声色焉,顺是,故淫乱生而礼义文理亡焉。"④所以应采取赏罚两种手段,"勉之以庆赏,纠之以刑罚。"⑤庆赏引人向善,刑罚禁人为恶,"使天下生民之属,皆知己之所愿欲之举在是于也,故其赏行;皆知己之所畏恐之举在是于也,故其罚威。"⑥但荀子所主张的刑罚并不是法家的重刑,而是适度的刑罚,这样反而能够达到理想的司法效果,正如荀子所说:"川渊深而鱼鳖归之,山林茂而禽兽归之,刑政平而百姓归之,礼义备而君子归之。"⑦

3. 司法的具体主张

荀子主张执法要公平,要赏当其功,罚当其罪,否则就会有不祥的结果,"赏不当功,罚不当罪,不祥莫大焉。"⑧罪刑相称才会有理想的司法效果,"刑称罪则治,不称罪则乱。"⑨荀子反对重罪轻罚和有罪不罚,认为"罪至重而刑至轻,庸人不知恶矣,乱莫大焉。……杀人者不死,而伤人者不刑,是谓惠暴而宽贼也,非恶恶也"⑩刑罚不当,不但不能体现刑罚的威严,还会包庇和纵容犯罪,导致社会的混乱。只有罚当其罪,才能发挥刑罚的惩戒作用。司法官还

---

① 《荀子·君道》。
② 《荀子·富国》。
③ 《荀子·非相》。
④ 《荀子·性恶》。
⑤ 《荀子·王制》。
⑥ 《荀子·富国》。
⑦ 《荀子·致士》。
⑧ 《荀子·正论》。
⑨ 《荀子·正论》。
⑩ 《荀子·正论》。

要谨慎用刑,"行一不义,杀一无罪,而得天下,不为也。"①在审判案件的时候要经过反复调查研究才能实施刑罚:"听之经,明其情,参伍明谨施赏罚。"②又说:"言有节,稽其实,信诞以分赏罚必。"③要认真考察案件事实,明辨真伪,然后施以赏罚。荀子还反对"以族论罪","以族论罪"的结果是"虽欲无乱,得乎哉?"④

在人和法之间,荀子更重视法官的作用,提出了"有治人,无治法"的观点,认为国家的治乱取决于有没有"治人",有没有贤人当政和贤人司法,而不在于有没有好的法律,"故法不能独立,类不能自行,得其人则存,失其人则亡。"⑤他认为,法和人比较起来,人是首要的,法是次要的。只要有了善于治狱的贤人,法律即使简略,也能通达适用于天下;反之,如果没有善于治狱的贤人,法律尽管很完备,也会造成秩序的混乱和社会的衰亡。有了善于治狱的贤能法官,法律即使有漏洞,也可以"有法者以法行,无法者以类举"⑥,实现司法的目的。

(四) 董仲舒的司法思想

董仲舒是汉代新儒学的奠基者,他在司法上的主张主要是《春秋》决狱和"原心论罪"。

1."三纲五常"是司法的原则

为了维护君臣、父子的伦常关系,董仲舒提出了"三纲五常"的学说,并将其神秘化,认为"三纲"是天意的体现:"王道之三纲,可求于天。"⑦

在"三纲"中,"君为臣纲"是最主要的,"父为子纲"和"夫为妻纲"是用来辅助"君为臣纲"的。董仲舒认为,君主的思想言论,即用以表达天意的"名",是区分是非善恶的标准。"欲审曲直,莫如引绳;欲审是非,莫如引名。名之审于是非也,犹绳之审于曲直也。"⑧既然君主的言论是区分是非善恶的标准,

---

① 《荀子·儒效》。
② 《荀子·成相》。
③ 《荀子·成相》。
④ 《荀子·君子》。
⑤ 《荀子·君道》。
⑥ 《荀子·君道》。
⑦ 《春秋繁露·基义》。
⑧ 《春秋繁露·深察名号》。

当然具有司法上的法律效力了。

在"父为子纲"中,董仲舒给予孝道很高的地位,认为它是天经地义的,"故曰夫孝者,天之经也。"(《五行对》)所以应当绝对遵守。董仲舒认为,一个人在家能孝顺父亲,出外就能尽忠皇帝,正如《孝经》所言:"君子之事亲孝,故忠可移于君。"通过董仲舒的提倡,历代统治者都将违背"父为子纲"的行为视为"不孝","不孝"属于重罪,要处以重刑。

对于"夫为妻纲",董仲舒认为它源于阴阳之道,夫为阳,妻为阴,"丈夫虽贱皆为阳,妇人虽贵皆为阴。"①所以丈夫统治妻子,妻子服从丈夫,是天经地义的。这种"妻受命于夫"的主从关系,都是天意的体现。表现在司法中,当夫妻之间发生争讼,法律当然要向丈夫倾斜。

董仲舒所讲的"五常"是指仁、谊(义)、礼、智、信五种道德规范,它们是处理君臣关系和君民关系的基本准则,也是司法中应当遵循的原则。董仲舒曾向汉武帝建议说:"夫仁、谊(义)、礼、智、信五常之道,王者所当修饬也。五者修饬,故受天之佑,而享鬼神之录,德施于方外,延及群生也。"②只要统治者用仁、义、礼、智、信去教化民众,就能得到天和鬼神的保佑,使民众普遍受到恩惠,就可以防止犯上作乱了。

2. 注重教化与司法的从属地位

如同先秦儒家一样,董仲舒强调礼乐教化对维护统治秩序的重要性。他曾对汉武帝说:"故圣王已没,而子孙长久,安宁数百岁,此皆礼乐教化之功也。"③如果统治者实行礼乐教化,天下就会稳定统一,百姓生活就会安康富足。同时,礼乐教化还具有预防犯罪的作用,如同堤防可以预防洪水一样,"是故教化立而奸邪皆止者,其隄防完也;教化废而奸邪并出,刑罚不能胜者,其隄防坏也。"④礼乐教化一旦废弃,犯罪就如决堤洪水,虽严刑酷罚也不可遏制,所以自古以来的统治者无不以教化为第一要务,以使政权更加稳固长久。

教化为先,必然使司法处于从属地位,如董仲舒所说:"教,政之本也;狱,

---

① 《春秋繁露·阳尊阴卑》。
② 《汉书·董仲舒传》。
③ 《汉书·董仲舒传》。
④ 《汉书·董仲舒传》。

政之末也。"①德教是治理之本,刑狱是治理之末。董仲舒提出"阳德阴刑"的理论,"阳德阴刑"论是由他的天道观引申出来的。董仲舒认为,"天道之大者在阴阳。阳为德,阴为刑;刑主杀而德主生",天道是"任德不任刑"的。统治者要顺从天意,任德教而不任刑罚,"为政而任刑,不顺于天,故先王莫之肯为也。"②在董仲舒看来,刑罚是德教的辅助,正如阴是阳的辅助一样,"刑者德之辅,阴者阳之助也。"③这就使司法处于从属的地位,尽管董仲舒也承认,刑罚威狱必不可少,就像春夏秋冬缺一不可一样:"庆赏刑罚之不可不具也,如春夏秋冬不可不备也。"④

3. 基于人性的司法观

董仲舒在先秦儒家人性论的基础上提出了"性三品"说,他认为人性可分为上、中、下三等,即圣人之性、中民之性和斗筲之性。圣人之性是天生就善的,不需要教化,有圣人之性的人就是统治者,是实施教化的主体。斗筲之性是天生就恶的,有斗筲之性的人就是"斗筲之民",虽经教化也不能为善,他们是刑罚的客体,是严惩的对象。"中民之性"的人"有善质而未能为善"⑤,既可以为恶,也可以为善,他们是教化的客体,教化之后才能为善。所以人性不同,为善为恶的情况也就各不相同,教化和刑罚也就各有侧重。

4.《春秋》决狱与"原心论罪"

受先秦儒家思想的影响,董仲舒以儒家经义来审断狱讼,并作《〈春秋〉决狱》二百三十二事。所谓《春秋》决狱,就是以《春秋》中所体现的精神和原则作为司法审判的根据,从而把儒家经典法律化。

《春秋》决狱实际上就是以情断狱,"原心论罪",董仲舒说:"《春秋》之听狱也,必本其事而原其志。志邪者不待成,首恶者罪特重,本直者其论轻。……罪同异论,其本殊也。"⑥意思是在审理案件的时候,要根据犯罪的事实,考察行为者的动机。只要有犯罪动机,就应当加以惩罚,不必待其成为行

---

① 《春秋繁露·精华》。
② 《汉书·董仲舒传》。
③ 《春秋繁露·天辨在人》。
④ 《春秋繁露·四时之副》。
⑤ 《春秋繁露·深察名号》。
⑥ 《春秋繁露·精华》。

为。如果只有犯罪行为,而没有犯罪动机,就应当从轻处罚。相同的罪行被处以不同的刑罚,原因就在于他们的动机各不相同。董仲舒强调"本其事",在审判的时候要根据犯罪事实,这无疑是正确的。但他过分强调行为者的动机,认为"志邪者不待成",仅凭动机就可以惩罚所谓的罪犯。正如《盐铁论》所评价的:"《春秋》之治狱,论心定罪。志善而违于法者免,志恶而合于法者诛。"①"志善"还是"志恶"都要根据《春秋》来定,凡是主观动机符合《春秋》之义者就是"志善",即使犯法,也不定罪;凡是主观动机违反《春秋》之义者就是"志恶",即使犯罪未成,也要定罪,这就为那些怀有私欲、心术不正的司法官主观擅断、随意出入人罪大开方便之门,司法冤滥不可避免。正如《汉书·刑法志》所说:"或罪同而论异。奸吏因缘为市,所欲活则傅生议,所欲陷则予死比,议者咸冤伤之。"

(五) 朱熹的司法思想

朱熹是继孔子、孟子、董仲舒之后儒家又一重要代表人物。他集中了宋代理学的成就,又吸收了佛家、道家的一些思想,建立了较为完善的理学思想体系。他的司法思想就包含在理学体系当中。

1. 天理是司法的原则

在朱熹的理学体系中,天理是一个核心概念,也是朱熹思想体系的精髓所在。天理的主要内容是"三纲五常",如他所说:"宇宙之间,一理而已。天得之而为天,地得之而为地。……其张之为三纲,其纪之为五常。盖皆此理之流行,无所适而不在。"②这是说天地宇宙之间就是一个"理",它广大无边,无所不在,从它自身演化出"三纲五常"。"理"是先天就有、永恒不变的,"万一山河大地都陷了,毕竟理却是在这里"③,因此"三纲五常"也是永恒不变,与天地共存亡。天理是经世治国的总原则,作为天理核心内容的"三纲五常"必然也是经世治国中要遵循的原则,同时也是司法中的总原则。司法中违背"三纲五常",实际上就是违背天理,要受到法律的惩罚。朱熹说:"臣伏愿陛下深诏中外司政典狱之官:凡有诉讼,必先论其尊卑、上下、长幼、亲疏之分,而后听

---

① 《盐铁论·刑德》。
② 《朱子全书·诸子二·释氏》。
③ 《朱子语类》卷二十四。

其曲折之间,凡以下犯上、以卑陵尊者,虽直不右;其不直者,罪加凡人之坐;其不幸至于杀人者,虽有疑虑可悯,而至于奏谳,亦不许辄用拟贷之例。"①由此可见,司法最终是以维护封建伦常为原则,以尊卑、上下、长幼、亲疏等关系作为审理案件的基本依据,凡是违背伦常关系的犯罪必然严加惩罚,而所谓"直"与"不直"、罪与非罪等都是依伦常关系来决定的。

2. 刑罚以严为本

朱熹主张严刑,反对宽政宽刑,"今人说宽政,多是事事不管,某谓坏了这'宽'字。"②朱熹认为,司法官实施宽刑有几个方面的原因,他们或是受了佛教祸福报应说的影响,"多喜出人罪以求福报"。结果使无罪者"不得直",而有罪者得以幸免,"是乃所以为恶尔,何福报之有?"或是司法官信奉"钦恤之说","以为当宽人之罪而出其死"。凡遇罪当杀者,总是设法为之开脱,以待上奏之后裁决;或是将"罪疑从轻"绝对化,以为凡罪皆可以从轻。这种有利于犯罪者、不利于被害者的做法是朱熹坚决反对的,"今人说轻刑者,只见所犯之人为可悯,而不知被伤之人尤可念也。"③所以朱熹主张刑罚当以严为本,而以宽济之。刑罚以严为本,可以禁邪止奸,遏止犯罪,宽则纲纪废弛,奸豪得志,善良的人反而遭殃。如他所说:"古人为政,一本于宽,今必须反之以严。盖必如是矫之而后有以得其当。今人为宽,至于事无统纪,缓急予夺之权,皆不在我。下梢却易奸豪得志,平民既不蒙其惠,又反受其殃矣。"④

朱熹的严刑主张主要体现在恢复肉刑、限制赎刑、严惩"奸凶"等方面。

(1)恢复肉刑。朱熹认为,"今徒、流之法,既不足以止穿窬淫放之奸,而其过于重者则又不当死而死,如强暴赃满之类者。"⑤如果恢复肉刑,虽然摧残了肢体,使其不能继续作恶,但却保全了性命,是折中的刑罚措施,符合圣人矜恤民命之意。

(2)限制赎刑。朱熹认为,赎刑制定之初,只是考虑到"罪之极轻,虽入于鞭扑之刑而情法犹有可议者"⑥,所以适用赎刑以对罪之极轻者进行处罚,后

① 《朱子全书·治道三·论刑》。
② 《朱子语类》卷一零八。
③ 《朱子语类》卷一百一十。
④ 《朱子语类》卷一零八。
⑤ 《朱文公文集·答郑景望》。
⑥ 《朱文公文集·论阿梁狱情札子》。

世则无论重罪轻罪皆可适用赎刑,结果是有财者杀人伤人而可以幸免刑狱之苦,而受害者及其亲属则只能含冤蒙难,何其不幸! 因此,对赎刑的使用应严格限制。

(3)严惩"奸凶"。从维护封建统治的立场出发,朱熹主张,对危害封建政权的"奸凶"要迅速严厉地惩处,决不宽贷,"明正典刑,使奸凶之人,不得以迁延幸免"①。

朱熹虽然主张严刑,但他所主张的严刑中又有"慎刑",正如朱熹所说:"狱讼,面前分晓事易看。其情伪难通,或旁无佐证,各执两说,系人性命处,须吃紧思量,犹恐有误也。"②可见狱讼之事,性命攸关,须十分慎重,以免造成冤狱,特别是当审理疑案时更要慎重,不可妄下结论,一般是从轻从赦:"然古人罪疑为轻,与其杀不辜,宁失不经。罪之疑者从轻,功之疑者从重。所谓疑者,非法令之所能决,则罪从轻而功从重。惟此一条为然耳,非谓凡罪皆可以从轻,而凡功皆可以从重也。"③朱熹的意思是,并不是所有的罪都可从轻从赦,只有疑罪才可从轻从赦。

(六) 丘濬的司法思想

丘濬是明朝思想家,他上承孔孟之道,博引程朱理学,使他的司法思想具有集大成的特点。

1. 司法的目的

丘濬认为,刑罚不仅仅是对犯罪者的一种报复性惩罚,"有如是之罪,必陷如是之刑",还能起到预防犯罪的目的:"惩之于小,所以戒其大;惩之于初,所以戒其终","有罪者以治之,则不敢复为恶"④。通过对犯罪者的惩罚,还可以起到"一般预防"的作用,使潜在的罪犯因有所警戒而避免犯罪,善良的民众因为有所依靠而过上安定的生活:"除去不善以安夫善,使夫不善者有所畏而全其命,天下之善者有所恃而安其身。"⑤刑罚的最终目的是维护儒家所

① 《朱文公文集·论阿梁狱情札子》。
② 《朱子语类》卷一百一十。
③ 《朱子语类》卷一百一十。
④ 《大学衍义补·简典狱之官》。
⑤ 《大学衍义补·总论制刑之义》。

倡导的宗法伦理秩序,成就道德教化,就像丘濬所说的:"刑之制,非专用之以治人罪,盖恐世之人不能循夫五伦之教,故制刑以辅弼之,使其为子皆孝,为臣皆忠,为兄弟皆友,居上者则必慈,与人者则必信,夫必守义,妇必守礼,有一不然,则入于法而刑辟之所必加也。"①

2. 以公去私的司法观

丘濬赋予了法律制度神秘主义的色彩,认为国家的法律制度都是"天意"的体现,"刑者,天讨有罪之具,人君承天意以行刑。"②即使是君主也要遵从天意使用刑罚。既然法律制度都是"天意"的体现,那么,包括人君在内的司法官在司法中就要严格依法办事,不能存有私心,"王法天刑,不可委曲生意","刑无大小,皆上天所以讨有罪者也,为人上者,苟以私意刑戮人,则非天讨矣。"③为保证司法公正,君主对司法机关的审判活动不应妄加干涉,"犯于有司,当付有司治之。"④又说:"法者,天子所与天下公共,则犯法者天子必付之有司以法论之,安得越法而擅诛乎!"⑤对于具体执掌司法的司法官来说应当惟法是从,刚正执法,"过之当宥者,则承天之命以宥之,不当宥者,不宥也;过之当辟者,则奉天命以辟之,不当辟者,君虽辟之,不辟也。"⑥意思是对犯罪当宽免的,遵从天意予以宽免,不当宽免的决不宽免;犯罪当处死刑的,遵从天命处以死刑,不当处以死刑的,即使君主要求处以死刑,也绝不顺从君主的意志对罪犯处以死刑。丘濬还主张,司法官要严格依法审判,不能以君主的好恶而轻重其刑。司法官应当秉公执法,谨遵天理之公,摒弃人欲之私,使刑罚的适用与所犯的罪行轻重相适应,"刑之所加必称罪之轻重"⑦。丘濬认为,秉公执法是"天理"的要求,徇私枉法是"人欲"的表现。天理人欲本是理学的核心范畴,丘濬用它们来阐述以公去私的司法观,从而对程朱理学有所改造和发挥。

3. 慎刑恤狱的司法思想

丘濬继承了先秦儒家慎刑恤狱的司法思想,主张"治狱者必先宽",所刑

---

① 《大学衍义补·总论制刑之义》。
② 《大学衍义补·序》。
③ 《大学衍义补·序》。
④ 《大学衍义补·制刑狱之具》。
⑤ 《大学衍义补·简典狱之官》。
⑥ 《大学衍义补·简典狱之官》。
⑦ 《大学衍义补·戒滥纵之失》。

者,"乃求其所以免不可得而后刑之",所杀者,"乃求其所以生不可得而后杀之。"①这样朝廷就不会有冤狱,天下就不会有冤民了。他的慎刑恤狱的司法思想具体表现在这样几个方面:

(1)情法兼顾,以情为主

丘濬认为司法中应该综合考虑法律条文和犯罪情节诸因素,作为定罪量刑的依据,"惟当察其情、求之法,二者合而后允当乎人情法意,是乃可行者也,在审克之而已。"②只有情法相协,既合乎人情又合乎法意,才能使司法公正合理。司法官要"因情以求法",根据犯罪情节来适用法律,刑罚就不会有冤滥。对情节上无法宽免的,"依律处断",对"情可原者",则予以宽免,反对"移情就法",陷人于罪。丘濬认为:"因情求法者,必备两造之辞,合众人之听,核其实,审其疑。刑有疑则正于罚,罚有疑则正于过,必其有疑者无疑乃赦之。其审克之者如此。"③司法官"因情而求法",就能够仔细听取原被告双方的诉讼之词以及证人证言来审理案件,做到刑疑从罚,罚疑从赦。

丘濬主张原情定罪,"论罪者必原情,原情二字,实古今谳狱之要道也。"④丘濬所主张的原情定罪不同于董仲舒的原情定罪,丘濬所主张的原情定罪主要是指根据犯罪情节来定罪量刑,不同于董仲舒以主观动机为依据的定罪量刑。丘濬认为,之所以要原情定罪,是因为法律总有缺无的时候,而人情世态却是变化无常的,"人之下情无穷,刑书所载有限。不可以有限之法而尽无穷之情,又在用法者斟酌损益之。"⑤法官就要在律无条文规定的情况下依据具体情节斟酌损益,做出公正的裁决。

(2)重视证据,反对刑讯

丘濬重视证据的使用,在"民之讼"和"地之讼"中,主张"严证佐,按图本,则讼平矣";"官府稽其图册,民庶执其凭由,地讼庶其息乎!"⑥只要以证据来决定是非曲直,则争讼之事就会减少。在重视证据的基础上,丘濬主张法官要

---

① 《大学衍义补·谨详谳之议》。
② 《大学衍义补·定律令之制》。
③ 《大学衍义补·详听断之法》。
④ 《大学衍义补·谨详谳之议》。
⑤ 《大学衍义补·定律令之制》。
⑥ 《大学衍义补·详听断之法》。

公正司法,不能有所偏私,"争讼之初,彼此有辩。以两造听之,而无所偏爱,则不直者自反,而民讼自禁矣。及其成狱,彼此各具卷书而质于公,以两剂听之,而无所偏信,则不直者自反,而民狱自禁矣。"①法官在证据基础上公正司法,无所偏私,就可以实现无讼。

　　对盗窃、抢劫案,也要注意收集"器杖"、"货财"等物证,还要"访其邻保","质诸亲属",以取得证言。因为"盗贼之名,天下之至恶者也,一旦用以加诸其人,非真有实情显迹者,不可也"②。丘濬重视证据,因而对刑讯制度持否定态度。他认为汉代路温舒所言"箠楚之下何求不得"一语,切中历代刑狱冤滥之要害。刑讯的使用,不但不能获得相关证据,无益于案情真相的了解,反而容易陷人于罪,人为制造许多冤狱。

　　(3)限制赎刑,维护公平

　　丘濬反对滥用赎刑,认为赎刑本来只适用于官府内部犯鞭扑一类的轻罪,后来"一概用之以为常法",甚至犯死罪者也可以赎免,这就违背"圣人制刑之意"。赎刑造成了司法不公,使穷人和富人受到不公正的待遇,最终导致社会秩序的混乱:"若杀人者可以财赎,则犯法死者皆贫民,而富民不复死矣。且死者何辜? 而寡妻孤子又何以泄其愤哉? 死者抱千载不报之冤,生者含没齿不平之气,伤天地之和,致灾异之变,或驯致祸乱者有之。"③他主张对赎刑应严加限制,只可适用于轻罪,而决不可适用于死刑,这样才能使"富者不以财而幸免,贫者不以匮而独死"④,贫富贵贱之间实现基本的司法平等。

　　(4)慎行赦免,反对滥赦

　　丘濬认为,尧舜时的赦免主要是针对因过失和意外事件而触犯刑律的轻罪,对这种轻罪虽罚以赎金犹觉太重,所以干脆赦免之,而且"盖就一人一事而言,非若后世一切罪人,不问其过误故犯,悉除之也"⑤。赦免还因不同的历史时期而有所不同,"当承平之世,赦不可有,有则奸宄得志,而良民不安;当危疑之时,赦不可无,无则反侧不安,而祸乱不解。"⑥后世曲解其旨,经常滥

---

　　①　《大学衍义补·详听断之法》。
　　②　《大学衍义补·谨详谳之议》。
　　③　《大学衍义补·明流赎之意》。
　　④　《大学衍义补·明流赎之意》。
　　⑤　《大学衍义补·慎眚灾之赦》。
　　⑥　《大学衍义补·慎眚灾之赦》。

赦,且定为常制,"宋为常制而有定时,则人可揣摩以需其期,非独刑法不足以致人惧,而赦令亦不足以致人感也。"①滥赦的结果,非但不能使罪犯感动从而改过自新,而且还会助长其犯罪。

4. 法官的经义素养

丘濬认为,礼乐教化是司法的根本,"礼乐者,政刑之本。"在司法中,当法律与礼的原则发生冲突时,必须服从礼的原则。礼的精神和原则集中体现在儒家经义当中,所以他主张由通晓经义的儒家之士实施司法,"惟明于经训者乃能用法",以保证司法审判符合礼的精神和原则。通晓经义的法官能够"治狱必先宽","寓忠爱之意于鞫讯之中",存"仁厚恻怛之心于明慎详审之中"。在科刑时,"生不可得,而后杀之","与其杀之而害彼之生,宁姑全之而受失刑之责。"②

丘濬认为,"吏胥不通经,不可以掌律令。"③那些不通晓经义的人是没有资格担任司法官的。如果由他们来担任司法官,则司法必然冤滥黑暗。如丘濬所说:"近年以来,乃有酷虐之吏,恣为刑具,如夹棍、脑箍、烙铁之类,名数不一,非独有以违祖宗之法,实有以伤天地之和。"④原因就在于司法官不通经义,不能在司法中体现礼的精神和原则。他主张对这一现象"痛加禁革","敢妄于律文讯杖之外巧竟用刑者,坐以违制之律,造之者重罚,用之者除名"⑤,以改变当时刑罚严酷的司法状况。

三、法家司法思想

法家是先秦时期形成的一个学派,法家学派的形成,有一个历史发展过程。春秋时期的管仲、子产、邓析等人是法家的先驱人物,战国中期的商鞅是法家思想的主要奠基者。同时,主张"势治"的慎到和主张"术治"的申不害都

---

① 《大学衍义补·慎眚灾之赦》。
② 《大学衍义补·总论刑制之义》。
③ 《大学衍义补·简典狱之官》。
④ 《大学衍义补·制刑狱之具》。
⑤ 《大学衍义补·戒滥纵之失》。

对法家理论的形成作出了重要贡献。战国末期的韩非继承和发展了商鞅、慎到等人的法律思想,成为先秦法家学说的集大成者。法家代表人物都有关于司法思想的论述。

(一) 管仲的司法思想

管仲是春秋时期的政治家和思想家,其司法思想散见于《管子》、《国语》、《左传》、《史记》等文献。

1. 重视刑赏作用

管仲重视刑赏作用,据《国语·齐语》,管仲对民众能够"劝之以赏赐,纠之以刑罚"。管仲认为,严厉的刑罚和必然的奖赏能够使民众知道犯罪就要受到惩罚,立功就会得到奖赏,从而起到预防犯罪的作用,并促使人们去做有利于统治的事情,"严刑罚,则民远邪,信庆赏,则民轻难。"①严刑罚还能对他人起到警戒教化和引导的作用:"赏罚信于其所见,虽其所不见,其敢为之乎?"②

2. 强调慎重用刑

管仲主张严刑,他把民众分为上下两等:上等的"畏威如疾",就像害怕瘟疫一样害怕刑罚;下等的"从怀如流",即随心所欲做事情,不顾及法律的规定。工、商、农夫多属"从怀如流"的下等民,因此必须对他们施以严刑,使他们也能"畏威如疾"③。但他同时又主张慎刑,认为"故刑罚繁而意不恐,则令不行矣;杀戮众而心不服,则上位危矣。"④刑罚繁多,民众就会无所畏惧,法令就无法推行;杀戮多而民心不服,统治者的统治就会有危险了,所以严刑不利于法令的推行和统治秩序的维护。又说:"法者,将用民之死命者也。用民之死命者,则刑罚不可不审。刑罚不审,则有辟就;有辟就,则杀不辜而赦有罪;杀不辜而赦有罪,则国不免于贼臣矣。"⑤法是用来决定民众生死的,所以"不可不审",要慎重对待。如果刑罚不审慎,就有可能杀戮无辜而赦免有罪。对

---

① 《管子·牧民》。
② 《管子·权修》。
③ 《国语·齐语》。
④ 《管子·牧民》。
⑤ 《管子·权修》。

于有些犯罪,可以从宽处理甚至赦免,若不能改正,一再重犯,就要坚决惩处,不再赦免,所谓"一再则宥,三则不赦"①。

3. 主张司法公正

管仲曾向齐桓公举荐宾胥无为大司理,原因就在于宾胥无"决狱折中,不杀无辜,不诬无罪"。《管子·小匡》中记载宾胥无能够公正司法,不枉法裁判,不滥杀无辜。这也反映了管仲追求司法公正的思想。为保证司法公正,管仲对司法官提出了严格的要求,对不执行法令,或者执法不严、故意出入人罪者要"罪死不赦"②。

(二) 子产的司法思想

子产是春秋时期的政治家,晚于管仲约一百年,与孔子同时。子产的司法思想具有折衷礼法、宽猛相济的特点。

1. 礼是司法的总原则

子产认为,"夫礼,天之经也,地之义也,民之行也。"③礼是天地万物和人类社会的总法则,涵盖一切的秩序和规范。在礼的秩序和规范当中,社会的规范要遵循和效法天地的规范,"为君臣上下之义,以则地义;为夫妇内外,以经二物;为父子、兄弟、姑姊、甥舅、昏媾、姻亚,以象天明;为政事、庸力、纾务,以从四时;为刑罚威狱,使民威忌,以类其震曜杀戮;为温慈惠如,以效天之生殖长育。"④无论是君臣上下的礼法规范,夫妇之间的礼法规范,父子、兄弟之间的礼法规范,还是施政、经营方面的礼法规范,刑罚牢狱方面的礼法规范等,都是效法天地秩序和规范的结果,所以它们是神圣的和不可违抗的,任何人的行为都要受其制约。司法活动也是天地秩序和规范的反映,所以要如同雷电对人的震慑作用一样实施刑罚,对民众起到震慑的作用。

由此可见,礼是自然万物的总法则,同时也是司法的主要原则。这就决定了司法的一个重要职能是维护礼治,使臣民"畏君之威,听其政,尊其贵,事其

---

① 《国语·齐语》。
② 《管子·立政》。
③ 《左传·昭公二十五年》。
④ 《左传·昭公二十五年》。

长,养其亲"①。意思是使臣民敬畏君主的权威,接受和服从官府的命令,尊敬贵者,侍奉长者,赡养父母,以建立和维护良好的尊卑等级秩序。

2. 宽猛相济的刑事政策

宽猛相济是子产在立法和司法中的基本刑事政策。"宽"来自子产对"德政"的认识,他说:"德,国之基也。有基无坏,无亦是务乎! 有德则乐,乐则能久。"②德政包括道德教化和宽惠爱民两个方面。德政在立法和司法中表现为"发命"要"衷","出令"要"信",反对"刑之颇类"和"狱之放纷"。③ "猛"来自子产对刑罚作用的认识,刑罚的作用在于"为刑罚威狱,使民畏忌"④。刑罚不"猛",则民无所畏忌。

公元前 522 年,子产在临终前对他的继任者子大叔说:"唯有德者能以宽服民,其次莫如猛。夫火烈,民望而畏之,故鲜死焉;水懦弱,民狎而玩之,则多死焉。故宽难。"⑤严刑如火之猛烈,人们看见了就会害怕,因此很少有人被烧死;宽政如水之柔弱,人们便喜欢在水中嬉戏玩耍,因此有很多人被淹死了。所以子产认为,最好的治理是宽猛相济,德刑并用。

子产宽猛相济的刑事政策对后世影响很大,后来的儒家主要继承发展了他的以宽治民的思想,主张司法从宽、德主刑辅;法家则主要继承了他的以猛治民的思想,并进一步发展为重刑轻罪和"以刑去刑"的理论。

3. "铸刑书"与防止罪刑擅断

子产"铸刑书"是中国历史上第一次公布成文法的活动,它使定罪量刑有了公开统一的标准,改变了先前议事以制、罪刑擅断的传统,所以遭到了一些保守派的反对。如晋国名臣叔向认为,刑法的公布违背了先王的传统,"昔先王议事以制,不为刑辟,惧民有争心也。"先王治理狱讼是按照惯例或成例,而不制定和公布具体的法律,以防止民众产生争心,同时能够达到"刑不可知,则威不可测"的效果。如果民众知道了刑罚规定,就不再畏服贵族的权威了,"民知有辟,则不忌于上。"同时还会使民有争心,造成狱讼泛滥,社会动荡,

---

① 《左传·昭公元年》。
② 《左传·襄公二十四年》。
③ 《左传·昭公十六年》。
④ 《左传·昭公二十五年》。
⑤ 《左传.昭公二十五年》。

"民知争端矣,将弃礼而征于书。锥刀之末,将尽争之。乱狱滋丰,贿赂并行,终子之世,郑其败乎!"①子产并没有因为叔向的责难而改变立场。

子产"铸刑书"的司法意义在于:一是改变了秘密法传统,否定了罪刑擅断的做法。二是打破了"刑不上大夫"的传统,使无论是贵族还是平民都要受刑书的约束,开启了后来法家在司法中"一断于法"的思想先河。

4. 有罪必罚与原情断狱

(1)有罪必罚

子产认为:"先王之命,唯罪所在,各致其辟。"②即犯了什么样的罪行,就要受到什么样的惩罚。赏罚要明确,"人人之忠俭者,从而与之,泰侈者因而毙之。"③奖赏忠于职责和奉公节俭的人,而对于那些骄奢淫逸的不法之徒则要严加惩罚,绝不赦宥,即使对犯了罪的贵族官员也绝不姑息。如昭公十六年,郑国久旱不雨,国君派了三个大夫去祭祀山神,而这三个大夫在祭祀的时候砍光了山上的林木。子产认为祭祀山神本应保护山林,而这三个大夫反而砍伐林木,已构成大罪,下令削减其封地,降低其爵位。④

(2)原情断狱

据载,一天早晨子产乘车外出,听到一户人家传出妇女的哭声,便立即吩咐停车,很仔细地听了一会,然后派人把这个妇女抓来审问,原来她正是害死自己丈夫的凶手。后来随从问他是怎样得知内情的,子产回答说,因为她的哭声很恐惧。一般人对于自己的亲人,刚生病的时候忧愁,临死的时候恐惧,死亡之后很悲哀。而这个妇人哭已经死去的丈夫,声音却并不悲哀反倒恐惧,所以知其中必有奸情。⑤ 子产原情断狱,根据人的情感变化了解真相,体现了司法审判的智慧,是对西周以来审判经验的总结。

子产还很注意运用审判技巧。据《韩非子》,子产在审理案件时经常运用"倒言反事",即说反话做反事的方法鉴别罪犯陈述的真伪,以获得实情,"倒言反事,以尝所疑,则奸情得。"同时实行"离讼",即分别审理争讼双方,不使

---

① 《左传·昭公六年》。
② 《左传·襄公二十五年》。
③ 《左传·襄公三十年》。
④ 《左传·昭公十六年》。
⑤ 《韩非子·难三》。

之相互对质,然后颠倒其辞告知对方,由此获得真情,所谓"相与讼者,子产离之而无使得通辞,倒其言以告而知之"①。

(三) 商鞅的司法思想

商鞅是战国时期法家理论的主要奠基者,他的司法思想主要反映在《商君书》中。

1. 法的作用

商鞅的重刑论源自他对法的作用的认识:"法令者,民之命也,为治之本也,所以备民也。为治而去法令,犹欲无饥而去食也。"②法令关乎民众的生存,是治国的根本,防止作恶的工具。既然如此,就应该将"法"看作治理国家的唯一手段和判定是非功过的唯一标准,"故明主慎法制,言不中法者,不听也;行不中法者,不高也;事不中法者,不为也。言中法,则辩之;行中法,则高之;事中法,则为之。故国治而地广,兵强而主尊,此治之至也,人君不可不察也。"③不合乎法的言论不听,不合乎法的行为不褒奖,不合乎法的事情不做,只有视听言动都合乎法,才可以"听之"、"高之"、"为之",使国治民安,土地广袤,兵强主尊,这才是治理的最高境界。法的具体作用表现在"定分止争"和"兴功禁暴"上。

(1)"定分止争"

商鞅认为,法是用来"定分止争"的,要治理好国家,就必须通过法律确定物权名分,防止人们争夺和争讼。他举例说:"一兔走,百人逐之,非以兔可分以为百也,由名分之未定也。夫卖兔者满市,而盗不敢取,由名分已定也。"④当事物的名分没有确定以前,人们就会相互争夺,即使是尧、舜、禹、汤这样的圣王也会如此;在名分确定以后,即使是盗贼也不敢轻易夺取他人财产,由此可见法律在"定分止争"上的重要作用。

(2)"兴功禁暴"

所谓"兴功",主要是指富国强兵;所谓"禁暴",是指制止暴乱,惩罚犯罪。

---

① 《韩非子·内储说上》。
② 《商君书·君臣》。
③ 《商君书·君臣》。
④ 《商君书·定分》。

商鞅认为,要想国家富强稳定,并取得兼并战争的胜利,就要发挥法的兴功禁暴的作用,有利于富国强兵的,就用法令奖赏,不利于富国强兵的,就用法律惩罚,把人们的行动都统一到有利于国家的农战上来。

2. 基于人性的赏罚论和重刑论

商鞅从人性上来论证实施赏罚的必要性。他说:"人君(生)而有好恶,故民可治也。人君不可不审好恶,好恶者,赏罚之本也。夫人情好爵禄而恶刑罚,人君设二者以御民之志,而立所欲焉。"①人生来就是好利恶害的,这是实施赏罚的根据。君主顺应人的好利恶害的自然本性,以赏来激励人们积极耕战,以罚来惩戒人们犯奸作恶,就能将民众纳入君主的控制当中,使兵强而国富。

在刑赏之间,商鞅又是重刑的,"夫刑者所以禁邪也,而赏者所以助禁也。"②刑是主要的,赏是起辅助作用的,治理国家最好的办法,就是重刑少赏,"重刑少赏,上爱民,民死赏。重赏轻刑,上不爱民,民不死赏。"③商鞅重刑少赏的思想必然导致重刑主义。商鞅认为,重刑可以"去刑","重刑,连其罪,则民不敢试。民不敢试,故无刑也。夫先王之禁,刺杀,断人之足,黥人之面,非求伤民也,以禁奸止过也,禁奸止过,莫若重刑。刑重而必得,则民不敢试,故国无刑民。"④这段论述反映了商鞅重刑论的基本观点。商鞅的重刑论具体表现在:

(1)对奸邪、盗贼等犯罪实施死刑并连坐

商鞅对奸邪、盗贼、窝藏罪犯之类犯罪实施死刑,"为奸邪、盗贼者,死刑。"⑤对于不告奸者,刑罚更为残酷,"不告奸者腰斩。告奸者与斩敌首同赏,匿奸者与降敌同罪。"⑥并实行连坐,一人有罪,家人邻里等相关人员也要受到惩罚。《史记》说:"商鞅令民为什伍,而相牧司连坐。"⑦商鞅按照什、伍的编制组织形式把民众组织起来,使他们相互监督,有罪同坐。《汉书·刑法志》

---

① 《商君书·错法》。
② 《商君书·算地》。
③ 《商君书·靳令》。
④ 《商君书·赏刑》。
⑤ 《商君书·画策》。
⑥ 《史记·商君列传》。
⑦ 《史记·商君列传》。

也有记载:"秦用商鞅连坐之法,造参夷之诛。"①所谓"参夷之诛",即诛灭三族,可见刑罚之残酷。

（2）轻罪重刑

商鞅主张轻罪重刑,反对重罪轻刑,"行罚:重其轻者,轻者不至,重者不来,此谓以刑去刑,刑去事成;罪重刑轻,刑至事生,此谓以刑致刑,其国必削。"②对轻罪施以重刑,就能达到"以刑去刑"的目的。如果对重罪施以轻刑,不但不能惩治犯罪,反而引发更多的犯罪,所谓"以刑致刑"。商鞅也反对重罪重刑、轻罪轻刑的罪刑相称原则,认为这达不到"以刑去刑"的目的,反而会使犯罪不止,国家衰亡,"行刑,重其重者,轻其轻者,轻者不止,则重者无从止矣,此谓治之于其乱也。故重轻,则刑去事成,国强;重重而轻轻,则刑至而事生,国削"③。

（3）"刑用于将过"

"刑用于将过",即在人们将要犯罪而尚未构成犯罪时就施以刑罚。商鞅说:"刑加于罪所终,则奸不去,赏施于民所义,则过不止。刑不能去奸,而赏不能止过者,必乱。故王者刑用于将过,则大邪不生;赏施于告奸,则细过不失。"④人们犯了罪才用刑罚,刑罚就达不到预防和消除犯罪的目的,把刑罚用在人们将要犯罪的时候,就可以预防和消除犯罪,这实际上是以思想和动机定罪,而不是按照人们的行为来定罪,是主观归罪而非客观归罪,无疑是重刑主义的一种表现。商鞅的重刑论从功利主义的立场看是合理的,是符合那个时代需要的,从人道主义的立场看又是残酷的,不符合后来儒家化的法律传统。

3. 司法的两个原则

商鞅主张司法要遵循公正性和平等性两个原则。

（1）司法的公正性

商鞅将法比作规矩、绳墨,以体现法的公正性:"故法者,国之权衡也。"⑤他主张在司法中"任法去私",反对"释法任私",认为"释法任私"容易使司法

---

①　《汉书·刑法志》。

②　《商君书·靳令》。

③　《商君书·说民》。

④　《商君书·开塞》。

⑤　《商君书·修权》。

官营私舞弊,导致司法黑暗。"任私"就好比"释权衡而断轻重,废尺寸而意长短"一样,使司法完全取决于司法官的个人意志,其危害是很大的,所谓"君臣释法任私必乱"①。

（2）司法的平等性

商鞅认为,法律的适用应该是平等的,不因贫富贵贱而有差别,这就叫"一刑"。何谓"一刑"？"所谓一刑者,刑无等级,自卿相将军以至大夫庶人,有不从王令、犯国禁、乱上制者,罪死不赦。"②无论是卿相将军还是大夫庶人,只要触犯了法律都要处以刑罚,绝不赦免,体现出商鞅法律面前贵贱平等的司法原则,也是他对自己所处时代宗法等级制和"刑不上大夫"的司法传统的反叛,具有积极的历史意义。但由于历史的局限,商鞅的"一刑"主张是不包括君主在内的,也就是说,君主可以不受法律的约束。君主高于法律,是法律的制定者而不是遵守者。

（四）慎到的司法思想

慎到是战国中期法家的重要代表人物,他的司法思想的主要内容是主张司法公正。

慎到重视法律的公正价值。他说:"故蓍龟所以立公识也,权衡所以立公正也,书契所以立公信也,度量所以立公审也,法制礼籍所以立公义也。"③法律应该像权衡、尺寸一样体现公正性,无论尊卑贵贱,无论智者辩者,都要遵守,不得违背法律的规定,"法者,所以齐天下之动,至公大定之制也。故智者不得越法而肆谋,辩者不得越法而肆议,士不得背法而有名,臣不得背法而有功。"④

公正的法律可以杜绝私行、私议,"使私不行"。如果法律制定之后私行、私议不能禁绝,那么有法律比没有法律更糟糕,"今立法而行私,是私与法争,其乱甚于无法。……故有道之国,法立则私议不行。"⑤法与私不可两立,不可

① 《商君书·修权》。
② 《商君书·赏刑》。
③ 《慎子·威德》。
④ 《慎子·佚文》。
⑤ 《慎子·佚文》。

调和。法立之后,私必禁绝。

公正的法律制定之后,就成为衡量是非善恶的唯一标准,"为人君者不多听,据法倚数,以观得失。无法之言,不听于耳;无法之劳,不图于功;无劳之亲,不任于官。官不私亲,法不遗爱,上下无事,唯法所在。"①表现在司法上,以君主为代表的司法官就要严格依据法律来实施司法,"不急法之外,不缓法之内"②,对犯罪者不在法律之外加重刑罚,也不得违背法律规定减轻刑罚。凡是犯了罪的,都要受到严厉的惩罚,即使是自己的骨肉和亲戚也不能例外,以体现法的公正性。所谓"骨肉可刑,亲戚可灭,至法不可阙也"③。如果以君主为代表的司法官舍弃法律,完全凭个人情感意志行事,就会造成同罪不同罚的不公平现象,这正是民怨产生的根源:"君人者,舍法而以身治,则诛赏予夺,从君心出矣。然则受赏者虽当,望多无穷;受罚者虽当,望轻无已。君舍法以心裁轻重,则同功殊赏,同罪殊罚矣,怨之所由生也。"④所以慎到主张要"事断于法",完全依据法律来裁断善恶,体现法的公正价值。

为保证司法的公正,慎到主张君主、司法官和民众应该各司其职,"以力役法者百姓也,以死守法者有司也,以道变法者君长也。"⑤民众的职责是守法,君主的职责是立法,司法官的职责是严格司法。这里面包含有司法相对独立性的思想,即君主主要应以立法变法为职责,不要轻易去干涉司法官的司法活动,司法官所做的就是严格依据已经制定的法律进行司法,不可有私意和私行,也不可完全以君主的意志作为裁断案件的依据。

(五) 韩非的司法思想

韩非是战国末期人,他继承、发展了前期法家的思想,形成了系统、完整的法家学说,成为先秦法家思想的集大成者。

1. 司法的人性基础

韩非的司法思想是基于对人性恶的认识提出的。韩非继承和发展了荀子

---

① 《慎子·君臣》。
② 《慎子·佚文》。
③ 《慎子·佚文》。
④ 《慎子·君人》。
⑤ 《慎子·佚文》。

的"性恶"论思想,认为"好利恶害,人之所有也"①。人性如此,表现在人际关系上,都是赤裸裸的利害计算关系。他举例说,父母与子女之间的关系就是一种利害计算关系,"父母之于子也,产男则相贺,产女则杀之。"②这是因为产男比产女更有利可图。所谓"虑其后便,计之长利也"③。君主与臣下的关系更是一种利害关系:"臣尽死力以与君市,君垂爵禄以与臣市。"④其他如君与民之间、主人与佣客之间、买者与卖者之间等,无不是一种利害计算关系。一句话,在韩非眼里,普天之下都是"好利恶害"之人。既然人性是恶的,是趋利避害的,那么就可以因人情而立法,因人情而司法,"凡治天下,必因人情。人情者有好恶,则赏罚可用,禁令可立,而治道具矣。"⑤只有基于人情的司法才能产生现实的功效。

2. 司法重刑主义

由对人性的认识,韩非主张重刑,是一个重刑主义者。他说:"所谓重刑者,奸之所利者细,而上之所加焉者大也。民不以小利蒙大罪,故奸必止者也。"⑥他认为重刑可以止奸,罪犯虽获得小利却要蒙受严厉的惩罚,计算利害,人们就不会因为小利而触犯刑律,从而起到预防犯罪的作用。又说:"重一奸之罪,而止境内之邪,此所以为治也。重罚者,盗贼也;而悼惧者,良民也,欲治者奚疑于重刑!"⑦"重一奸之罪"就可以"止境内之邪",加重刑于"盗贼",就可以使未犯罪的人们因为畏惧刑罚而不敢轻易犯罪。由此可见,重刑既可惩治犯罪,又可起到预防犯罪的作用。但重刑又有一定的限度,不能随意加重刑罚,随意加重刑罚反而会使刑罚失去威慑的作用,使民众无所畏惧,"用刑过者民不畏"⑧。韩非还主张刑罚的必然性,"行诛无赦"⑨,反对赦免罪刑,这也是他重刑思想的一个表现。

---

① 《韩非子·难三》。
② 《韩非子·六反》。
③ 《韩非子·六反》。
④ 《韩非子·难一》。
⑤ 《韩非子·八经》。
⑥ 《韩非子·六反》。
⑦ 《韩非子·六反》。
⑧ 《韩非子·饰邪》。
⑨ 《韩非子·五蠹》。

韩非基于重刑主义的立场,反对儒家的德治主张,认为人性自私自利,靠道德教化是无法预防和惩治犯罪的。君主治理国家,应该像圣人那样,不是寄希望于人们去做好事,而是以重刑迫使人们不去做坏事,不去犯罪,"夫圣人之治国,不恃人之为吾善也,而用其不得为非也。"①韩非举例说:"夫严家无悍虏,而慈母有败子,吾以此知威势之可以禁暴,而德厚之不足以止乱也。"②作为统治者,就应该摒弃德治,以重刑禁暴止奸,以刑去刑,消除犯罪。

3. 法官的司法道德

韩非认为,法官应该有良好的司法道德,因为这关系到国家的盛衰强弱,"奉法者强,则国强;奉法者弱,则国弱。"法官的司法道德主要体现在三个方面,一是坚持司法的平等性,法官不因贫富贵贱而使司法有所差别。"法不阿贵,绳不挠曲。法之所加,智者弗能辞,勇者弗敢争。刑过不避大臣,赏善不遗匹夫。"③二是法官不能存有私心,不能"释法任私",以"私"破坏法的公正性,这样才会民安而国治,兵强而敌弱。"当今之时,能去私曲就公法者,民安而国治;能去私行行公法者,则兵强而敌弱。"④法官尤其不能舍弃法律而纯任心治,"释法术而任心治,尧舜不能正一国;去规矩而妄意度,奚仲不能成一轮;废尺寸而差短长,王尔不能半中。"⑤如果纯任心治,完全靠自己的主观意志和个人好恶来治理狱讼,裁断是非,即使像尧舜那样贤明的人也无法治理好一个国家。三是法官要严格依法断案,"不引绳之外,不推绳之内,不急法之外,不缓法之内。"⑥法律怎样规定就怎样审判,不能抛开法律任意轻重其刑,也不能将司法当做发泄怨气的手段,"释法制而妄怒,虽杀戮而奸人不恐。罪生甲,祸归乙,伏怨乃结。"⑦法官不依法断案,虽杀戮不能止奸止恶,甲犯罪而惩罚乙,就会使怨气郁结,不利于消灭犯罪。

---

① 《韩非子·显学》。
② 《韩非子·显学》。
③ 《韩非子·有度》。
④ 《韩非子·有度》。
⑤ 《韩非子·用人》。
⑥ 《韩非子·大体》。
⑦ 《韩非子·用人》。

4. 关于"术"以及"术"在司法中的运用

韩非重视法的作用,但韩非认为仅有法是不够的,法还要和术相结合。有人问韩非:申不害、商鞅这两家学说,哪一家对于治理国家更急需。他回答:"是不可程也。人不食,十日则死;大寒之隆,不衣亦死。谓之'衣食孰急于人'?则是不可一无也,皆养生之具也。……君无术则弊于上,臣无法则乱于下,此不可一无,皆帝王之具也。"①对于君主来说,商鞅的法和申不害的术就像衣和食一样,二者缺一不可,都是治理国家所急需的。韩非所讲的术主要包括以下内容:

一是循名责实之术。韩非:"术者,因任而授官,循名而责实,操生杀之柄,课群臣之能者也。此人君之所执也。"②所谓"因任而授官",是指君主按照人们能力的大小而授予相应的官职,使他们各尽其能;所谓"循名而责实",是指君主按照职位要求督责群臣,使之名实相符。

二是无为之术。韩非吸取道家的无为思想,认为君主无为,臣下才能有所为。他说:"明主无为于上,群臣竦惧于下。"③君主无为,臣下才能兢兢业业地做好各种事情,从而使"臣有其劳,君有其功"④。

三是潜御群臣之术。韩非:"术者,藏之于胸中,而潜御群臣者也。"⑤这种术是君主暗中驾驭群臣、防止群臣作奸犯上的权术。通常情况下,君主无所作为,也不露声色,使群臣无法琢磨他的喜怒哀乐的情感,从而也就无法利用他的这些情感阿谀奉承,营私舞弊,只能老老实实地按照自己的职分去做事。

韩非所讲的术既是治国之术,又是司法之术。循名责实之术在司法中的作用在于,君主根据能力大小授予法官不同的职位,然后根据法官的职位考察他的实际能力,看职位与能力是否相称,即名实是否相符。无为之术的作用在于,君主坚持无为的原则,不过多地干涉法官司法,使法官司法有相对的独立性,从而能够依法裁断。潜御群臣之术的作用在于,君主不轻易显现自己喜怒好恶的情感,使法官不能投其所好,从而能够公正司法。

---

① 《韩非子·定法》。
② 《韩非子·定法》。
③ 《韩非子·主道》。
④ 《韩非子·主道》。
⑤ 《韩非子·难三》。

四、道家司法思想

道家是春秋末期形成的一个学派,老子是道家学派的创始人。战国中期的庄子是道家学派的集大成者,汉初黄老学派是在老庄思想的基础上发展起来的。道家司法思想包括了从先秦道家到汉初黄老学派的司法思想。

（一）老子的司法思想

老子是春秋末期人,道家思想的创始人,他的思想主要反映在《老子》一书中。

1. 道与无为:司法思想的哲学基础

（1）关于道

"道"是老子哲学的最高范畴,也是其司法思想的基本理论依据。老子认为"道"是宇宙万物的本体,万物由它产生,但"道"并不因为万物由它产生而主宰万物,任天地万物自然生息而不去干涉。道同时又是天地万物遵循的普遍法则,这个法则的核心内容就是"无为"。

（2）关于无为

老子认为,天道无为,人道也应效法天道,做到无为。天道无为,所以天地万物才能够按照它们本来的样子繁衍生息,这就叫"无为而无不为"[①]。如果人道效法天道,也能做到无为,就可以实现无不为的治理境界,"为无为,则无不治。"[②]假若统治者遵循天道,做到无为,天下自然就会太平无事,民众自然就会富足而纯朴:"我无为而民自化,我好静而民自正,我无事而民自富,我无欲而民自朴。"[③]

老子的无为思想是针对当时统治者贪功好利、盘剥民众的现实政治状况提出的。他认为,民众所以贫穷难治,就是由于统治者太喜欢有为造成的。

---

① 《老子》第三十七章。
② 《老子》第三章。
③ 《老子》第五十七章。

"民之饥,以其上食税之多,是以饥;民之难治,以其上之有为,是以难治。"①所以他主张:"治大国若烹小鲜。"②治理国家要像烹制小鱼那样,不要频繁地翻动,即不要过多地干预民众的生活,顺其自然,国家就能得到很好的治理。

2.体现无为原则的立法司法思想

在立法思想上,老子贯彻了无为而治的思想。他认为,统治者制定法令,本意是为了防止盗贼,可盗贼却反而"多有","法令滋彰,盗贼多有。"③为什么会出现这样的情况呢? 原因就在于繁苛的法令破坏了天道自然无为的原则,破坏了自然的和谐秩序,只有减少或消除一切法令,犯罪才会减少,天下才会太平,所谓"天网恢恢,疏而不失"④。

在司法思想上,老子反对动辄用刑,尤其是死刑。他说:"民不畏死,奈何以死惧之?"⑤民众不怕死,就不能以死刑来威慑镇压了。民众为什么不怕死? 原因在于,"民之轻死,以其上求生之厚,是以轻死。"⑥统治者的贪婪奢侈、与民争利是民众犯罪的根源,民众饥饿贫困,就会铤而走险,走上犯罪的道路,再严酷的刑罚也都无济于事了。当民众毫无畏惧的时候,对统治者来说可怕的事情就来到了,"民不畏威,则大威至。"⑦当民众因日益贫困而失去生计的时候,就会起来反抗,再维持原来的统治就很难了。

那么,民众在什么情况下才会"畏死"呢? 按照老子的思想逻辑,当民众生活富足、性情淳朴的时候就会珍惜生命,畏惧死亡。这时候若有犯罪者再"执而杀之",就能起到震慑的作用,"若使民常畏死,而为奇者,吾得执而杀之,孰敢?"⑧

老子主张司法的相对独立性,他说:"常有司杀者杀,夫代司杀者杀,是谓代大匠斫。夫代大匠斫者,希有不伤其手矣。"⑨日常有"司杀者"即司法官专

---

① 《老子》第七十五章。
② 《老子》第六十章。
③ 《老子》第五十七章。
④ 《老子》第七十三章。
⑤ 《老子》第七十四章。
⑥ 《老子》第七十五章。
⑦ 《老子》第七十二章。
⑧ 《老子》第七十四章。
⑨ 《老子》第七十四章。

管刑杀,君主或他人不得干涉或代替"司杀者"刑杀,否则就如同代替木匠砍伐木头一样,很少有不伤其手的。

老子还借助天道来主张司法的公正性,他说:"天道无亲,常与善人。"①天道对人无所偏爱,公正无私,人道也应该遵循天道,在司法中做到公正无私。又说:"天之道,其犹张弓与? 高者抑之,下者举之;有余者损之,不足者补之。天之道,损有余而补不足。人之道则不然,损不足以奉有余。"②天道公平,"有余者损之,不足者补之",而人道则是"损不足以奉有余"。司法应该遵循天道原则,"损有余而补不足",体现公平公正。

3. 预防犯罪的思想

老子认为,"绝仁弃义","绝圣弃智",消除人们尤其是统治者的争为之心,才能从根本上预防或消除犯罪。老子认为,所谓仁义、智慧、孝慈、忠信等都是社会的病态现象,不合乎人的自然本性,"大道废,有仁义;慧智出,有大伪;六亲不和,有孝慈;国家昏乱,有忠臣。"③"大道"废弃之后,才有所谓的"仁义";智慧出现之后就有了诈伪,"六亲不和"才有了"孝慈","国家昏乱"才有了忠臣。若能做到"绝圣弃智"、"绝仁弃义"、"绝巧弃利",就可以使"民利百倍"、"民复孝慈"、"盗贼无有",使人们"见素抱朴,少私寡欲",④保持淳朴自然的天性,从而减少犯罪。

老子否定统治者宣扬的仁义、圣智等思想,揭示其虚伪性,有一定的积极意义。但如果由此而摒弃一切伦理道德和典章制度,放弃一切文化知识和文明成果,则是有违社会发展规律的,表现出消极、落后的一面。

（二）庄子的司法思想

庄子是战国时期的思想家,他继承和发展了老子的思想,成为道家学派的重要代表人物。

1. 无为:治理天下的总原则

和老子一样,庄子也将"道"视为天地万物的本源和主宰,它"有情有信,

---

① 《老子》第七十九章。
② 《老子》第七十七章。
③ 《老子》第十八章。
④ 《老子》第十九章。

无为无形;可传而不可受,可得而不可见;自本自根,未有天地,自古以固存;神鬼神地,生天生地"①。这是说"道"永恒存在,无影无形,制造鬼神上帝,创造天地万物,是世界万物的本源和主宰。

道既是万物的本源,又是万物运行的法则,这个法则就是自然法,自然法的核心在"无为",无为就是要一切顺乎自然,不要用人的主观意志去改变一切。如果人为地加以改变,就会损害事物的自然本性。如庄子所说:"凫胫虽短,续之则忧。鹤胫虽长,断之则悲。故性长非所断,性短非所续,无所去忧也。"②把凫腿增长,把鹤腿截短,把自然自发的东西变成人为的东西,它的结果只能是痛苦和不幸。又:"牛马四足,是谓天。落马首,穿牛鼻,是谓人。"③天指自然,人指人为,牛马四足是谓自然,络马首、穿牛鼻是谓人为。顺乎自然是一切幸福和善的根源,顺乎人为是一切痛苦和恶的根源,庄子称之为"以人灭天"④。

所以治理天下也要用"无为"的方法,"君子不得已而临莅天下,莫若无为。无为也,而后安其性命之情。"⑤只有无为而治,不伤害事物的自然本性,那才是最好的治理方法。他说:"闻在宥天下,不闻治天下也。在之也者,恐天下之淫其性也。宥之也者,恐天下之迁其德也。天下不淫其性,不迁其德,有治天下者哉?"⑥在,宥,就是顺其自然,不加干涉。民众自然而然地生活,性情淳朴,没有诈伪,还用得着去治理吗? 从无为的治国方法看,人为的道德和法律都是无足轻重的,都是"治之末",如《天道》篇所说:"赏罚利害,五刑之辟,教之末也;礼法度数,形名比详,治之末也。……是故古之明大道者,先明天,而道德次之;道德已明,而仁义次之;……是非已明,而赏罚次之。"⑦可以看出,庄子虽然没有完全否定法律的作用,但他却将法律放在不得已而用之的最次要的地位,其推崇自然无为的思想是十分明显的。

2. 以"无为"为原则的司法思想

庄子生活的年代,统治者实施严刑酷罚,给民众带来无穷的灾难。《在

---

① 《庄子·大宗师》。
② 《庄子·骈拇》。
③ 《庄子·秋水》。
④ 《庄子·秋水》。
⑤ 《庄子·在宥》。
⑥ 《庄子·在宥》。
⑦ 《庄子·天道》。

宥》篇说："今世殊死者相枕也,桁杨者相推也,刑戮者相望也,而儒墨乃离跂(阔步)攘臂乎桎梏之间。"①统治者使用繁法严刑,造成囹圄遍地、死者相枕的悲惨局面,在这种情况下民众"仅免刑焉"②,只求免死而已,哪里还有其他的奢望! 这是庄子对现实社会的严厉批判。所以庄子赞同老子的"法令滋彰,盗贼多有"的思想,认为君主制定和颁布"经式义度"是"欺德"③,主张毁弃一切礼法制度。《胠箧》篇说:"摘玉毁珠,小盗不起;焚符破玺,而民朴鄙;摘斗折衡,而民不争;殚残天下之圣法,而民始可与论议。"④只有毁弃所有的礼法制度,民众才会无欲无争,才会归于淳朴自然,回到"至德之世"⑤。

表现在司法上,庄子认为,最好的司法就是顺其自然,不违背事物的本性:"天下有常然,常然者,曲者不以钩,直者不以绳,圆者不以规,方者不以矩,附离不以胶漆,约束不以纆索。"⑥实际上就是要简约司法,甚至不要司法,一切顺从本来的样子。若以司法人为地干涉,就会导致人之自然本性的丧失和社会秩序的失常:"且夫待钩绳规矩而正者,是削其性者也;待绳约胶漆而固者,是侵其德者也;屈折礼乐,呴俞仁义,以慰天下之心者,此失其常然也。"⑦

庄子还在寓言故事中通过对受过刖刑的罪人即"兀者"的赞美来表达自己对繁法严刑的否弃。如鲁国兀者王骀,连孔子都称他为圣人,想拜他为师。郑国兀者申屠嘉不以受刖刑为耻辱,能够安之若命,就连当时享有盛名的子产都自愧不如。鲁国兀者叔山无趾虽然受了刖刑,仍然追求道德完美。通过这些故事,庄子实际上是为王骀、申屠嘉等人无辜受刑鸣不平,抨击当时的繁法严刑。按照庄子的思想逻辑,最好的刑罚就是没有刑罚,最好的司法就是没有司法,人们保持纯朴的自然本性,没有诈伪,没有教化,无知无欲,天下太平。

3. 预防犯罪思想

庄子继承了老子"绝仁弃义"的思想,认为仁义礼乐不合乎人的自然本性,反而成为诱发人犯罪的根源。他把仁义礼乐看作统治者强加在人们身上

---

① 《庄子·在宥》。
② 《庄子·人间世》。
③ 《庄子·应帝王》。
④ 《庄子·胠箧》。
⑤ 《庄子·马蹄》。
⑥ 《庄子·骈拇》。
⑦ 《庄子·骈拇》。

的一种刑具,"黥汝以仁义,而劓汝以是非矣。"①用仁义礼乐治天下,不仅没有好处,反而是对民众的一种犯罪。

庄子揭露了统治者倡导仁义的虚伪性,"为之仁义以矫之,则并与仁义而窃之。何以知其然邪?彼窃钩者诛,窃国者为诸侯,诸侯之门而仁义存焉。"②圣人制定仁义礼乐,本来是为了矫治乱世,可是大盗连仁义也窃走了,窃国大盗成了诸侯,仁义就归于他们。可见仁义只不过是窃国大盗用来装饰门面、欺骗民众的工具而已。

庄子也反对"圣者"和"智者",认为他们也是导致犯罪和社会混乱的根源。他说:"圣人不死,大盗不止","圣人已死,则大盗不起。"③"绝圣弃知,而天下大治。"④圣人不绝,大盗就不会消灭;惟有"绝圣弃知",天下才会太平。

总之,庄子认为,只要否定了仁义礼乐,否定了圣智和文化技艺,就消除了人们的争为之心,也就减少或消除了犯罪,就能进入"至德之世","同乎无知,其德不离;同乎无欲,是谓素朴。素朴而民性得矣。"⑤

(三) 黄老学派的司法思想

所谓"黄老"学派就是假托黄帝和老子之名而形成的以道家思想为主的一个学派。黄老学派产生于战国中期,1973 年长沙马王堆出土的《黄帝四经》,经初步考证,属于早期黄老学派的代表作。陆贾作为汉初黄老学派的代表人物,为汉初统治者提供了"无为而治"、与民休息的治国理论。刘安所辑《淮南子》一书成为汉初黄老学说的集大成者。

1.《黄帝四经》中的司法思想

《黄帝四经》包括《经法》、《十六经》、《称》、《道原》,是研究早期黄老学派思想的主要材料。《黄帝四经》将道作为产生万物的根源,法律也是由道产生的,所以法律要遵循道的规律和原则,这种思想显然来自老子。

---

① 《庄子·大宗师》。
② 《庄子·胠箧》。
③ 《庄子·胠箧》。
④ 《庄子·在宥》。
⑤ 《庄子·马蹄》。

《黄帝四经》吸收了法家的思想,认为,"法者,引得失以绳,而明曲直者也。"①所以在司法中应该严格依法办事,将法作为裁断是非的标准,"是非有分,以法断之;虚静谨听,以法为符。"②以法为准绳进行司法,天下就会大治,所谓"法度者,正之至也,而以法度治者,不可乱也。"③法官在司法中还要做到赏当功,罚当罪,"受赏无德,受罪无怨,当也。"④只要做到罪刑相当,罪犯就不会有怨言。

《黄帝四经》主张对罪犯应该严加惩罚,不能赦免,"以刑正者,罪杀不赦殹(也)。"⑤但刑罚也要适度,如果"诛禁不当,反受其殃"⑥,滥杀无辜,最终遭殃的还是统治者。《经法·亡论》中也说:"大杀服民,戮降人,刑无罪,过(祸)皆反自及也。"《经法·亡论》中还提出了"三不辜":"一曰妄杀贤,二曰杀服民,三曰刑无罪。"法官不能滥杀贤能之人,滥杀归服之人,滥刑无罪之人,要尽量在司法中克服"三不辜"。

《黄帝四经》吸收了儒家和阴阳家的思想,将阴阳刑德联系起来,认为司法惩治和道德教化如同阴阳一样缺一不可:"天德皇皇,非刑不行,缪缪(穆穆)天刑,非德必顷(倾)。刑德相养,逆顺若成。"⑦但两相比较,应以德教为先,刑罚为后,如同阳为主、阴为辅一样,"先德后刑,顺于天"⑧,这是符合天的规律的。既然以德为先,统治者就要对民众宽惠慈爱,实行仁政,获得民众的支持,然后才能谈得上刑罚使用的问题。统治者使民以时,赋敛有度,民众就会富足,"民富则有佴(耻),有佴(耻)则号令成俗而刑伐(罚)不犯。"⑨民众富足了就会有道德上的自觉,对违背社会秩序的行为产生羞耻感,就会遵守法令,不轻易犯罪,最终起到预防犯罪的作用。

2. 陆贾的司法思想

陆贾是西汉时期的政治家和思想家,他在道家思想的基础上,兼采儒法,

---

① 《经法·道法》。
② 《经法·名理》。
③ 《经法·君正》。
④ 《经法·君正》。
⑤ 《经法·君正》。
⑥ 《经法·国次》。
⑦ 《十六经·姓争》。
⑧ 《十六经·观》。
⑨ 《经法·君正》。

提出了无为而治、约法省刑的司法主张。

(1)司法思想的政治基础:无为之治

西汉初期,"黎民得离战国之苦,君臣俱欲休息乎无为。"①因此统治者实行"无为而治"、"与民休息"的政策,反对"专任刑罚"的法家思想。陆贾向刘邦宣传黄老"无为而治"的思想,为汉初"黄老之治"提供了一套比较完整的治国理论。他说:"夫道莫大于无为,行莫大于敬谨。"②虞舜、周公实行的就是"无为而治"的政策,所以天下大治。而秦朝实行的是"有为"政治,"秦始皇帝设为车裂之诛,以敛奸邪,筑长城于戎境,以备胡、越,征大吞小,威震天下,将帅横行,以服外国。蒙恬讨乱于外,李斯治法于内,事逾(愈)烦,天下逾乱,法逾滋,而奸逾炽,兵马益设而敌人逾多。秦非不欲为治,然失之者,乃举措暴众而用刑太极故也。"③秦国的有为政治导致二世而亡,这是一个深刻的历史教训,不能不引起汉初统治者的重视。那么理想的无为政治应该是什么样子呢?陆贾勾画了一个无为政治的理想蓝图:"是以君子之为治也,块然若无事,寂然若无声,官府若无吏,亭落若无民,闾里不讼于巷,老幼不愁于庭,近者无所议,远者无所听,邮驿无夜行之吏,乡闾无夜名(召)之征,犬不夜吠,鸟不夜鸣,老者息于堂,丁壮者耕耘于田,在朝者忠于君,在家者孝于亲。"④这完全是符合道家理想的政治图景,可以看出陆贾深受老庄思想的影响。

(2)约法省刑的司法思想

在司法思想上,陆贾以道家思想为依托,兼采法家和儒家学说,使他的司法思想具有道法儒相结合的特点。

①主张约法省刑,反对滥施刑罚

陆贾推崇周公"师旅不设,刑格法悬"的治理方式,⑤致使法令简约而四方来降。而晋厉公、齐庄公、楚灵王、宋襄公都"急其刑而自贼"⑥,结果四人都死于非命。秦用暴政,严刑酷罚,刑罚无所不用其极,并将刑罚看作治国的根本,使民众动辄得刑,最终二世而亡。所以统治者应该以史为鉴,约法省刑,"设

---

① 《史记·吕太后本纪》。
② 《新语·无为》。
③ 《新语·无为》。
④ 《新语·至德》。
⑤ 《新语·无为》。
⑥ 《新语·至德》。

刑者不厌轻","行罚者不患薄"①,刑罚越轻越好,与民休息,藏富于民。若是专恃刑罚,"则刑罚纵横而无所立"②,民众就会因畏惧刑罚之残酷而离君远去,不再归服,所谓"恃刑者民畏之","畏之则去其域。"③君主尤其要慎重用刑,"举措动作不可失法则",不可对无罪无辜之人滥施刑罚,"谬误出于口,则乱及万里之外,况刑及无罪于狱,而杀及无辜于市乎?"④君主说错一句话,都会在民众中引起混乱,况且是对无罪无辜之人施以刑罚。若是刑及无罪,杀及无辜,就会在民众中产生很坏的影响,甚至会引起天下混乱,所以君主不可不在施法用刑上慎之又慎。

②刑罚和教化相结合

受儒家思想的影响,陆贾主张将刑罚和教化结合起来。陆贾认为,"法令者,所以诛恶,非所以劝善。"⑤应该将仁义教化和刑罚惩治结合起来,以仁义教化"劝善",以刑罚惩治"诛恶",这才是维护封建统治的"长久之术"。仁义的作用在于劝民向善,使"骨肉以仁亲,夫妇以义合,朋友以义信,君臣以义序,百官以义承"⑥。仁义符合天道和人道,有利于建构家庭、社会和国家的伦常秩序,使家庭和谐,社会安宁,天下太平。仁义教化还可以预防或减少犯罪,如陆贾所说:"曾、闵之孝,夷、齐之廉,岂畏死而为之哉? 教化之所致也。"⑦孝敬廉洁是教化的结果而非畏惧刑罚的结果,教化可以使人养成良好的品德,远恶向善,免罹刑害。当社会上形成"长幼异节,上下有差,强弱相扶,大小相怀,尊卑相承,雁行相随"的伦常秩序,⑧犯罪现象就会被消灭或减少,就不需要严刑苛法来威吓民众了,"岂特坚甲利兵,深刑刻法,朝夕切切而后行哉!"⑨

陆贾作为汉初黄老思想的代表人物,他吸收了道家、法家和儒家的思想,为汉初"无为而治"、与民休息的政策提供了系统的理论支持,他的反对专任

---

① 《新语·至德》。
② 《新语·至德》。
③ 《新语·至德》。
④ 《新语·无为》。
⑤ 《新语·无为》。
⑥ 《新语·道基》。
⑦ 《新语·无为》。
⑧ 《新语·至德》。
⑨ 《新语·至德》。

刑罚、主张约法省刑的思想成为汉初司法实践中的重要指导思想,也为后来的"文景之治"奠定了坚实的思想基础。

3.《淮南子》中的司法思想

《淮南子》是以道家思想为主,兼采法家、儒家、阴阳家思想的一部集体著作,对西汉初期六七十年间流行的黄老思想从理论上进行了系统的总结。《淮南子》一书也包含了丰富的司法思想。

(1)道是法律的原则

在《淮南子》看来,道既是天地万物的法则,又是法律的原则。因此要以道统法,法律的制定和实施必须体现道的精神和原则,"故有道以统之,法虽少,足以化矣;无道以行之,法虽众,足以乱矣。"①有了道,法律虽少,也能治理好国家;没有道,法律再完备,也得不到很好的治理。《淮南子》认为,五帝三王"法令明而不暗",是由于掌握了"清明玄圣"的道。如果只知道其法令,而不知道其"所由之道",是很难治理好国家的,"今欲学其道,不得其清明玄圣,而守其法籍宪令,不能为治亦明矣。"②道对万物一视同仁,无所偏私,"夫道者,无私就也,无私去也。"③作为体现道的精神和原则的法律也应该公正无私。法律实施的最终目标是达到无为的境地:"古之置有司也,所以禁民,使不得自恣也;其立君也,所以制有司,使无专行也;法籍礼义者,所以禁君,使无擅断也。人莫得自恣则道胜,道胜而理达矣,故反于无为。"④《淮南子》认为,法官的设置是为了禁民为非,君主的设置是为了防止法官专横,法律的制定是为了防止君主擅断。当民众守法,法官奉法,君主遵法,人人不得肆意妄为的时候,就可以实现无为的治理。

(2)主张"法宽刑缓"

《淮南子》认为,君主要治理好天下,必须做到"法宽刑缓"。《淮南子》从历史上来说明"法宽刑缓"的好处:"昔者神农之治天下也……威厉而不杀,刑错而不用,法省而不烦,故其化如神。……当此之时,法宽刑缓,囹圄空虚,而

---

① 《淮南子·泰族训》。
② 《淮南子·齐俗训》。
③ 《淮南子·览冥训》。
④ 《淮南子·主术训》。

天下一俗,莫怀奸心。"①"法宽刑缓"可以使监狱空虚,人心古朴,风俗良善,可是到了后来,情况就完全不同了,"执政有司,不务反道,矫拂其本,而事修其末,削薄其德,曾累其刑。"②后来的统治者不务本而务末,道德日丧而刑罚日严,离道越来越远了。《淮南子》又批评先秦法家的严刑峻法,"今若夫申、韩、商鞅之为治也……凿五刑为刻削,乃背道德之本,而争于锥刀之末,斩艾百姓,殚尽太半,而忻忻然常自以为治。"③商鞅使用严刑重罚,背离了治道,残害了百姓,这是导致秦亡的根本原因。

（3）法官应该公正司法

《淮南子》说:"夫权衡规矩,一定而不易,不为秦楚变节,不为胡越改容,常一而不邪,方行而不流,一日刑（型）之,万世传之,而以无为为之。"④法律一经制定,法官就要严格遵守,不能随意改变法律的内容。法官要依法办案,以法律作为判断是非善恶和罪与非罪的标准。法律具有公正的特性,"（法）不偏一曲,不党一事,是以中立而徧（遍）,运照海内。"⑤作为法官,在司法中就应该坚持公平原则,做到"尊贵者不轻其罚,而卑贱者不重其刑;犯法者虽贤必诛,中度者虽不肖必无罪,是故公道通而私道塞矣。"⑥无论尊卑贵贱都要平等对待,不能因为身份的不同而轻重其刑。

五、传统司法思想的基本特点

中国传统司法思想内容丰富,特点鲜明,概其要,主要有如下几个特点:一是仁、礼、法的贯通,二是天理、国法、人情的融合,三是司法公正与司法等差的并存,四是君本主义与民本主义的兼顾,五是法官素养与法官责任的结合。

---

① 《淮南子·主术训》。
② 《淮南子·主术训》。
③ 《淮南子·览冥训》。
④ 《淮南子·主术训》。
⑤ 《淮南子·主术训》。
⑥ 《淮南子·主术训》。

（一）仁、礼、法的贯通

在传统司法中,仁和礼成为司法裁量的主要原则,以最终实现仁政理想。"仁"属于普遍主义的裁量原则,"礼"属于特殊主义的裁量原则。所谓普遍主义和特殊主义,是就抽象和具体、目的和手段而言。"仁"是终极理想,所以具有普遍主义的特征;"礼"是可操作的规范,因人因事而异,所以是一种特殊主义的原则。

1. 普遍主义的裁量原则:仁

"仁"是儒家伦理思想中的一个核心概念,其含义比较广泛。在《论语》中,孔子针对不同的学生,对"仁"有不同的解释。颜渊问"仁",孔子说:"克己复礼为仁。"①子张问"仁",孔子说:"能行五者于天下,为仁矣。"②所谓"五者"是指"恭、宽、信、敏、惠"五种品质。"仁"同时也是"忠恕"的品德:"夫仁者,己欲立而立人,己欲达而达人。"③"己所不欲,勿施于人。"④"所以在《论语》中可以看出,有时候孔子用'仁'字不光是指某一种特殊德性,而且是指一切德性的总和",即"全德"。⑤ 当它被作为司法裁量的原则时就具有了终极价值的意义。

在"仁"的原则下,儒家普遍的主张是明德慎罚,注重教化。作为儒家的创始人,孔子主张刑罚"宽"、"惠","宽则得众","惠则足以使人。"⑥反对刑网严密。主张道德教化,反对不教而杀。孔子后继者曾子对其弟子阳肤(阳肤时为法官)说:"如得其情,则哀矜而勿喜。"⑦"哀矜而勿喜"即"哀矜折狱"之意,包含着明德慎刑、以"仁"为原则的思想。孟子宣扬"恻隐之心"、"不忍人之心",希望将仁心仁德实现在司法当中。"在孟子所寄托的尧舜理想世界之中,仁是政治的轴心,担任规则与自由裁量权的最高指导原则。'善'想要体现于'为政',必须仰赖规则,但规则的制定如果不以行仁政为意旨,就不可能体现'善'。同样的,'法'要能'行',必须依靠舞台上的人以及人的裁量权的

---

① 《论语·颜渊》。
② 《论语·阳货》。
③ 《论语·雍也》。
④ 《论语·颜渊》。
⑤ 冯友兰:《中国哲学简史》,北京大学出版社 1996 年版,第 38 页。
⑥ 《论语·阳货》。
⑦ 《论语·子张》。

行使,但人的自由裁量如果不以行仁政为意旨,便不能够帮助'法'达到'平治天下'的目的。"①

荀子同样把"仁"看作高于法律的道德裁量原则,认为"仁"是司法官对实质正义或自然正义的追求,即对"法之义"的追求。如果"不知法之义而正法之数者,虽博,临事必乱。"②没有"仁"作为司法裁量原则,再多的法律也是无用的。"人无法则伥伥然,有法而无志其义则渠渠然,依乎法而又深其类,然后温温然。"③只有依据规则而又结合义理(仁德)的裁量才能使法律在现实面前游刃有余并且表现得具有亲和力,实现儒家的仁政理想。

由儒家开创的以"仁"为原则、在司法中体现仁政理想的传统一直得到以皇帝为代表的传统司法官的青睐,尤其是身兼立法、行政、司法三权的皇帝更是在仁义的名义下主宰司法活动,以博得仁政的美名。如唐太宗所说:"古来帝王以仁义为治者,国祚延长;任法御人者,虽救一时,败亡亦促。"④以仁义为原则,也可以用来证明统治的合法性和正当性。拥有最高司法权的君主对罪犯的赦免和对死刑的复核权可以说明司法中以"仁"为原则的情形。

赦免罪犯的传统古已有之。《尚书·舜典》有"眚灾肆赦",对过失犯罪和因意外事件而犯罪者赦免其罪。《尚书·吕刑》有"五罚之疑有赦",即罪疑从赦。《周礼》有三赦:对幼弱、年迈和蠢愚赦免其罪。先秦儒家将赦免罪犯看作仁政、仁德的体现,认为它能起到感化和教育罪犯的作用。当儒家思想成为汉以后封建正统思想之后,赦免就成为皇帝彰显仁德的主要方式。皇帝赦免罪犯的原因很多,凡皇帝即位、改年号、册皇后、立太子、生皇孙、平叛、灾异、帝后疾病、郊祀天地、婚丧大典、获珍禽异兽等都要大赦天下,且有大赦、曲赦、特赦、常赦、恩赦、郊赦之分,这实际上就是以仁为原则的司法自由裁量。如西汉元帝、东汉光武帝都曾多次赦免罪犯,唐太宗也为彰显仁德而曾经"纵囚"。他曾亲自录囚,释放所有死刑囚犯回家,约期来归以就死刑。后来死刑囚犯们都在约定的日期回来接受死刑,唐太宗遂将他们全部释放。

赦免罪犯固然可以彰显仁德,但也同时带来了一些弊端。如西汉元帝在

① 周天玮:《法治理想国》,商务印书馆 1999 年版,第 178 页。
② 《荀子·君道》。
③ 《荀子·修身》。
④ 《贞观政要》卷五"仁义"。

位十五年大赦十二次,大臣匡衡上疏:"臣窃见大赦之后奸邪不为衰止,今日大赦,明日犯法,相随入狱,此殆导之未得其务也。"①东汉王符在《潜夫论·数赦》中认为,赦免罪犯有四个弊端,一是赦免对守法的人没有好处;二是使受害者无法伸冤雪恨;三是赦免使恶人无法得到惩治;四是在社会稳定时赦免罪犯违背赦的本义(大乱时才行赦)。宋代欧阳修对唐太宗"纵囚"的行为也是大加批驳,认为这是"立异以为高","逆情以干誉",违背了"天下之常法"。②明代丘濬在《大学衍义补》中也反对赦免罪犯,尤其是罪大恶极的罪犯,认为赦免使杀人者不死,使恶人常怀侥幸心理,不但不能止恶,反而诱人为恶。

对死刑的慎重态度和相关制度设计是皇帝彰显仁德的另一种方式,如唐初统治者以仁义为原则,在司法中恤刑慎杀。以《贞观律》与隋律相比,死罪减少九十二条,改流罪为徒罪七十一条,并删去"兄弟连坐俱死"之法。贞观元年,唐太宗还首创"九卿议刑"制,规定:"自今以后,大辟罪皆令中书门下四品以上及尚书九卿议之。"③宋初规定:"法吏寖用儒臣,务存仁恕。"④同时实行"折杖法",使"流罪得免远徙,徒罪得免役年,笞杖得减决数。"⑤清雍正三年五月二十七日上谕中说:"临御以来,一切章奏无不留心细览,于刑谳一事,尤加详慎,恐法司未能平允,情罪未能悉当,朕心深用恻然。故凡京城及各直省题奏谳狱,但少有可矜者,无不法外施仁,量加末减。"又说:"临御以来,钦恤刑狱,每遇法司奏谳,必再三复核,惟恐稍有未协。"⑥乾隆十四年上谕:"朕每当勾决之年置招册于旁反复省览,常至五六遍,必令毫无疑义。至临勾时,犹必与大学士等斟酌再四,然后予勾,岂啻三复已哉。"⑦其中所体现出的仁德和人本主义精神是非常明显的。

在司法程序上,自唐迄清都有死刑复审制度,以体现仁的原则。唐时有三复奏、五复奏,死刑案件在履行三复奏、五复奏程序之后,虽接到皇帝准予执行的命令,仍须于三日之后方能行刑,否则治罪:"诸死罪囚,不待复奏报下而决

---

① 《后汉书·匡衡传》。

② 《欧阳文忠全集·纵囚论》。

③ 《贞观政要》卷八"刑法"。

④ 《宋史·刑法志》。

⑤ 沈家本:《刑法分考》。

⑥ 《大清律例通考校注》,中国政法大学出版社1992年版,第200页。

⑦ 《钦定台规》卷十四。

者,流二千里。即奏报应决者,听三日乃行刑。若限未满而行刑者,徒一年。"①

皇帝以"仁"为原则,赦免罪犯和控制死刑,彰显其仁德。作为皇帝利益维护者的司法官也就合乎逻辑地拥有了以"仁"为原则的司法裁量权力。如《后汉书·鲁恭传》:"中牟令恭,专以德化为理,不任刑罚,讼人许伯等争田累,守令不能决,恭为平理曲直,皆退而自责,辍耕相让。"所谓"专以德化为理",就是以仁或仁德为裁量原则,并不注重具体的法律规定,反而起到了良好的司法效果,使争讼者"辍耕相让"。《名公书判清明集》中有一判例:"李五三兄弟欠负主家财,本官司固当与之追理。……在法:债负违契不偿,官为追理,罪止杖一百,并不留禁。今观其形容憔悴如此,不惟不当留禁,杖责以岂可复施? 合免监理,仍各于济贫米内支米一斗发遣。"在这个案例中,法官完全是以仁心仁德裁判案件,一个仁慈的法官的形象跃然纸上,法律已经变得无足轻重了,正如瞿同祖先生所言:"儒者为官既有司法的责任,于是他常于法律条文之外,更取决于儒家的思想。中国法律原无律无正文不得为罪的规定,取自由裁量主义,伸缩性极大。这样,儒家思想在法律上一跃而为最高的原则,与法理无异。"②

2. 特殊主义的裁量原则:礼

作为普遍主义的裁量原则,"仁"体现为仁政理想和终极价值,这使"仁"在具体的司法实践中带有很大的随意性和空泛性,需要通过"礼"的具体规范来弥补这一不足。如果把"仁"作为自由裁量的普遍原则,那么,"礼"就是自由裁量的特殊原则。如杜维明先生所说:"仁,作为孔子的理想,与其说是特殊主义的,不如说是普遍主义的;但在仁的具体实践的实际过程里,礼的领域的特殊考量的确存在。因此,礼可以被视为特殊主义的原则,用来彰显仁的自我体现的过程是如何发生的。"③

作为特殊主义的裁量原则,"礼"主要是指君臣父子之间的伦常关系,孟子认为礼的基本内容是"父子有亲,君臣有义,夫妇有别,长幼有序,朋友

---

① 《唐律疏议·断狱律》。

② 瞿同祖:《中国法律与中国社会》,中华书局 1981 年版,第 322—323 页。

③ Tu, W. M. Humanity and self–Cultivation: Essays in Confucian Thought, Ber Keley. 1979, pp. 11–12. 转引自林端:《儒家伦理与法律文化》,中国政法大学出版社 2002 年版,第 95 页。

有信"①。在《礼记》中，"礼"进一步被具体化为"父慈、子孝、兄良、弟弟（悌）、夫义、妇听、长惠、幼顺、君仁、臣忠"等十义。礼的作用非常普遍，在社会生活的各个方面都起着规范调节的作用，"足以为万事则"②。

　　既然"礼""足以为万事则"，那么"礼"作为司法裁量的原则就是情理之中的事情。早在先秦时期，"礼"就被作为司法裁量的原则。郑人子产铸刑书，叔向站在维护旧制的立场上反对这一行为，其理由是"昔先王议事以制，不为刑辟"③。所谓"议事以制"，不过是以"礼"为原则来实施司法而已。《尚书·吕刑》中有"上刑适轻，下服；下刑适重，上服"，也是这一原则的体现。当时的刑罚因人而异，因时而异，因情而异，所谓"轻重诸罚有权，刑罚世轻世重"④，其中依据全在"礼"中。在孔子看来，礼是保证司法公正的前提："礼乐不兴则刑法不中，刑法不中则民无所措手足。"⑤"礼"是刑罚的原则，没有"礼"就没有刑罚的中正，没有刑罚的中正就会使百姓"无所措手足"。晋武帝泰始四年颁行《泰始律》，明法掾张斐提出："王政布于上，诸侯奉于下，礼乐抚于中"⑥，也将礼乐作为司法裁量的原则。

　　《唐律疏议·名例》明确提出立法的基本精神和原则："德礼为政教之本，刑法为政教之用，犹昏晓阳秋相须而成者也。"⑦确定了"礼"在整个国家制度中的重要地位。唐律引"礼"入法，是"礼"法结合的典范，"透过唐律可以发现礼与法的内在联系，可以体验礼是怎样融于法的，可以印证礼是唐律的灵魂，唐律是礼的法律表现，二者互补而不可分的关系。"⑧明太祖朱元璋认为，"礼乐者治平之膏粱，刑政者治弊之药石"，并宣布基本的国策为："明礼以导民，定律以绳顽。"⑨定下了以礼主律的基调，为司法中依"礼"裁量提供了依据。礼法合一，使儒家伦理法律化，"礼"所禁为的，便是法律所制裁的，"人心违于

---

①　《孟子·滕文公上》。
②　《荀子·礼论》。
③　《左传·昭公六年》。
④　《尚书·吕刑》。
⑤　《论语·子路》。
⑥　《晋书·刑法志》。
⑦　《唐律疏议·名例》。
⑧　张晋藩：《中国法律的传统与近代转型》，法律出版社 2005 年版，第 23 页。
⑨　《明太祖实录》卷一百六十二。

礼义,然后入于刑法。"①因此在司法实践中,定罪量刑常常"于礼以为出入"。"由于'于礼以为出入'是公认的道德高于法律的司法原则,并受到国家的保护,因此司法官宁可不依律,也不可以不循礼。不依律所责者是职务,不循礼所责者是人格。"②

我们可以从下面几则案例中看到"礼"在司法裁量中是如何发挥作用的。如汉时有一案例:"甲父乙,与丙争言相斗。丙以佩刀刺乙,甲即以杖击丙,误伤乙,甲当何论? 或曰:殴父也,当枭首。"③不管有无误伤的情节,殴父在事实上已属违反伦常,依"礼"当处以重刑。但也可以从主观上考察有无违"礼"的情节来进行裁量,可能就会得出另外一种结论。如针对这一案例,董仲舒认为:"臣愚以父子至亲也,闻其斗,莫不有怵怅之心。扶杖而救之,非所以欲诟父也。春秋之意,许止父病,进药于其父而卒。君子原心,赦而不诛。甲非律所谓殴父也,不当坐。"④殴父当枭首,尽管有误伤的情节,其目的在于维护礼教;而董仲舒也以父子之间的伦常关系出发,认为定罪量刑当考察主观动机,甲因救助父亲,情急之下误伤父亲,所以不是法律上所说的殴父,不当处以刑罚。所以同样是殴父,可以因"礼"而加重刑罚,也可以因"礼"而减轻刑罚,两种裁量结果均是出于维护伦常的考虑。

翁姑与子妇之间的尊卑等级关系也是礼所维护的,法官在裁量的时候往往偏向于尊者。如唐代有一案例:"柳公绰,长庆中为刑部尚书。京兆府有姑以小过鞭其妇至死,府上其狱,郎中窦某断以偿死,公绰曰:'尊殴卑,非斗也;且其子在,以妻而戮其母,非教也。'竟从公绰所议。"⑤这也是完全从礼的原则出发来裁量的。翁姑与子妇是尊卑等级关系,所以尊殴卑致死,尊者常常被减刑,不能比照凡人斗杀治罪,且"以妻而戮其母"也是不符合礼制原则的。

上述案例向我们展示了一幅以"礼"为裁量原则的司法图卷。只要儒家思想被作为官方正统思想,"礼"就不会退居幕后,还法律以独立的地位;相反,它作为传统法律的灵魂,始终支配着司法官的司法裁量行为。

---

① 邱濬:《大学衍义补》。
② 张晋藩:《中国法律的传统与近代转型》,法律出版社 2005 年版,第 25 页。
③ 《太平御览》卷六百四十。
④ 《太平御览》卷六百四十。
⑤ 《册府元龟》卷六一六《刑法部议谳门》。

3. 仁、礼、法的司法治理模式

儒家以仁和礼作为司法裁量的原则,从而使仁、礼、法相互贯通,形成了仁、礼、法相结合的司法治理模式。在这一模式中,法处于最低位阶,其次是"礼","仁"处于最高位阶,是法和"礼"的终极目标。它们之间的逻辑进程是:由法而达"礼",由"礼"而达"仁",最终实现仁政理想。所以在仁、礼、法的司法治理模式中,法只具有手段的意义,仁和礼,尤其是仁才是司法的终极目的,如唐初名臣魏征所说:"仁义,理之本也;刑罚,理之末也",因此"圣人甚尊德政而卑刑罚"①,从而使传统司法具有了浓厚的道德色彩。

以仁和礼作为司法裁量的原则,可以改变刑罚的严苛无情,达到司法教化的目的。但"仁"和"礼"作为强势的道德观念和原则常常侵入法的领地,支配甚至代替法律进行裁量,使司法道德化和儒家化。司法道德化的结果使本来用以约束外在行为的法律却被用来约束人的内在心性,主观规则代替了客观规则,在这种情况下,司法结果就变得不可预期。以皇帝为代表的司法官常常根据自己的道德判断进行裁量,出入人罪,破坏律法,"所欲活,则傅生议。所欲陷,则予死比。"②历代虽有律法断罪之主张,如晋时刘颂:"律法断罪,皆当以法律令正文,若无正文,依附名例断之,其正文名例所不及,皆不论。"③但枉法裁量之风时有盛行,不绝于世。

尤其是律文中规定"不当得为"等罪,更助长了司法官任情裁量、恣意枉法之风。如唐《杂律》中规定:"诸不应得为而为之者,笞四十;事理重者,杖八十。"何谓"不应得为"? 律注:"谓律令无条,理不可为者。"所谓"理"实际上就是"仁"和"礼"的道德原则。司法官借此可以任心裁量,轻重由己,司法公正常常难以保证。

(二) 天理、国法、人情的融合

中国传统司法中,天理、国法、人情相融合,天理是国法的形上根据,人情是国法的现实依据,司法官在司法实践中往往都要考虑这三个要素,恭行天理,执法原情,以使司法裁决达到合法性和合理性、法律效果和社会效果、天道

---

① 《贞观政要》卷五"公平"。
② 《汉书·刑法志》。
③ 《晋书·刑法志》。

和人道的统一。

1. 天理是国法的形上根据

在中国传统司法中,天理是一个重要的考量因素。天理经历了从天到天命再到天理的发展演变过程,夏商时期的天主要是指天命,具有宗教意义,到了西周时期,天仍然是指天命,但被赋予了伦理的意义,所谓"皇天无亲,惟德是辅",天只辅助有德之人,西周统治者为有德之人,所以能够"受命于天",获得政权。

西周统治者总结商亡教训,认为商之灭亡就在于刑罚无度,戕害民命,漠视了民情民意,所以在掌握政权之后,把天命和民心结合起来,强调"天视自我民视,天听自我民听"①,"天聪明自我民聪明,天明威自我民明威"②,"民之所欲,天必从之"③,在新的历史条件下建立起了一种新的天人关系,表现在司法领域就是明德慎罚,哀矜折狱,刑罚中体恤幼弱孤寡等。周人的天命观为汉初天人感应说的形成奠定了理论基础。

西周时期的天虽然具有伦理意义,但还不具有明确的伦理内涵,到了汉代,天被赋予了三纲五常的具体内容。董仲舒根据儒家"君君、臣臣、父父、子子"的政治伦理观,发展出了"三纲"学说,即"君为臣纲、父为子纲、夫为妻纲",认为这"三纲"是本来就有的,是源于天的,"王道之三纲,可求于天。"并用天尊地卑来论证君臣、父子、夫妇之间的等级关系。不仅如此,董仲舒还提出了"五常之道":"夫仁、谊(义)、礼、智、信五常之道,王者所当修饰也。"④三纲与五常相结合,形成了比较完备的维护封建等级制度的纲常教条,它们因为来源于天,所以具有了正当性、合法性和永恒性,违背三纲五常便是"反天之道",便是违背自然规律,就要受到人间法律的惩罚。所谓春秋决狱,原心定罪,都是以包含了三纲五常的天为基本的裁量依据,表明三纲五常的精神已经渗透于法律,成为定罪量刑的指导原则。

到了宋朝,理学兴盛,天命发展成为天理。以朱熹、程颢、程颐为代表的理

---

① 《孟子》引《泰誓》。
② 《尚书·皋陶谟》。
③ 《左传·襄公三十一年》引《泰誓》。
④ 董仲舒:《举贤良对策一》。

学家,认为三纲五常就是"天理"。如朱熹说三纲五常是"天理民彝之大节"①,"其张之为三纲,其纪之为五常,盖皆此理之流行,无所往而不在。"②又说:"天理只是仁义礼智之总名,仁义礼智便是天理件数。"③天理无所不在,作为天理重要内容的三纲五常也就无所不在,"无所逃于天地之间。"④天理不变,三纲五常也永恒不变,"三纲五常,终变不得,君臣依旧是君臣,父子仍旧是父子。"⑤朱熹推崇天理,反对人欲,把天理和人欲对立起来。他说:"天理存则人欲亡,人欲胜则天理灭","天理人欲不能夹杂着"⑥,只能存天理,灭人欲。

在以纲常名教为内容的天理之下,司法就成为实现天理的手段,司法要遵循天理,天理是司法的形上根据,法律适用的终极目的就是维护纲常,实现天理。因此,违反纲常名教便是最大的犯罪,正如朱熹所说:"废三纲五常这一事,已是极大的罪名。"为了维护天理和三纲五常,打击破坏三纲五常的行为,朱熹主张在刑罚上"以严为本,而以宽济之",反对"以宽为本,而以严济之"的政策,甚至可以用重刑来惩治"以下犯上,以卑犯尊"的犯罪。朱熹还极力主张恢复肉刑,对于再犯盗者"斩其左足,使终身不复陆梁"⑦。他还劝谏皇帝要"深于用法"、"果于杀人","惩其一以戒百……使之无犯"⑧。

综上,肇始于西周、形成于汉唐、完善于宋明的天理观念成为历代立法和司法的形上根据。随着儒家伦理的法律化,天理所体现的伦常关系不断地渗透于法律当中,使天理法律化,法律天理化,天理与国法逐渐融合在一起,"天理体现为国法,国法是天理的化身,天理赋予纲常以神圣的性质,违之即违天;国法又对纲常的牢固统治以刑罚的强制保证,违之则制裁。"⑨天理与国法的融合使传统司法活动既有现实的刑罚惩治,又有儒家伦常的谆谆教诲;既符合

---

① 《朱文公文集·延和奏札》。
② 《朱文公文集·读大纪》。
③ 《朱文公文集·语类》卷十三。
④ 《朱文公文集·垂拱奏札》。
⑤ 《朱文公文集·语类》卷二十四。
⑥ 《朱文公文集·语类》卷十三。
⑦ 《朱子文集·答张敬夫》。
⑧ 《朱子语类·论治道》。
⑨ 张晋藩:《中国法律的传统与近代转型》,法律出版社 2005 年版,第 84 页。

了现实的人道需要，又符合了天道的终极指引，增强了司法的权威性和等级性。

2. 人情是国法的现实依据

人情即人之常情，是传统司法的现实依据。中国古代的人情是以深厚的血缘伦理亲情为基础的，在一定意义上，人情就是血缘亲情。历代统治者非常重视血缘亲情在法律中的作用，并通过立法将一些体现血缘亲情的伦理内容纳入法律当中，成为法律制度的有机组成部分。法官司法必然要考虑到这样一些内容，将人情作为法律适用上的现实依据。

儒家是最讲人情的，如孔子有亲属相容隐的主张，就是完全从父子亲情考虑的。不仅儒家讲人情，法家也讲人情，如先秦时期的管子主张"令顺民心"①，法律的制定要合乎民心，顺乎人情。商鞅认为："法不察民情而立之，则不成。"②法律不合乎民情就不能实行。慎到也说："法，非从天下，非从地生，发于人间，合于人心而已。"③所谓合于人心即是合于人情民意，慎到认为，法律是基于人情民意产生的，并没有其他的产生来源。

随着汉以后儒家正统地位的确立，儒家所宣扬的伦理亲情逐渐被法律化，加上法官必须是儒学出身，使传统司法更具有人情司法的特点。以皇帝为代表的法官在具体司法的时候，又有所引申和发挥，使人情的因素更加突出。如北魏时长孙虑之母因饮酒遭父杖击而亡，其父被处死刑，长孙虑请求代刑。尚书奏曰："虑于父为孝子，于弟为仁兄，寻究情状，特可矜减。"④孝文帝从之，其父由死罪减为远流。又如："太和六年，兴平县民上官兴以醉杀人而逃，闻械其父，乃自归。"依律当斩，"文宗以兴免父囚，近于义，杖流灵州，君子以为失刑。"⑤这两个案例都是从父子亲情的角度来考量的，就是因为儿子为免父亲的罪责而甘愿受刑，符合伦理亲情，父亲或儿子从而被减刑或免责。

再来看《明史》中朱元璋执法原情的几个案例："民父以诬逮，其事诉于刑部，法司坐以越诉。太祖曰：'事诉父枉，出于至情，不可罪'。""有子犯法，父

---

① 《管子·牧民》。
② 《商君书·壹言》。
③ 《慎子·佚文》。
④ 《魏书》八六《长孙虑传》。
⑤ 《新唐书·刑法志》。

贿求免之,御史欲并论父。太祖曰:'子论死,父救之,情也,但论其子,赦其父'。"①"山阳民父得罪,当杖,子请代,上曰:'朕为孝子屈法',特释之。"②这几个案例说明,在具体的司法当中,人情因素占有很大的比重,法律仅仅是以皇帝为代表的司法官考量的一个因素,但不是唯一的因素,甚至可以因为人情而放弃法律。

皇帝基于人情实施司法的实际做法具有很强的示范效应,使具体执掌司法的官员在司法实践中也将人情作为司法裁量的重要因素。《名公书判清明集》所载判词中,多有"酌以人情参以法意"、"情法两尽"、"非惟法意之所碍,亦于人情为不安"之语。如胡石壁的判词:"法意、人情实同一体,徇人情而违法意,不可也,守法意而拂人情,亦不可也。权衡于二者之间,使上不违于法意,下不拂于人情,则通行而无弊矣。"

清代知县陆陇其对兄弟争财案"不言其产之如何分配,及谁曲谁直,但令兄弟互呼","未及五十声,已各泪下沾襟,自愿息讼"。陆陇其在判词中写道:"夫同气同声,莫如兄弟,而乃竟以身外之财产,伤骨肉之至情,其愚真不可及也。"③在这一案例中,法官基本上不考虑法律的具体规定,而是从人情出发,从兄弟之间的亲情出发,让兄和弟相互称呼,使他们认识到亲情远比财产更重要。法官的这一做法实际上对兄弟二人成功地进行了教化,既有法律上的效果,又有社会上的良好反响。

又如《吴中判牍》所载兄弟析产案:一家有七子,其母死后长子将遗产独占,余子告至官府。按律应判七子均分,但知府蒯子范为了照顾二、三房寡嫂守志,遂将遗产先分为七分,长房分得七分之一,其余并为二分,一分由四、五、六、七房兄弟均分,一分归二、三房寡嫂。并判曰:"阿兄不道,难应将伯之呼;群季皆贤,尚有援嫂之意,本县用是嘉尚,而于权(四子名)等有厚望矣。"④这份判决没有引用任何法律条文,完全是基于人情的判决,但其教化作用更入微,更感人,所起的社会效果超过了简单的依法判决。

传统司法不仅在理念和实践上,而且在制度设计上也规定了执法原情的

---

① 《明史·刑法志》。
② 《明史·纪事本末》。
③ 《陆稼书判牍·兄弟争产之妙判》。
④ 《清朝名吏判牍》。

情节,较典型的有"存留养亲"和为亲复仇等。关于"存留养亲",唐律中规定:"诸犯死罪非十恶,而祖父母、父母老疾应侍,家无期亲成丁者,上请。"①明清律中始有"犯罪存留养亲"的律文。《大清律例》:"凡犯死罪,非常赦所不原者,而祖父母(高、曾同)、父母老(七十以上)、疾(笃、废)应侍(或老或疾),家无以次成丁(十六以上)者,(即与独子无异,有司推问明白),开具所犯罪名(并应侍缘由),奏闻,取自上裁。若犯徒流(而祖父母、父母老疾,无人侍养)者,止杖一百,余罪收赎,存留养亲(军犯准此)。"从上述律文来看,法律对人情的照顾可谓细致入微,在祖父母、父母老疾的时候允许罪犯"存留养亲",以尽孝道,使父母老有所养,老有所终。"存留养亲"的条件非常宽泛,包括:非十恶犯罪;家无其他十六岁以上成年者;兄弟二人俱犯死罪,存留一人养亲;罪犯之母守节逾二十年,并在五十岁以上;救亲情切杀人或擅杀有罪之人等,凡符合这些条件均可上请留养。但如果犯十恶重罪或被杀者也属"亲老丁单"者,则不准留养。由此可见统治者在人情与法意之间寻找平衡,以使情法允协,两无冲突。

在中国,复仇是一个古老的习惯,复仇者往往根据亲疏之等确定复仇的责任轻重,"五伦之中君父最亲最尊,所以责任最重。"②《礼记·曲礼》云:"父之仇弗与共戴天。"尽管历代法律均禁止复仇,但复仇之风依然盛行,并能赢得社会舆论的支持和司法官吏的认同,并最终得到皇帝的赦宥。究其原因,复仇体现的正是父子人情,是符合当时社会的主流价值观念的。举一例说明:"六年九月,富平县人梁悦,为父杀仇人秦果,投县请罪。敕:'复仇杀人,固有彝典。以其伸冤请罪,视死如归,自诣公门,发于天性。志在殉节,本无求生之心,宁失不经,特从减死之法。宜决一百,配流循州。'"③这是完全依据人情裁量的结果,从中可以看到人情是高于法律规定的。

在为亲复仇的问题上,最能体现人情与国法既相冲突又相协调的关系。如韩愈所说:"伏以子复父仇,见于《春秋》,见于《礼记》,又见于《周官》,又见于诸子史,不可胜数,未有非而罪之者也。最宜详于律,而律无其条,非阙之也。盖以为不许复仇,则伤孝子之心,而乖先王之训;许复仇,则人将倚法专

---

① 《唐律疏议·名例》。
② 瞿同祖:中国法律与中国社会,中华书局1981年版,第69页。
③ 《旧唐书·刑法志》。

第三章　中国传统司法思想及其基本特点　199

杀,无以禁其端矣。"韩愈提出的解决方案是:"宜定其制曰:凡有复父仇者,事先具其事由,下尚书省集议奏闻,酌其宜而处之,则经、律无失其指矣。"①所谓"经、律无失其指",就是调和二者的关系,使人情、法意都保持在适度的范围,历代律典中可以看到这种调和的特点。

按照《唐律》:"诸祖父母、父母为人所殴击,子孙即殴击之,非折伤者勿论,折伤者,减凡斗折伤三等,至死者,依常律。"②明清律关于父祖被殴律文的规定较唐律具体:"凡祖父母、父母为人所殴,子孙即时(少迟,即以斗殴论)救护而还殴(行凶之人),非折伤,勿论;至折伤以上,减凡斗三等(虽笃疾,亦得减三千里,为徒二年),至死者,依常律。若祖父母、父母为人所杀,而子孙(不告官)擅杀行凶人者,杖六十;其即时杀死者,勿论(少迟,即以擅杀论)。"③上述律文中虽未见复仇的字样,但是却又规定当父母为人所殴时子孙殴击凶手,如果没有造成伤害,不承担法律责任,即使折伤也减凡斗折伤三等处刑。如果祖父母、父母为人所杀,子孙当场杀死仇人,不按擅杀论处,免除刑事责任。凡此都表现了对于父祖子孙等人情关系的理解和认同。但子孙复仇又有一些限定条件,如果不是当场杀死凶手,而是"少迟"杀死,就要以擅杀论。如果子孙不告官而擅自杀死凶手,要杖六十(其即时杀死者,勿论),这样就可以兼顾人情法意,使人情法意相协调了。

为了避免复仇所带来的消极后果,协调国法与人情,统治者还采用移乡避仇的折中办法。所谓移乡避仇就是将罪犯移居千里之外,以预防死者亲属复仇。按《唐律》:"诸杀人应死,会赦免者,移乡千里外。"《疏议》曰:"杀人应死,会赦免罪,而死家有期以上亲者,移乡千里外为户。"④这是为了预防死者亲属复仇的法律规定,可以说是对亲情伦理的妥协和让步,同时又给法律一定的回旋余地,正如张晋藩先生所说:"法律是禁止杀人的,但为亲复仇而杀人,既没有立法明禁,在实践中又有所体恤,因而是难以防止的。为了解决这种情与法的冲突给官府造成的尴尬境地,制定了避仇移乡之法,这是中国古代特有

---

① 韩愈:《复仇状》。
② 《唐律疏议·斗讼》。
③ 《大清律例·刑律·斗殴》。
④ 《唐律疏议·斗讼》。

的刑法规定。"①

3. 天理、国法、人情的融合

天理是国法的形上根据,人情是国法的现实依据,传统司法官在司法实践中,以国法为核心,将天理、国法、人情融合在一起。就天理和国法来说,国法因天理而变得神圣,不允许有丝毫的侵犯;天理也因国法而获得至高无上的地位,使天理所包含的纲常名教得以维护。就国法与人情来说,国法因合乎人情而容易实施和使人接受,减少了法律运行的成本,人情也以自己的方式融入法律当中,借助于法律推行属于宗法伦理社会的价值理念和行为方式。

天理、国法、人情贯穿于立法和司法的整个过程,法律在制定的时候要遵循天理,顺乎人情,法律在实施的时候又以维护天理、合乎人情为目标。如明人薛瑄所说:"法者,因天理、顺人情,而为之防范设制。"②所以天理、国法、人情既是立法的三要素,又是法官在司法中必然要考虑的三个要素。相较于立法,司法当中的天理、国法、人情的融通是动态的和现实的,三要素构成了法官司法的价值观念系统。在这个系统当中,天理、国法、人情的界限越来越模糊,以至于在法官看来,实施法律就是明天理、顺人情,违背法律则是逆天理、悖人情。通过统治者的宣扬和司法官的司法实践,天理、国法、人情相融合的司法理念和实践为民众和社会所接受,成为封建时代全社会的司法共识。

(三) 司法公正与司法等差的并存

中国传统司法中存在着公正和等差的现象,它们相互矛盾而又并存于立法和司法当中。

1. 司法公正

先秦时期,主张司法公正的当属法家人物,他们站在与儒家对立的立场上,旗帜鲜明地主张司法的公平公正,反对儒家所倡导的"礼不下庶人,刑不上大夫"的等级制度。商鞅说:"刑无等级,自卿相将军以至大夫庶人,有不从王令、犯国禁、乱上制者,罪死不赦。"③无论尊卑贵贱,只要犯罪,就要受到同

---

① 张晋藩:《中国法律的传统与近代转型》,法律出版社2005年版,第88页。
② 薛瑄:《要语》。
③ 《商君书·赏刑》。

样的制裁。治国理狱要以法律为准绳,法律具有至高无上的权威:"言不中法者,不听也;行不中法者,不高也;事不中法者,不为也。"①《战国策·秦策一》评价商鞅:"商君治秦,法令至行,公平无私,罚不讳强大,赏不私亲近。"韩非子也主张法律的公平适用,不因尊卑贵贱而有所差别,所谓"法不阿贵","刑过不避大臣,赏善不遗匹夫"②,"诚有功则虽疏贱必赏,诚有过则近爱必诛"③,如果"智者有私词,贤者有私意,上有私惠,下有私欲"④,必然导致司法不公。商鞅和韩非子虽然主张司法公正,但将君主排除在法律之外,君主违法可以不受法律的制裁,除君主之外的臣民若违反法律,都要受到同样的法律制裁。而成书于战国时期的《管子》则把君主也纳入守法的范围,主张"君臣上下贵贱皆从法"⑤,是司法公正说的深入发展。

除法家之外,其他各家也都有关于司法公正的论述。如儒家的代表人物孟子说:"行一不义,杀一不辜而得天下,皆不为也。"⑥孟子反对枉杀无罪之人,这是一个公正的人所不为的。荀子认为:"刑当罪则威,不当罪则侮。"⑦罪刑相当即是公正,才会产生司法的威力。司法的目的是为了维护"公道"、"公义":"公道达而私门塞,公义明而私事息",使法成为"公天下持平之器"⑧。道家的创始人老子借助天道来宣扬司法的公正性,他认为天道公平,"有余者损之,不足者补之",而人道则是"损不足以奉有余"。司法应该遵循天道原则,"损有余而补不足",体现公平公正。⑨ 老子还主张司法的相对独立性,以保证司法的公正。墨家的创始人墨子提出:"贵贤罚暴勿有亲戚兄弟之所阿。"⑩"赏当贤,罚当暴,不杀不辜,不失有罪。"⑪只有刑当其罪,只有法律面前没有亲疏贵贱,才能实现司法的公正性。先秦诸子虽然立场不同,对司法公

---

① 《商君书·君臣》。
② 《韩非子·有度》。
③ 《韩非子·主道》。
④ 《韩非子·诡使》。
⑤ 《管子·任法》。
⑥ 《孟子·公孙丑上》。
⑦ 《荀子·正论》。
⑧ 《荀子·君道》。
⑨ 《老子》第七十七章。
⑩ 《墨子·兼爱下》。
⑪ 《墨子·尚同中》。

正的理解不同,但他们对司法公正的追求是相同的。先秦诸子主张司法公正的思想对后世产生了深远的影响。

历代统治者、司法官和思想家都有主张司法公正的言论,都很重视司法公正的作用。西汉时的廷尉张释之说:"廷尉天下之平也,一倾,天下用法皆为之轻重,民安所措手足。"①他认为作为最高司法官的廷尉能否公正司法将会影响到天下司法官能否公正司法,显见他对司法公正的重视。东汉桓谭认为,司法不公就会使"法令决事,轻重不齐,或一事殊法,同罪异论"②,司法公正才能使"天下知方而狱无怨滥矣"③。三国时的诸葛亮在治理蜀国时所奉行的原则就是"尽忠益时者虽仇必赏,犯法怠慢者虽亲必罚"④,从而使蜀国可以和强大的魏国相抗衡。三国时魏国的高柔和王肃也主张司法公正,高柔说:"廷尉天下之平也,安得以至尊喜怒而毁法乎。"⑤作为廷尉即大法官,代表公正无私,不能因为君主的喜怒好恶而使司法失去公平。王肃说:"苟有犯者,虽贵必坐,则宇宙之内肃然咸服矣。"⑥

唐太宗李世民将"赏不避仇雠,罚不阿亲戚"看作是"天下至公之道"。⑦唐初重臣魏征也有相类似的观点:"赏不遗疏远,罚不阿亲贵。"⑧又说:"刑赏之本,在乎劝善而惩恶,帝王之所以与天下为画一,不以贵贱亲疏而轻重者也。"⑨类似的观点在《贞观政要》中多见,如《贞观政要·求谏》:"自古帝王多任情喜怒,喜则滥赏无功,怒则滥杀无罪,是以天下丧乱,莫不由此。"《贞观政要·封建》:"国家大事,惟赏与罚,赏当其劳,无功者自退;罚当其罪,为恶者咸惧,则知赏罚不可轻行也。"

宋时,包拯与司马光都有关于司法公正的观点。包拯说:"赏者必当其功,不可以恩进;罚者必当其罪,不可以幸免。"⑩司马光认为:"王者所以治天

① 《汉书·张释之传》。
② 《新论·王霸》。
③ 《新论·求辅》。
④ 《三国志·诸葛亮传》。
⑤ 《三国志·魏志·高柔传》。
⑥ 《三国志·魏志·王肃传》。
⑦ 《资治通鉴·唐纪十二—十三》。
⑧ 《贞观政要·择官》。
⑨ 《贞观政要·刑法》。
⑩ 《包拯集·上殿札子》。

下,惟在法令,凡杀人者死,自有刑法以来,百世莫之成改,若杀人者不死,伤人者不刑,虽尧舜不能以致治也。"①在司马光看来,杀人者死,伤人者刑就是司法公正,不管犯罪者是亲贵还是远贱。又说:"赏不以喜,罚不以怒,赏不原于所爱,罚不重于所憎。"②司法不当以司法官之喜怒爱憎的情感变化而有所差异。南宋时陈亮主张:"圣人之立法,本以公天下。"③司法不得以私害公,所谓"勿私刑以亏国律"④。

女真族皇帝金世宗、元朝政治家耶律楚材和明朝重臣张居正都是司法公正的主张者和实践者。金世宗不因"八议"中有"议亲"而袒免亲属犯罪,他说:"法者,公天下持平之器,若亲者犯而从减,是使之恃此而横恣也。"⑤耶律楚材也反对亲属犯罪减免刑罚。他说:"睦亲之意,但当资以金帛。若使从政而违法,吾不能徇私恩也。"⑥明朝时期的张居正也非常重视司法公正。他说:"法所当加,虽贵近不宥;事有所枉,虽疏贱必申。"⑦这样才能够"法行而当,人心乃服"⑧。

清太祖努尔哈赤将明朝衰亡的原因归结为"法令不公平,不严明"⑨。因此他告诫司法官吏"无论贵贱大小,皆当公正存心"⑩,即使是掌管国政的诸贝勒犯法也要依法惩办,决不宽宥,所谓"有罪者,虽亲不贳,必置之法;有功者,虽仇不遗,必加之赏"⑪。如果不能公正司法,必将"获罪于天,或遭恶疾以死,或触刑戮以死"⑫。

上述可见,从先秦时期的诸子,到秦汉之后的历代统治者、法官以及思想家,在司法公正的问题上都有相似的认识和主张,使司法公正的理念、制度和

---

① 《司马温公文集·乞不贷故斗杀杞子》。
② 《司马温公文集·进修心治国之要札子》。
③ 《陈亮集·回答八》。
④ 《陈亮集·上光宗皇帝鉴书箴》。
⑤ 《金史·刑法志》。
⑥ 《湛然居士文集》。
⑦ 《张文忠公全集·陈六事疏》。
⑧ 《张文忠公全集·书牍十二》。
⑨ 《满文老档·太祖》卷三,癸丑年十二月。
⑩ 《清太祖高皇帝实录》卷四,中华书局1986年版,第41页。
⑪ 《清太祖高皇帝实录》卷四,中华书局1986年版,第62页。
⑫ 《清太祖高皇帝实录》卷四,中华书局1986年版,第59页。参见张晋藩:《中国法律的传统与近代转型》,法律出版社2005年版,第61—62页。

实践代代相袭,成为传统司法的一个显著特征。但传统司法又有司法等差制度和现象的存在,使得司法公正不是完全意义上的,而是有限度的公正。

2. 司法等差

中国传统司法不仅是公正的,同时还是等差的,是公正与等差的并存。早在西周时期就有司法等差的规定,如《周礼·秋官·小司寇》:"凡命夫命妇不躬坐狱讼。"所谓"命夫",据郑玄注:"其男子之为大夫者。"也就是说,凡大夫以上的人发生争讼,可以不必亲自参与诉讼,而是由其子弟或下属代理,以防止"治狱吏亵尊者也"。另据《周礼》记载,西周时根据诉讼当事人身份的不同而适用不同的法律:"凡诸侯之狱讼,以邦典定之;凡卿大夫之狱讼,以邦法断之;凡庶民之狱讼,以邦成弊之。"①所谓典、法、成,也就是三种不同类型的法律,分别适用于诸侯、卿大夫和庶民。西周更有"八辟"之制,对于亲、故、贤、能、功、贵、勤、宾这样一些特殊身份的人犯罪,一般不按已颁布的法律进行惩罚,而是由王公大臣经过商议后从轻发落或免除罪责,使他们享有司法上的特权,后世"八议"即来源于此。司法等差还体现在王之同族的犯罪上。据《周礼·秋官·小司寇》:"凡王之同族有罪,不即市。"王之同族犯罪,不在市井刑杀,而是交由甸师氏在僻静荒野处杀之,以避免在市井刑杀给王之同族所带来的人格上的羞辱。西周时期的司法等差归根结底是为了维护宗法等级制度,体现和保障贵族阶层的司法特权,这是由西周时期的宗法伦理型社会性质决定的。

西周时期司法等差的观念、制度和司法实践对后世产生了深远的影响。仅就春秋时的情况来看,"《左传》、《国语》所载春秋时贵族违法受惩罚的事共一百六十多起,而实际被施以肉刑的只有五例,仅占 3.4%,且所用的刑罚只有刖刑一种。相反,庶民犯法被处以肉刑的却难以数计……贵族违法受肉刑是例外的个别事件,免受肉刑是刑法的一般原则;而庶人违法被处肉刑是刑罚的一般原则,免受肉刑则是个别的例外。"②

西周时期的"刑不上大夫"到了汉唐时期就成为具体的法律规定,如唐时,对具有一定品位的官员犯罪,要在奏请皇帝之后,才能拘禁和审判,"诸职

---

① 《周礼·秋官·大司寇》。
② 徐鸿修:《先秦史研究》,山东大学出版社 2002 年版,第 189 页。

事官五品以上、散官二品以上，犯罪合禁，在京者皆先奏；若犯死罪及在外者，先禁后奏。其职事官及散官三品以上有罪，敕令禁推者，所推之司皆复奏，然后禁推。"①如果"应言上而不言上，应待报而不待报，辄自决断者，各减故失三等"，《唐律疏议·断狱》以维护官员的司法特权。

由于宗法社会的性质，统治者除了对贵族和官员给予司法上的优待，对尊者和长者也有司法上的优待。如果说西周时期还是"刑不上大夫"，到了汉唐以后，就扩展为刑不上长者和尊者了。历代律典中对长者和尊者的司法优待可以说是细致入微的。例如，唐时除谋反、谋大逆、谋叛等罪外，规定卑幼不得控告尊长，奴婢不得控告主人，如强行控告则处重刑。贞观二年诏中说："自今奴告主者，斩之。"《唐律·斗讼律》："诸部曲、奴婢告主，非谋反叛逆者，皆绞。"

清朝沿承"命夫命妇不躬坐狱讼"的传统，并具体规定："凡官吏有争论婚姻、钱债、田土等事，听令家人告官对理，不许公文行移，违者笞四十。"②顺康时期规定："王以下及宗室有过犯，或夺所属人丁，或罚金不加鞭责，非叛逆重罪，不拟死刑，不监禁刑部。"③这明显是对西周时期"王之同族有罪，不即市"的继承和发展。

西周时期的"八辟"之制最能体现司法上的等级差别，成为后世司法等差的滥觞，历代律典中均有这方面的规定，如《唐六典》所说："八议自魏、晋、宋、齐、梁、陈、后魏、北齐、后周及隋，皆载于律。"汉时，在司法中实行"先请"制度，"先请"制度实乃"八议"制度的体现，其实质是相同的。据《汉书·平帝纪》元始元年令："公、列侯嗣子有罪，耐以上先请。"又，《汉书·宣帝纪》黄龙元年诏曰："吏六百石位大夫，有罪先请。"光武帝建武三年诏文："吏不满六百石，下至墨绶长、相，有罪先请。"④可知"先请"制度被作为贵族官僚阶层的司法特权，由皇帝以诏令的形式加以确认和实施。《唐律》除了具体规定"八议"的对象和范围外，还规定了"请"、"减"、"赎"、"官当"等司法特权制度，这些制度是对"八议"制度的丰富和发展。"请"、"减"、"赎"、"官当"等司法制度

---

① 开元《狱官令》，《唐令拾遗》，第718页。
② 《大清律例》卷三十"官吏词讼家人诉"。
③ 《大清会典事例》卷十，第1页。
④ 《后汉书·光武帝纪》。

和"八议"制度共同构成系统而完备的司法特权保障体系,成为中国传统司法文化中的一大特点。

3. 司法公正与司法等差的并存

司法公正与司法等差是矛盾的统一体,它们之所以能够兼容并存,从形式上看,就在于司法公正更多表现为理念上的追求,而司法等差却是制度和实践的体现,因此司法公正的理念和司法等差的实践并没有产生实际的冲突。从法律的适用对象来看,司法公正主要适用于同一阶层的犯罪,司法等差主要适用于不同阶层的犯罪。当然这是就一般犯罪而言,如果犯有十恶重罪,因其危害国家的政权稳定和君主利益,则不论尊卑贵贱,一体治罪,法律在这方面是绝对公平的,只不过执行刑罚的方式因当事人身份的不同而有所不同罢了。从本质上来看,讲司法公正主要是为了维护封建统治的长治久安,当然也有民本主义的考虑,讲司法等差主要是出于宗法等级社会的现实考虑,以维护尊卑等级秩序。

司法公正和司法等差存有矛盾而又并行不悖,成为传统司法中的一个显著特征,正如张晋藩先生所说:"为了充分发挥法律的治世作用,开明之君都倡导司法公平,鼓励官员秉公断案,明镜高悬,甚至把司法神圣化,体现了统治者所追求的长远利益和社会效果。但在中国古代以等级为基本构成的社会关系,和以皇帝为至上权威的专制制度下,司法公平的要求与实际存在的司法特权,有着极其鲜明的反差。封建统治者的司法公平的观念与法律面前公开的不平等规定是并行不悖的。"[1]原因就在于从本质上来看,它们都服务于君主利益和政权稳定,服务于封建王朝的统治秩序。

(四)君本主义和民本主义的兼顾

中国传统司法一方面强调君主在司法中的绝对权力,君主可以主宰和左右司法;另一方面又在司法中体恤民命,宽仁慎刑,尊重社情民意。因此,传统司法兼顾了君本主义与民本主义,但在本质上来说,民本主义是以君本主义为前提的。

1. 司法中的君本主义

司法中的君本主义主要体现在君主垄断最高司法权上,早在西周时期就

---

[1]　张晋藩:《中国法律的传统与近代转型》,法律出版社 2005 年版,第 49 页。

有这方面的规定。西周实行三级终审,君主属于最高审级,对案件的判决起着至关重要的作用。据《周礼·秋官·乡士》:"乡士掌国中,各掌其乡之民数而纠戒之。听其狱讼,察其辞。辨其狱讼,异其死刑之罪而要之,旬而职听于朝。司寇听之,断其狱、弊其讼于朝;群士司刑皆在,各丽其法以议狱讼。狱讼成,士师受中;协日刑杀,肆之三日。若欲免之,则王会其期。"乡士为一审,掌管六乡以及国都中的狱讼,受理所属乡民的争讼,区别死罪或施刑之罪,写出初步的判决意见,十天后上报给大司寇,再由大司寇在外朝审断案件,大司寇为二审机关。周王为三审,若想赦免罪犯,就于大司寇主持审断的时间前往外朝参与议罪。类似的记载在《周礼》中多见,可知《周礼》虽有乡士、遂士、县士、方士在司法管辖上的区别和呈报案件上的时间限制,但他们都为一审,大司寇则为二审,王为三审。三级审判程序一方面可以预防或矫正一审或二审中的冤假错案,另一方面也加强了君主对司法权的最终控制。

另据《礼记·王制》:"成狱辞,史以狱成告于正,正听之;正以狱成告于大司寇,大司寇听之棘木之下;大司寇以狱之成告于王,王命三公参听之;三公以狱之成告于王,王三又(宥),然后制刑。"意思是案件由史(司寇吏)受理,然后报告于正。正对案件进行一审。"史"与"正"当是地方的司法官,受理地方各类案件。案件审结后,"正"向大司寇报告,大司寇在棘木之下(王之外朝)二审;审结后,大司寇向周王报告,周王命三公进行三审,审结后再向周王报告,周王为终审,依据有无"三宥"的情节施以刑罚。一审为史和正,二审为大司寇,三审为周王和三公,这种严格的审级制度反映了西周时期以君主为代表的统治者对司法的最终决定权。后世司法多沿袭西周旧制,使君主对司法的决定权成为常制。

秦统一中国以后,秦始皇亲自断狱,赏罚由己。两汉时皇帝也经常参与审判,如汉宣帝"常幸宣室,斋居而决事"①。三国两晋南北朝时期,皇帝亲自审判案件的活动并不鲜见。魏明帝太和三年改平望观为听讼观,经常在此观临听讼。南朝宋武帝仅在永初二年一年间,便于华林园、廷贤堂等处进行五次审判活动。大明七年,他还亲自到建康秣陵县、南豫州、江宁等地听讼讯囚。北

---

① 《汉书·刑法志》。

周建德年间,武帝常"听讼于正武殿","自旦及夜,继之以烛"①。

　　唐时,凡疑案、要案、贵族官僚之案及死刑案件,须由皇帝定夺。皇帝通过"议"、"请"、"减"、"赎"、"官当"、"免"、"会审"、"三复奏"、"五复奏"以及录囚、大赦、恤刑等法定的司法程序,牢牢掌握司法权。皇帝的最高司法权力以制度的形式确定下来,如唐律《断狱律》疏文:"事有时宜,故人主权断制敕,量情处分。"绝对的司法权力必然导致司法擅断,唐初名臣魏征对贞观初期由于皇帝擅断对司法造成的破坏这样批评:"今之刑赏未必尽然,或屈伸在乎好恶,或轻重由乎喜怒,遇喜则矜其情于法中,逢怒则求其罪于事外,所好则钻皮出其毛羽,所恶则洗垢求其瘢痕,瘢痕可求,则刑斯滥矣,毛羽可出,则赏因谬矣。"②这与先秦法家对君主擅断的批评何其相似,如先秦慎到说:"君人者舍法而以身治,则诛赏予夺,从君心出矣。然则受赏者虽当,望多无穷;受罚者虽当,望轻无已。君舍法而以心裁轻重,则同功殊赏,同罪殊罚矣,怨之所由生也。"③法家主张严格的规则主义,否定君主的司法擅断权力。

　　至宋代,专制主义的强化使皇帝掌握了更多的司法擅断权。不仅上奏案件、宗室案件概由皇帝决断,即使已经司法机关判决的罪犯,皇帝也可以"矜贷"、"赦宥"而减轻其刑罚。北宋初期,皇帝曾设审刑院于宫中,凡大理寺审判的案件,经刑部复核后,须送至审刑院详议,再奏请皇帝批准。至宋徽宗时,竟然发展为御笔断案,凡是御笔所断之案,如果以"常法"为由不予执行,以大不敬罪论处;如果去尚书省陈诉,以"违御笔"罪论处。明太祖朱元璋既审理中央机关的大案要案,还亲自审理地方的民事、刑事案件,凭个人好恶裁决,以致"或朝赏而暮戮,或忽罪而忽赦"。清康熙皇帝也是任情裁量,随意轻重,如康熙四十五年,"宗人府为闲散宗室儒富砍杀其家人筐儿,拟枷号三个月,鞭一百,械系拘禁家中。"但康熙皇帝却在本已宽宥的基础上又加宽免:"法虽当罪,若以理论之,筐儿者乃儒富家奴,而告陷儒富之父。儒富忿恨,故砍杀之,可谓有丈夫气,着从宽免治罪。"④

　　皇帝的权力尤其体现在对死刑的决定权上。隋文帝规定:"诸州死罪不

①　《太平御览》卷六三九引《后周书》。
②　《贞观政要》卷八。
③　《慎子·君人》。
④　《康熙起居注》康熙四十五年十二月十五日己亥。

得便决,悉移大理案覆,事尽然后上省奏裁","死罪者三奏而后决。"①唐律中规定了严格的死刑复奏程序,以显示皇帝在死刑上的决定权。如《唐律疏议·断狱》规定:死刑"奏画已讫,应行刑者,皆三复奏讫,然始下决。""不待复奏报下而决者,流二千里。"后唐太宗又改三复奏为五复奏,并下诏:"自今门下复理,有据法合死而情有可宥者,宜录状奏。"清朝实行"秋审"制度,"秋审"亦称"九卿会审",是最高审级,审理死刑复核的地方大案。经过秋审的案件,分为"情实"、"缓决"、"可矜"、"留养承祀"四类,然后奏报皇帝定谳,经御笔勾出者才能正法,进一步加强了皇帝对司法权的控制。②

皇帝主宰和左右司法的权力也得到一些大臣的力挺,如武帝时的廷尉、惠帝时又任三公尚书的刘颂公开宣扬皇帝在司法上的绝对权力:"法欲必奉,故令主者守文;理有穷塞,故使大臣释滞;事有时宜,故人主权断。"具体执掌司法的官员必须依法断案,但皇帝可以根据具体情况灵活裁断,不必依照法律。他进而解释说:"使主者守文,死生以之,不敢错思于成制之外,以差轻重,则法恒全。事无正据,名例不及,大臣论当,以释不滞,则事无阂。至如非常之断,出法赏罚,若汉祖戮楚臣之私己,封赵氏之无功,唯人主专之,非奉职之臣所得拟议。"③皇帝可以在法律之外任情赏罚,不受任何约束和议论。唐大理寺卿刘德威也认为刑网宽疏严密全在人主,"人主好宽则宽,好急则急。"④臣民只能遵从,不得有任何私议。他们的观点在封建社会具有普遍的代表性,成为一种根深蒂固的司法观念。

2. 司法中的民本主义

中国传统司法又是讲民本主义的,民本主义有很深厚的渊源。自西周时期就有民本主义的勃兴,西周时期司法中的民本主义主要体现为"三刺"制度。"刺"即询问的意思,在"民惟邦本"的思想主导下,西周统治者在司法审判中要征询民众的意见,以"三刺"来防止司法妄断,保证司法公平。如《周礼·秋官·司刺》:"壹刺曰讯群臣,再刺曰讯群吏,三刺曰讯万民。"一刺,讯问群臣,群臣以为该杀,则二刺,讯问群吏,若该,则三刺,讯问万民。万民都以

---

① 《隋书·刑法志》。
② 参见张晋藩:《中国法律的传统与近代转型》,法律出版社2005年版,第108—109页。
③ 《晋书·刑法志》。
④ 《资治通鉴》卷一百九十四。

为当杀,然后杀之。可见民意对司法审判的重要性,司法官要尊重民众的意见,"听民之所刺宥,以施上服、下服之刑。"①司法官要根据民众的意见,做出或刑杀或宽免、或重刑或轻刑的判决。《礼记·王制》有"司寇正刑明辟以听狱讼,必三刺"的记载,可与《周礼》互证。

在"三刺"的司法审判实践中,尽管也征询群臣群吏的意见,但征询民众的意见是最重要的环节。吴荣曾先生认为,"三刺"是把要判死刑或其他重刑的疑案,讯问群臣、群吏和万民。但万民比起群臣、群吏更重要,这是因为在早先的氏族制下面,氏族大会对一切大事都有最后表决权。像这样的原始民主权,到春秋时还有若干残余存在。例如在政治上,诸如迁国、立君等大事,君主或执政都须朝国人,根据大家意见才作出最后决策。因而在司法领域中保留一些民主制残余也是情理中的事。② 吴荣曾先生从原始民主制来解释西周时期为什么要在司法审判中征询民众的意见,此说固有其合理性,但更为重要的是,殷商灭亡给西周统治者带来了思想上的震撼,他们目睹了民众在商亡周兴中所表现出来的巨大力量,因此才有"民之所欲,天必从之"的感慨,才有施惠于民、关心民瘼的德政,才有在司法中征询民意的制度安排。

西周时期,对一些疑难案件,司法官更要征询民众的意见,以民意来裁夺罪与非罪,轻罪还是重罪,如《礼记·王制》:"疑狱,泛与众共之;众疑,赦之。必察小大之比以成之。"《尚书·洪范》也有相似的思想:"汝则有大疑,谋及乃心,谋及卿士,谋及庶人,谋及卜筮。"司法中征询民意,使民众能够参与到司法审判中来,可以减少或杜绝冤案的发生,同时也能起到监督司法审判、防止司法腐败的作用,是慎刑思想的重要表现。

民意参与司法审判的民本主义在后世得到了传承,孟子的思想就具有代表性。《孟子·梁慧王下》:"左右皆曰可杀,勿听;诸大夫皆曰可杀,勿听;国人皆曰可杀,然后察之。见可杀焉,然后杀之。故曰国人杀之也。"民意在司法审判中的表达可以预防或减少司法官在司法审判中的随意性或主观性,确保司法结果的客观公正,这无论是古代还是今天都是不易之公理。种种司法不公都是因为民意未参与司法而导致的结果,致使社会失去公正之最后屏障,

---

① 《周礼·秋官·小司寇》。
② 吴荣曾:《试论先秦刑罚规范中所保留的氏族制残余》,《中国社会科学》1984 年第 3 期。

不复有公序良俗。

　　秦汉之后司法中的民本主义以制度的形式确定下来,主要表现为矜恤老幼妇残和限制刑讯上。西周时期就有矜恤老幼妇残的规定:"八十、九十曰耄,七岁曰悼。耄与悼,虽有罪,不加刑焉。"①后世有关这方面的规定更加完善。汉惠帝曾下诏:"民年七十以上,若不满十岁,有罪当刑者,皆完之。"②汉景帝时规定,"年八十以上,八岁以下,及孕者未乳……当鞠系者,颂系之。"③汉宣帝时规定,"诸年八十以上,非诬告、杀伤人,它皆勿坐。"④汉平帝时规定,"妇女非身犯法,及男子年八十以上,七岁以下,家非坐不道,诏所名捕,它皆勿得系。"⑤

　　矜恤老幼妇残在《唐律》和《清律》中有了进一步的规定,如《唐律》:"诸年七十以上,十五以下及废疾……收赎。""八十以上,十岁以下及笃疾,犯反、逆、杀人应死者,上请。盗及伤人者,亦收赎。""九十以上,七岁以下,虽有死罪,不加刑。""妇人犯流者,亦留住,流二千里决杖六十,一等加二十,俱役三年。"⑥"妇人犯死罪,怀孕,当决者,听产后一百日乃行刑。"⑦《大清律例》规定:"凡年七十以上,十五以下,及废疾,犯流罪以下,收赎。八十以上、十岁以下,及笃疾,犯杀人应死者,议拟奏闻,取自上裁。盗及伤人者,亦收赎,余皆勿论。九十以上、七岁以下,虽有死罪,不加刑。""凡老幼及废疾犯罪,律该收赎者,若例该枷号,一体放免;应得杖罪仍令收赎。""凡犯罪时虽未老疾,而事发时老疾者,依老疾论。"⑧司法官在具体的司法实践中必然要考虑到老幼妇残的情形和相关的法律规定,作出有利于老幼妇残的判决。

　　限制刑讯也是司法民本主义的重要表现,在历代律典中均有规定。如隋《开皇律》:"讯囚不得过二百,枷杖大小,咸为之程品,行杖者不得易人。"⑨唐

---

① 《礼记·曲礼上》。
② 《汉书·惠帝纪》。
③ 《汉书·刑法志》。
④ 《汉书·宣武纪》。
⑤ 《汉书·平帝纪》。
⑥ 《唐律疏议·名例》。
⑦ 《唐律疏议·断狱》。
⑧ 《大清律例卷五·名例律下》"老小废疾收赎","犯罪时未老疾"。
⑨ 《隋书·刑法志》。

律进一步规定："诸应讯囚者,必先以情,审察辞理,反复参验,尤未能决,事须讯问者,立案同判,然后拷讯。"刑讯不能轻易使用,先要详查案情,斟酌再三,若仍无结果,方可使用刑讯。而且,拷囚不得过三次,每次相距二十日,总数不得过二百。年七十以上,十五以下及废疾、孕妇,不得刑讯。贞观四年,唐太宗还下诏,对罪犯"不得鞭背",将受刑部位由背改为臀。① 这些规定为后世律典所传承,如《大明律》规定:"……年七十以上,十五以下,若废疾者,并不合拷讯,皆据众证定罪,违者,以故失入人罪论。"②

3. 君本主义与民本主义的兼顾

君本主义与民本主义是中国传统司法中始终伴随的一个问题,从性质上来说,它们之间是手段与目的的关系,民本主义是手段,君本主义是目的。司法最终要维护君主的利益,维护国家政权的稳定,但在不妨害君主利益和国家政权稳定的前提下,对民众有一些刑罚上的宽免和让步反而更有利于维护统治。历代大多数统治者都能认识到这一点,并在司法中采取了一些体现人本主义的措施,从西周时期的三宥、三赦,到汉文帝的废除肉刑,再到唐律的限制刑讯和宋初的折杖法,这些措施对缓和统治者与被统治者之间的矛盾、维护政权稳固起了非常重要的作用,成为历代统治者统治经验和司法经验的总结。但传统司法中的民本主义毕竟是以君本主义为前提的,这就使民本主义大打折扣,并不如我们想象的那样美好。而且,民本主义只适用于一般性犯罪,对于十恶等威胁到君主利益和政权稳定的犯罪则是毫不留情,严刑惩罚,甚至要诛灭三族。由此可见民本主义仅具有手段上的意义,而非终极的理想。

但民本主义毕竟是君主专制下的一种进步,是严刑酷法中的一丝光辉,它改变了传统司法过于严苛的形象,使传统司法能够有一些人性上的关照和人情上的倾斜,也使民众不再畏刑如虎。有些反映民本主义思想的司法原则和制度对今天仍然有借鉴意义。

（五）法官素养和法官责任的结合

中国古代统治者非常重视法官的道德素养,并规定有严格的法律责任,二

---

① 《旧唐书·太宗本纪》。
② 《大明律·刑律·断狱·老幼不拷讯》。

者相互结合,在一定程度上保证了司法的公正合理。

1. 法官素养

早在西周时期,统治者就非常重视法官的道德素养。西周统治者认为,司法能否公正,取决于司法官是否有德,《周易》中将有德的司法官称为大人,对于诉讼者来说,能够让有德的司法官来审理案件就是吉祥的事情。《尚书·吕刑》中,周穆王告诫司政典狱等司法官要以苗民之失引以为戒,苗民之失就在于"罔择吉人,观于五刑之中",不择善良之人实施司法,而以"庶威夺货"者即恃威贪利之人"断制五刑,以乱无辜。"招致上帝责罚,"乃绝厥世"。由此可见司法官素养在保证司法中正、维护德政秩序和保有天命中的重要作用。《尚书·吕刑》中又说:"非佞折狱,惟良折狱,罔非在中。"审理狱讼者不可轻用奸佞小人,而要用贤良之人,以保证司法中正。

春秋战国时期的儒家是最讲法官素养的。儒家学派的创始人孔子说:"其身正,不令而行,其身不正,虽令不从。"①作为统治者首先要行为端正,道德高尚,这样才能够对民众起到示范的作用,才能够在司法中教化民众,减少犯罪。孟子主张"惟仁者宜在高位"②,只有道德高尚的人才能够成为统治者,才能够执掌司法狱政。若是品德低下的人在高位,就会对天下人造成很坏的影响。荀子:"故法不能独立,类不能自行,得其人则存,失其人则亡。"③"故有良法而乱者有之矣,有君子而乱者,自古及今未尝闻也。"④可见荀子是力主司法官之德行素养的,与司法官的德行素养相比,法律是无足轻重的。

秦汉之后儒家思想取得了正统地位,儒家重视法官素养的思想理所当然地为后世统治者、司法官和思想家所接受。如西汉时的廷尉张释之说:"廷尉天下之平也,一倾,天下用法皆为之轻重,民安所措手足。"⑤他认为大法官是公正的象征,是天下法官的楷模,大法官的公正与否决定着天下法官的公正与否。三国时魏国的高柔表达了大致相同的思想:"廷尉天下之平也,安得以至尊喜怒而毁法乎。"⑥作为廷尉即大法官,不能因为君主的喜怒好恶而使司法

---

① 《论语·子路》。
② 《孟子·离娄上》。
③ 《荀子·君道》。
④ 《荀子·致士》。
⑤ 《汉书·张释之传》。
⑥ 《三国志·魏志·高柔传》。

失去公平。唐时白居易说:"虽有贞观之法,苟无贞观之吏,欲其刑善,无乃难乎。"①虽有良法而无良吏,就很难保证司法的公正良善。宋时王安石也说:"守天下之法者吏也,吏不良则有法而莫守。"②

明朝时期的思想家丘濬认为,司法官为民众生死所系,"典狱之职,所系之重如此,膺天命而制生灵之命者,可不择其人以用之乎? 要之,狱所以不公者,外为权势之嘱托,内为财利之贿赂故也。"③所以必须选择"权势不能移,财利不能动"的人来担任,他们的正直仁厚能够保证司法结果的公正。丘濬指出,司法官之所以不能公正司法,除了司法官本身的原因外,很大程度上还取决于居上位者。如果居上位者能够严明祖宗之法,使有罪者不得贿免;用人得当,"而所用以居是官者,又必得夫存心敬畏、秉性刚直之人用之,则法不至于私滥,人不死于非命。"④丘濬可以说指出了封建社会司法弊端的根源所在。

2. 法官责任

西周时期,统治者就很重视法官的责任,在制度上规定了法官因不能公正司法所要承担的种种责任。如《尚书·吕刑》中规定,法官因畏惧权贵、私报恩怨、袒护内亲、贪恋财货、受人请托而导致司法不公,则要坐其所判之罪,这就是最早的反坐法。《周礼》中也规定了司法不公所应承担的法律责任,如《地官·大司徒》:"其有不正,则国有常刑!"对于缺乏道德素养、不能公正司法的司法官以"常刑"来惩罚,使其承担相应的法律责任,以保证司法官能够廉洁正直,公正司法。

为便于追究司法官因缺乏道德素养而不能公正司法的法律责任,西周统治者还规定案件审判结果要由专人记录在案,其中须注明治狱官员的姓名,以备查核惩戒之用。如:《周礼·秋官·方士》:"狱讼成,士师受中,书其刑杀之成与其听狱讼者。"出土文献中也有类似的记载,如《师旂鼎》铭文:"弘以告中史书。"意思是将案件审判结果记录下来。将案件审判结果和主治狱讼的司法官的姓名记录下来,可以为日后追究司法官的法律责任提供必要的依据,对保证司法官公正司法无疑具有重要的督促和警戒作用。

---

①　《长庆集》卷四十八。
②　《临川先生文集》卷八十二《度支付使厅壁提名记》。
③　《大学衍义补·简典狱之官》。
④　《大学衍义补·简典狱之官》。

　　秦时以"明法律令"和"不明法律令"作为区分良吏与恶吏的标准。在具体审判的时候,司法官由于过失而定罪量刑不当,按"失刑"罪论处,如系故意则构成"不直"罪,应当论罪而故意不论罪,有意开脱罪犯罪责则构成"纵囚"罪,这些都要受到严厉的惩罚。

　　到了唐朝,对法官责任有了更加完备的规定。在审判中,司法官故意出入人罪,"若入全罪,以全罪论;从轻入重,以所剩论;刑名易者,从笞入杖、从徒入流亦以所剩论,从笞杖入徒流、从徒流入死罪亦以全罪论。其出罪者,各如之。"①《唐律》还规定法官必须依法断罪:"诸断罪皆须具引律、令、格、式正文,违者,笞三十。"司法官在审理案件的时候只就所告状审理,不能于状外别求他罪:"皆须依所告状鞫之,若于本状之外,别求他罪者,以故入人罪论。"②这一规定是为了防止法官挟私报复或从中牟利。《唐律》还规定了法官贪赃枉法的责任,"有枉法受财者,必无赦免。"③《唐律》中禁止官吏的任何祝福请托,若受人钱财则处分尤重,特别对于"监临势要"即主管官员的请托处罚更为严厉。对监临主司的贪赃枉法,《唐律》规定,凡受贿枉法一尺就要杖一百,一匹加一等,到十五匹就要处绞刑。④ 这些严厉的处罚规定对保证法官公正司法具有积极的意义。

　　有宋一代对因受贿而故意出入人罪的法官也是处刑极严。如宋太祖太平兴国三年七月,"中书令史李知古,坐受赇擅改刑部定法出罪人,杖杀之。"⑤七年,"长通县尉张俊,坐部下受赇犯赃,杖杀。"⑥明朝对贪赃枉法的司法官更是严加惩罚,朱元璋统治时期,凡守令贪赃至六十两以上就要被枭首示众,还要"剥皮囊草"。清康熙皇帝也十分重视法官的贪赃问题,认为"治国莫大于惩贪",并在《清律》中详尽规定了法官的种种责任。

3. 法官素养和法官责任的结合

　　中国传统司法既重视法官的道德素养,又注意在制度中规定法官的责任,以保证司法结果的公正合理和统治者利益的实现。道德素养是观念层面的要

---

① 《唐律疏议·断狱》。
② 《唐律疏议·断狱》。
③ 《贞观政要·政体》。
④ 《唐律·职制》。
⑤ 《续资治通鉴长编》卷十九。
⑥ 《续资治通鉴长编》卷二十三。

求,是儒家的文化观念在司法领域内的反映。在儒家的文化观念中,统治者都应该是圣人和贤人,他们都是道德的楷模,对天下民众起着潜移默化的作用。法官作为统治者的重要成员,也应该是道德高尚的人,是能够秉公执法的人。

但儒家所宣扬的法官素养仅是观念层面上的,难免流于空泛,对法官司法可能无所助益,因此需要有具体的制度设计来规范法官的司法行为,补纯任道德素养可能存在的不足。毕竟道德高尚的法官是为数不多的,靠法官自觉自为的道德行为不可能实现司法的公正合理。历代统治者对于法官挟私报复、贪赃枉法、故意出入人罪以及任情裁量等行为都规定有相应的刑事责任,从制度上保证了司法结果的合理性和权威性,减少了司法中的不正之风,有效维护了统治者的利益和政权的长久稳定。法官素养和法官责任的结合是历代统治者司法经验的总结,对今天也具有现实的借鉴意义。

第四章　中国传统司法文化的近代转型

一、司法体制近代转型的原因

（一）"双半"背景下东、西方司法文化的冲突

世界各主要文明国家的司法体制均是在各国特定的文化、宗教、政治、经济等因素主导下形成的,在特定的时空、场域内均有其合理性的一面,在同一比较平台上,并无优劣之分。在近代出现的所谓国与国之间的司法冲突,并藉由此产生的司法文明优劣争论,其本质是司法适用的问题,这一问题在中古时代的世界,其解决模式主要以属人主义、属地主义和司法协议等形式解决。而到了近代,尤其是在近代西方资本主义国家强势崛起的背景下,包括中国在内的非西方国家与西方列强在商贸交往中发生的司法适用问题,已经不再是单纯的法律问题,而是带有强烈的政治、军事、宗教色彩,是西方"炮舰"政策的延续。由此产生的司法冲突伴随着近代中国半殖民地、半封建时代的到来而产生、演化,并最终成为近代中国司法转型的一个组成部分。

1. 1840 年前后中国与西方国家的司法冲突

《唐律疏议·名例律》"化外人相犯"条规定:"诸化外人,同类自相犯者,各依本俗法;异类相犯者,以法律论。"该条文明确承认了外国法在中国的使用效力,是司法适用中属人主义的典型代表。但到明、清两代,这种属人原则为属地原则所代替。《大明律·名例律》"化外人有犯"条规定:"凡化外人犯罪者,并依律拟断。"《大清律例》延续了这一规定。到 19 世纪中叶以前,西方国家与中国就法律适用问题而发生的冲突,大体是以适用中国法律的形式予

以解决。但与以往不同的是,这一解决模式中所蕴含的东西方法律价值之间的冲突并未因此得到缓解,反而逐渐走向激化。

东西方间的贸易古已有之,但自西方国家步入近代文明之后,其对中国法律,主要是律例中刑事犯罪的处罚开始出现了对抗的色彩。1689年"防御号"案是见诸东西方史册较为清晰的一个范例。[①] "防御号"隶属英国东印度公司,在1689年驶入广州港后,一中国人家属指认船上水手将其家人杀害。广州地方政府先后将八名英国人监禁,继而又要求赔偿五千两白银准予放行,而英方只允赔银二千两,在被拒绝后英船驶离广州。英国对此案的记录表明他们认为这是中国官吏对其进行的敲诈勒索,而中国法律则明确要求中国地方政府对此案有管辖权。

与此同时,清代的史料也记录了外国人之间发生冲突,但中国地方政府放弃了刑事处罚权的案例。1754年9月,在广州的英法两国水手发生冲突,英国水手查治波郎被法国水手时雷氏击毙。英方要求中国政府处罚案犯。乾隆皇帝谕示"外洋夷人,互相竞争,自战同类,不必以内地律法绳之,所有时雷氏一犯,著交该夷船带回弗兰西国。并将按律应拟绞抵之处,行知该夷酋,令其自行处泊。该督抚仍严切晓谕各国夷船,嗣后毋再逞凶滋事,并不时委员弹压,傅其各知畏法,安分贸易可也"[②]。第二年年初,清地方政府官员将时雷氏交给法方带回,自行处治。这一处理方式实际上延续了唐代的做法,即外人冲突由外方管理。之所以没有按照律例统一由中国法律处理,主要原因是该案属于命案,皇帝的诏敕决定了最终的处理办法。

见诸史册的中国与西方第一次就司法适用引发的冲突是在1784年。英国"休斯女士号"在广州湾开放礼炮,因炮中有实弹,将旁观的一名中国人炸毙,中方要求交出该炮手,但英方借口无法确定到底谁是肇事方而拒绝(这一时期的前膛火炮击发需要数人操作,为何出现实心弹确需调查)。广州地方官方随即逮捕该船船长,认定其担负附带责任。其后,在广州的英、法、荷兰、美国商人联合提出抗议,中方的回应是在十三行商馆周围部署军队,并将中国人撤出洋行,对全部洋行实行封锁。最后,在华洋商被迫将一个水手作为肇事

① ［美］马士:《中华帝国对外关系史》,张汇文译,商务印书馆1963年版,第一卷第115页。
② 《清实录(乾隆朝)》第6924页。

者交给广州政府。该水手于次年被处死刑。①

　　发生于第一次鸦片战争前夕的林维喜案是中、西司法冲突的高潮,同时也是分水岭。在林则徐虎门销烟、中英战争一触即发的背景下,英国水手于1839年7月7日(清道光十九年五月二十七日)在九龙尖沙咀酗酒行凶,与当地村民发生冲突。其中林维喜因伤重于次日身亡。案发后,林则徐严令英国代表义律交出凶犯抵罪。义律以不知道哪个水手是凶手予以拒绝,并声称只能用英国法律审理此案。其后他在一艘英国船上自行开庭"审讯",以"该犯罪不发觉"为词,对5名凶手仅处以3—6个月的监禁与60—80元的罚金。林则徐封锁洋行,晓令民众停止供应英船柴米食物,停止贸易关系。到11月3日,英国驻华舰队向林则徐派遣至九龙沙嘴捉拿凶手的广东水师开炮,第一次鸦片战争即由此开始。②

2. 近代西方人视野下的中国传统司法机制

　　就法律的近代转型而言,西方国家大致从16世纪开始摆脱教会法、庄园法,向民族国家的单一性法律发展,后者强调司法为国家主权的一部分,司法审判机构为国家权力体系的组成部分。在西方国家间的法律冲突和司法适用,以从16世纪发端的近代国际法为解决机制。在17世纪人文主义的兴起,西方传统法律中,尤其是刑法、刑罚的"人道"与"野蛮"等问题开始受到重视,在近代刑法学、犯罪学的引导下,主要西方国家开始剔除其传统刑罚、刑法中的较为残酷的部分,而并行发展的则是国家主导审判活动的司法机构开始出现司法审判专业化的趋势,并由专业化向独立审判方向发展的趋势,审判程序开始规范化。③

　　在西方完成其法律和司法的近代转型的背景下,近代进入中国开展商业和传教活动的西方人开始以一种崭新的、近代的视角,观察中国的传统司法机制。这些人员对中国传统司法审判场景的记录进一步促成了西方列强以刑讯、酷法为由要求获得治外法权。

　　"在我对施加在中国人身上的刑罚的叙述中,并没有将用竹棍杖击这一

---

① 〔美〕费正清:《剑桥中国晚清史》上卷,中国社会科学出版社1985年版,第206页。
② 〔美〕费正清:《剑桥中国晚清史》上卷,中国社会科学出版社1985年版,第206页。
③ 参见〔德〕K.茨威格特、H.克茨:《比较法总论》,第一编,罗马法系,法律出版社2003年版。

形式包括进来,在各种刑罚中,它构成了每一次普通刑讯的基础。毫无疑问,杖击并不是儿童游戏,它撕裂并扯掉那些可怜的受害者的皮肉,使他们在很长时间内都无法康复。在现有体制下,一部分官员仍旧没有废除掉这种游戏般的刑罚。因为它还替代着严密的盘问、辩护律师的恳求以及法官的精深评论,而后面这几种形式都还没有在中国的法庭上出现。中国人认为杖击能使审讯变得顺利。通过快速、简易的方法确保正义被伸张。在棍杖的刺激下,如果被告记不起自己的所作所为,它至少可以发挥其想象力来为自己开脱罪责。无论如何,那种在英国法庭上使审案变得单调无聊的情况在棍杖之下已经不存在了。"①

以刑讯为主要特色的审判方式对于初到中国的欧洲人来说,可谓印象深刻。"为了逼问口供在堂上严刑拷打,用来夹手指的夹棍和拇指铐,把犯人的屁股打得皮开肉绽的竹板,这一切英国旅行者则从未听说。"②当然,外国人可能不知道,清政府对刑讯也是有严格限制的,实施刑讯的主体因刑具不同而有差别,讯供也被要求记录在案,用何种刑具、用了多少次,都要求填注在用刑印簿,以备年终查阅。③ 最起码,刑具的规格是有严格要求的。但无论规定得怎样细致周详,也难以让欧美人放心这种审讯方式,尤其是当它有可能施加在自己身上时,规避就成了必要的要求。当1840年鸦片战争的炮火轰开了清朝闭关锁国的大门时,西方列强在寻求与中国建立贸易关系时,很自然地把治外法权攥在自己手里。"在鸦片战争以前,侨居广州的英美商人曾要求治外法权,因为他们与北非国家和奥斯曼帝国打交道时,已习惯于受他们自己法律的保护,同时也因为他们曾受中国人不考虑西方人重视证据的规定或对肉刑的痛恨而打算把中国的刑法施之于他们身上之苦。"④

以领事裁判权为先导,继之会审公廨,再后来公共租界法院,治外法权在近代中国一步步扩大,从有领事裁判权的外国人只受本国法律管束的属人主义管辖原则,发展到在租界内的包括中国人在内的所有人都受该租界国法律

① 〔英〕麦高温:《中国人生活的明与暗》,朱涛等译,时事出版社1998年版,第162页。
② 〔法〕佩雷菲特:《停滞的帝国——两个世界的撞击》,王国卿等译,生活·读书·新知三联书店1993年版,第463页。
③ 参见郑秦点校:《大清律例》卷三十六《断狱上》"故禁故勘平人"条的相关内容,法律出版社1999年版,第561页。
④ 〔美〕费正清:《美国与中国》,张理京译,世界知识出版社2002年版,第154页。

管束的"属地"管辖原则,中国的司法主权一步步丧失。

3.1840 年后"条约"体系下的治外法权

在西方,领事裁判权在中世纪时期曾广泛出现。领事裁判权与领事大致出现在欧洲中世纪的城市。由于商人所具有的独特身份,中世纪庄园贵族与领主无法以属地管辖原则处理外地商人间的纠纷,发生在城市中的商人间的商业纠纷,一般由商人之间按照商业习惯来处理。其后,城市中出现了商事仲裁机构,外国商人间自行推选仲裁者来进行商事仲裁。这些仲裁者被称为领事。以后,领事遂变为国家派遣的外交代表,欧洲各国曾相互承认互派的领事对本国侨民的管辖权、审判权。但 17 世纪后随着国家民族主义的逐渐兴起,除了土耳其之外,它在欧洲就销声匿迹了。① 至于土耳其的领事裁判制度,其发端于土耳其强盛时期,所以,土耳其对基督教国家在土耳其的人员采用了领事裁判制度,使用属人主义进行司法管辖。但随着土耳其实力的衰退,特别是到近代,西方国家转而以此为借口,拒绝接受土耳其法律的裁判,这样,近代意义上的领事裁判权就此诞生了。② 即在适用此制度的对象上,是一系列弱小国家。就中国而言,领事裁判权对中国司法主权伤害之深,远比其他国家为甚。

(1)领事裁判权的兴起

鸦片战争后的 1843 年 6 月 26 日,中方代表耆英与英方代表朴鼎查根据《南京条约》正式议定中英《五口通商章程》,其中第三条明文规定:"两国商民,如起纠纷,英商控告华民,应向管事官投禀或间有华民向英国管事官控告英商,管事官应一律调解劝息。英商如欲投禀华方大宪,由管事官传递,倘双方争执不已,得由双方官吏会审,各依本国法律治罪。"③但该条前半部分说的是华、洋间民事案件的裁决方法,后半部分说的是华、洋间刑事案件的审理方式。该条款使中国严格的属地管辖权受到破坏,在适用法律上,明确了英国法对在华英国人的适用性及程序,这标志着领事裁判权开始在近代中国出现。

次年所签订的中美《望厦条约》,不仅明确了华、洋间民事、刑事案件的裁

---

① 《维也纳领事关系条约》,转引自王绳祖主编:《国际关系史资料选编》,武汉大学出版社 1983 年版。

② 周鲠生:《国际法》下册,商务印书馆 1976 年版,第 572 页。

③ 《中国近代法制史资料选辑》(第三辑)西北政法学院法制史教研室编印,1985 年。

判,还进一步扩大了领事裁判权的范围,将与中国订有领事裁判制度的外国人之间的诉讼,也划归所属国领事审理。条约规定:"中国人民与和中国人民有争斗词讼交涉案件,中国人民由中国地方官捉拿审讯,照中国例治罪,合众国人民,由领事等官捉拿审讯,照本国例治罪"、"合众国人民在中国各港口,因财产涉讼,由本国领事等官讯明办理,若合众国人民在中国与别国贸易之人因事争论者,应听两造查照各本国所立条约办理,中国官员均不得过问。"①

到了 1858 年的《中英天津条约》,领事裁判权再次扩大。"英国属民相涉案件,不论人、产,皆归英管察办",将"英国民人"扩大到"英国属民",即英属殖民地的人民,如印度人等也可在华享有领事裁判权。自 1865 年起,英国在上海设立"英皇在华高等法院",管辖在华英人诉讼。自 1904 年 10 月英国枢密院新法令颁布后,法院的正、副审判官还可以随时巡回各地领事法庭,并可以在各地开庭。② 此外,英国还在上海设立了上诉法庭作为上诉审机构,对上诉法庭判决仍不服的,得在法定期限内,上诉于英国伦敦枢密院。1906 年,美国国会通过《设立一美国法院和规定其管辖权的法令》。同年,美国于上海设立在华法院,凡不服从美国在华法院判决的,可上诉于美国加州联邦巡回第九上诉法院,终则为美国最高法院。直至 1918 年与瑞士订约为止,还有法国、挪威、俄国、德国、葡萄牙、丹麦、荷兰、西班牙、比利时、意大利、奥匈帝国、日本、秘鲁、巴西、墨西哥、瑞典、瑞士等国取得在华领事裁判权。

(2)会同审理、观审到会审公廨

在中英《五口通商章程》中就有规定,对"华人赴领事署控告英人"的案件,在不能劝息的情况下,"即移请华官会同查明实情"。到了中英《天津条约》,这项规定依然存在,"中国民人有赴领事官告英国民人者,领事官亦应一体劝息。问有不能劝息者,即由中国地方官与领事官会同审办,公平讯断。"由于其中所规定的"会同审理"到底是否包括刑事案件没有明确指明,所以到中英《烟台条约》,就明确为:"凡遇内地各省地方或通商口岸,有关系英人命盗案件,议由英国大臣派员前往该处观审,此事应先声叙明白,庶免日后彼此另有异辞。""至中国各口审断案件,两国法律既有不同,只能视被告者为何国

① 《中国近代法制史资料选辑》(第三辑),西北政法学院法制史教研室编印,1985 年。
② 《上海史资料丛刊·上海公共租界史稿》,上海人民出版社 1980 年版,第 155—156 页。

之人,即赴何国官员处控告,原告为何国之人,其本国官员只可赴承审官员处观审。倘观审之员以为办理未妥,可以逐细辩论,庶保各无向隅,各按本国法律审断,此即条约(即指《天津条约》)第十六款"会同"两字本意。"①

无论会同审理还是"观审",从条约文字看,外国领事官员都无权参与案件的具体审理。但到了 1864 年议订的《上海洋泾浜设官会审章程》,规定在租界内发生的案件,都由租界当局及公审公廨处理,对单纯是华人的案件,领事官员也可以插手案件的审理,这就是开租界法院先河的公审公廨。由此,在租界内,领事官获得了绝对的属地管辖。这样的会审机构包括上海法租界会审公廨、汉口洋务公所、哈尔滨铁路交涉总局、鼓浪屿会审公廨等。

(二)"教案"纠纷

虽然领事裁判权侵害了中国的国家主权,但其影响范围和影响对象只及于口岸地区和口岸商民。将领事裁判权的危害性扩大的是西方攫取的在华传教权。在法国的坚持之下,《中法黄埔条约》规定西方传教士有在华自由传教的权利。从历史影响看,传教不是简单的宗教信仰问题,传教士在华的活动直接威胁到了中国民间社会以士绅、乡里为核心的传统权威,并引起了二者间的冲突。19 世纪 70 年代后,冲突演变为大大小小的"教案"。"教案"及对"教案"的解决,一方面加强了西方列强对其在华人员人身安全的顾虑,另一方面也使中国民间社会的精英阶层对政府处理方式和处理结果的不满越来越严重,对传教活动的阻挠和攻击越来越普遍和严重,最终引发了"辛丑事变"。

1. 在华传教权的确立

表面上看,领事裁判制度在中国的实行只是使清王朝的司法权受到了破坏,或者更准确地说,对没有近代司法权概念的清王朝,皇帝对所有帝国内的子民的生杀予夺的权力对签约国人失去了效力。如果签约国的适用主体仅仅是在中国各口岸作贸易的商人或者他们的家眷的话,这样的权力丧失还算不上什么大事。但问题是,"治外法权用于通商口岸之后,便成为开放中国的有力工具,因为它使外商和传教士、他们的货物和财产,以及在某种程度上他们的中国雇员、信徒乃至门下帮闲,都可以免受中国当局的干涉。特别是法国,

---

①　王铁崖:《中外旧约章汇编》第一册,三联书店 1957 年版,第 98 页。

它采取了保护罗马天主教会及其信徒的措施。"①

第二次鸦片战争后，随着中国与各列强《天津条约》的签订，天主教会在条约制度下受到保护，其在中国的社会力量和政治力量逐渐强大。1858 年《中法天津条约》第十三款规定："天主教原以劝人行善为本。凡奉教之人皆全获保佑身家，其会同礼拜、诵经等事概听其便。凡按第八款备有盖印执照安然入内地传教之人，地方官务必厚待保护。凡中国人愿信崇天主教而循规蹈矩者，毫无查禁，皆免惩治。向来所有或写或刻奉禁天主教各明文，无论何处，概行宽免。"《中俄天津条约》第八款、《中美天津条约》第二十九款均有类似规定。此后，随着外国传教士在中国开展传教活动，教案就成为 19 世纪 60 年代以后中外经常发生的交涉事件。

2. 教案冲突

自西方在华传教权为条约所确立后，教会、教民与中国社会各民间势力之间的冲突就屡屡发生。1870 年发生的天津教案就是由于民众砸毁教堂，法国领事丰大业与天津地方官交涉时被民众打死，一批教士与修女也在混乱中被打死而酿成。事后清政府不仅处死、充军了一批肇事者，革去天津知府、知县的官职发往黑龙江，而且给予死者赔偿，并派崇厚为专使前往法国道歉。②

治外法权还伴随着对传教士的庇护延伸到了教民阶层。在天津教案发生前后，地方官给朝廷的奏折中，常有对于教士干涉诉讼的不满，如"无识愚民，或因诉讼无理，或因钱债被逼，辄即逃入教中，教士听其一面之词，为之出头庇护……百姓之积恨所以日见日深，教士之声名所以日见日坏也"③，"乃比年以来，各省教民恃为护符，作奸犯科，无所不为。而传教士一味袒护徇庇，且有从旁扛帮插讼，与地方官为难"④，"凡教中犯案，教士不问是非，曲庇教民，领事亦不问是非，曲庇教士"。与此相应的是，民众不堪教士教民的欺压，往往闹教。烧教堂杀教士的案件，自 19 世纪 60 年代至 90 年代，几乎遍及全国所有省份。而每一次的结果，清王朝几乎都要杀民抵命和赔款，甚则割地。最终，义和团排教所导致的八国联军的入侵，及其后的庚子赔款，更揭示出在领事裁

① 中国第一历史档案馆、福建师范大学历史系：《清末教案》，第 779 页。
② 参见武树臣主编：《中国法律文化辞典》，北京大学出版社 1999 年版，第 342—343 页。
③ 中国第一历史档案馆、福建师范大学历史系：《清末教案》，第 779 页。
④ 中国第一历史档案馆、福建师范大学历史系：《清末教案》，第 910—911 页。

判权保护下的传教活动的影响已远远超出司法的范围。

（三）收回领事裁判权

"辛丑事变"后，清朝政府深感以领事裁判权为核心的治外法权对国家主权和安全的危害，开始提出收回领事裁判权的主张。自中英1902年《续订商约》谈判中双方协定领事裁判权废除的条件后，主要的西方列强均与清朝政府议定类似条款。因此，如果要成功收回领事裁判权在内的治外法权，清朝政府必须将其法律和司法审判"改同西方一律"，即只有清朝政府完成其法律章程和司法体制的西方化后，西方列强才能放弃在华领事裁判权。

1. 中英协定领事裁判权的废除

面对治外法权所带来的外部压力，清政府终于开始认真审视1902年、1903年西方列强做出的放弃治外法权所开出的条件。其中以《中英续议通商行船条约》第十二款最为典型，"中国欲整顿本国律例，以期与各国律例改同一律。英国允愿尽力协助以成此举。一俟查悉中国律例情形及其审断办法及一切相关事宜皆臻妥善，英国即允弃治外法权。"相同的内容也规定在1903年10月8日签订的《中美续议通商行船条约》第十五款，《中日通商行船条约》第十一款，及中葡、中(瑞)典条约中。

通过引入西方司法审判体制，建立独立的审判机构，辅之以修律，以此满足列强开出的条件，进而实现法权统一的目的，就成为1905年后清政府司法改革的外部动因。当清政府决定以官制改革为契机，建立独立的审判机构体系时，其理由之一就是："今朝野以各国领事裁判权之有玷国体，渐已倡议收回法权矣。英美日商约亦有俟我国法律裁判改良，允各裁其领事裁判权矣。而顾汲汲焉于吾国设立裁判所者，彼盖深见我国不知司法独立之义，即万无裁判改良之望。故侵我法权有进无已。窃惟近日立宪之明诏已颁，若不预立司法独立之基础，恐撤回领事裁判权之条约永无实行之期。各国裁判权之扩张，不知伊于何底。"①

2. "苏报"案对清朝政府的影响

对租界内法律适用权利的丧失直接导致租界成为"国中之国"，租界内的

---

① 《东方杂志》第4年第8期"内务"："附编纂官制大臣泽公等原拟行政司法分立办法说帖"，第418页。

革命活动引发了清政府对丧失租界内司法管辖权越来越多的关注。《苏报》案后,为遏制革命者以租借为中心展开的革命活动,清朝政府决心尽快完成法权的统一。

刊行于上海公共租界内的《苏报》,先后在其报纸上刊登《〈革命军〉序》、《读〈革命军〉》、《介绍〈革命军〉》,宣传邹容所写《革命军》一书。又刊登章炳麟的《康有为与觉罗君之关系》,倡导革命。这些文章迅速由租界内传播至口岸城市,并流入内地,引起清政府的极大恐慌,决心要将关闭《苏报》,并法办邹容、章炳麟。

但公共租界内实行的是会审公廨制度,由工部局管辖租界内华人、无约国人的部分司法审判权,清廷并无直接管辖权。此外,《苏报》的行为如果比照清朝律例,属于谋反、谋大逆的十恶罪行。但如果以近代法律来评析,则属于思想言论的宣传行为,并不是单纯的普通刑事案件,对于欧美国家而言,如要对这样的行为定罪,显然属于政治迫害。而对于政治犯,无论在国际法上,还是适用英美的法律,都很难按照清政府的要求予以移送或严厉制裁。在《苏报》案的审理过程中,清政府进行了庭上、庭下的大量活动,却都无法如愿。1904 年,只能按照英方的审判意见,将章太炎监禁三年、邹容监禁两年了事。[①]

从教案到革命党,治外法权的丧失一次次将清政府置于尴尬的地位,而随着列强在 20 世纪初大肆划分势力范围,圈定租界,其在华司法管辖权对清政府的威胁也越来越大。痛定思痛,清政府认识到传统的司法体制,尤其是予人借口的审判制度到了非改不可的时候了。编纂官制大臣则公等拟行政司法分立办法说帖中,对此有详细的阐述,并对不改革而可能产生的危机作了一个"多米诺骨牌"式的推断:"吾国审判之法,向为各国所藉口。诚以拷问刑讯,类皆各国行之于十七八世纪,今以绝无此事。而吾国乃仍沿各国三百年前之弊政,亦无怪各国之齿冷矣。顾昔也仅藉口于文明人之身体、财产,惟文明法律始足以治之,而要求设立领事裁判权,今也更进而谓法权不完全之国,不足以自治其人民,且有越俎代谋之渐。于是若英则已于通商口岸,更于领事裁判之上添置高等按察司矣。美则继起效尤,拟于通商各埠设立高等裁判所矣。其他若德之于青岛,日本之于旅大,特开法庭,更无论矣。凡此侵害我法权,即

---

①　参见林乾、赵晓华:《百年法律省思》,中国经济出版社 2001 年版,第 43 页。

为侵害我主权。设寝假而各口岸遍设各国之裁判所,寝假而各国裁判所受理各口岸之无关交涉之人民案件,寝假而内地人民之案件亦具诉于各国裁判所,我将何以处之!"①

(四)"仿行宪政"背景下构建近代司法制度

处于民族、国家危亡旋涡中的晚清政府在光绪二十六年(1901 年)下诏"变法",以实施"新政"来挽救日益深重的统治危机。但究竟实行何种"新政",清政府并未明确表态。1904 年至 1905 年爆发的日俄战争,"给整个殖民地世界以巨大希望和极大刺激。"②日俄战争的胜负,被中国朝野视为立宪政体与君主专制的胜负,"从当时的朝野舆论看,应否立宪也已不再是中心议题。"③在以载泽、戴鸿慈等为首的五大臣考察了主要西方国家的政治制度后,光绪三十二年,清政府发布《宣示预备立宪先行厘定官制谕》,决定逐渐实现三权分立的君主立宪政体。其后,"官制改革"开始,大理院与法部分立,京师各级审判厅相继成立,独立负责司法审判的机构体系初步成型。随着地方官制改革的继续,中国社会各个层面的政权组织结构开始从传统的一元体系向三权分立形式转变,近代模式的司法制度得以开始形成并发展。

1. 传统的一元权力机制下的衙门断案

中国传统政权结构的基本特征就是确立君权至上的一元权力体系,这种政权结构和传统文化有着密切联系,同时又有着完善的权力载体——衙门和官吏。

早在文明早期的殷商时代,一统于"王"的意识就开始朦胧产生,"听予一人之作酋"、"惟予一人有佚罚"④。这种意识在春秋战国时代被演绎为系统化的理论,反映在诸子百家的学说之中。孔孟尊民,但"天下有道,则礼乐征伐自天子出"⑤,老庄言道,但"圣有所生,王有所成,皆原于一"⑥。到战国晚

---

① 《东方杂志》第 4 年第 8 期"内务":"附编纂官制大臣泽公等原拟行政司法分立办法说帖",第 417—418 页。
② [美]斯塔夫里阿斯诺:《全球通史:1500 年以后的世界》,吴象婴、梁赤民译,上海社会科学院出版社 1999 年版,第 568 页。
③ 朱勇主编:《中国法制通史》第九卷《清末·中华民国卷》,法律出版社 1999 年版,第 55 页。
④ 引自《尚书·汤誓》。
⑤ 引自《论语·季氏》。
⑥ 引自《庄子·天下》。

期,法家将一元理论上升到政治大一统的层面,先有《吕氏春秋》"天下必有天子,所以一之也;天子必执一,所以抟之也。一则治,两则乱"。后有韩非"事在四方,要在中央;圣人执要,四方来效"①。这为不久统一全国的秦王朝在郡县制组织结构中的权力执行提供了明确的方针。权力一元在秦汉帝国时期成为国家政治生活的基本准则。一于权力,一于国家,由家国一体进而一于君主。董仲舒更将这套理论发挥成:"古之造文者,三画而连其中,谓之王。三画者,天、地与人也。而连其中者,通其道也,取天、地与人之中以为贯而参通之,非王者孰能当是。"②以后,从普通的社会民众到官僚士大夫乃至皇帝本人,从未怀疑过这套理论,也从未产生过权力多元的思想。

　　一元不仅是政治理论,也清晰地反映在传统政权的组织结构中。这种一元的政治结构就像一座金字塔,从最高点的皇帝,通过不同时期不同形式的组织体系,由中央逐级向下延伸,每个层面的权力执行人都为其上级所控制,同时也是下级权力行使的指导者。这些层面就是不同名称、不同职能、不同等级的衙门,而权力的执行人就是中国传统政治文化中独有的概念——官吏(mandarin)。

　　衙门构成了权力一元的结点,而官就是确保权力正常运转的工具,这套权力运转机构在明清之际最为发达,并且在作为国家政治基石的州县一级显得尤为明显。州县是最基层的政府机构,在清代,除了京师附近,如盛京奉天府的承德县、北京顺天府的大兴、宛平两县外,其他所有的县都是平级的,县官都是正七品,在数量上"清末全国有一千三百五十八个县"③。州则分为两种,一种是直接隶属于省,称为"直隶州",另一种是和县一样都隶属于府的州,数量上"清末全国有七十六个直隶州、四十八个属州"④。州县的权力运作是"全能型"的,这体现在它内部的机构设置上,仿效中央一级六部分化,州县衙门也分为吏、户、礼、兵、刑、工六房,同时,它还拥有自己的监狱。

　　官吏实际上代表着两种不同身份的权力执行人,一是官,从其出身途径的不同可以分为两种,一种是正途出身,一种是杂途或是异途。前者是指科举考

---

① 引自《韩非子·扬权》。
② 吕思勉:《文字学四种·字例略说》,上海教育出版社1985年版,第152页。
③ 郭建:《帝国缩影——中国历史上的衙门》,学林出版社1999年版,第2页。
④ 郭建:《帝国缩影——中国历史上的衙门》,学林出版社1999年版,第3页。

试选官模式,通过院试(考取者为生员或称秀才)、乡试(考取者为举人)、会试(考取者为贡士)、殿试(考取者为进士)。后者主要是指那些书吏出身选为官员或通过捐纳获得监生、贡生或官衔的人。虽然只要有生员以上的出身就算是有了进入仕途的资格,但考取进士出身才是最佳的晋官途径。因为生员虽然可以通过"拔贡"、"恩贡"、"优贡"、"选贡"、"岁贡"等方式列为贡生,升选进国子监,再经选拔成为小京官或到地方上担任教官或知县,举人三年不中可以有机会等待"大挑",但人数众多使得竞争异常激烈,机会也非常渺茫。传统的官员选任制度有程序严格的一面,但也造就了一批拥有为官资格的庞大人群。晚清初设法官制度时,这些人成为最大的可以加以利用的人力资源,但由于他们的出身和近代司法审判所需要的职业素质相脱离,在民初很快即被否定。另一种就是吏,或称书役。对吏或吏役的评价,在官方或民间的文本中一直不高。"各属书役人等,每遇地方命案,呈报到官,相率居奇,视为利薮。其在未验之前,讲差使有费,讲相验有费,以及搭盖尸厂等项又有费。迨临验之际,随从丁役有费,刑书、仵作有费。下逮轿马各夫,莫不有费。串通地保人等,狐假虎威,按户敛财,逐家派费,少者数十金,多或数百金不等。一家酿命,合村之鸡犬难安;一犯未拘,百姓之脂膏已竭。池鱼殃及,奚啻烂额焦头。念此情形,深堪怜悯。"①但他们又不可或缺,催科和断案是州县官吏的主要职责,具体执行往往就由吏来完成。明清两朝,基层政权中的正式官员极少,政务主要靠吏员办理。

除此之外,明清衙门中还有一种非官非吏,但至为重要的人物——幕友。按照刑名、钱粮、书启、书禀、账房、挂号等分类,幕友基本涵盖了基层政权日常管理中的职能和事务。其中,又以刑名幕友较为特殊,除案件调查、刑讯等事务是由吏来完成外,刑名幕友凭借对律例以及民间风俗的了解,在辅助长官审案的同时,也影响着案件的具体判决。按照明清律例,徒流以下,府州县即可决断,徒流以上,府州县审判后解部定案。因此,传统司法的黑暗就集中在书吏、幕友上下其手,使诉讼称为"堂上一点朱,民间千点血"②。一元的权力体系,使中国传统的官僚政治在相当长的时期内实现了一种高效的社会组织管

---

① 戴炎辉:《清代台湾之乡治》,台北经联出版有限公司 1979 年版,第 650、651 页。
② (清)汪辉祖:《佐治药言》,《省事》。

理,但效率与公平很难实现共存。

纵观中国近代司法体制的演化与变迁,在司法制度移植的进程中,传统的"全能型"衙门审判模式并未消失,从清末至民国,以"全能型"的审判机构应对司法诉讼,都是司法构建框架内一个未被质疑的模式。这直接造成了各级审判机构的筹设必须由中央政府直接负责,而审判人员的选任权只属于中央政府的现象。反观近代中国司法制度所效仿的欧陆以及英美等国家,单纯以严格的考试选拔机制产生审判人员的制度,倒是 20 世纪中叶以后才开始全面实现的。此外,主导近代司法转型的知识精英和官僚精英阶层,虽然掌握了官方与社会主流话语,鼓吹改造传统一元权力体系,在学术思想领域传播近代西方司法体制,但他们往往并不是新型司法机制的实际参与者,对制度条文的贡献远远大于构建新机制的实践,这就形成了"应然"的制度设计与"实然"的制度实践间巨大的反差。

2. 三权分立下的审判独立

近代中国没有产生近代资本主义经济、政治、文化制度的社会资源,那种"基于西方的文化传统所内生的一种现象,是西方社会、文化自然演化的结果"①的宪政,自然也没有适合的"社会土壤"。三权分立式的权力结构得以出现,完全是自上而下进行的政治改革的结果。这种政体形式依靠着制度话语的强势持续存在于中国近代化政治体制转型的知识话语中。

近代中国的三权体系构建是一个宏大的政治工程、社会系统工程。即如晚清言之,近代意义的行政权意味着从制度形态上移植西方文官体制,将经济、教育、治安等一系列社会公共事务的管理职能纳入其中,建立相应的组织机构;近代意义的立法权则要求中央有资政院,在省一级则要建立咨议局,在州、县、乡镇一级建立自治机构;而独立的司法审判权的实现所需要的四级审判体系,不仅有一个大理院和各省高等审检厅,还要在所有的州县一级成立地方、初级两级审判体制,乡镇一级建立初级审判体制,法院的设置数量巨大。另外,一个数量更为庞大的审判人员群体还要在如此的体系中予以配置。因此,政治权力体系的重构,制度"移植"不需要花费太大精力,但组织机构的设置、人员的安排就存在着非常实际的财力、人力问题。而更成问题的是,原有

---

① 王人博:《宪政文化与近代中国》,法律出版社 1997 年版,引言。

的权力组织体系被瓦解,新的权力机构如果迟迟不能建立,社会管理秩序上的动荡就在所难免。理想状态下的司法公正、司法权威和司法正义无法一蹴而就,传统的强大的行政权威、行政公正与行政正义自然就难以从民众的法律意识中消除。

小 结

随着近代中国半封建、半殖民地程度的逐渐加深,传统司法体制无力保全中国的司法主权,无法解决影响范围越来越广泛的中西之间的司法冲突,司法制度的转变从法律问题演化为政治问题,并伴随着政治转型而走向近代司法体制全面转型这一漫长而又曲折的道路。引导这一转型的动力,首先是为了缓解统治危机而进行的政治改良,其后则是构建和完善近代政治机制所带来的制度需求。总的来说,不可逆转的近代中国社会的整体转型,是中国司法体制从传统走向近代化的必然。即便实现的途径和手段有多种,但其目标是唯一的,即要建立一个能够和转型后的中国社会政治、经济、文化等诸多社会因素相适应,能够解决社会法律纠纷的司法审判机制。

二、近代司法改革的设计构想与司法规划

司法制度近代化转型的构想,首先立足于政府的意愿,其次,与主导司法改革的法学家的设计有密切关系。之所以如此,其原因即在于,清末司法改革本身并不是清末中国社会发展变化的内在需要,其动力主要来源于清末政府在内外政治上的要求。因此,政府在政治上的利益诉求非常明显,改革的进程与途径更多地体现出的是政治意愿。司法制度改革离不开制度设计,近代中国的法学家担负了这一使命。不同于以往的律学家,他们对于法律和法学的兴趣是外向型的学习和吸收,而中国传统的律学家则以律例体例和律例的司法实践为研究重点,是内向型的分析和发展。就近代中国法学的起步阶段而言,法学家多少都具有一些"理想"的色彩,他们关心的是如何将近代的法律条文和法学理论引入中国的法律制度的重构中,外来制度与本土的社风民情如何契合尚不在他们的研究视野中。由此,在近代中国的司法改革的进程中,不乏宏大的司法规划,也不乏对西方法律文本与法学著作的大量翻译和介绍,

但就实践而言,在相当长的时间内,理想化的制度设计在近代中国社会,尤其是基层政权体系中根本无法实现。

(一)"新政"时期改良司法的主张

从 1901 年提出"新政",到 1906 年的"仿行宪政",清政府为了救亡图存,缓解统治危机,提出了种种改良政策,使包括司法制度改革在内的一切调整上层建筑的行为终于有了实施的可能性,维系统治的政体变革需要构成了一切改良方案实施的内部动力。

1. 传统模式的司法改良

1901 年 5 月,两江总督刘坤一、两湖总督张之洞上了三道会奏变法事宜的折子,提出了具体的"新政"实施方案,其中提出:

"省刑则,敲扑呼号,血肉横飞,最为伤和害理,有悖民牧之义。地方官相沿已久,莫不动心。拟请以后除盗命案证据已确而不肯供认者,准其刑吓外,凡初次讯供时及牵连人证,断不准轻加刑责。其笞杖等罪,应由地方体察情形,酌量改为羁禁,或数日,或数旬,不得凌虐久系。"①

鉴于笞杖不仅是刑讯手段,还是《大清律例》内对轻微案件的处罚方式,沈家本、伍廷芳以此为契机,在 1905 年 3 月,在《议覆江督等会奏刑狱折》中提出了一个具有传统司法改良色彩的变革方案,除了有保留地废除了刑讯之外,还提出了在国家新制定的刑典中改笞杖罪为罚金法。

因此,这次改革涉及司法审判制度和刑法两个方面,具体办法就是:第一,全面废除笞杖刑讯、刑罚方式。"居今日而欲救其弊,若仅宣言禁用刑讯,而笞杖之名因循不去,必至日久仍复弊生,断无实效。"第二,有保留地废除刑讯取供方式。"然遽如原奏,改为羁禁数日,或数旬,立法过轻,又不足以示惩警。臣等公同酌议,拟请嗣后除罪犯应死,证据已确,而不肯供认者准其刑讯外,凡初次讯供时,及徒流以下罪名,概不准刑讯,以免冤滥。"第三,改笞杖为罚金或服劳役。即"凡律例内笞五十以下者,改为罚银五钱以上,二两五钱以下;杖六十者,改为罚五两,每一等加二两五钱,以此递加。至杖一百,改为罚十五两而止。如无力完纳者,折为作工,应罚一两折作工四日,以次递加至十

---

① 《皇朝经世文新编续集》卷一《通论上》,第 76 页。

五两折作工六十日而至。……至此项罚金折为作工之犯,嗣后即应按照新章收所习艺。"①此后,在《法部奏复变通枷号并除去苛刑折》中,对山西巡抚赵尔巽所称"各省问刑衙门向有站笼、挺棍、天平架、老虎登、单跨摇天幌等刑具,每遇疑难案件,猝难得供,往往任意滥用",再次重申"奉旨停止刑讯",并要求"饬下各直省督抚、将军、都统,转饬所属,将上项刑具一律销毁净尽。如有私用者,照例参处。"对适用"以工代罚"所必需的劳役场所"习艺所",要求"查照历次章程,迅将罪犯习艺所妥速办齐,以俾要政"②。

2. 关于废除刑讯的争议

刑讯在传统中国不仅是作为一种取证方式,更重要的是"断罪必取服输供词"是断案的基本要求。刑讯立足于重口供的证据证明方式,以犯罪人对犯罪事实的坦白作为审明案情的基本标准,要以犯罪人内心的"折服"来衬托出国法的"恢恢"和审判官的"睿智"。这种审判模式的背后,是刑罚文化、官本位意识、性善性恶的法律哲学思想。"板子"是支撑传统审判体制的重要支柱,废除刑讯,就是抽掉这个支柱,必然会导致传统的审判制度无法正常运行。

从欧陆法律发展史来看,其刑讯拷供的历史比中国短不了多少年,直到近代资本主义司法体系的形成才使西方法制比中国法制看上去"优越"、"文明"一些。"诚以拷问刑讯,类皆各国行之于十七八世纪,今以绝无此事。"③但刑讯显然是列强在华治外法权存在的因素之一,是收回治外法权的必要途径,也是传统司法改良资源可资利用之处,所以,废除刑讯成为"新政"时期改革司法审判方式的突破口。

但牵一发动全身,看似简单的废除刑讯,实则牵扯到近代诉讼体制的建立。时任御史的刘彭年就认为,外国之所以没有刑讯,原因在于西方有完整的诉讼程序体制,诉讼法及审判、警务、律师、辩护机构与制度构成了西方独有的审判方式,"外国不用刑讯者,以其有裁判诉讼各法也。凡犯人未获之前,有警察、包探以侦之。犯人到案以后,有辩护人陪审员以听之。自预审至公判,

---

① 丁贤俊、俞作凤编:《伍廷芳集》上册,《奏核议恤刑狱各条折》,中华书局 1993 年版,第261 页。

② 《东方杂志》第 4 年第 6 期"内务",第二百七十三页。

③ 《东方杂志》第 4 年第 8 期"内务":"附编纂官制大臣泽公等原拟行政司法分立办法说帖",第 417—418 页。

旁证于众证,不取供于犯人,供证确凿,罪名立定。"而中国在没有引入这套审判体系之前,贸然放弃传统的审断方法,会在实际工作中造成窒碍。"自中国改定刑法,方有端倪,听讼之法,一切未备。有刑而不轻用,犯人虽狡,尚有畏刑之心。若骤然禁止刑讯,则旁无所畏惧,熟肯吐实情。问刑衙门穷于究诘,必致积压案件,经年不结,拖累羁留,转于矜恤庶狱之法,有所窒碍。"①因此,他认为禁止刑讯,须俟裁判诉讼各法具备后,方可施行。沈家本、伍廷芳实际上也同意这一观点,即废除刑讯只是对传统审断方式予以改良的先导,其后必然要建立新型的审判制度。

作为御史的刘彭年并不属于"保守派"、"守旧派"。在清末司法改革的过程中,反对意见的提出者发出的声音不乏真知灼见。正是刘彭年的反对意见,直接促使修订法律馆先行编修《刑事民事诉讼法》(草案)而不是其他实体法律。早在光绪三十二年,刘彭年就建议改革应该教育、财政、法律三者并行,并专门就法律提出"是宜博采各国法典,先宪法、刑法、民法、商法,而后刑事诉讼法、民事诉讼法,并类及裁判所构成法、监狱管理法,条分目晰,次第成编,俾海内人士咸知遵守"。否则前后颠倒,那就造成"是先用而后体,次序紊矣"②。他曾考察日本政治,认识到西方"生于法律,活于法律,动作于法律",单纯废除刑讯是不够的,需要的是全面引入西方审判体制。

纵观清末新政及以后的"仿行宪政",认识到这是一个社会系统整体转型的人太少了,而对新旧体制转型期间应该如何保持前后制度的衔接更缺乏真知灼见,"今不察致弊之由,从根本上补救,而一概铲除旧制,尽用洋法,凭空添出许多衙署,许多官缺、许多名目……"③的做法充斥在政府各项政策的实施上,值得后人深思。

(二) 沈家本的司法思想

沈家本(1840—1913),中国近代著名法学家。字子惇,别号寄簃,浙江归

---

① 以上所引见丁贤俊、俞作凤编:《伍廷芳集》上册,《议覆御史刘彭年折》,中华书局 1993 年版,第 268—269 页。

② 故宫博物院明清档案部编:《清末筹备立宪档案资料》(以下简称《宪档资料》),中华书局 1979 年版,"给事中刘彭年奏立宪宜教育财政法律三者并举折",第 163 页。

③ 《清朝续文献通考》卷 120。转引自韩延龙、苏亦工等著:《中国近代警察史》,社会科学文献出版社 2000 年版,第 58 页。

安(今吴兴县)人。自1864年起在刑部任职近30年。1883年考中进士,继续留任刑部,任直隶司主稿、奉天司主稿兼秋审处坐办、律例馆帮办提调等职。这期间的经历,使他对历代法典和刑狱档案颇为熟悉,对传统法律制度的发展变化及得失认识深刻,为以后主持清末修律打下了深厚的专业基础。1893年起,沈家本历任天津知府、保定知府、山西按察使。1900年任刑部左侍郎,1902年,清廷设修订法律馆,沈家本此后兼任修订法律大臣近十年之久。后任大理院正卿、法部右侍郎,修律大臣、资政院副总裁等职。辛亥革命爆发后,曾任袁世凯内阁法部大臣。民国建立后,他拒绝担任民国政府官职,1913年在北京病逝。

1. 博采中外的修律宗旨

沈家本对晚清修律,提出了"参考古今,博稽中外"①的修律宗旨。结合古今中外法律中的精华,制定成适合于中国需要的法律,从主观愿望上讲,自然是非常理想化的。但在西方列强藉口清律野蛮、不人道,实行领事裁判权和会审公堂制度的情势下,中律、西法根本就不存在一个平等的环境以便进行细心地探讨和研究。所以,沈家本虽然声称"当此法治时代,若但证之今,而不考之古,但推崇西法而不探讨中法,则法学不全又安能会而通之,以推行于世",但实际上,他更多的是"取人之长以补吾之短",而且,不是局部的修改,而是要仿效日本,全盘引入西方,尤其是大陆国家的法律体系。只不过为了避免保守势力过多的指责,沈家本往往在法学理论的讨论过程中,将西法附会于中法,颇有仿康有为托古改制的模式。

为了"欲明西法之宗旨",沈家本首重翻译。在沈家本主持修订法律馆期间,他组织人员大量翻译了欧美、日本的法律书籍,还派遣官员至日本进行实地司法调查。鉴于日本明治维新的成功经验,清末变法改制大都以日本为参照对象,这在法律书籍的翻译上也得到体现,日本法律和法律著作共有一百余种。另外,沈家本还延聘法国、日本的法律专家到京师法律学堂授课,参与修律的工作。在这些因素的影响下,晚清修律越来越多地受到欧洲大陆法系的影响,最终,构成了中国近代部门法体系的雏形。

2. "以法治国"的法治主义思想

近三十年的刑部法曹经历,使沈家本比同时代的其他封建官僚更深切地

---

① 《宪档资料》下册,《沈家本奏刑律草案告成分期缮单呈览并陈修订大旨折》。

认识到法律在国家统治体系中所起的作用。在国家危难,寻求变法图强的环境下,他鼓吹西方法治主义,倡导"举国之精神,胥贯注于法律之内"①,就能使国家强盛。并以日本为例,"日本旧时制度,唐法为多,明治以后,采用欧法,不数十年,遂为强国。"沈家本的法治主义思想成分中,对西方法律文化的吸收居多,但也兼有法律工具化、德主刑辅等传统思想。

沈家本认识到"近今泰西政事,纯以法治",接触到了法治国精神中法律至上的基本原则。

3. 统一、平等的法律适用原则

沈家本谴责封建法律的特权法内容,对清朝旧律中满、汉法律适用不一提出批评,提出汉人旗人"一体同科"的主张。他还力主废除买卖人口奴婢制度,提议无论满汉官员及军民人等,永禁买卖人口。如违,买者、卖者,均照违制律治罪。法律与教育、道德的关系受传统的法律工具论思想的影响。沈家本认为,在国家的统治手段中,教化而不是法律是解决纠纷的最好办法。他说:"先王之世,以教为先,而刑其后焉者也。"②另外,他也结合对外国法制的认识,提出道德与法律间存在密切的关系,甚至道德对立法、司法影响极大,做到情法两尽,发挥法律最大的社会作用。实际上,沈家本是沿袭了儒家的法律与教育相结合、德主刑辅的思想。对于上古贤哲对法与教化关系的论证,沈家本极为推崇,甚至以西方法制文明的发达,来附会"明刑弼教"的重要意义,得出了"无论旧学、新学,不能舍情理而别为法也"的推论。

4. 废除酷刑

沈家本认为,刑罚的目的是为了"维持国权,保护公安"。国家惩罚犯罪人并非为了报复私仇,也不是严惩以戒后来。惩罚的程度应以"调剂个人之利益与社会之利益之平为准"③,而不能苛暴残酷,为此必须废除野蛮的封建酷刑。沈家本从传统法律的发展历程,得出凌迟、枭首、戮尸等酷刑没有存在的合理性和必要性。沈家本通过对虐刑的揭露,说明了化民之道不在刑威的道理。

沈家本主持修订《大清律例》时,改笞、杖为罚金,减轻刑等。同时接受西

① 《新译法规大全序》,《寄簃文存》六,中国书店 1958 年版。
② 《历代刑官考上》,《历代刑法考》。
③ 《删除律例内重法折》,《寄簃文存》一。

方人道主义思想,删减旧律中多达 840 余条的死刑条款。他一方面将死刑的执行方式定为斩、绞两种,另一方面,将虚拟死罪改为流徒刑。其中,沈家本以西方罪刑相适应原则,将戏杀改为徒罪;误杀、擅杀改为流罪。重订五刑为死刑、无期徒刑、有期徒刑、拘留、罚金五项,与世界各国的刑制大体划一。

5. 删除比附,主张罪行法定

无论是《大清现行刑律》还是《大清刑律草案》,沈家本都坚持近代刑法三大原则之一的"法无明文规定不为罪"的精神,将传统法律制度中,以比附定罪的方式坚决剔除。他指出,中国传统的比附有诸多弊端,如导致司法、立法混乱;民众对法无所适从;司法官随意出入人罪等。相比之下,"欧美及日本国无不以比附援引为例禁"①,因此,得出了比附断案施之无益的结论。

(三) 西方司法文化的输入

1. 近代西方法学的东渐

近代中国正式审视西方法学,开始于林则徐主持,将瑞士法学家瓦特尔所著的《国际法》中的一些段落翻译成中文,定名为《各国法律》。随着第二次鸦片战争的结束,清廷设立同文馆负责翻译事务,聘请外国传教士等翻译清朝对外交涉急需的外国法律著作和法律文本。其中,丁韪良翻译出版了美国学者惠顿所著的《国际法》一书,是近代中国第一部完整翻译的西方法学著作。1880 年由刑部尚书王文韶主持,北京同文馆任教的法国人毕利干将《法国法典》译成中文,定名为《法国律例》,这是被引入到中国的第一部西方民法。在司法领域中,任职于江南制造局的英国传教士傅兰雅翻译了《比国考察犯罪记略》《西法洗冤录》等著作,对清朝政府了解西方刑事司法制度开启了一扇窗户。与此同时,清朝驻外使节也根据政府要求,将所在国的各种情况,包括法律体系等以奏章的形式上报朝廷。至 19 世纪末叶,清朝政府对西方法律的注意力主要集中在国际公法领域,对司法制度和诉讼体系关注较少。

20 世纪初,近代中国对西方法学和法律制度的介绍和学习进入一个新的发展高度。这一时期以修订法律馆为主体,在修律大臣沈家本与伍廷芳的支持下,共翻译了 20 余国的法律文本,涉及宪法、民法、诉讼法和监狱管理等领

---

① 《历代刑法考》,《明律目笺》一。

域,西方法律制度和法学思想开始作为近代中国法律转型的参照物,对传统中国法律文化产生强大的冲击。大量留学生在国外法律学堂学习,回国后创办了大量的法政杂志,进一步扩大了中国学习西方近代法律的视角。

总体而言,西法东渐在很大程度上打破了传统律学的发展进程,中国对法律科学的研究从律学进入法学的发展层面。以官为本的律学大师开始让位给学堂法科教授为代表的法学家,民间知识群体开始成为法学教育和法学研究不可忽视的一股力量。输入西方律与法学之后,改变了传统鄙视司法的观念,朝野上下的舆论视法政为立国之本,使法律知识在中国知识体系中的权重大大加强,法律知识得到普及。同时使大批法律专门人才出现,出身于国内外法律学堂的法科毕业生逐渐发展成为一个职业阶层。

2. 对日本近代司法的考察

近代中国对西方司法体制的观察和理解主要是以完成了近代化转型的日本的司法体制为考察对象,日本司法制度规范成为清末司法改革的主要参考范本。

早在 1887 年,刑部主事顾厚焜与兵部员外郎傅云龙即奉命游历日本,故在 1897 年出版的《日本新政考》中记载日本司法省的职责之一就是"长判事奏任判任等官"。[1] 此时的日本已经在德国专家的帮助下,基本完成了司法审判体制的改造。明治十九年八月,德国人鲁德尔夫被日本外务省聘为法律取调局顾问,力图改造司法,收回领事裁判权。明治二十三年二月十日,《裁判所构成法》公布,11 月付诸实施,形成了区裁判所、地方裁判所、控诉院、大审院的裁判所体系。[2] 同时,日本仿效德国,开始对判事、检事采取考试选任。

(1)来自德国的制度渊源

近代中国的法律制度多采自日本,而日本则取自德国。在形式法治国学说的影响下,统一后的德国注重法律形式有效性、行政合法性、司法及法官的独立性。[3]"对于司法及法院,1877 年法院组织法、刑事民事诉讼法均明确规

① 王宝平主编:《晚清东游日记汇编》,刘雨珍、孙雪梅编:《日本政法考察记》,上海古籍出版社 2002 年版,第 26 页。
② 华夏、赵立新、[日]真田芳宪:《日本的法律继受与法律文化变迁》,中国政法大学出版社 2005 年版,第 142 页。
③ 郑永流:《法治四章——英德渊源:国际标准和中国问题》,中国政法大学出版社 2002 年版,第 101 页。

定：审判权由法院行使，审判只服从法律，法官终身任职。"早在 17 世纪，德国就有了法官考试。"1693 年，高级法院的法官录用首次采取考试制，至 19 世纪末，司法职务的国家考试体系基本定型。"①1878 年，为消除历史上存在的律师阶层内部以及和法官阶层之间在学识上的差别，德国开始实行统一的国家司法考试制度，规定在德国从事法官、检察官、律师、公证职业，必须通过考试取得资格。另外，德国的司法影响还体现在检察制度上，否定中世纪纠问制诉讼，"推行司法民主化改革，确立了诉讼与审判分离的制度"。② 在刑事诉讼中，又将公诉与私诉区分，施行不告不理制度。在检察机构的设置上，将检察机关附设于法院内，实行审检合署制，检察机关"是一个组织和职能同有普通管辖权的法院相关的自主机构"③。检察官虽然属于行政系统，但具有与法官类似的身份。这些都体现在《日本裁判所构成法》中，并继而影响了近代中国的审判检察制度。

（2）对日本的考察与效仿

1905 年日本战胜俄国，促使晚清朝野热衷于效仿日本进行政体改革。以载泽为首的五大臣"分赴东西洋各国考求一切政治，以期择善从之"④。这一举动掀起了从中央到地方考察日本的热潮。次年，修订法律大臣沈家本派遣刑部员外郎董康、主事麦秩赴日考察裁判监狱事宜，留日法科大学学生熊垓帮助调查。当时时任刑部员外郎的王仪通在日本调查学务，临时奉调负责资料的编辑整理。王仪通回国后著有《调查日本裁判所监狱报告书》，于 1906 年 5 月出版，这是当时赴日考察报告、日记中，对日本司法状况记录最为完备的一份。⑤

也就是在董康等人赴日考察期间，沈家本在初步编订的《刑事民事诉讼法》中，引入了民刑分立，案件繁、简两种程序，陪审、律师等近代司法制度。虽然这部法律未能施行，但"分司审判"的设想并没有遭到地方督抚的反对。董康等人考察的结果进一步为以后的司法制度改革提供了参考依据，例如四

① 季卫东：《法治秩序的建构》，中国政法大学出版社 1999 年版，第 213 页。
② 张培田：《法与司法的演进及改革考论》，中国政法大学出版社 2002 年版，第 150 页。
③ 陈业宏、唐鸣：《中外司法制度比较》，商务印书馆 2000 年版，第 96 页。
④ 《宪档资料》，"派载泽等五大臣分赴东西洋考察政治谕"，第 1 页。
⑤ 王宝平主编：《晚清东游日记汇编》，刘雨珍、孙雪梅编：《日本政法考察记》，上海古籍出版社 2002 年版，第 151—195 页。

级审判组织、地方裁判所以上的合议制、裁判权限分民刑案件等,这些制度设想都在清末《法院编制法》中得到体现。①

(四)近代中国司法改革中的司法规划

建立近代形式上的司法制度,意味着政府要设立体系化的法院机构并配置专业化的审判人员,并赋予其审判职能,保障这一职能的正常运行。毫无疑问,清末、民国历届政府对这一转型工程的浩大与艰难,过于乐观了。

1. 晚清政府的司法规划

近代司法审判机制的建设规划,第一次可溯源自晚清时期的官制改革。晚清政府决心仿效日本实行君主立宪政体,这使官制改革具有了对传统权力体系重新予以解构的性质。其后,在"仿行宪政"期间,清政府再次修正司法规划以使其符合"预备立宪"的需要。而第三次司法规划则是清政府缩短立宪预备时间的产物,具体规划内容与第二次一样,只是时间缩短了。

(1)官制改革时期的司法规划

按照清政府的最初构想,以日本两次官制改革历时约十五年为依据,计划官制改革在十五到二十年内完成,相应地,地方法院的设置也在同期内完成。光绪三十三年,总核官制大臣奕劻等奏请提交的《续定各直省官制情形折》中正式提出"现在法部、大理院既经分设,外省审判之事,自应由此划分权限,别立专司,俾内外归一律,此各省审判厅不能不按级分立者也"②。《情形折》所附的"编纂官制大臣载泽等原拟行政司法分立办法说帖"认为,全国范围内的审判机构的设置应该在十五年内完成,每三年为一期,共分五期。具体来说,清政府筹建地方三级法院体系,拟议先由东三省试办,然后直隶与江苏两省及时跟进。按照规划,京师、直隶、江苏、奉天四处为建立裁判制度的第一期,湖南、湖北、江西、安徽、浙江为第二期,山东、广东、广西、福建为第三期,四川、河南、山西为第四期,云南、贵州、新疆、陕西、甘肃、吉林、黑龙江为第五期。希望"第一期各省办有成效后,可分其办理熟悉之人以办第二期之各省,以次愈推愈广,人才不至有缺乏之虞,国家经费亦可逐期预备,不至有无款可筹之虑。

① 谢振民:《中华民国立法史》下册,中国政法大学出版社 2000 年版,第 987 页。
② 《宪档资料》,"总核官制大臣庆亲王等奏续定各直省官制情形折",第 505 页。

且办一府即确定一府之规模,办一省即确定一省之规模,推而之于全国,基础亦无不巩固矣。"①实际上,比照日本近代司法改革的进程,这个计划安排得尚算合理。

(2)"预备立宪"时期的司法规划

光绪三十四年(1908 年)清政府颁布了《钦定宪法大纲》。其中,包括司法审判机构在内的筹备事宜必须在 9 年内完成。此时,根据《大纲》的规定,审判机构及其人员被明确认定为直接向皇帝负责,司法审判权成为未来立宪政体中君主权力的组成部分,(君上)"总揽司法权。委任审判衙门,遵钦定法律行之,不以诏令随时更改。司法之权,操诸君上,审判官本由君上委任,代行司法,不以诏令随时更改者,案件关系至重,故必以已经钦定为准,免涉分歧。"②根据这个《大纲》所反映出的基本精神,晚清政府所要构建的"三权分立"体系中,行政权并不等于皇权,而是要求所有的三个权力体系都归属于皇权的统领。因此,司法审判权就变成了君权行使的一种新方式,司法审判机构只是与其他听命于皇权的权力机构分别独立运转,而不会对皇权产生丝毫影响,更不会限制皇权。

在新的司法规划中,晚清政府为司法审判机构的建立定了一个 9 年的时间表。按照这个时间表,从 1908 年开始,到 1916 年结束,作为独立行使司法审判权的审检厅体制的设置计划为:第一年编定刑事民事诉讼律;第二年为颁布法院编制法,筹办各省省城及商埠等处各级审判厅;第三年为各省省城及商埠等处各级审判厅,限年内一律成立;第四年为筹办直省府厅州县城治各级审判厅,核定刑事民事诉讼律;第五年为直省府厅州县城治各级审判厅,于年内初具规模;第六年为设立行政审判院,直省府厅州县城治各级审判厅一律成立,筹办乡镇初级审判厅,颁布刑事民事诉讼律;第七年乡镇初级审判厅,限年内初具规模;第八年为乡镇初级审判厅一律成立,民事刑事诉讼律施行。③ 这些筹备事宜,除法律由修订法律大臣单独或与宪政编查馆合办之外,其他有关

---

① 《东方杂志》第 4 年第 8 期"内务":"附编纂官制大臣泽公等原拟行政司法分立办法说帖",第 418、419 页。

② 《宪档资料》,"宪政编查馆资政院会奏宪法大纲暨议院法选举法要领及逐年筹备事宜折"清单,第 58 页。

③ 《宪档资料》,"宪政编查馆资政院会奏宪法大纲暨议院法选举法要领及逐年筹备事宜折",第 61—66 页。

审判机构及规章制度的实施,中央由法部负责,地方由法部会同各省督抚同办。在光绪皇帝死后,清政府于光绪三十四年十一月初十日重申以宣统八年,即原先规定的光绪四十二年为限,完成立宪的预备工作。

(3)清末的第三次司法规划

晚清政府最后一次司法规划发生在围绕着议院的开设而展开的政府与改良派的斗争中,由于实力的对比和挽救危亡统治的需要,清政府不得不从原先的立场上后退。在各省督抚的催请和各省咨议局、人民代表的连续陈请下,宣统二年十月三日,清政府发布了《缩改于宣统五年开设议院谕》,在各省督抚的电奏和各省咨议局、人民代表的陈请下,"著缩改于宣统五年,实行开设议院。"①短短两年间,在中国社会的总体局面并没有发生大的改变的前提下,预备规划做出如此大的调整,反映出清政府,尤其是其皇族顽固势力对危亡局面的认识有所加深。根据缩短的时间表,宣统二年续办各级审判厅;其后在宣统三年颁布行政审判院法,设立行政审判院,颁布刑事民事诉讼律,续办各级审判厅;宣统四年实行刑事民事诉讼律,直省府厅州县城治各级审判厅一律成立。按照这个计划安排,所有的司法审判体制要两三年内全部完成。

晚清政府对近代司法审判体制的规划相对来说还是比较具体,对机构设置、人员选拔、制度规范也都规定得较为详细。但这时期的改革只是从形式上实现皇权体系下司法审判事务与行政管理事务在机构和人员上的分离,说白了就是单独设置一个主观案件审判的机构,并配置一些被称为"推事、检事"的人员,所以,需要解决的最大问题无非是如何尽快地将机构在各地方政权内建立起来,因此,地方各省在执行这一规划时,重点也在于解决设立机构所需要的建设经费的筹措。

2. 民国北京政府时期的司法规划

在民国元年年底和民国八年,司法部提出过两次五年司法计划。它们内容不同,方式不同,都在很短的时间内被放弃。司法经费不能统一,厅署经费和人员经费超出地方负担能力都是计划被放弃的关键因素。

(1)第一次五年计划

这次五年计划集中体现在北京临时政府司法总长许世英的司法计划书

---

① 《宪档资料》,"缩改于宣统五年开设议院谕",第78页。

中。按照计划,将蒙、藏、青海暂时排除出去,以民国三年开始,各省审检厅"每年至少期以成立五分之一为率,扣至第五年一律完成。"至完成时,将设立2000余所审检厅。对于设厅所需要的法官数量,估计超过4万人。培养方式是在中央设司法专门学校,各省一律仿行。同时进行旧法官特别考试。从民国三年起,每年派遣44名法官分往各国实地练习法庭实务。此外,以在县级单位试办审检所,将帮审员作为以后初级法官的任用来源。①

该计划以司法统一的名义寻求将司法体制的构建纳入中央的调控范围内,将法官任命、组建审检厅纳入中央统一规划。但对于司法经费筹拨,则要求在"中央编制统一预算于税则未分以前,由本省量度本省财力,暂照向来习惯,实行支配",即由地方承担。另外,主张开办不动产登记、商业船舶登记、夫妇财产契约登记、身份登记等,将登记税作为司法经费的一种来源。显然,这样的政策是不可能吸引各省地方长官的兴趣。从后来的实施结果看,姑且不论其设置三千余所法院、任命四万余名法官有多大的现实性,单从经费无法保证而论,就是其计划最终全部落空的重要原因。

该计划的实施,首先是在各省设置司法筹备处,而财政带来的压力也最先在这里体现。地方各省,如直隶等,以经费紧张为由停发司法经费。到1913年,司法部不得不呈请大总统裁撤司法筹备处,原因即在于:"现在内外财力艰窘万分。前饬各省设立司法筹备处,本为预策进行。目前,各处未设法院有无余力扩充,尚待从长计划。所有各省司法筹备处应即一律裁撤,各该处应办事宜,仍由司法部就高等审检两厅长中遴员呈请荐任,以节靡费。"②

裁撤司法筹备处,表面上看,是省一级司法行政单位被撤销,实则代表了民国政府已经放弃了这个五年司法计划。该计划的唯一成果体现在新疆,因为民国初年,新疆撤销了高等审检厅,在其他各省均已裁撤司法筹备处后,新疆司法筹备处继续维持了下去,担负地方高等审判事务。③

(2)第二次五年计划

1918年,第一次世界大战结束。中国作为"一战"的战胜国,收回领事裁

---

① 参见薛梅卿等编:《清末民初监狱改良专辑》,第56—66页,中国监狱学会,1997年。
② 《政府公报》,民国二年九月二十六日,大总统令。
③ 《政府公报》,民国二年九月二十五日,新任司法总长梁启超呈文,称拟请大总统拟将新疆司法筹备处暂缓裁撤。

判权和收回青岛成为该时期的政治热点。为了收回领事裁判权,民国政府一方面积极拟定法律草案,另一方面,就是重新开始进行司法筹划,力图在国内建立完善的司法审判体系。

这一新的司法规划方案,核心内容就是设置法院。与上一次司法规划相比,经历过民初法院设而又废的变迁,北京政府在地方上的影响范围受制于掌握实权的军阀势力,有鉴于此,该规划对地方法院的筹设时间比较长,达到 20 年之久。而且,比较现实的只就五年第一期设厅规划做了具体安排。

司法部于 1919 年提交的"添设审判厅计划大纲"明确提出,收回领事裁判权,遍设审检厅是最为需要解决的问题。编订法典由修订法律馆具体安排,而添厅则是刻不容缓。此时的民国政府不再像晚清、民初政府那样,寻求法院系统的迅速建立。司法部的方案称"我国幅员广阔,为县凡一千七百有奇。欲按法院编制法同时并设,无论无此财力,亦无如许人才可以应用。势非取渐进主义不可"①。方案着重于第一期五年司法规划的设计,在"第一期添厅计划分年筹备表总说明"中,司法部将筹办法院分为三大事项,一是订立在哪些地区开设法院,二是法院内配置人员数额的确定,三是规划添厅所需要的经费。

五年之中的审检厅添设,每年进度并不一样。按计划,1919 年应添置高等审检分厅 14 处、地方审、检厅 40 处。1920 年添置高等审检分厅 6 处、地方审、检厅 40 处。1921 年应添设 5 处高等审检分厅,42 处地方审检厅。1922 年应添设 8 处高等审检分厅,32 处地方审检厅。1923 年则分别为 7 处和 34 处。

添设法院计划的庞大开支依然是计划实施的难点之一。在计划提出时的 1919 年,该年应增加司法经费 1969132 元。但司法经费从未由中央政府统一,所以,中央政府继续要求各省承担。依据 1916 年筹设法院的费用为基数,司法部预估 1919 年的司法经费为 2431608 元。② 此后,虽然国务院会议议决通过这一计划,但因为经费没有着落,这个方案无法予以实施。

类似的司法规划在民国南京政府时期也曾经出现过。当时的司法行政部企图在五年内分期实现全部地方法院的设置。但这一规划因抗日战争的爆发

---

① 本部分论文引注,如无特别注明,均引自"司法部提议添设审判厅计划大纲",第二历史档案馆一○○二号,172。

② 《政府公报》,国务院公函第 618 号。

而终止,实际上即便在南京国民政府所标榜的"黄金十年",其新设地方法院也只有一百七十余所,与当时近两千个县级地方单位相比,其规划的可实施性依然很小。

小 结

从近代中国司法文化转型的演变路径观察,虽然大量的外来思想、思潮不断为这一转型提供知识上的话语力量,并在相当程度上左右了朝野对司法制度近代化的认识,但无法回避的一个问题就是这一转型可资依赖的国内社会资源是极不充足的。由于源自清末的司法、行政分权本身并不来自于中国社会自身的内在要求,而完全是一种中央政府以"分权"来实现权力统一的目的,即最大限度地将地方司法审判权,通过独立的层级审判体系掌控在中央手中。同时,将源自废除讯供的审判方式改革推进到审判组织、审判人员改革上,以实现收回治外法权。因此,建立司法审判机关强烈的目的性,使它本身的设置规模和进度的设计并不取决于中国社会司法审判的实际需要。而近代中国社会制度演进历史中诸多的实例告诉我们,能够利用的传统社会资源越多,则某种近代制度建构的过程就相对顺利,而那些悬浮于本土社会之上的制度体系规划,要么只是停留在纸面上,要么也是添加了五花八门的"本土化"内容后才能从形式上展现出来。

三、近代中国法院体系的建立与发展

伴随着清末"仿行宪政"的提出,近代中国的政权体系开始由权力一元向三权分立转变。在中央、地方相继开始的官制改革中,一个近代意义上的司法审判机关体系开始在中国逐渐出现。清末民初的中国政府对审判体制构建,将精力集中在设置审检厅和被称为推事、检察官的法官群体的尽快形成上。同时,近代审判体制的确立,也将近代中国的司法改革由改良审判方式的"恤刑狱"深化为建立独立的审判组织体系。

(一) 清末各级法院的设置

清末法院的设置是从中央一级开始,然后是天津的试办,接着在京师和东三省进行了更大范围的试办。最后,按照"分年筹设"的进度安排,在全国逐步设立各级法院。

1. 大理院的设置

光绪三十二年(1906 年),清朝政府开始筹备设立最高审判机构——大理院。根据当年裁定颁布后的中央各衙门官制,将原来的大理寺改为大理院,专掌审判;原来的刑部改为法部,专任司法,初步确立了中央一级的司法、行政分立后的审判机构。

根据大理院《审判权限釐定办法折》,大理院是全国的最高裁判机关,管辖"宗室官犯及抗拒官府并特交案件",是地方审判厅管辖案件的终审机关。沈家本被任命为大理院正卿,刘若曾被任命为少卿,官制依然仿效传统大理寺的设置。光绪三十三年(1907 年)三月开始,原由法部暂时负责审理的案件全部移交大理院,大理院案件审判职能开始运转。①

根据《大理院官制》,除正卿、少卿外,大理院分设四个刑事法庭,两个民事法庭,各设推事五人,每庭以推丞为长。刑一庭负责特交及国事犯,并核查京内外重大案件,刑二庭负责宗室及官犯案件,刑三庭负责京师高等审判厅的上控案,刑四庭负责各直省高等审判厅的上控案。民一庭负责宗室民事诉讼及京师高等审判厅的上控案件,民二庭负责各直省高等审判厅的上控民事案件。总检察厅附设在大理院内,设厅丞一名,检察官六人。此后,大理院奏请设置专门进行死罪案件复核的详谳处。② 在宣统三年(1911 年),大理院上奏,请求根据《法院编制法》的规定,提前在甘肃、四川、云贵、两广各设大理院分院,但这一计划因清廷灭亡未能实现。③

2. 试办地方各级审判厅

在地方设置专职审判机构是完善审判体系的重要环节。晚清政府分别在天津、北京以及东三省等地采取试办方式,摸索地方各级审判机构的设立方式。

(1)试办天津各级审判厅。光绪三十三年(1907 年),天津首先试办审判厅,设天津府高等审判分厅,设四处乡谳局作为初级审判厅,"所有两厅及谳

---

① 《东方杂志》第 4 年第 6 期"各省内务汇志",第 293 页。
② 《大清法规大全》卷七"法律部·审判"。
③ 故宫博物院明清档案部编:《清末筹备立宪档案资料》(以下简称《宪档资料》)第 889 页,"大理院正卿定成等奏请提前筹议大理院分院事宜折",中华书局 1979 年版。

局办事人员,就平日研究谳法暨由日本法政学校毕业回国之成绩最优者,并原有府县发审各员,先令学习研究试验及格,按照分数高下,分别派充。"①颁行《直隶天津府属试办审判厅章程》:设预审官、承发吏、书记生等人员;厅内设待质所,分绅商、平民、妇女三室;诉讼费的收取采用发卖专用状纸而得;管辖案件采用专门列举的形式,并规定了基本的诉讼程序。②

(2)试办京师各级审判厅。在筹设大理院的同时,清朝政府也在考虑在京师设立各级审判厅。因此,《大理院审判编制法》虽然是大理院的组织法,但关于京师各级审判厅的组织办法却占了大部分内容。其第三节京师高等审判厅、第四节城内外地方审判厅、第五节城谳局,明确规划了京师三级审判厅的组织职能。光绪三十三年(1907年)六月,法部开始筹建京内外各级审判厅,并提交了京师各级审判厅官制清单。京师各级审判厅有两个特别之处,一是将初级审判机构的名称由"乡谳局"改为"初级审判厅"③,二是在审判厅内设"检查厅"。检察厅附设于审判厅内。

按计划,预备在内城、外城各设一处地方审判厅,定名为内城地方审判厅和外城地方审判厅。同时,在内城拟设三处初级厅,外城拟设两处初级厅。后因经费筹措紧张,决定先放弃建立外城审判厅,只在内城设一处地方审判厅。④ 光绪三十三年十月,法部根据已颁行的《直隶天津府属试办审判厅章程》为基础,编定了《各级审判厅试办章程》,以弥补因为《大清民事刑事诉讼律》被缓行而造成的没有可以适用的诉讼规范的制度空缺,并在京师各级审判厅率先予以实施。

(3)东三省各级审判厅的设置。光绪三十三年(1907年)五月,清政府发布《各直省官制先由东三省开办俟有成效逐渐推广谕》,核准了外省官制改革方案,要求各省按察使改为提法使,分设审判厅。由东三省先行开办。⑤

奉天省最先于十二月一日将奉天高等审判厅、奉天府地方审判厅及初级审判厅建立起来。将原宗人府两翼公所改设为高等审判厅,将奉天发审局改

---

① 《东方杂志》第4年第10期"内务",第479页。

② 《东方杂志》第4年第1期"内务",第15页。

③ 参见《宪档资料》,"法部等衙门谨奏为酌拟京内外各级审判厅职掌事宜及员司名缺分缮清单恭折"。

④ 《东方杂志》第5年第2期"内务",第101页。

⑤ 参见《宪档资料》"各直省官制先由东三省开办俟有成效逐渐推广谕",第510页。

设为地方审判厅,于承德、兴仁两县按照巡警区域分设六个初级审判厅,各厅均附设检察厅。这个分级审判体制的实行是局部的,按计划属于先行试办,然后推广全省。① 宣统二年(1910 年),奉天高等审判厅提议在承德地方审判厅内开设幼年审判厅,专门审理 16 岁以下幼年犯罪。②

吉林省于光绪三十四年(1908 年)五月一日开办了吉林省高等审判厅、吉林府地方及两处初级审判厅。同年八月设置了长春地方审判监察厅。按计划成立的还有新城地方、初级审判厅,农安县、榆树县、依兰府、滨河厅等初级审判厅。③

至于黑龙江省,由于"至现在设治各出,人民本稀,词讼尚简,其各级审判厅等应请暂缓设立。仍于各府厅县内各设审判员,帮同地方官审理词讼案件。并于各道设司法股员,帮同各道核转该管所属地方各案件,以期分理而归详慎。"④因此,黑龙江省在宣统元年(1909 年)十月以前没有进行审判厅的设置。到十月份后才在省会的龙江设了高等、地方、初级三处审判厅。

3. 省会商埠地区各级审判厅的设置

短暂的宣统朝是清末法院组建的高峰,过程上的仓促却给以后二十余年的中国带来了一个比较稳定的地方审判体系。为了按照"预备立宪"的要求,为未来实行君主立宪制的清王朝提供一个外国列强所接受的审判组织和审判程序,晚清在审判独立制度的构建规划上,以试办时期的经验为基础,开始进行审判机构的系统化建设。按照法部的规划,地方各省应当在宣统元年筹办省会、商埠地方各级法院,以备来年正式开设,为此,制定了一批针对审检厅建筑样式、建设和运作经费、内部组织结构和人员配置的法律规范。按照计划,宣统二年(1910 年),在各省省会、商埠地区建立三级三级审判厅机构。

(1)审判厅组织规范。宣统元年七月初十日,法部将《各级审判厅试办章程》予以修正⑤,通行于全国。同时,拟定了《各省城商埠各级审判检察厅编制

---

① 《法政杂志》第 1 年第 5 期"专件",第 91 页。

② 《东方杂志》第 5 年第 3 期"内务",第 193—196 页。

③ 《吉林提法司第一次报告书》,国家图书馆馆藏。

④ 《大清法规大全》"吏政部"第六册,"东三省总督徐等会奏江省续设道府厅县酌拟设治章程折"。

⑤ 谢振民:《中华民国立法史》(下册),中国政法大学出版社 2000 年版,即原章程第七条所定各级审判厅管辖区域系专指京师内外城而言,法部量加补定了 8 条,第 983 页。

大纲》12 条和《各省城商埠各级审判厅筹办事宜》4 条,以此作为各省筹建地方各级法院的制度规范。① 各省以上述三个规范为基础,经与法部协商,可制定本省审检厅的设置办法。到宣统元年十二月二十八日,《法院编制法》及所附的《法官考试任用暂行章程》《司法区域分划暂行章程》颁布实行,对原有筹设法院适用的规范变动最大的,是确定了法官以考试作为主要选任方式,组织机构则没有变化。

(2)三级审判体系。对地方各级审检厅的具体开设方式,《各省城商埠各级审判检察厅编制大纲》对审检厅的机构和人员做了规定。按照《大纲》的要求,各省应在省城设 1 所高等审判厅,首县和商埠各设地方审判厅 1 所、初级审判厅 1 所或 2 所。如果商埠繁盛或距离省城较远,则设高等审判分厅 1 所。高等审判厅设厅丞 1 人,下设民科 1 庭、刑科 1 庭,各设推事 3 人。此外,设典簿 1 人、主簿 2 人、录事 4 人或 6 人。地方审判厅设推事长 1 人,也设民科 1 庭、刑科 1 庭,每庭设推事 3 人,设典簿 1 人、主簿 1 人或 2 人。如事务简单,也可以不设主簿,以录事兼任。初级审检厅各设推事 1 人或 2 人。同级检察厅附设于审判厅内。高等检察厅设检察官 1 人、录事 2 人。地方检察厅设检察长 1 人、检察官 1 人。《大纲》第 8 条规定,"凡以上应设厅数、庭数、员数俱系最简之办法。各省城商埠不得再行缩减。其繁剧之处量宜增置,不必拘守此限。"此外,上述审检厅还相应配置候补人员和承发吏、庭丁等人员。

(3)司法经费。《各省城商埠各级审判厅筹办事宜》则对经费、建设、用人、管辖做了规定,其中,前三项与审检厅设置密切相关。就经费而言,清末曾经进行过统一全国财政收支的努力,并试行编订全国年度预算,但至清亡,也未能实现。所以,清末设置法院涉及建筑经费、开办经费、人员开支三项,这些费用自然只能由地方自行承担。就"经费"一项中,法部只是建议各省可以考虑将旧有的发审、清讼等机构的费用以及原来用于审案的刑幕束修、招解公费等全部划拨过来,收取的诉讼费也可以留用一部分,却无法提供更好的解决办法。因此,地方各级法院筹设速度和规模在很大程度上并不是由上述法律规范予以制约,而是和所在省份的经济实力密切相关。与经费承担上的超然态

---

① 以上三部法规均见《大清法规大全》卷七"法律·审判"。以下引文均标明引用法规名称,不再标注出处。

度不同,法部对"建筑"一项极为留意,要求"法庭及办公处所,自以从新建筑为合宜。如财力实有不给,仅可就各项闲废公局处所酌量修改。但不得与现在之各行政官署混合,以清界限"。这应该是对国外法院"规模严肃、制度崇闳"的模仿。"用人"一项概括起来,就是所有审检人员均应由法部请简、奏补、委用。推检人员的来源可以由地方长官在官员中选择,也可以从旧有刑幕、官僚以及法政学生中选任。

实际上,《筹备事宜》中的四条规定在内容形式上没有什么问题,但花钱的事情归于地方,用人的权力统于中央,显然会让地方官员从整个"预备立宪"的活动中品出中央集权的味道。虽然,集权的中央政体是欧陆国家司法体制构成形式上的一大特色,晚清政府借助司法改革保持加强司法审判权力的掌控也无可厚非,但在当时民情汹汹的大背景下,只能使地方政府在筹建法院的事情上体现出越来越大的消极态度。

(4)地方法院的开设。宣统二年(1910年),晚清政府在全国各省省会、商埠地方成立高等、地方、初级审检厅,这是近代中国最大规模的一次司法建设活动。

按计划,当时清末各省需要组建22所高等审判检察厅,以及设在天津、热河的高等审检分厅;在各省省城、商埠设地方审检厅56所,并在奉天抚顺县、直隶张家口、福建南台、广东新会、三水5处地方设地方审检分厅;各省共设初级审检厅88所,其中,直隶天津县设4所、奉天承德县设3所、吉林吉林府、甘肃皋兰县、贵州贵筑县各设2所,其余均设1所。

实际完成情况,根据宪政编查馆大臣奕劻等考核京外各衙门第三年第一次、第二次筹备宪政情形折分别予以汇总,则除湖南、广东外,晚清政府于1910年年底在北京及奉天等十五个省份、直隶保定、天津共十八个地区建立了高等审判检察厅(分厅),省会城市建立了地方、初级两级审判厅体系,在新民等二十个商埠建立了地方、初级两级审判厅体系。宣统三年(1911年),继广东设厅完毕后,未开设审判厅的湖南决定于七月一日成立三级审判厅,上海预备于十月设立高等审判分厅。① 也在这一年,辛亥革命的风潮彻底将晚清政府抛入历史的漩涡,晚清近代审判机构的设置进程就此画上了句号。

---

① 《法政杂志》第1年第8期"本国之部",第61、62页。

清末审判厅设置大事表

时　　间	审判厅设置事件
光绪三十二年九月二十日	原大理寺改为大理院,原刑部改法部,行政、司法分立
光绪三十二年十月四日	颁布《审判权限釐定办法》,确定民、刑案件的管辖级别和范围,规划京师审判厅的机构、职能
光绪三十三年二月十日	天津审判厅建立,设高等审判分厅、地方审判厅、四处初级审判厅,颁布《直隶天津府属试办审判厅章程》
光绪三十三年三月一日	大理院全面行使最高审判职能
光绪三十三年	颁布《大理院官制》,确定大理院内部审判机构和职能
光绪三十三年五月二十七日	《总核官制大臣奕劻等奏请续定各直省官制情形折》提出十五年内在全国设置各级审判厅
光绪三十三年五月二十七日	《各直省官制先由东三省开办俟有成效逐渐推广谕》确定东三省试办审判厅
光绪三十三年十月二十九日	颁布《各级审判厅试办章程》
光绪三十三年十一月五日	京师各级审判厅建立,设高等审判分厅、内城地方审判厅、五处初级审判厅
光绪三十三年十二月一日	奉天省高等审判厅、奉天府地方审判厅及奉天府内六处初级审判厅建立
光绪三十四年五月一日	吉林省高等审判厅、吉林府地方及吉林府内两处初级审判厅建立
至光绪三十四年底	按计划,吉林新城地方、初级审判厅,农安县、榆树县、依兰府等初级审判厅建立
光绪三十四年八月初一日	《九年预备立宪逐年筹备事宜谕》要求全国各级审判厅在九年内建成
宣统元年闰二月	《法部奏统筹司法行政事宜分期办法折》规定了九年的具体筹办事宜
宣统元年七月十日	颁布《各省城商埠各级审判检察厅编制大纲》、《各省城商埠各级审判厅筹办事宜》
宣统元年十月	黑龙江高等审判厅及龙江府地方、初级审判厅建立
宣统元年十一月、十二月	河南、山西分别在省城设置了高等审判厅,吉林长春建立了商埠审判厅
宣统元年底	奉天省承德、抚顺、营口、新民、安东地方初级审判并检察各厅建立
宣统二年四月	山西省城高等、地方、初级审判各厅建立
宣统二年六月	广西高等及桂林地方暨临桂初级各厅建立
宣统二年八月底至九月初	全国法官选任资格考试第一次考试

续表

时　　间	审判厅设置事件
宣统二年十一月十二日前后	奉天新民、营口、安东、辽阳等商埠，直隶保定、张家口商埠，山东省城及济南、烟台商埠，江苏苏州、江宁及镇江等商埠，江西省城及九江商埠，安徽省城及芜湖商埠，浙江省城及宁波、温州商埠，福建省城及南台商埠，湖北省城及汉口、沙市、宜昌等商埠，四川省城及重庆商埠应设之高等、地方、初级三级审判厅建立；黑龙江、山西、河南、陕西、贵州省城高等、地方、初级三级审判厅建立
宣统二年十二月	新疆省城高等、地方、初级三级审判厅建立
宣统元年十二月二日	颁行《法官进级章程》《法官补缺轮次表》
宣统元年十二月二十三日	推广诉讼状纸，以购买状纸费用作为诉讼费
宣统元年十二月二十八日	颁布《法院编制法》及《法官考试章程任用暂行章程》、《初级暨地方审判厅管辖案件暂行章程》、《司法区域划分》三个暂行章程
宣统二年	奉天省在承德地方审判厅内筹设幼年审判厅
至宣统二年	清末省城商埠各级审判厅大体建立
宣统二年十二月十七日	《宪政编查馆奕劻等拟修改宪政逐年筹办事宜奏折》提出至宣统五年全国各级审判厅建立
宣统三年三月七日	大理院要求提前在甘肃、四川、云贵、两广设大理院分院
宣统三年七月一日	湖南省城高等、地方、初级三级审判厅建立
宣统三年十月	筹议在上海建江苏高等审判分厅

（二）民国时期法院体系的发展

民国时期司法审判机构的发展呈现出两个特点：一是继续完善审判组织的规划都未能实现，而且是在很短的时间内就被放弃；二是自北京政府大规模裁撤地方法院后，基层法院和地方法院至 1947 年仅有 782 所，仅为地方县市数量的五分之二，多数县实行的是行政兼理司法制度。

1. 民初政府对前清司法审判组织机构的继承和发展

1912 年，中华民国北京政府建立。前清政府已经建立的法院系统基本为民国政府所全盘继受，但人员方面则有较大的调整：原则上，民国政府不承认前清法官的任职资格。在中央司法机构，大理院重新开设。在地方司法机构方面，原京师各级审检厅由 5 所初级厅压缩为 4 所，其他未予变化。这一时期的民国中央政府并不直接参与当时新的审判机构的设立，但在热河设直隶第二高等审判、检察分厅则是个例外。1912 年，中央政府在热河新设高等审检分厅,这样就有了以天津为治所的直隶第一高等审检分厅和热河的直隶第二高等审检分厅。

早在 1912 年 2 月,民国司法部通告各省都督、军政分府调查审判厅及监狱,以便统筹全国,逐渐加以改良。至 9 月,司法部发布统计数字,确认了当时所继受前清审检厅的情况:总计已开设的各级审判、检察厅共 687 所,其中,高等审判、检察厅各为 19 所;高等审判、检察分厅各 4 所;地方审判检察厅各为 113 所,地方审判分厅 11 所,地方检察分厅 12 所;初级审判检察厅各为 196 所。如果按照高等、地方、初级三级计算,则高等厅为 23 所,地方厅为 124 所,初级厅为 196 所。此外,新疆、甘肃、贵州在清末已开设的审判、检察厅被关闭。

2. 民国北京政府对审判机构的裁撤

1913 年爆发的"二次革命",是民初政治矛盾的一次爆发,也在很大程度上使袁世凯的北京国民政府摆脱了"辛亥革命"所附加的政治负担。建立完善的民主、共和政体不再是必然的政治使命,而变成可以商量的、逐渐完成的一种构想、一种计划。也正是在这样的政治氛围下,在 1914 年的政治会议上,北京政府决心对地方各级法院予以大规模裁撤。此后,直至民国南京政府重新开始组建审判机关以前,民国北洋政府维系着一个小规模的法院体系。

(1)裁撤法院的建议。裁撤法院的提议首先是时任司法总长的梁启超在其拟定的十条司法建议书中提出的。之后,在北京袁世凯政府的授意下,地方各省都督、民政长联合提出请求,要求裁撤全部已设立的法院。

梁启超的十条司法建议认为,清末制定、民国援用的《法院编制法》采用的四级三审制不符合现在的实际情况。主要理由是四级三审需要建立众多的法院,需要任用数量巨大的法官,以中国现有行政区划,"则略计法官人才,须在万五千人以上。司法经费,须在四五千万元以上。揆诸国情,云何能致。"尤其是初级法院在财力、物力上的巨大投入,使得其普遍设立极为困难。无论是已经设立的审检所,还是县知事监理审判,"皆所以就现行编制法之穷也。"①

其次,他建议简化轻微案件的诉讼程序,诉讼程序不应该无论案件轻重大

---

① 《政治会议议决案》,国家图书馆藏书。

小,都采用一种程序审理案件。他认为现行程序制度,对轻微案件审理太过复杂:"在昔州县审期,遇贤明长官,堂谕数语,一日可了数十起。今则数千文之钱债,判牍连篇;一两月之拘留,爰书盈尺。"这种轻微民事案件,由县知事兼理审判即可以应用"极简易之程序行之"。①

与民国元年各省纷纷开办审判机关情形迥然不同,已为袁世凯全面控制的各省行政长官,既对本地方的审判机构毫无兴趣,也无意承担相应的司法经费。由热河都督姜桂题衔名起草建议,直隶等各省都督、民政长兼署的共同电请文书由国务院发交政治会议讨论。在这份 34 位地方长官连署的请示电中,不仅将梁启超废除初级管辖的建议变为裁撤初级法院,更一股脑儿地将司法审判体系全盘否定。

(2)裁撤地方各级法院。袁世凯政府所控制的政治会议最终形成的裁撤法院方案是,首先,省高等审、检厅不予裁撤,增设高等分厅于外道公署,以道尹行使司法行政权。政治会议在审查报告中,认为高等审检分厅可以通过上诉案件的审理,监督、调整县知事的初级审判。鉴于地方筹措司法经费困难,审查报告建议"于各外道公署内附设高等分厅,委托该道以监督司法行政之权"②。

其次,保留省城、繁盛商埠已设地方审检厅,其余全部裁撤。政治会议在对地方审检厅的裁撤上费了一番思量:全部保留,地方长官不同意,也不会负担相应的司法经费;全部裁撤,则司法审判体系形同虚设。最终,政治会议议决只保留省城和繁盛商埠的地方厅,标准是以是否与华洋诉讼事务相关,即"各省商埠法院,多有华洋诉讼案件,动关交涉。且与收回领事裁判权极有影响,法院似不可省";"东三省设厅最早,且时有日俄交涉事件,办理向称得手,相沿已久,已成习惯,法院似不可省"。确定了这样的原则后,地方法院系统按照后来实际裁撤的数量共减少了三分之一。

第三,以梁启超司法建议为由,裁撤全部初级法院。初级法院虽被裁撤,但裁撤的方式则有不同。按照审查报告的意见,是将省城、繁盛商埠已设初级厅并入地方厅,其余地区已设初级厅则一并取消,审判事务全部归并县知事

① 《政治会议议决案》,国家图书馆藏书。
② 《政治会议议决案》,国家图书馆藏书。

兼理。

　　按照议决的方案,主体工作是裁减法院,即将全部初级法院和部分地方法院予以裁撤,同时,也需要"增设",方案中明确提出的"增设"就是建立高等分厅。而在方案的具体实施过程中,则多有变化:高等审检分厅也在裁减之列;高等分庭、地方分庭、地方简易庭大量出现。裁撤法院,涉及法院编制,所以,到1915年6月20日,司法部呈准政府将《暂行法院编制法》重新修正刊行,变四级三审为三级三审,即将初级审判厅、初级检察厅的条文全部删除,未涉及高等分厅、地方分厅规定的调整。①

3. 民国北京政府时期的高等分庭、地方分庭和简易庭

　　1914年裁撤法院后,作为此后新增审判机构的主要形式,高等分庭和地方分庭、简易庭开始出现,并陆续颁布相应的法律规范。民国政府于1914年9月24日,以教令第132号颁布《高等分庭暂行条例》11条。② 因该条例未规定高等分庭的管辖权限,又在1915年1月22日,颁行《高等分庭管辖权限暂行条例》③,即将高等分庭以高等法院派出法庭的形式出现。北京在裁并初级厅时,创作出将初级厅变为地方审检厅简易庭和地方审检厅分庭两种变通方式,为司法部所提倡,要求全国仿行。民国政府司法部于1914年颁行了《地方审判厅刑事简易庭暂行规则》10条和《审检厅处理简易案件暂行规则》9条,对简易庭做了初步规范。而对地方审、检分庭的规范,则到1917年,国会颁布了《暂行各县地方分庭组织法》。这部法律完善了由京师开创的地方分庭制度,在组织机构、诉讼程序、管辖权限等方面具有细致的规定。其第1条规定:"凡已设地方审判厅地方,得于附近各县设立地方分庭","各地方分庭得设于县知事公署"。分庭管辖范围与所在县区域相同。分庭管辖案件为初级管辖和地方厅为第一审管辖的民、刑事案件。分庭审理采用独任制。对分庭审理的初级管辖案件判决不服的,在地方厅上诉;对地方第一审管辖案件审理不服的,则向高等审判厅或分厅上诉。分庭各配置推事、检察官1人到2人。

　　至1918年,高等审检厅除京师外,各省共21处,在热河、察哈尔、绥远3

---

　　① 谢振民:《中华民国立法史》(下),中国政法大学出版社2000年版,第989页。
　　② 《政府公报》第40册,第367页,1914年9月25日,命令。
　　③ 《政府公报》第48册,第566页,1915年1月29日,饬。

处设都统署审判处。此外,地方审检厅仅剩余 52 处。①

4. 民国时期的行政兼理司法体制

民国时期,在县级政权体系中,主要实行的是行政兼理司法制度,按前后顺序,分别为审检所、县知事兼理司法、县司法公署和县司法处。总体上,这四种兼理司法制度均属于"暂时性"的制度设计,但事实上则贯穿了整个民国时期。

(1)审检所制度。这一制度主要实施于 1913 年,本是作为向初级法院过渡的一种变通方式,目的在于完成司法审判权从民国地方行政衙门向独立的法院体系的顺利转移,尤其是司法审判人才的培养。在确定所有初级法院均被裁撤后,这一制度也就失去了存在的必要。

在未设法院地方设置审检所并不是民初司法部的预先规划,最先设计这一审判体制是山东和四川,最终由司法部将两省的做法和建议予以结合,于 1913 年发布了《各县帮审员办事暂行章程》、审检所制度开始在全国推行。

这一制度的核心要件在于独立审案的帮审员,但帮审员并不是法官。按照民国初期司法部的司法规划,帮审员通过在院局设立前的审案经验,成为"驾轻就熟之才",就"可收为法官"。如同帮审员不是法官一样,审检所也不是法院。但审检所以帮审员独立审判的方式,已具有了地方初级审判机构的雏形。

审检所虽然可以独立处理民事案件,但在审理刑事案件时,则由县知事负责检察事务,其行政兼理司法的职能依然存在。至 1914 年,全国共设审检所 992 所。

(2)县知事兼理司法制度。在 1914 年政治会议期间,在采纳了全部裁撤初级审判厅的建议的同时,也确立了由县知事兼理司法审判的制度。1914 年 4 月 5 日,袁世凯政府公布了《县知事兼理司法事务暂行条例》,规定县知事拥有审判权,在县级公署内设承审员辅助县知事审判案件。一般情况下,承审员可以独立审理民事案件,但对于刑事案件,则由县知事行使检察权。同时还公布了《县知事审理诉讼暂行章程》,进一步明确"凡未设审检厅各县,第一审应属初级或地方管辖之民刑事诉讼,均由县知事审理"。"县之司法区域与行政

---

①　第二历史档案馆,《北京政府全宗汇集》(全宗号 1041)。

区域同。"这两部章程的颁行基本构成了县知事兼理司法的主要内容。

县知事兼理司法从形式上与审检所制度类似,但后者本身在制度设计上被确定为初级审判机构的过渡,而前者则是在短期内不在县级政权设立初级审判机构而产生的替代性制度。

(3)县司法公署。在袁世凯统治结束后,民国北京政府于1917年召开全国司法会议,对县知事兼理司法予以修正,设立县司法公署体制以实现在县级单位上行政权与司法审判权的分离。5月1日,颁行《县司法公署组织章程》,决定在"凡未设法院各县应设司法公署",审理民事、刑事初审案件。同时规定,审判事务,概由审判员完全负责,县知事不得干涉。县知事主要担负在刑事案件中的检察事务,负责刑事检举、缉捕、勘验、递解、刑事执行。审判员经考试产生,凡年满三十岁以上,符合"①在外国公私立大学或专门学校修法律之学三年以上,得有凭证者;②在国立大学及教育部认可之公私立法政专门学校修法律之学三年以上,得有凭证者;③充当帮审员或承审员一年以上,经正式委任者;④曾任各法院书记官长民刑事记录书记官满一年以上,曾经司法部任命者;⑤曾于前清充各官署刑幕五年以上,品学兼优,经原官或现任本省荐任以上官证明者"任一条件的,可以参加审判员考试。考试科目为:"一、中华民国宪法;二、暂行新刑律;三、民法;四、商法;五、诉讼法、强制执行法律、破产法;六、法院编制法;七、关于司法部发各项现行法令;八、设案判断。"

县司法公署制度一定程度上恢复了审检所过渡性初级审判机构的特点。但由于规定了"因特别情形不能设司法公署者"通过特别程序,"仍令县知事兼理司法事务"的情况,因此,至1926年,全国两千多个县中,仅有46个县设立了司法公署,继续沿用县知事兼理司法的则有1800余处。

(4)县司法处。司法处制度司法处制度,又称为兼理司法县政府制度,是南京国民政府在未设立法院的县政府内部单独设立司法处,负责审理民刑事初审案件的制度,其基本内容沿袭县司法公署制度。1936年,南京国民政府相继公布实施了《县司法处组织条例》、《县司法处办理诉讼补充条例》、《县司法处刑事案件覆判暂行条例》、《县司法处书记官任用规则》、《县司法处审判官俸给规则》等法规,使司法处完成了制度化的建设。

与县司法公署类似,司法处配备审判官,执行司法审判事务,而县长执行检察事务。审判官独立行使审判职务,独立审理案件,不受县长的干涉。

小　结

从清末至南京国民政府 1949 年前中国整个法院体系的发展,存在两个显著特点:一是普通司法审判机构始终维持在一个较小的数量上。即便南京国民政府时期设置法院的态度比较积极,也仅仅比北京政府多建立了 200 余所地方法院,显然该制度推广的社会条件比之清末民初略有改观但仍收效有限。二是近四十年移植西方近代司法体系的结果,依然不能改变在当时中国大多数的县级地方政府实施的更具传统司法色彩的行政兼理司法审判机制。

分析近代中国构建司法审判机构的主要障碍,一个无法回避的现实是窘迫的财政负担能力。县署机构是普遍存在的,但即便是维持这样的一个基层权力体系,已经是清朝、民国政府财政上的一项巨大支出了。

按照光绪三十四年的统计,当时主要省份的财政状况如下①:

（单位:万两）

省区	岁入	岁出	盈亏	省区	岁入	岁出	盈亏
奉天	1580.7	1558.9	21.8	陕西	396.4	412.8	-16.4
吉林	485.9	535.6	-49.7	甘肃	312.2	329.1	-16.9
黑龙江	93.3	229.1	-135.8	新疆	317.2	334.7	-17.5
直隶	2165.9	2357.4	-191.5	福建	672.1	694.1	-22
热河	80.6	84.1	-3.5	浙江	814.9	847.3	-32.4
江宁	2549.7	2574.5	-24.8	江西	757	789.5	-32.5
江苏	2040.3	2489	-448.7	湖北	1654.5	1852.1	-197.6
江北	164	124.3	39.7	湖南	602.8	642.4	-39.6
安徽	600.7	674.2	-73.5	四川	1532.1	1496.5	35.6
山东	1131.1	1052.6	78.5	广东	2727.8	2761	-33.2
山西	587.2	614	-26.8	广西	489.1	449.2	-10.1
河南	688.5	660	28.5	云南	602.2	698.3	96.1
贵州	153	179.1	-25.8	合计			-1290.3

根据上表,只有 5 个省份的财政略有节余。显然,对近代司法审判组织在机构和人员上给予必要的财政供给,在绝大多数的省份中是根本做不到的。

① 周育民:《晚清财政与社会变迁》,上海人民出版社 2000 年版,第 385 页。

　　而以民国二年地方财政支出为例，是年，地方财政总支出为 5930 余万元，而县知事署的经费为 16965608 元，占了近 28.6% 的比例。这样的地方财政状况能够保持地方政权的基本运转就已经很是吃力，更何况要单列出一个专职司法审判的业务机构体系。所以，单从行政兼理司法审判的机制而言，它肯定是与司法独立的宪政原则相冲突，但就经济负担上讲，则是非常现实的选择。民初政府到北洋历届政府，都将行政兼理司法看作暂行的、权宜的办法。且不说这样的暂行、权宜需要多长时间才能结束，但处理社会诸多的民事、刑事纠纷，则必须有一个相应的裁判机构。独立的裁判机构既然不存在，那么，现实存在的行政机构自然要担负起这个责任。

　　从清末司法改革开始，越到政权体系的底层，新型审判组织的构建规模就越大，设立机构、配置人员乃至法院的运作所需要的费用就越多，而这些财政和人员培养的投入全部是由地方各省负担。按照晚清、民初政府对司法组织体系的规划，未来直省各州县都要设立地方、初级两级审判机构，更为庞大的乡镇初级审检厅也很快将进入议事日程，到那个时候，建设厅署所需要的巨额费用从哪里解决？ 数量同样庞大的法官能够通过相对严格的专业资格考试吗？ 他们的薪酬又如何得到保障？

　　第二个障碍来自于地方政府的消极态度。虽然从清末开始，地方督抚就成为推动清末立宪活动的重要力量，但其目的是为了从中央取得更多的权益。[1] 地方审判机构的出现，其独立的体系实际上意味着地方各级行政长官丧失对司法权的掌控。而且，按照近代中国的财政体系的构架，地方三级审判机构的设置主要由地方担负。所以，地方政府无论是从主观上还是出于对实际困难的考虑，他们对中央制定的筹设审检厅时间表和具体实施是有疑虑的。很典型的意见来自于清末山东巡抚袁树勋的奏折，他于宣统元年五月上奏朝廷《筹办审判厅并变通府县审判厅办法折》，他指出："每一州县必有地方审判厅一所，初级审判厅五所。又初级审判厅须置一员或二员以上之推事，初级检察厅须置一员或二员以上之检察官。每一厅州县之初级审判厅须设官一十员左右，地方审判厅分民、刑两庭，又兼用合议制，合计推事长、庭长、推事、检察长、检察官总在十员以上，俸给太少则不足以养人之廉，即不能责人以事。若

───────────

　　① 谢霞飞：《清末督抚与预备立宪的宣示》，载《中山大学学报》（社科版）1996 年第 1 期。

乎平均计算,每员岁以六百两计,则俸薪一项。每一厅州县岁费已在二万两左右,加之典簿、录事、书记、承发吏、庭丁、检验吏,各项俸薪与其他办公费用至少亦须万金,是一厅州县当岁费三万两左右,合吾国二十二行省,各府厅州县计之岁费约以五千万计,而建筑等费尚不在内,隐虑国家无此人才,亦断无此财力。"①在没有财力的情况下该怎么办呢? 袁树勋的提议与以后梁启超的司法建议颇有暗合之处,即各省只在直隶州设地方审判厅,在有辖地的府及厅州县设一所或两所初级审判厅,提高审判厅收案标准,将大量的民事案件与轻微刑事案件继续交由地方行政长官处理。

制度转型需要在理想与现实之间寻求妥协,由此才能为制度的实现提供充分的社会土壤。从现实的角度看待近代中国法院体系的变迁,可以看到,既有的社会条件只能满足一个小规模的审判体系的存在。无论理想和规划有多么先进和完善,如果不能满足现实条件,那么制度设计就只能变成一纸空文。此外,小规模的法院体系需要的法官数量并不多,理想模式中的对法官严格考选的方式也有了实施的现实条件。也正是在此期间,近代中国的法官考试选任制度开始形成并逐渐完善。

四、近代中国的法官选任制度

从"官"分化出来的被称为"推事、检察官"的"法官"开始在被称为"审检厅"的机构中从事专职审判业务,近代中国初步拥有了专业、职业的司法官。伴随西方法学教育进入中国,法政学堂毕业生开始为法官这一法律职业群体提供持续的新鲜血液。作为近代法学知识的掌握者和使用者,法官的准入标准和法学素质教育是分不开的。理想状态下的法官选任模式应该以法学素质与审判实践经验为基准。但近代中国法院体系的演化承受了太多的政治因素的影响,法官准入标准与法官需求数量之间很难实现平衡,这也就促成了近代中国多变的法官选任制度。

---

① 《宪档资料》,"山东巡抚袁树勋奏山东筹办审判厅并请变通府县审判厅办法及初级审判厅权限折",第873—875页。

（一）法政学堂选官模式的兴起

科举选官是清朝官员主要的选任方式,在清政府决定实行"新政"后,新式学堂毕业生开始成为晋身仕途的另一来源。光绪三十一年(1905年)八月,直隶总督袁世凯会同张之洞、赵尔巽、岑春煊、端方等人吁请停科举考试,清廷接受建议,下诏"着即自丙午科(光绪三十二年)为始,所有乡试、会试一律停止,各省岁、科考试,亦即停止"①。随着科举制度的废除,学堂(包括国内和国外)选官成为清末主要的选官途径。法官选任方式在宣统元年至二年间确立了考试选任的办法,因学堂选官刺激而产生的法政学堂,则是考选生员的一大来源。

1. 学堂选官

光绪二十七年(1901年)的《学堂选举鼓励章程》是清末最早确定学堂选官的规范文件,它宣布,只要在学堂考试合格毕业的人员,即可获得贡生、举人和进士出身。成绩优秀的举人和进士参加殿试后可以给予相应的官阶。随着留学热潮的出现,光绪二十九年,张之洞草拟了《奖励游学毕业生章程》。对于留日毕业生给予与科举同样的选官资格。同年制定的《奏定各学堂奖励章程》则对国内各级学堂毕业生的出身予以详细规定。在确定的三类高等教育机构:通儒院、大学分科和高等学堂中,后两者与以后的法政教育关系密切。1904年颁布,并于1906年和1909年两次修订的《奏定考验出洋毕业生章程》中进一步完善了学堂选官的制度体系。

学堂选官的具体实施方式前后不尽相同,主要内容就是进行毕业考试。考试合格的毕业生才可以被奏请奖励,并根据等级给予相应的出身,进而晋身仕途。学堂毕业分国内、国外两种,所以,选官考试也内、外有别。相比较国内学堂考试,对归国的游学毕业生的考试相对规范。"新政"政策出台后,国内人员出外游学的规模逐渐扩大,但日本是最主要的目的地。随着人员逐渐增多,留日的学生秩序开始混乱。为此,1905年,日本制定了限制清留学生的章程,清廷也开始对游学毕业人员归国任用方式上采取了考试的形式。同年,包括法政毕业生在内,共14人通过了第一次留学毕业生考试。来自日本早稻田大学政科的金邦平、政法科的唐宝鄂给予进士出身,赏给翰林院检讨;东京法

---

① 《清德宗实录》卷548,光绪三十一年八月甲辰,谕内阁。

学院政法自费生曹汝霖、日本法科大学的钱承锬、早稻田大学政科的戢翼翚给予进士出身,分发各部以主事学习行走;早稻田政科毕业的陆宗舆、法科毕业的林棨给予举人出身,分别以内阁中书和分省补用知县任用。① 此后,直至清亡前,持续进行了留学生考试,出身法政人员分别给予法科进士和法科举人出身。从 1908 年开始还进行廷试录用考试,总计录用游学毕业生达 1000 余人,其中,1908 年录用法政科人员 14 人、1909 年为 63 人、1910 年为 153 人、1911年为 255 人。②

　　除留学生选官外,学堂选官的另一途径来自国内新式学堂。至 1909 年,全国学堂总数为 52348 所,高等学堂学生 20648 人。③ 法政专门学堂在其中一枝独秀,甚至成"泛滥"之势。全国法政学校数量在 1907 年为 24 所、1908年为 37 所、1909 年为 47 所,学生依次为 5766 人、9756 人、12282 人,学校在全国高等学堂中的比例从 30.7% 上升到 42.7%,人数则从 43.9% 上升到59.5%④,法科学生数量高居各科榜首。

　　就法律毕业生的培养模式来说,清末有一个从严到松的过程。最先出现的法律学堂是仿照仕学馆模式和日本法政大学速成科模式建立的。沈家本提出:"日本变法之初,设速成司法学校,令官绅每日入学数时,专习欧美司法行政之学。亦略仿其意,在京师设一法律学堂,考取各部属员,住堂肄习,毕业后派往各省,为佐理新政分治地方之用。"⑤这一方面可以将官僚体系中的闲散人员通过专业培训的方式完成知事体系的转换,另一方面可以迅速培养出符合近代法律体系要求的法律人才。1905 年出现的法律学堂和仕学馆速成科就是这两种模式的体现。次年,清廷同意给予法政毕业生以高等学堂毕业待遇。但到了 1908 年颁布"切实考验外官章程"后,则要求各省于三个月内开

　　① 《东方杂志》第 2 年第 8 期"谕旨"。
　　② 参阅杨学为、朱仇美、张海鹏主编:《中国考试制度资料选编》,黄山书社 1992 年 8 月版;《东方杂志》第 6 年第 7 期,"谕旨"、第 7 年第 6 期以及程燎原著:《清末法政人的世界》,法律出版社 2003 年 9 月版,第 141—149 页。
　　③ 李兴华:《民国教育史》,上海教育出版社 1997 年版,第 96 页。潘懋元、刘海峰主编:《高等教育》(资料汇编),上海教育出版社 1993 年版,第 347 页—349 页。
　　④ 潘懋元、刘海峰主编:《高等教育》(资料汇编),上海教育出版社 1993 年版,第 347—349、351—356、358—362、654—655、803、807、810、812 页。
　　⑤ 《大清教育新法令》第 6 编,转载朱有瓛主编《中国近代学制史料》(第 2 辑下),华东师范大学出版社 1983 年版,第 469、470 页。

办法政学堂。

从上述资料中可以看出，学堂选官是中国近代文官制度发展过程中的一个过渡，衔接起了传统的科举取士到近代文官考试两种不同选官方式。学堂选官立足于近代高等教育体制不仅打破了传统的知识结构，而且将官吏素质教育同学堂专业培养联系在一起，后者对近代中国法学教育、法官选任制度的发展产生了深刻的影响。由于开办、毕业时间比较晚，在晚清开始筹设近代司法审判体系时，专业法律人才尚不具规模。即便到各省开始建立地方三级法院机构时，能够具有专业法律知识的人员也并不多。

2. 流于形式的法政教育

在法政教育逐步发展的条件下，清政府对法官就职的标准涵盖法学教育背景和法学知识体系的掌握。但问题是，在庞大的设厅规划需要在短短一年内实现的要求下，各省对未来法官的培养流于形式。

首先，对法学学堂毕业生的重视是逐步体现的。法部在宣统元年制定了《补订高等以下各级审判厅试办章程》，其中第 3 条"用人"一项，对法官任用方式作了统一规定，"内外审判检察各厅，属于本部直辖所有。一切官员请简、奏补、委用之权均应归宿本部，以与各行政官区别。京师即已实行，各省自应一律照办。高等审判厅厅丞、高等检察厅检察长由本部择员预保，临时请简，各督抚亦得就近遴选或指调部员先行咨部派署，不得迳行请简。推事、检察官各员由督抚督同按察使或提法使认真遴选品秩相当之员或专门法政毕业者或旧系法曹出身者或曾任正印各官者或曾历充刑幕者抑或指派部员，俱咨部先行派署。典簿、主簿、所官、录事各员由督抚饬按察使或提法使认真考试现任候补各员及刑幕人等，拔取资格程度相当者分别咨部派署委用。"①法官是由地方长官对法政学堂毕业的学生以及旧有的僚属、刑幕进行选拔、内部考察，通过向法部奏报，以请柬的方式加以任命，在这里，法律专业知识和以往办案经历处于同等地位。

对法律专业知识的重视也是逐步体现出来的。宣统元年九月，法部在《酌拟京师审判检察各厅员缺任用并补暂行章程折》内，明显加强了对法律学

---

① 《大清法规大全·法律部》卷七"审判"，"法部奏筹办外省省城商埠各级审判厅补订章程办法折并清单"。

堂毕业生的提拔、任用,"凡调用人员,如系正途出身或法律专长者,拟请酌量变通,随时奏明办理。其他捐纳佐杂各员仍照馆部定章,不得援以为例。"同时,又规定"如在高等法律学堂以上毕业,奏调到差后扣足年限,由臣部察看确系学识优长,准援照馆部奏章,准保主事七品小京官吏分别保以初级推事检察官及所长、所官、典簿、主簿、学习行走"。此时,法部已经认识到,随着京外各省审检厅的陆续开办,作为法官的推检事的任用是大量的,必须对选任程序作出一个统一规定,所以在《补订高等以下各级审判厅试办章程》中虽然承认了法官直接任用的方式,但也规定:"惟创办之始,法官考试任用章程未实行以前,以略予变通",即这种任用方式只适用于法官考试任用制度颁布以前。而且,"以上各员除请简者应由本部奏请简用外,凡明年成立之省城商埠审判检察各厅一切行奏补员缺,有法官考试任用章程未实行以前,均应作为署任,俟该章程奏明实行后考核成绩再行分别奏补。"①这为法官考试任用制度的实施作了预设。

其次,以审判研究所为代表的速成法科教育极不规范。为满足对司法人员的需要,各省纷纷开办审判研究所或法官养成所等速成法科培养机构。以浙江、江苏、山东三省为例,浙江准备在筹设审判厅各处设立审判研究所,将法科毕业的人员选拔后编为甲班,另外将"文理优长,粗有法政知识者"编为乙班,进行学习,以此储备审判人才。审判官的选任先从法政学堂毕业人员和有审判经验的人员中选拔。② 江苏审判人员的培养应以"新旧律紧要之处及一切裁判办法研究",提议设司法研究所,分设甲、乙班分别培养,以对应所需要的不同品级的审判人员。山东巡抚提交的筹办情形折中,声称以在法科学堂附设夜校的方式,为有经验的官吏讲授民、刑、商法及诉讼法,外国判例,以此满足该省所需要的两千多人的审判人员。③

3. 民国初期对法科毕业资质的调整

民国建立后,对法科教育为基础的法官选任资格的调整体现在两方面:第一,将国内法律三年制毕业生分为国立、公立、专门学校三类,公立及专门学校还必须得到司法总长、教育总长的认可,基本排除了私立大学毕业生的参试资

① 《大清法规大全·法律部》卷七"审判"。
② 《东方杂志》第6年第7期"宪政篇",第391—393页。
③ 《宪档资料》(下),第873—875页。

格;第二,特别强调了毕业文凭的重要性,确立甄别考验程序。

1913 年,民国司法部颁行的《司法甄拔考验准则》,甄拔考试的一大特点是不仅严查考生的毕业文凭,看其是否为教育部所同意,而且还严格审查考生的毕业、学习、经历资料,这实际上就是针对私立大学和法律学校的别科而专门规定的。而且,它在事实上否定了私立法科学校毕业生考试资格。这一政策的出台是和当时国内法政教育的混乱状况密切相关的。

民国初年,确立分年设置法院和迅速培养法政人才的政策,在政策诱导下,私立法校纷纷成立,盲目招生。清末就已存在的法律别科也在教育部于民国元年发布的第 20 号部令中得到认可。① 该部令的主要内容,就是允许法政专门学校暂设法律别科、政治经济别科。所谓别科,其最大特征就是迅速、大规模地培养法政学生。这些学校可以录取年龄在 25 岁以上具有国学根底者入校,肄业三年毕业。其学科科目得由校长按照本科酌量减少。有鉴于此,民国教育部不得不要求酌量停办私立法政专门学校,并开始取缔有问题的学校,江苏即被停办 13 所私立法校。②

与此相应,考生的毕业文凭问题也亟待解决。近代中国法学毕业生的文凭问题由来已久,清末就有不少地方发生过学校滥发文凭的事件,而一些留日的法政速成毕业学生,其文凭的真实性也大有疑问。民初对法政教育培养体系的宽松规定,也造成法政学生毕业文凭多少存在"水分"。因此,对文凭真实性的审验,就要求考生提交包括讲义、履历等在内的一系列证明文件。由此可以看到,不管怎样,清末民初的法政教育、法政学生的命运总是与反复变化的法院设置计划、法官选任标准联系在一起。

(二)清末法官考选制度的形成和实践

清末法官选任模式经过了"新政"时期的官制改革阶段,到"预备立宪"阶段方确定了法律专业考试作为法官准入的必要条件。1910 年《法院编制法》的颁布,尤其是其附属的《法官考试选任暂行章程》对法官选任方式做了充分的规定。同年进行了中国历史上第一次全国范围的法官资格考试,法官职业

---

① 《政府公报》第 6 册,第 754 页,1912 年 10 月 27 日,命令。
② 孙慧敏:《从东京、北京到上海:日系法学教育与中国律师的养成》,《法制史研究》2002年第 3 期,中国法制史学会主编,中国法制史学会出版。

群体的构建在专业化与职业化之间实现衔接。

1. 近代审判官、检察官官制的确立

作为近代法律职业共同体的主干成分,中国首批法官是在试办审判厅时期出现的。审检厅内负责案件审判事务的人员在称谓上也逐渐固定下来,推事、检察官一直使用到民国时期,他们构成了通称的法官。

(1)推事、检察官称谓的确立。1907 年,在《大理院官制》中对司法人员的称谓作了说明,称:"查推官之名,肇自有唐,相传甚古。然历代皆属外僚,不繫京职。考宋时大理有左右推事之称,拟改推官为推事,即以此通行内外审判衙门,以符裁判独立之义。司直官称亦缘古制,惟名义近于台谏,尚与事实不符。拟改总司直为总检察厅丞,司直为检察官,庶核实循名,人人易知其职守。"近代中国审判体制中推事和检察官的称谓即由此而来。

(2)第一批法官选任的方式和程序。中国近代的第一批法官(推事和检察官)与近代审判机构的建立是同步的。光绪三十三年八月,清政府任命许受衡补受为大理院刑科推丞,周绍昌为民科推丞,张成勋为大理院总检察厅厅丞。① 李琨赢为京师高等检察厅检察长,奎锦为京师高等审判厅厅丞,徐谦为京师地方审判厅厅丞。

由于当时的大理院仅仅是简单地将原来刑部负责审判事务的人员吸纳进来,因此,熟悉审判事务的原刑部及其他衙门人员成为当时法官的主体。不仅大理院如此,当时已建或筹建的审判厅在法官任用方面也主要是主管部门以请简、奏补的方式加以任命,在《法部奏各级审判厅定期开办折》中,对京师高等、地方审判厅的人员任用情况作了说明:"再司法机关于人民之利害安危关系最重,故任用法官较之别项人才倍宜审慎,其有熟谙新旧法律及于审判事理确有经验者,自应酌加遴选以备临事之用"②,在程序和选任资格上遵循的都是传统模式。

在试办审判厅的东三省地区,也同样是以奏咨方式选任法官,标准为"熟谙新旧法律及于审判事理确有经验者",其后,遴派许世英试署奉天高等审判厅厅丞,汪守珍试署奉天高等检察厅检察长,萧文华试署地方审判厅厅丞,廖

---

① 《东方杂志》第 4 年第 9 期"谕旨",第 57 页。
② 《东方杂志》第 5 年第 3 期"内务",第 191 页。

世经试署地方检察厅检察长。只有最早开办审判厅的天津情况较为特殊一些，对法官的教育背景提出了法学专业培养的要求。当时天津法官主要由留日法政学校毕业生组成，"所有两厅及谳局办事人员，就平日研究谳法暨由日本法政学校毕业回国之成绩最优者，并原有府县发审各员，先令学习研究试验及格，按照分数高下，分别派充。"①

2. 法官考选制度的提出

《法院编制法》的颁布是晚清政府在审判机构制度规范上的一大进步。与以往的编制法、试办章程相比，《法院编制法》首次明确规定专门性的法律考试是选任法官的先决条件，其后所附的《法官考试任用暂行章程》详细规定了法官考试的具体办法。到宣统二年（1910 年）的三月，又颁行了《法官考试任用暂行章程施行细则》，四月颁行了《考试法官主要科应用法律章程》。上述规章大体上规划了法官考选的基本制度模式。

宪政编查馆在向清政府提交的奏折中，对《法院编制法》及《法官考试任用暂行章程》所确立的法官考试制度作了说明。首先是明确了法官考试作为法部任用法官的先决条件，"拟请饬下法部，嗣后于考试任用各项法官时，务须钦遵颁定暂行章程，严切奉行，不得稍存宽假。"②从法律与社会之间的关系上看，当法律成为控制社会的主要手段时，司法审判人员掌握着调整社会各利益平衡的杠杆，其职业素质的高低与社会秩序的稳定与否有着密切关系。正是出于对司法审判人员重要性的认识，晚清政府坚决地要求法官考试制度必须贯彻实施，即便对于已经是推事、检察官的人员也要补试。例如，在正式的法官选任资格考试结束后，清廷于 1910 年年末，对先行试办审判厅的京师和天津的推事和检察官进行了补试。按宣统三年二月二十一日和六月三十日的《政治官报》载，京师通过 124 人，天津为 49 人。

3. 法官考选资格

《法院编制法》规定了免考和免第一次考试的人员范围，即在法政学堂学习三年并获得文凭的人员，并"充京师及各省法政学堂教习或律师历三年以上者，得免其考试作为候补推事、候补检察官"；"其在京师法科大学毕业及在

---

① 《大清法规大全·法律部》卷七"审判"。

② 本条及以下所引奏折内容均见《大清法规大全·法律部》卷七"司法权限"，"宪政编查馆核定法院编制法另拟各项暂行章程折并清单"。

外国法政大学或法政专门学堂毕业,经学部考试,给予进士、举人出身者,以经第一次考试合格论。"其后,《法官考试任用暂行章程》对应试资格的要求是,"凡在法政法律学堂三年以上领有文凭者"、"举人及副拔优贡以上出身者"、"文职七品以上者"、"旧充刑幕确系品端学裕者"。从应试资格的规定来看,作为考生的主体成分应由法律学堂的毕业生和传统官僚、刑幕等组成,充分考虑到了新、旧法律更替,新、旧审判人员交替的沿革过程。

但当时法政人才的匮乏在很大程度上促使清政府不得不降低应试资格的专业素质要求,法科速成逐渐成为发展趋势。为应对1910年法官资格考试报名人数过少的局面,清朝法部宣布将应考资格扩大为:凡留学外国法政速成毕业,在本省充当法政教员三年以上者;在本省法政二年以上毕业领有优等文凭者;在外国法政法律学堂二年优等毕业领有优等文凭者;在该省审判研究所接续二年程度毕业领有优等文凭者。但这些被放宽的资格规定只限于宣统二年的法官考试。

4. 宣统二年的法官资格考试

以考试选拔官员,在中国有着上千年的实践经验,而宣统二年的法官考试则是中国历史上第一次全国范围的法官资格考试。以时间为线索,它由三次考试组成,即广西于五月十五日提前进行,京师于八月二十四日至九月十二日进行,其后甘、新、川、滇、贵于九月举行。① 从考试安排上讲,则是京师和外省分别举行。

按照《法官考试任用暂行章程》的规定,考试共分为两次,第一次考试科目为:一、奏定宪政纲要;二、现行刑律;三、现行各项法律及暂行章程;四、各国民法、商法、刑法及诉讼法(准由各人自行呈明,就其所学种类考试,但至少须认二类);五、国际法。其中第二至第四为主科,主科分数不及格者,余科分数虽多,不得录取。考试分笔述、口述二种。笔述及格者,再令口述。口述科目以主要科为限。通过第一次考试的人员分发地方以下审判厅、检察厅学习,学习期为两年。在此期间,学习人员没有法官资格。待期满后经第二次考试合

---

① 是年八月初九日,法部派员往四川、云南、贵州、甘肃、新疆等地考试法官。载《东方杂志》第七期,"中国大事记"。另,新疆是九月十一日考试,十八日结束。四川是九月十一日开始考试。笔者所见的《云南第一次考试法官闱文》于宣统二年九月排印,似乎外省考试时间应同为九月十一日开始。

格的,才能担任候补推事、候补检察官。第二次考试分笔述、口述二种,如果第二次考试不及格,则仍发行原厅学习,一年期满再行考试。仍不及格者,应即罢免。

宣统二年的法官资格考试前后共录取八百余人,分别分发当时已开办审检厅实习。但由于清朝的灭亡,按规定进行的实习期未满,因此,这次专业资格选拔考试并未进行完毕。宣统二年实施的《法院编制法》及《法官考试任用暂行章程》在晚清构筑独立司法体制的大环境下,明确了法官的遴选机制以及专业素质考核方法,从制度上规范了新型司法人员所应具备的综合素质标准,体现出晚清全方位引入西方司法体制的特点。这套规范制度从世界司法体制发展潮流的角度来衡量,无疑是先进的,是保证司法人员公平、公正、独立执法的先决条件。即便从中国司法近代化的角度来评判,它也指明了一条正确的发展方向。但在特殊的历史环境之中,在晚清政府功利色彩浓重的"仿行宪政"的背景下,过短的筹备时间和过快的审判机构建立的速度,都在一定程度上违背了近代司法制度移植的自身规律,使制度规范、机构设立、司法人才培养三者间的关系难以协调,造成法官选任制度及资格考试在实践中难以为继。但清末法官选任制度的演化,本身就是在中国特殊的国情民风下的一种积极的制度实践,它构建起了近代中国独立的法律职业阶层,也对以后及现在的中国司法体制的发展具有重要的历史借鉴价值。

(三) 民国政府法官资格考选制度的确立和发展

1. 民国初期明确法官资格必须以法律毕业为基准

民国初期政治混乱,迁移到北京的参议院的立法功能遭到严重削弱,涉及司法改革的一系列法律文本均未能完成审议程序。当时一共制定了 10 种法律草案,以用于政权更迭后司法审判机构的重建和人员选任,它们分别有《法院编制法草案》、《法院编制法草案施行法草案》、《司法官官等法草案》、《司法官官俸法草案》、《书记官官等法草案》、《旧法官特别考试法草案》、《司法官考试法草案》、《司法官考试法施行法草案》、《律师考试法草案》、《监狱官制草案》。① 但到国会解散,这些草案没有一部得到审议。在这种情况下,民

---

① 张篁溪参定:《37 法汇纂》,铅印本,国图普通古籍。

国司法部只好将前清颁行的《法院编制法》和《各级审判厅章程》略加变通,率先对大理院、总检察厅以及京师各级审检机构进行调整,将京师法院改组的办法,主要是法官的任用标准推行全国。

1912 年 8 月,司法部确定"法官资格,法定綦重,必须以法律毕业而富于经验者为合格"①作为对现有司法人员选拔的基本条件。在民初法院改组过程中,可以适用的法律规范以《暂行法院编制法草案》为主。由于排除了对《法官考试任用暂行章程》的适用,所以,能够从该法律草案中找到任用法官的依据,就只有其中免试法官考试的条款了。《暂行法院编制法草案》中的免试条款,是其第 107 条和第 112 条的结合,规定为在法政法律学堂三年以上,领有毕业文凭者,并充京师及各省法政学堂教习或律师历三年以上者;在京师法科大学毕业及在外国法政大学或法政专门学堂毕业,并充京师及各省法政学堂教习或律师历三年以上者两项,共同的条件要求就是"并充京师及各省法政学堂教习或律师历三年以上者"。律师任职三年,在民国初期显然是不存在的。所以,可以免试为法官的就只有那些在京师及各省法律、法政学堂中的资深教习了。

其后,司法部对全国各省地方、初级法院法官的任用标准明确定为:"任用法官,以确系法政、法律三年以上毕业者为合格。其在外国法政年半以上,得有毕业文凭并曾充法官满一年以上或曾充法律教授满一年以上者,亦可任为地方以下各厅法官。"②所谓"其在外国法政年半以上"实际上就是指在日本法政速成科毕业的留学生,其学制为一年半。

民国政府确立法官资格必须以接受过法学教育为最基本条件,对此受影响最大的是那些非法律出身但已被任命的前清法官和那些通过了前清法官资格考试的实习法官,这些人均被称为"旧法官"。由于针对他们的《旧法官特别考试法草案》没有完成议会审议,因此,相当一部分前清法官就此退出了法官体系中。

民国初期对法官资格的评定和选任程序,即如 1916 年司法部概述的那样:"当元二年间,法官考试章程未遑议定,任用法官但凭资格。而以审级之

① 《政府公报》第 5 册,第 45 页,1912 年 9 月 2 日,呈批。
② 《政府公报》第 5 册,第 442 页,1912 年 9 月 16 日,公电。

高下定宽严之准绳。其在国外法政一年半以上毕业,并曾充法官或法律教授满一年以上者,得充地方、初级各厅法官。其在国外或国内法律三年以上毕业者,得充高等厅法官。其在国外法律三年毕业而又富于经验者,得充大理院及总检察厅法官。其任用书记官则依据《法院编制法施行法草案》第四条所列各项资格办理。此两项人员均由司法部分别呈请简任、荐任及以部令委任。"①

2. 民国法官考选制度的发展

在民国北京政府与南京国民政府统治期间,法官考选制度逐渐定型。早期的北京政府因为有关法官考试选任的法律无法出台,遂以行政规则的形式来确定法官的选任标准,例如1913年颁布的《甄拔司法人员准则》,它规范了民国政府第一次全国司法官资格考试;1918年正式颁布了《司法官考试法》,随后又相继出台《考试法施行细则》、《高等考试司法官律师考试条例》及《法官初试暂行条例》。②

(1)应试资格。民国时期对应试司法官考试的考生严定资格,从1913年第一次司法官甄拔考试,再到南京国民政府时期,考生应试资格基本确立为:在国外大学或国外法科院校修学法律三年以上并有毕业文凭的学生;在国立或教育部、司法部认可的公立大学修学法律三年以上并有文凭的学生;以及在国内私立法科院校专门学习法律三年以上的学生。在民国政府早期,也曾同意一年或一年半学制的法科速成班毕业生参加司法考试,但随着国内法科教育步入正轨,这些速成生逐渐被取消了应试资格。

(2)考试流程。民国司法部均是历次司法考试的主要组织者。考试的组织机构为司法考试委员会等机构,由审议员、监视员等组成,人员分别来自高等审判厅或高等法院的司法官、司法部参事、法制局参事及国立大学及专门学校教员。

考试分笔试和口试两次,笔试一般采取分场分科考试,考试科目多有变化,但宪法、民法、民事诉讼法、刑法、商法、刑事诉讼法等均为主要考试科目。笔试及口试合格的考生分发各地司法机构参加实习。实习地点一般为地方法

---

① 《政府公报》第100册,第316页,1917年1月13日,附录。
② 参见李超:《清末民初的审判独立研究》,法律出版社2009年版,第六章。

院。实习人员实习地域的分派须适用司法官回避办法,每个地方法院一般安排 4 人至 10 人。实习所在地地方法院推事、检察官负有具体指导实习事务的责任。实习时间一年至两年不等,成绩优良者由司法部长记录为候选或候补司法官,俟各地方法院法官、检察官出缺,则由候选法官中替补。

(3)主要的几次全国司法官资格考试。由于民国北京政府时期军阀混战,只有为数不多的几次考试属于全国范围内的司法官资格考试。而南京国民政府时期的司法官考试存续时间较长,制度较为稳定,但也受到抗日战争的影响。因此,对近代中国法官考选制度较有影响的考试主要为:

1914 年司法官甄拔考试。由于它完成了实习考试,因此成为中国历史上第一次完整的法官选任考试。此外,这次考试的组织和评定制度多为以后民国政府所继承,法官考选制度基本形式得以正式确立。

1918 年的司法考试。此次司法考试第一次由《司法官考试法》予以规范,显示了考试的"法定性"。此外,这次考试将司法官考试与文官考试予以分离,使司法官考试的独立性、专业性得到加强。此次考试后,考生不再进入地方法院实习而全部转入司法讲习所继续深造,以后民国政府考选法官后均采纳这一做法,这也标志着近代中国的司法官考试制度进一步走向成熟和完善。

1933 年南京国民政府第二届高等考试"司法组"。南京国民政府建立后,继续沿袭北京政府的传统做法,单独进行司法官资格考试,然后将选拔出来的人员揽入司法讲习所或者司法官训练班继续深造学习。自 1929 年南京国民政府实行"五院制"后,考试院担负所有任职资格考试,而 1933 年是"司法组"第一次被列入全国高等考试范围内。此后,因应国家考试制度的统一要求,"司法组"考试为两年一次。

3. 法官考选的特殊模式：司法讲习所

从民国北京政府开始,除了正常的法官考试选任制度外,司法官讲习所开始出现。其目的是通过有组织的培训,将具有法官任职资格的人员在固定的场所完成本应在法院进行的实习锻炼。所以,司法讲习所和短暂出现的司法储才馆一样,具有法官学院的性质。民国北京政府一共开办了四期司法官讲习所。

(1)出现的原因。由于北京民国北京政府裁撤了大部分地方两级法院,使不少通过司法官资格第一次考试的考生无法进入地方法院实习,而已完成实习的候补法官因为法官员额很少,很难寻找到替补的机会。两方面因素的结合,使司法讲习所应运而生。

因此,设立司法讲习所的目的非常明确,除了解决历次司法官甄拔考验合格而未经署缺或补缺的人员完成实习程序外,就是对符合甄拔资格的法院内部人员,以司法讲习所学习的方式,完成其从补缺、补署到实任的过渡。在全国法院大规模裁并的背景条件下,司法部将法官选任的范围限定在已经具有一定司法经历的人员中,以讲习所集中学习一年半,分学期考试的方式,暂时代替司法实习和司法考试。

(2)司法讲习所的学习规程。民国北京政府司法部制定的《司法讲习所学习规程》共三十九条,规定学员入所学习的年限为一年半,学习内容分为学科考验和实务修习两种方式,所以,学习成绩也是合并计算。两种考评方式均以七十分以上为优良。学科考验的学科种类为:"1.司法制度比较研究;2.民商法比较研究;3.刑法比较研究;4.特别刑法研究;5.民事诉讼法比较研究;6.人事及非讼事件程序法研究;7.民事审判实务讲述;8.强制执行法规及实务讲述;9.破产法规及实务讲述;10.登记法规及实务讲述;11.刑事诉讼法比较研究;12.刑事审判实务研究;13.刑事政策;14.指纹法;15.监狱法规及实务讲述;16.司法警察学及实务讲述;17.法医学;18.证据法规比较研究;19.中外判决例评读;20.法院内部行政;21.心理学;22.司法及监狱统计学。"这些学科在三学期内学完,属于"满限考验"的考试范围。还列有实务修习的科目,分别为:1.民事审判实务修习;2.刑事审判实务修习;3.检察事务修习。实务修习地为法院,主要是在京师各级法院内。①

法官本身就是法律执行的主体,法官的任用程序严格受到中央司法部的控制,尤其是要考虑到,民国时期法院的数量并不多,法官数量也有限。在司法审判权的运用上,它很少或者不可能对巨大的行政、军事权力作出挑战,因此,法官本身在权力体系中的位置就显得微不足道。如此一来,任职法官是否必须通过专业资格考试的形式获得在实践中没有遇到太大的阻力。

小　结

对于官员权威的评判,中国的普通民众自有其标准。除了权力的指向和范围之外,传统的科举选官制度让中国民众对官员的权威更多的立足于他的

---

① 参见《政府公报》第41册,第324页,1914年10月8日,呈。

学识素养和以此素养解决问题的能力。法官,无论在中国民众的心目中是把它定位在"青天"式的父母官,还是其近代意义上的法律职业共同体,专业素质是共同的要求。从这个角度看,似乎中国民众不难接受法官基于常人无法企及的专业知识而获得的普遍的尊重,进而树立起普遍意义上的司法权威。实际上,如果我们假想中国近代的法官如大陆国家的法官那般皓首穷经地研读罗马法,或如英国法官那般钻进书房不问人间烟火地去阅读判例,也许,中国的法官也会获得他们在其社会中所拥有的地位和权威。可惜,近代中国的司法演进,始终与相应的政治诉求捆绑在一起,后者的变化无时无刻不在影响着中国法律职业共同体的发育,扭曲着法律职业共同体的内在价值追求,以至于在相当长的时间内,法官应当具有的地位和权威只是水中月、镜中花。

近代中国的第一次法官资格考试就初显法院发展与法官专业素质要求和选任方式间的矛盾:如果要按照计划完成法院的开办,那么,就必然会以速成法学教育的模式去完成法官的专业知识培养,如此一来,法官专业素质、业务能力上的不足,又使国家司法审判权威受到损害。可一旦对考选资格严格要求,会使近代审判体系无法迅速建立,这又将导致期待中的政治变革无法完成。清末的法制变革者是幸运的,清朝政府的垮台让这些制度设计者得以继续着掌握制度话语的绝对优势地位,而不必去考虑他们在制度设计中所包含的严重缺陷。

民初的执政者就没有这般幸运了,基于民国共和政体的制度理念和制度话语优势,他们必须要去解决清末政府留给他们的命题,去建立起一个完备的审判独立体系。而这一命题又确实是他们无法解决的。基于特定的政治背景,对裁撤法院的评价一般是消极的。但不可否认,正是这一特殊变化,无形中为法官选任制度上的严格的法律专业素质要求提供了实现的条件,比较好地体现出法官这一特殊社会群体与严格的专业素质要求之间的内在关系,而后者正是司法得以独立、司法得以拥有权威性的基础。

五、近代中国诉讼法律的产生和发展

诉讼法在晚清修律中占有重要地位,虽然先后编订的《刑事民事诉讼法草案》、《刑事诉讼律草案》和《民事诉讼律草案》因各种原因未能颁行,但其主要内容为民国北京政府所沿用,如《刑事诉讼条例》和《民事诉讼条例》颁布实施。其后民国南京政府在制定刑事诉讼法与民事诉讼法时,对清末诉讼制度中所体现的主要原则也予以继承。此外,由于刑事、民事诉讼法律修订受阻,法院编制法在很大程度上成为晚清新设审判厅在审判案件所遵循诉讼制度的来源。而《京师高等以下各级审判厅试办章程》兼具法院组织法与民刑诉讼法的性质,开创了近代意义上的审判制度。

(一) 清末诉讼法的产生

1. 修律的准备

清末修律是近代中国对西方近代法制进行移植的过程,诉讼制度的建立也是其中一个组成部分。光绪三十年(1904 年)修订法律馆成立后,修律大臣沈家本与伍廷芳组织留学生翻译西方各国与日本的法律,涉及诉讼法的有德国民事诉讼法、普鲁士司法制度、日本裁判所构成法、日本刑事诉讼法、日本裁判所编制立法论、德意志旧民事诉讼法、美国刑事诉讼法等。① 修订法律馆与民间也相继翻译了一批诉讼法学著作。

在对西方列强法律制度翻译、研习中,对日本法律、法学的吸收和引入尤为重视。沈家本认为"日本旧时制度,唐法为多。明治以后,采用西法,不数十年遂为强国"②,对日本继受西方法律的成果予以高度重视。修订法律馆于1906 年派董康等一行四人赴日本进行司法考察,回国后,董康主持编译了《调查日本裁判沿革大要》、《日本裁判所构成法》、《监狱访问录》、《日本裁判沿革大要》等重要资料,对当时诉讼法的修订产生了重要影响。

修订法律馆不仅翻译了大量日本诉讼法书籍,还延聘日本诉讼法专家参与修律的指导。修订法律馆先后聘请冈田朝太郎、松冈义正、志田钾太郎和小河滋次郎作为修律顾问。时为日本监狱局事务官的小河滋次郎直接接待并陪同董康等人访问了日本裁判所和监狱,董康所编《监狱访问录》就是对小河滋次郎演讲词的收录。在《调查日本裁判监狱报告书》后还附录了《松冈义正日

---

① 张国华、李贵连:《沈家本年谱初编》,北京大学出版社 1989 年版,第 156 页。
② 沈家本:《寄簃文存卷六·新译法规大全序》,中华书局 1985 年版。

本裁判沿革大要》和《冈田朝太郎死刑宜止一种论》两本著作。

就清末修律的规划而言,大体是按照先行删修旧律,然后制定新律的思路进行的。① 为世人所诟病的拷讯被限定了使用范围,但单纯的限定刑讯范围而无相应的审判规则的确立是不符合实际需要的。因此,沈家本与伍廷芳提议:"再现在改章伊始,一切未能详备。必得诉讼法相辅以行,方能推行无碍。拟编辑简明诉讼法章程,先行奏明办理。"②因此,编订一个暂行的诉讼法就成为晚清修律中第一个进行的立法活动,这就是《刑事民事诉讼法》(草案)的制定背景。

2.诉讼法修订的指导思想

第一,明确诉讼程序与实体法律分离。光绪三十二年(1906),沈家本上奏《进呈诉讼律拟请先行试办折》和《刑事民事诉讼法》。沈家本指出"大体以刑法为本,以诉讼法为用。体不全,无以标立法之宗旨;用不备,无以收行法之实功。二者相因,不容偏废"。针对传统中国法律诉讼制度编于律典之中,地方衙门审案诉讼程序简单、粗陋的弊病,他建议效仿日本引入西方近代诉讼法的方式和成功经验,"先后颁行民事刑事诉讼等法,卒使各国侨民归钤辖,藉以挽回法权。推原其故,未始不由于裁判诉讼咸得其宜",强调诉讼法典在收回法权上的重要性。

第二,刑事诉讼与民事诉讼分离。沈家本建议,民刑诉讼要分开,"凡关于钱债、房屋、地亩、契约及索取、赔偿者隶诸民事裁判;关于判逆、伪造货币官印、谋杀、故杀、强劫、窃盗、诈欺、恐吓取财及他项应遵刑律定拟者,隶诸刑事裁判。"

第三,引入西方近代诉讼原则和制度。就前后三部诉讼法草案的内容而言,近代西方基本诉讼原则均在其中得到不同程度的体现。诸如在刑事诉讼的责任承担上强调国家主义、无罪推定,保护基本权利,在审判机制上建立陪审制度和律师制度,在民事诉讼上确立举证责任和契约自由等。

3.《刑事民事诉讼法》草案的主要内容

《刑事民事诉讼法》分"总纲"、"刑事规则"、"民事规则"、"刑事民事通用

---

① 《删除律例内重法折》,《寄簃文存》卷一。
② 伍廷芳、沈家本:《奏议覆御史刘彭年奏停止刑讯有无窒碍一折》,丁贤俊、喻作凤编:《伍廷芳集》(上册),中华书局1993年版。

规则"、"中外交涉案件"共五章。① 具体章节及内容如下:

总纲 (四节 2 条)	刑事民事之别、诉讼时限、公堂、各类衙门
刑事规则 (七节 8 条)	逮捕、拘票搜查及传票、关提、拘留及取保、审讯、裁判、执行各刑及开释
民事规则 (十一节 11 条)	传票、讼件之值未逾五百圆者、讼件之值逾五百圆者、审讯、拘提图匿被告、判案后查封产物、判案后监禁被告、查封在逃被告产物、减成偿债及破产物、和解、各票及讼费
刑事民事通用规则 (四节 2 条)	律师、陪审员、证人、上控
中外交涉案件 (1 条)	
条例 (3 条)	新法之效力、与旧法之关系、货币单位之标准

作为一部暂时性的诉讼章程,该草案相比当时西方各国的诉讼法律显得过于简单、粗略,但基本涵盖了近代主要的诉讼制度,如律师制度与陪审制度,在沈家本所上《修律大臣奏呈刑事民事诉讼法折》中它们被列为改革旧制,移植西律最重要的两个对象。

(1)陪审制度。草案所采用的陪审制度为英国小陪审团制度。草案认为陪审制度"有助公堂(法院)秉公行法,于刑事使无屈抑,于民事使审判公直"(第 28 条),并规定刑事案件"监禁 6 个月以上、罚金 500 元以上、处刑在徒流以上者"、民事案件"诉讼金额在 3 元以上者"适用陪审。陪审员可以由年龄在 21 岁以上 65 岁以下之男性退休官员、商人、有知识者、地主担任(第 213 条和第 214 条),但有薪俸之现任官员、公堂人员、在该公堂管辖之地区执业的律师、医师、药材商人、残疾人、犯过罪者以及声名恶劣者,不得为陪审员。陪审员造列清册,每年更新一次。在刑事案件审理时,从清册中选出 40 名候选陪审员;争议金额在一千元以上之民事案件,从清册中选出 30 名候选人。刑事案件由书记官从 40 名候选人中抽出 12 人陪审;民事案件,则抽出 6 人,经两造评议无异议,组成陪审团(第 217 条、第 218 条)。庭审完毕后,"各陪审员然后退堂,同至静室密议,将全案各情细衡轻重秉公决定。如确信被告委系

---

① 《大清法规大全》卷十一,第 1—15 页。

有犯所控之罪,则须覆曰有罪;如原告证据不足或被告所犯情节间有疑义,则须覆曰无罪。"(第22条)刑事、民事案件由陪审员按照多数原则表决,但如为重案涉及死刑判决与否,则"必须众议签同方能决定"(第23条)。

(2)律师制度。草案规定原被告均可聘请律师,原被告两造与两造律师的抗辩是整个庭审最主要的活动,律师在庭上可对两造及证人直接询问和交叉询问。显然,这是英美庭审制度的主要特色。

除此之外,公开审判、法官回避、罪刑法定原则等都在草案中有所体现。但这部法律草案还是缺失了不少重要的诉讼制度,如证据规则、举证责任等。

4. 围绕《刑事民事诉讼法》草案的争议

草案提交给朝廷后,清廷颁发上谕,指出:"法律关系重要,该大臣所纂各条,究竟与现在民情风俗能否通行? 着该将军、督抚、都统等体察情形,悉心研究其中有无扞格之处,即行缕析条分,据实具奏。"①

各地行政、军政长官对该法律草案均提出了强烈的反对意见,其中以湖光总统张之洞的意见最具代表性。他认为该草案违反实体法与程序法颁行的先后顺序,不符合中国社会的礼教民情,也无益于治外法权的收回。

总结起来,主要的反对意见有:

(1)法律草案与传统礼教相悖。法律草案规定监禁处分不分官民,而传统上"职官、命妇、举贡、生员"均可以不亲身到堂;草案规定判决后查封财物,实际上规定了家庭内部的个人财产权,即第一百三十条规定,"凡左列各项不在查封备抵之列:一、本人妻所有之物;二、本人父母、兄弟、姊妹及各戚属、家人之物;三、本人子孙所自得之物。"而中国传统的宗法体制以尊卑等级秩序约束和规范人的身份、权利和财产,无疑是"纲常名教"中的核心因素,区分和明确个人财产权,则"强为分析财产,则必父子异宅,兄弟分炊,骨肉乖离,背理甚矣"②。因此,该条因"中西政教各异,万不可行"。

(2)法律草案在诉讼法学理上的错误。在晚清"新政"的大背景下,各地督抚长官并非对西方法律一无所知,尤其是不少地方长官延揽留学生为幕僚,对修律过程中法条的争议并不总是围绕着旧制与新律、保守与革新之间展开。

---

① 《大清法规大全·法律部》卷十一,政学社石印本,中国政法大学图书馆藏。
② 苑书义主编:《张之洞全集》(第3册),《遵旨核议新编刑事民事诉讼法折》,河北人民出版社1998年版。

例如,废除和限定刑讯是诉讼法草案制定的初衷,但浙江巡抚指出,各国废除刑讯的前提是证据立法非常完备,有检察机构收集证据,有预审法官调查证据,这样,审判时可以做到证据完全确凿。而中国缺乏上述制度,单凭原被告两造呈交的证据是无法断案的。因此,即便立法的初衷和目的是废除刑讯,但在实践中很难做到。① 再如草案第二十四条"殷实之人"指控路人犯罪,巡警可立即将其逮捕,以及二十五条规定"殷实之人"有违警罪嫌疑或轻罪可不被立即逮捕。这两个条文一方面没有规定什么是"殷实之人",二来在实践中容易造成社会中富豪、权贵侵凌贫弱的现象。草案第二十六条规定:"凡犯谋杀、故杀、强劫、盗窃或他项重大之罪,准巡捕长不持拘票迳入房院之内搜捕。"这一条中"或他项重大之罪"的规定实际上涵盖了除违警罪与轻罪之外的所有重罪,导致巡捕权力过大。

(3)法律文本内容不符国情。晚清移植西方近代法律,必然存在所移入的西律与中国传统社风民俗之间的冲突,诉讼法草案也不例外。张之洞就指出,婚姻、亲族案件在中国是最重要的民间词讼,而草案关于民事案件的范围却对此未加规定。草案中规定以宣誓作为证人作证的必要程序,但誓证在中国早已湮没于历史长河,反倒有可能导致基督教在中国的泛滥,而这会加剧教、民间的冲突。关于律师制度,张之洞认为,西方律师与法官同出于法律学堂,律师学识素养优良。而目前中国学堂未备,很难迅速培养合格的律师和法官人才。在此情形下"遽准律师为人办案,空律师品格尚未养成,讼师奸谋适得尝试。且两造一贫一富,富者延律师,贫者凭口舌,则贫者虽直而必负,富者虽曲而必胜矣"②。关于陪审制度,他认为,中国各地经济发展不同,在边疆地区很难选取合适的陪审员。

围绕这部法律草案的争议,形成了中国近代法律转型中的"礼法之争"。以历史的眼光重新审视这些争议,无论是支持方还是反对方,他们提出的观点都不乏其合理性。但若以法律与社会之间的关系来看,诉讼法关乎司法公平、司法正义与司法权威的实现,与民生关系极大。在各种社会机制尚不成熟的

① 陈刚主编:《中国民事诉讼法制百年进程》(第一卷),《诉讼法驳议部局》,中国法制出版社2004年版。
② 苑书义主编:《张之洞全集》(第3册),《遵旨核议新编刑事民事诉讼法折》,河北人民出版社1998年版。

情况下,实施与传统习惯与观念相差极大的诉讼制度,必然会有一定的混乱与阻力,彰显出中国法律近代化转型问题的复杂程度。

由于草案争议太大,清廷最高统治者也认为诉讼法草案与中国传统法律区别太大,各种制度实施的条件均不成熟,难以为社会所接受。因此,清末修律的第一次尝试,也是中国历史上第一部诉讼法律草案未能完成立法程序,遂被废置。

5. 大清《刑事诉讼律》与《民事诉讼律》

宣统二年(1911 年),在总结了《各级审判厅试办章程》的实施经验,并借鉴了日本刑事、民事诉讼法,在日本顾问冈田朝太郎和松冈正义的协助下,分别编成了《刑事诉讼律》(草案)和《民事诉讼律》(草案)。《刑事诉讼律》(草案)共六编十四章五百一十五条,《民事诉讼律》(草案)共四编二十一章八百条。两部法律均提交给宪政编查馆复核审议。但因辛亥革命爆发,清廷灭亡而未颁行实施。两部法律草案的主要条文在民国北京政府时期以《刑事诉讼条例》和《民事诉讼条例》的形式予以实施。

(二) 清末近代诉讼制度的形成——《各级审判厅试办章程》

《刑事民事诉讼法》搁置后,为因应新型审判机制的建立,清廷以《大理院编制法》作为大理院的审判规则。在总结了大理院以及天津、奉天新建审检厅的审判经验的基础上,于光绪三十三年(1907 年)颁布了规范地方各级审检厅(法院、检察院)的《各级审判厅试办章程》。

1.《大理院审判编制法》

对西方近代诉讼体制的效仿与近代司法审判机构在中国的设立基本上是同步的。专司审判的大理院的成立,是清末中央政府官制改革中的一项重要成果。① 光绪三十三年四月三十日,法部会同大理院提交核议《大理院审判编制法》,它的出台规范了大理院及京师各级审判厅的设置和权限,并包括应用于大理院的近代化的诉讼机制。其中,除开负责审案的推事外,清廷第一次明确了在审检关系上采用审检合署的形式,在大理院内设总检察厅,设厅丞一

---

① 《东方杂志》第 4 年第 3 期"内务","裁并大理寺应办事宜暨停支常年经费折",第 121 页。

人,检察官六人。① 同时,也第一次明确了将刑事案件与民事案件分离,由刑事课与民事课分别审理。至宣统三年,大理院上奏,请求根据《法院编制法》的规定,在甘肃、四川、云贵、两广等地提前设大理院分院,但因清廷速亡而未能实施。②

大理院负责审理的案件包括:终审案件、官犯、国事犯、各直省京控(类似于到京上访案件)、对京师高等审判厅不服的上控案件、宗人府判决重罪案件。审判官以五人组成,大理院有权就律例紧要处发表意见(类似于以后的司法解释)。

《大理院审判编制法》虽名义上是大理院的组织法,但很大一部分内容是针对京师各级审判厅组织和诉讼机制的规定。其第三节"京师高等审判厅"、第四节"城内外地方审判厅"和城谳局均明确了京师三级审判厅的组织与职能。京师各级审判厅为地方审判机构,明确了审检厅的称谓并实行审检合署,这为以后的《法院编制法》所继承。

在京师分区设立的城谳局负责小额刑民事诉讼(以 2 两为界),和田土疆界、占据、雇佣关系、旅人客店及饮食店纠纷、旅人运输纠纷。对于刑事案件负责违警罪、罚金 1 两以下及处以枷号案件、妇女折赎 4 两以下以及和徒罪无关人命案件。京师地方审判厅负责刑民事案件和破产案件的一审和二审,京师高等审判厅为合议庭,负责对地方审判厅一审判决不服的控诉和对城谳局判决经过二审后的上告。

对新成立的京师地方三级法院,《东方杂志》有这样的描述:"内城地方审判厅订定审判章程,将刑、民二事分堂审理。其审讯形式悉仿文明国家办法,承审员在台上问讯,原、被告于审讯之时亦立而不跪。惟高等审判厅刻因地势不合,一切审判形式尚仍旧例,故民刑事诉讼亦暂行从缓分办。"③能够站着参加审判,这对跪惯了的中国人来说确实是一件新鲜事。

2.《各级审判厅试办章程》

在大理院成立后,天津开始试办地方审判厅。在《大理院审判编制法》的

---

① 《大清法规大全》第五册,吏政部,"法部大理院奏大理院官制折"。
② 《宪档资料》,"大理院正卿定成等奏请提前筹议大理院分院事宜折"。
③ 《东方杂志》第 5 年第 3 期"内务",第 205 页。

基础上,制订了《天津府属试办审判厅章程》,这一章程就诉讼制度相对前者做了更为详尽的规定,涉及审判厅的人事安排、民刑案件分离、检察公诉、预审、诉讼费用、设立待质所、华洋诉讼等事务。其后,法部参考了《天津府审判厅试办章程》和修订法律馆正在起草的《法院编制法(草案)》,编订并实施了《各级审判厅试办章程》,以因应当时正在筹设的省城、商埠审判厅审判机构在诉讼制度上的需求。

《各级审判厅试办章程》共五章一百二十条,分为总纲、审判通则、诉讼、各级检察厅同则和附则。该章程兼具地方法院组织法和诉讼法,从而被认为"实际是清末唯一正式公布的具有近代诉讼法性质的法规"①。

该章程规定地方审级为三级三审,在审判厅内设检察厅。"总纲"部分明确了民刑事案件的分别审判原则,并规定了民事案件的范围,即"凡因诉讼而审定罪之有无者属刑事案件,凡因诉讼而审定理之曲直者属民事案件"(第一条)。对刑事案件判决书和民事案件判决书的构成要件做了约定,并对上诉程序做了细分。刑事案件规定由检察官提起公诉,但刑事自诉不包括在内。民事案件规定必须使用诉讼状,并对诉状要件做了简述。与早先的《刑事民事诉讼法》(草案)相比,该章程放弃了律师制度和陪审制度,并对传统审判机制做了部分保留。

"审判通则"和"诉讼"两个章节涵盖了诉讼制度的大部分。"审判通则"第一节"审级"规定了级别管辖,第二节"管辖"规定了地域管辖、指定管辖和移送管辖,第三节为"回避",第四节为"厅票",第五节为"豫审",第六节为公开审判和独任、合议制度,第七节规定了民事判决的执行方法,即查封、以查封财产利息抵偿债务及拍卖三种方式。"诉讼"一章由"起诉"、"上诉"、"证人、鉴定人"、"管收"、"保释"、"讼费"六节组成,基本上涵盖了民事诉讼当事人主体构成、证据形式与证明方式、审判程序、诉讼费用等有关内容。

在清末为数不多的能够得以颁行的法律中,《各级审判厅试办章程》不仅规范了地方审判机构的组成和职能,还在诉讼法未能及时出台的情况下,规范了新设法院的诉讼审判制度,在传统司法向近代司法转型过程中,这部章程起到了重要的衔接作用。此外,这部章程与清末修律中全盘移植欧陆法律有一

---

① 朱勇主编:《中国法制通史》(第九卷),法律出版社 1999 年版,第 296 页。

点不同,就是它的保守性。章程规定审判官可以相机确定审判方法,以后民国时期行政兼理司法的制度形态即以这一点为溯源。

(三)民国时期诉讼法的发展

1. 民国北京政府时期刑事诉讼法律的发展

民国北京政府没有制定完成自己的诉讼法典,在规范审判事务时,更多地采取援用前清诉讼法律和发布单行行政规则的方式。

(1)立法活动

民国成立后,前清已起草完毕但未及颁行的《刑事诉讼律》(草案)中关于管辖的条文被民国司法部呈请政府暂行援用。管辖部分为法律草案的第一编第一章第一节至第三节,共计 27 条,涵盖事物管辖、土地管辖、管辖指定及转移。

由于 1914 年后全部的初级审判机构全部被裁撤,原本担负二审的地方审判厅的审判事务扩大,负担加重。是年 4 月,司法部以部令的形式颁布了《地方厅刑事简易庭暂行规则》1 条和《审检厅处理简易案件暂行细则》9 条,以求简易刑事诉讼从速处理。规则规定配置简易庭的检察官于配受案件后应即时起诉,简易庭应于一小时内开庭审理,自配受案件至谕知判决,时间不得逾 7 日。9 月又颁行了《私诉暂行规则》24 条,规定了地方审判厅处理刑事自诉案件的基本审判规则。

1915 年,司法部呈经政府核准,对前清《刑事诉讼律》(草案)第四编(共 3 条)予以援用,以解决刑事诉讼中再审案件以及提起非常上告案件。嗣后,司法部又于 1918 年、1919 年先后援用该草案第六编"裁判之执行"(共 39 条)和第一编第一章第四节"审判衙门职员之回避、拒却及引避"(共 11 条),规定了刑事裁判执行上的法律依据和审判官回避制度。

对前清《刑事诉讼律》(草案)的援用还体现在南方广州军政府的立法活动中。自 1916 年后,中华民国进入军阀割据时代,南北分裂与对抗。南方各时期的军政府均制定了一些法律。1921 年,广州军政府颁行《刑事诉讼律》,主要是将前清的《刑事诉讼律草案》予以删除修正,编成六编 515 条,施行于广州军政府统辖区域内的西南数省。

民国北京政府修订法律馆也于 1921 年编成《刑事诉讼法草案》,司法部改称为《刑事诉讼条例》,呈经政府于是年公布,主要施行于东三省的特别法院区域。1922 年又将该条例通行全国。该条例共八编 514 条,其主要内容依然是根据前清《刑事诉讼律》(草案)增删而成。此外,北京政府还颁行了《处刑命令暂行条例》和《刑事简易程序暂行条例》,规定了简易刑事案件审理程序,特别规定迅速完结的案件可不经审判,而直接以命令处刑。

(2)主要诉讼制度

一是检察官行使侦查、公诉权。刑事案件一审,除刑事自诉案件外,法律规定一切刑事犯罪均由检察官提起公诉。检察官行使侦查权,有权羁押被告、准予保释、搜索住所、传唤证人。检察官侦查完毕后,认为被告有犯罪嫌疑时,得移送管辖法院声请预审。如检察官认为犯罪嫌疑不能证明时,不得起诉。

二是刑事案件预审制度。刑事预审决定是否将被告送交法庭审判。检察官决定起诉时,将案件移交管辖法院审判,或交该管法院预审推事预审。预审期不得超过四个月(普通案件二个月,必要时得由法院延长二次,每次不超过一个月)。预审不公开,但被告得由辩护人或辅佐人代表。预审期间,预审推事可以决定将被告羁押还是交保释放,或依法定规则着令搜索住所及传唤证人。预审完结后,或将被告送交法庭审判,或予以无罪释放。

三是律师辩护制度。刑事被告人有权延请辩护人出庭辩护。辩护人于一定范围内进行讯问和反诘,在讯问终结时,与公诉人进行辩论。如果被告无力延请辩护人,法庭应指定律师为其辩护。

四是三级三审制度。这一时期初级审判活动均为行政兼理司法,因此,法院为地方、高等、大理院三级体系。拘役、罚金等处罚均在县一级审理,只有处罚在此以上的刑事案件才由地方审判厅审理。被告对事实认定、法律适用等不服,可向第二审上诉。二审审判厅受理后,按一审程序进行审理,但不必再传唤证人,审理的范围仅局限于所控告的部分。不服第二审判决的,可向大理院刑事审判厅提出上告。上告理由以判决违背法令为唯一理由。刑事审判厅就上告部分进行书面审理,做出终审判决。

此外,这一时期的刑事诉讼在证据规则、自由心证的确立、抗诉及再审、言词辩论等方面也有较多的规定,基本上体现了近代刑事诉讼法律的基本原则和制度。

民国北京政府的刑事诉讼法律的发展体现为两个时期:第一个时期为

1916 年袁世凯执政结束前。特点是,整个法律建设处于停滞阶段,这与当时北京政府延缓近代司法体制建设的指导政策有直接关系。第二个时期为 1921 年后。这一时期由于北京政府积极与西方列强修改条约,力图废除治外法权,因此,在诉讼法律的制定和实施上,南、北政府都比较积极。但就整个北京政府时期来说,因为长期处于地方割据状态,军阀混战,所有的县级审判机构和大部分地方审判厅均已裁撤,所以,刑事诉讼法适用的范围比较小。在地方层面,更多的是县知事以传统审判方式,夹杂着一些刑事诉讼规则来审理刑事案件。只有口岸地区、省会和商埠等设有地方法院的地区有较好的实施条件,刑事审判才有一定的机构与制度保障。

2. 民国北京政府时期民事诉讼法律的发展

（1）立法活动

与刑事诉讼法律被援用的模式一样,前清《民事刑事诉讼律》（草案）中关于民事管辖的规定首先得到暂行援用。该管辖部分共四章,分为事物管辖、土地关系、指定管辖和合意管辖。其后,北京政府又针对特定的民事上告案件制订了《民事非常上告条例》,规定大理院可以根据总检察长的请求,撤销地方高等审判厅的民事判决或者直接予以改判。1915 年对民事事物管辖中的诉讼标准做出了调整。1919 年,司法部决定暂行援用前清《民事诉讼律》（草案）的第五章,该章主要涉及审判人员的回避问题。

南北分据后,广州军政府于 1921 年将前清《民事诉讼律》（草案）加以删改修正,明令公布施行,适用区域是宣布独立的西南三省。

同一时期,民国北京政府在华盛顿九国会议上允诺修订新法,以收回列强在华的治外法权。而西方列强决定成立法权委员会,对中国立法和司法状况予以考察,以决定北京政府是否履行了承诺。为应付即将到来的法权委员会,北京政府于 1921 年匆忙地将前清《民事诉讼律》（草案）做简单删修,并适用于东三省的特别法院地区,以此处理前沙俄在华侨民的民事诉讼。在对该文本内容做了较多调整,并借鉴了奥地利与匈牙利两国民事诉讼法的优点后,1922 年颁布《民事诉讼条例》,适用于北京政府能够控制的地区。该《条例》共六编 755 条。由此可以看到,前清制定的《民事诉讼律》在这一时期的中国南北政府统治地区都得到了适用。

此外,在初级审判厅全部裁撤及大部分地方审判厅被裁撤后,民事案件的初级审理主要由县知事下设立的承审员来负责,在省会及繁华商埠保留有地方审判厅的地方,则在审判厅内设置简易庭来担负民事案件的初审。为此,司法部颁布了《民事建议程序暂行条例》22 条予以规范。

（2）主要民事诉讼制度

这一时期的民事诉讼制度主要沿袭了清末民事诉讼制度建立和发展的成果,一方面继承了清末对德、日民事诉讼制度条文的移植,另一方面也对新近的欧陆国家民事诉讼立法予以借鉴。以 1922 年的《民事诉讼条例》为例,其在法典编订体例和条文的逻辑关系上有所发展。但在司法实践上,与制度条文进步相反,担负大量民事纠纷的基层政权,如州、县,因为审判厅的缺失,县知事兼理司法制度以承审员负责民事案件的审理,在审判方式上,主要是沿袭了明清时期县衙门承审民事细故案件的审理办法。

3. 民国北京政府时期复杂的诉讼审级关系

民国时期,独立的审判机构极不健全,县级政权层面的司法权由行政权兼理,少部分商埠、省会地区则保留有独立的审判厅。这种二元体系使得案件诉讼在审级关系上非常混乱,也非常复杂。

1914 年 4 月,民国北京政府公布了《县知事兼理司法事务暂行条例》,对县知事的司法权,从几方面做出规定:第一,县知事拥有审判权。"凡未设法院各县之司法事务,委任县知事处理之"、"县知事审理案件,得设承审员助理之。承审员审理案件,由承审员与县知事同负其责任。"第二,县知事拥有司法行政、司法人事权。承审员由县知事提名,"呈请高等审判厅长审定任用之"、"承审员受县知事监督"。此后,北京政府又公布了《县知事审理诉讼暂行章程》,进一步明确"凡未设审检厅各县,第一审应属初级或地方管辖之民刑事诉讼,均由县知事审理"、"县之司法区域与行政区域同"。这两部章程的颁行正式确认了县级行政官员对司法权的掌握。

1915 年对先前援用的前清《民事诉讼律》管辖各节予以了修改,将金额或价额涉讼三百元以下改为一千元以下①,同时,修改了相关案件的上诉办法,规定"嗣后民事初级管辖案件由地方厅受理第一审者,即由该厅另以资深推事三人组织合议庭为第二审,由县知事受理第一审者,归高等分庭或道署承审

———————————

① 《政府公报》第 50 册,第 536 页,1915 年 2 月 28 日,呈。

员为第二审,统以各该省高等本厅为终审"。此外,废止了事务合意管辖;又规定已设高等分庭或道署已设有承审专员的地方废止邻县上诉制度。屡次变更、调整后,案件的管辖、上诉及审判组织构成上变得越来越复杂了。

现根据相关材料,将案件管辖、审级、审判组织、上诉机构列表如下①:

初级管辖案件

1.第一审/审判组织	2.控告审/审判组织	3.上告审/审判组织
地方分庭 一人独任	地方厅 三人合议	
地方厅 一人独任	地方厅 三人合议	
兼理司法县知事 一人独任	邻县(未设地方厅、高等分庭等处)一人独任	均向高等本厅或高等分厅三人合议审理
	高等分庭 三人合议	
	道署承审员 一人独任	
	高等分厅附设之地方庭 三人合议	
高等分厅附设之地方庭 一人独任	高等分厅附设之地方庭 三人合议	

地方管辖中刑事三等以下有期徒刑、五百元以下罚金及民事非财产上请求。

1.第一审/审判组织	2.控告审/审判组织	3.上告审/审判组织
地方厅 一人独任	高等本厅 三人合议	
高等分厅附设之地方庭 一人独任	高等本厅 三人合议	
	高等分厅 三人合议	
兼理司法县知事 一人独任	道署承审员(未设高等分庭地方)一人独任或三人合议	均向大理院五人合议审理
	高等分庭 三人合议	
	高等分厅 三人合议	
	高等本厅 三人合议	

① 《政府公报》第54册,第118页,1915年4月3日,饬。

地方管辖案件(除二外的其他案件)。

1.第一审/审判组织	2.控告审/审判组织	3.上告审/审判组织
地方厅　一人独任或三人合议	高等本厅　三人合议	均向大理院五人合议审理
	高等分厅　三人合议	
高等分厅附设之地方庭　一人独任或三人合议	高等本厅　三人合议	
	高等分厅　三人合议	
兼理司法县知事　一人独任	道署承审员受嘱托时(未设高等分庭地方)　一人独任或三人合议	
	高等分庭受嘱托时　三人合议	
	高等分厅　三人合议	
	高等本厅　三人合议	

4. 民国南京政府时期的刑事、民事诉讼法发展

南京国民政府于 1928 年公布并施行了《中华民国刑事诉讼法》,分九编 513 条。又于 1932 年公布施行了《中华民国民事诉讼法》,分五编 600 条。这两部诉讼法都是以北京政府时期颁行的《刑事诉讼条例》和《民事诉讼条例》为蓝本,兼而采纳西方各国最新学说和立法,删改了大量与国情不相适应的条文而成。整体而言,两部诉讼法较之诉讼条例,法典体系设置较为全面、合理,法律用语也较以前更加规范,两部诉讼法的立法水平在当时世界范围内算是较为领先的。

南京国民政府的立法者在完成了初步的法制构建后,根据学界的意见和司法审判实践总结的经验,在 1935 年对两部诉讼法做了全面而系统的修改,并以 1935 年《刑事诉讼法》和 1935 年《民事诉讼法》予以颁布实施。此后,立法当局根据司法实践部门的呼吁还进行过多次小的修改。

5. 民国时期行政诉讼法的发展

辛亥革命后,南京临时政府法制局局长宋教仁起草《中华民国临时政府组织法草案》,在《草案》第十四条规定,"人民得诉讼于法司求其审判,其对于行政官署违法损害权利之行为,则诉讼于平政院。"其后,《中华民国临时约法》第十条规定:"人民对于官吏违法损害权利之行为,有陈诉于平政院之权",第四十九条规定:"法院依法律审判民事诉讼及刑事诉讼,但关于行政诉讼及其他特别诉讼,别以法律定之。"这些均构成了平政院设立以及其职权所在的法律依据。但民初政府更迭,平政院并没有依法成立。

直到 1914 年袁世凯建立独裁后,在所颁布的《中华民国约法》第八条中,再次规定:"法院依法律独立审判民事诉讼及刑事诉讼,但关于行政诉讼及其他特别诉讼,各依其本法规定行之"。至此,袁世凯以教令第三十九号颁布《平政院编制令》,北京政府时期的平政院才正式宣告成立。平政院成立后,北洋政府相继颁布了《行政诉讼条例》、《诉愿条例》、《平政院裁决执行条例》、《行政诉讼法》、《诉愿法》、《纠弹法》等,对平政院办理行政诉讼的程序进行了规范。

南京政府建立后,于 1932 年公布施行《行政诉讼法》,该诉讼法共 27 条,规定由行政法院负责审理行政诉讼案件,实行一审终审。

小　结

诉讼制度虽然仅仅是一种特定机构在行使其特定职能时遵循的一种规则,但程序平等恰恰是近代西方法律制度中不可或缺的重要精神。相比传统中国司法审判重实体轻程序,近代西方的审级制度、审判公开原则、检察制度、律师制度、证据规则等为国人开启了一扇诉讼文明的窗户,是中国诉讼制度史上一场革命。

清末修律"省刑讯"的传统司法改良,开启了移植西方近代诉讼法律的先河。虽然三部涉及刑事诉讼与民事诉讼的法律草案均未能出台,但其导入的近代诉讼法原则及相关制度极大地影响了清末的司法实践,且为以后的历届民国政府所继承。

当然也要看到,中国的近代诉讼制度的变革,更多地表现为救亡图存下的强烈的政治诉求,而非法律诉求。近代中国没有经历过欧陆国家数百年间源于宗教、政治、经济、文化等诸多因素纠结在一起的诉讼法发展历史,自然也无从对那些基于历史与实践而产生的诉讼法学说有本质上的体验,高悬于庙堂之上的诉讼规则与民众朴素的司法信仰之间一旦出现空缺,那些看似先进、科学的理论和法条反而会成为危害社会法律秩序的源头。

近代中国的社会转型是渐进发展的,口岸地区与内陆地区、城市与农村、商人与农民,法律职业阶层对变革司法体制的愿望与自给自足的小农经济对司法诉讼的需求之间,都存在着巨大的差异。作为社会自我改造的一个组成部分,近代诉讼制度的移植是中国司法文明发展的必由之路,但诉讼原则与条文规范是不能独立解决上述种种差异的。因此,近代化的诉讼法律与传统的审判制度共生,独立的审判机构与行政权主导的县衙并存,是近代中国所无法回避的矛盾。

第五章　中国传统司法思想的现代启示

一、"仁道"司法思想的现代启示

（一）中国传统的"仁道"司法思想

所谓"仁道"是指仁爱、怜悯之道,即孔子所谓"仁者爱人"之道。仁道司法观要求以仁道的态度从事司法活动,它主要表现在"明德慎罚"的理论中。"明德慎罚"是儒家推崇的一种司法理念,它有三义:一是说掌握司法之权的官员要注意修德,使自己具备光明的德性——宽厚之德(包括"好生之德");二是说司法官员要注意对民众进行德教;三是说司法官员要谨慎对待刑罚,能不用则不用,能从轻则不从重。从封建时代的正史刑法志来看,有关明德慎罚的言论颇多。《汉书·刑法志》曰:"故不仁爱则不能群,不能群则不胜物,不胜物则养不足。群而不足,争心将作,上圣卓然先行敬让博爱之德者,众心说而从之。……圣人取类以正名,而谓君谓父母,明仁爱德让,王道之本也。爱待敬而不败,德须威而久立,故制礼以崇敬,作刑以明威也。圣人既躬明哲之性,必通天地之心,制礼作教,立法设刑,动缘民情,而则天象地。故曰先王立礼,'则天之明,因地之性'也。刑罚威狱,以类天之震曜杀戮也;温慈惠和,以效天之生殖长育也。"这是说圣人本着"仁爱德让"的态度从事立法与司法活动,因其上顺天道、下顺民情,故其立法与司法都体现了一种"敬让博爱"的仁道价值。

《汉书·刑法志》引孔子之言"如有王者,必世而后仁;善人为国百年,可以胜残去杀矣",谓此"言圣王拨乱而起,被民以德教,变而化之,必世然后仁道成焉……此为国者之程式也。"又引古人言"满堂而饮酒,有一人向隅而悲泣,则一堂皆为之不乐",并发挥道:"王者之于天下,譬犹一堂之上也,故一人不得其平,为之凄怆于心。今郡国被刑而死者岁以万数,天下狱二千余所,其冤死者多少相覆,狱不减一人,此和气所以未恰者也。"上一段是要求统治者必须具备"仁道"情怀,要以仁爱之心从事政治活动与司法活动;下一段是说统治者必须断狱公平,否则冤狱屡兴则会伤及"和气"即危害社会和谐。这反映了班固对仁道司法的追求。

《汉书·刑法志》又说:"原狱刑所以蕃若此者,礼教不立,刑法不明,民多贫穷,豪杰务私,奸不辄得,狱豻不平之所致也。"并引孔子之言"今之听狱者,求所以杀之;古之听狱者,求所以生之",说道:"与其杀不辜,宁失有罪。今之狱吏,上下相驱,以刻为明,深者获功名,平者多后患。"上述见解相当深刻,"狱豻不平"即狱讼不公平是社会失和、犯罪滋生的重要原因,故司法官员必须具备好生之德,秉持"与其杀不辜,宁失有罪"的仁道原则,在司法审判中决不可"以刻为明"即以刻薄寡恩为高明,如此才能使社会符合"仁道"。

《旧唐书·刑法志》记唐太宗与臣下所言:"朕以死者不可再生,思有矜愍,故简死罚五十条,从断右趾。朕复念其痛,极所不忍。"又记"太宗尝录囚徒,悯其将死,为之动容,顾谓侍臣曰:'刑典仍用,盖风化未恰之咎。愚人何罪,而肆重刑乎?更彰朕之不德也。用刑之道,当审事理之轻重,然后加之以刑罚。何有不察其本而一概加诛,非所以恤刑重人命也。"上述话语反映了唐太宗的一种仁道情怀,说明他重视人的生命价值,并怜悯人的伤痛,他想做一个有德之君,故在从事录囚之类的司法活动时努力追求"恤刑"价值,而重刑则是"不德"(不合乎仁德)的表现。可见,重视人的生命价值("重人命也"),怜悯人体的痛苦,这是"仁道"观念的核心。

武则天当政时,任用周兴、来俊臣、索元礼等酷吏执法,罗织罪名,大兴冤狱,受其迫害者不计其数,民众怨声载道,社会秩序一度混乱。可见,反人道的司法是社会失和的重要原因之一。为此,陈子昂上书说:"臣闻古之御天下者,其政有三:王者化之,用仁义也;霸者威之,任权智也;强者胁之,务刑罚也。是以化之不足,然后威之,威之不足,然后刑之。故至于刑,则非王者之所贵矣。况欲光宅天下,追功上皇,专任刑杀以为武断,可为策之失者也。"(《旧唐书·刑法志》)这段话蕴含明德慎罚的意思。陈子昂基于儒家的"仁义"理念,希望当时的武则天能够做到明德慎罚,追求"王者化之"的境界,树立一种仁道的施政目标。

陈子昂在这份上书中又加申说:"观三代夏、殷兴亡,已下至秦、汉、魏、晋理乱,莫不皆以毒刑而致败坏也。夫大狱一起,不能无滥。何者?刀笔之吏,寡识大方,断狱能者,名在急刻,文深网密,则共称至公。爰及人主,亦谓其奉法。于是利在杀人,害在平恕,故狱吏相诫,以杀为词。非憎于人也,而利在己。故上以希人主之旨,以图荣身之利。徇利既多,则不能无滥,滥及善良,则淫刑逞矣。……冤人吁嗟,感伤和气;和气悖乱,群生疠疫;水旱随之,则有凶年。人既失业,则祸乱之心怵然而生矣。……陛下可不敬承天意,以泽恤人?臣闻古者明王重慎刑罚,盖惧此也。"(《旧唐书·刑法志》)

上述言论系统阐释了陈子昂的慎刑理念,实际上它也是儒家传统的仁道司法观的反映。他通过总结历史上治乱兴衰的经验教训,认为"毒刑"、"滥刑"和"淫刑"是导致王朝崩溃的重要原因之一,特别是司法官员"名在急刻,文深网密",信奉所谓"利在杀人,害在平恕"的司法格言,将"滥及善良"的黑暗司法与暴虐司法推向了反人道的极致,"和气悖乱"即社会动荡失和的局面因之而生,"祸乱之心怵然而生",群体性违法犯罪也就难以避免了。有鉴于此,陈子昂希望最高统治者能够"以泽恤人"、"重慎刑罚",如此才能使国家长治久安、社会和谐稳定。应该说,所谓"以泽恤人"、"重慎刑罚"等是对儒家"明德慎罚"司法思想的准确表达,体现了明显的仁道精神。

(二)"人道主义"与"仁道"(人道)思想

"人道主义"作为一种系统的理论学说和价值观念,源于西方的文艺复兴运动。"14 到 16 世纪欧洲文艺复兴时期的先进思想家,为了摆脱经院哲学和教会思想的束缚,提出了人道主义,作为反对封建、宗教统治的武器,提倡关怀人、尊重人、以人为中心的世界观。18 世纪法国资产阶级革命时期曾把人道主义的原则具体化为自由、平等、博爱的口号。"①也有学者认为人道主义的根本宗旨是"以人为本",并说:"其评价的对象是人以及人事,评价的角度和标准也是在现实中人应当具备的特征和权利,包括自由、平等与幸福等。无论是

---

① 《辞海·哲学分册》,上海辞书出版社 1980 年版,第 102 页。

古典哲学的人道思想还是中国传统的人道思想,无论是近代的人道主义还是当代的人道主义,无论是无神论的人道主义还是宗教人道主义,无论是资产阶级的人道主义还是马克思主义的人道主义,这一基础和标准都是相通的。"①1973 年的《人道主义宣言》指出:"人的宝贵与尊严,是人道主义的中心价值。"这一说法概括了人道主义的核心内容。

人道主义对司法领域的影响是司法人道主义观念的确立。司法人道主义或称为"刑罚人道主义",为西方近代刑法学之鼻祖贝卡利亚所首倡。"刑罚人道主义原则与罪刑法定原则一样是近代刑事法发展的一个重要标志,也是人的权利开始得到全面尊重的标志,并成为近代刑事法区别于传统刑事法的重要标志。"②"人道主义与人权联系在一起并且相互支撑。人权借助权利语言把人之作为人都应当具备的要求、利益、资格和权利宣布为不可让渡、不可剥夺、不可侵犯,并且让公共权力承担起予以保护的法律责任和义务。这种维护人的尊严的价值的制度化诉求造就了自北美独立战争和法国大革命以来的一系列人权法律文书,尤其是 20 世纪第二次世界大战后的包括反酷刑公约在内的一系列国际人权公约。通过将人权上升为法律,成为一种强制性的话语,将人道主义从一个德化的要求、伦理的情感转变为一种法治的要求、制度的理性。免受酷刑以及其他非人道处遇成为个人的绝对权利,从此酷刑作为对个人权利和尊严的可耻而邪恶的践踏,不仅仅是对人类本性的违背,也是对制度的违背。"③确实,人道主义对刑事司法的影响就是刑罚人道主义的确立,它将刑罚与保护人权联系起来,反对非人道的刑罚处遇,体现了一种进步性的刑罚理念。

应当指出,诞生于近代西方的刑罚人道主义或司法人道主义如今已在世界范围内得到了普遍认同,并且对各国司法制度和司法实践也产生了深刻的影响。"随着公平、正义以及尊重人类基本人权理念在世界范围内的普及化,刑罚的合理性及人道主义也逐渐为社会所认同,由此导致轻刑化的思想日渐得势,刑罚宽缓化正在成为一个世界性的趋势。"④

---

① 孙万怀:《刑事法治的人道主义路径》,北京大学出版社 2006 年版,第 5 页。
② 孙万怀:《刑事法治的人道主义路径》,北京大学出版社 2006 年版,第 4 页。
③ 孙万怀:《刑事法治的人道主义路径》,北京大学出版社 2006 年版,第 192 页。
④ 于志刚:《刑罚消灭制度研究》,法律出版社 2002 年版,第 2 页。

从中国司法传统看，虽然没有"人道主义"这样的概念，但却有"仁道"（仁爱之道）思想。仁道思想在尊重人的生命价值、关心人、爱护人方面与西方的司法人道主义也有相通之处。仁道理念落实到司法领域就变成了"慎刑"、"恤刑"的主张。

过去，我们对传统司法文化批判否定过多，而对其人道因素却肯定过少。两位美国学者布迪和莫里斯在其合著的《中华帝国的法律》一书中对中国古代法律中的"人道主义"进行了探索，认为"与西方法律相比，中华帝国的法律在有些方面更加人道，更加合理"。例如，"在中国，所有的死刑（除了少数例外）以及其他一些重刑判决，在其执行之前，都必须得到设在京城的国家最高司法机关的同意，甚至要得到皇帝本人的批准。清朝的死刑有一种'监候'，其意思是表示：被判处死刑的罪犯须待一年一度在京城举行的'秋审'之后，才能被提交执行。而在大多数情况下，经过'秋审'，原判处死刑监候的罪犯都能被减轻刑罚，因而可以免死。统治者还经常赦免罪犯，既有针对所有罪囚的大赦，也有针对某一类，甚至针对个别几个罪囚的特赦。儒家人道主义在法律中的另一表现是对于犯罪的老人（70 岁以上）、儿童（15 岁以下）以及身体有病、精神不健全者，免除刑罚或者减轻处罚。在许多犯罪中，妇女也可以缴纳赎金，从而免除刑罚。"①以上考察的是中国古代司法制度中的"人道主义"问题，作者认为这是受儒家"人道主义"影响所致。但是作者应该指出，古代中国并无"人道主义"这一概念，因此在表述儒家相关思想时以称其为"人道精神"、"仁道思想"或"人道思想"为宜。

从古代学者和政治家的议论中，我们看到了如下一些出现频率很高的词汇与成语，如仁道、仁恩、钦恤、慎罚、明刑、祥刑、中庸、中罚、刑中、仁者之刑、仁爱德让、敬让博爱、仁爱忠厚、宽仁之厚、务于宽厚、御众以宽、好生之德、以泽恤人、惟刑之恤、重慎刑罚、哀矜折狱、罚弗及嗣、罪疑惟轻、调和均齐，等等。上述词语均与司法问题有关，且反映了一种明显的人道因素。可以说，上述词语构成了古代司法人道思想中的"意义之网"，它使我们体味到了古人基于生命伦理与社会正义而展示的一种人道情怀。正是这样一种人道情怀才为中国古代司法植入了一种温情因素和人性根基，才冲淡并抑制了暴虐司法带来的

---

① ［美］布迪、莫里斯：《中华帝国的法律》，朱勇译，江苏人民出版社 1995 年版，第 30 页。

副作用,并为社会和谐架起了一座"正义之桥"、"仁道之桥"。

应该指出,儒家的"仁道"(人道)司法观对抑制封建司法的残酷性起了相当的作用,其影响所及,还使封建社会产生了一些符合仁道原则的司法制度,如录囚制度,该制度是指皇帝和高官审录在押囚犯,发现冤假错案便及时予以平反纠正,故其"仁道"精神不言自明;又如直诉制度,允许人们越级申诉,可从基层一直申诉到中央甚至皇帝那里,这是一种权利救济制度;再如会审制度,由中央多个部门会同审理重大疑难案件,体现了对嫌犯生命价值的尊重;另外如大赦制度,历代王朝多有大赦之举,其结果使死刑适用率大大降低,这等于在一定的时间段、一定的范围内废除了死刑;还有死刑奏报制度(唐代有三覆奏、五覆奏之制)、死刑监候制度(死缓)也都反映了对死刑的慎重态度,因而也体现了一定的仁道精神。再如存留养亲制度、秋冬行刑制度、春秋决狱制度等也无不体现了一定的仁道精神。

有的学者提出如下的观点:"人道主义首先是人类的自发情感,这种情感包括宽容、体恤、仁爱、宽恕。在政治权力和伦理结合为一体的古代伦理社会,同样无法排斥这种情感,它甚至成为刑罚冷酷无情的人性化补充。……虽然我们感觉古代社会的人们生活在黑暗中,但事实上却并不是生活在无边的黑暗中,因为还有烛光,这层烛光只能照亮低矮的草房,以致常常被我们忽视和遗忘,但这烛光实际上是指引社会前行的力量,是对紧张和恐怖情感的抚慰。人道情感麾下的慎刑、恤刑政策就是从草房中映射出来的那一缕烛光。"[1]"应该说将人道主义作为刑事法治改革的宗旨,是选择了社会各种力量都能够基本接受的突破口,因为人道主义的精神实际上不是西方近代法律所特有的价值,正如人道主义本身并不是西方世界所特有的一样。在中国古代的律法和实践中,人道主义的内容十分丰富,只不过我们惯常论述的都是古代宗法的非人道性,因此似乎使得人们在心理上习惯于认为人道精神只是近代的专利,而实际上,在任何一个社会或者历史时期,对于一个制度、规范的价值判断绝不是线性的。"[2]尽管上述说法不无可商之处(如认为中国古代也有"人道主义"),但指出西方人道主义与中国传统人道("仁道")思想有相似性是值得

[1] 孙万怀:《刑事法治的人道主义路径》,北京大学出版社 2006 年版,第 189—190 页。
[2] 孙万怀:《刑事法治的人道主义路径》,北京大学出版社 2006 年版,第 31—32 页。

肯定的。

（三）"仁道"（人道）司法观与中国现代刑事政策的转变

在目前我国构建和谐社会的背景下，西方人道主义与中国传统"仁道"（人道）思想的交互影响，形成了一种带有中国特色的人道司法观，并导致我国的刑事政策产生了某种变化，在对待犯罪方面由过去的"严打"转变为"宽严相济"，这一转变首先表现在观念上，如要求在刑诉法中贯彻"以人为本"的理念，以及西方刑罚谦抑主义理念的引入与传播，等等。学者指出："法学工作者应当准确回答在整个刑事诉讼过程中如何以人为本的问题，以人为本绝非刑事诉讼之外的遐想，就如同人脑虽然不在胃里，但也不在人体之外一样，因此，不仅要研究现实的诉讼问题，还应当把以人为本的原则逐步导入刑事诉讼的理论与实践领域并将之作为最根本的理论基础。以人为本的刑事诉讼法将人，包括刑事诉讼的被告人、被害人、证人以及其他诉讼参与人提高到极为重要的地位，它的基本要求是：（1）一切诉讼活动，必须以当事人的权利保护为出发点和落脚点；（2）在刑事诉讼的各个环节，贯彻尊重人格、合乎人性、体现人道、体恤人情、保障人权的原则；（3）刑事诉讼要弘扬以人为本精神，刑事诉讼法的根本任务并非惩办违法犯罪，而是通过诉讼的进程给人们提供法律模式，用具体案例说明什么行为是违法、什么行为是犯罪、什么行为是严重的犯罪，具有明显的引导与教育功能。"[1]

刑罚谦抑主义反对刑事司法的过分介入和刑罚的残酷性，以刑事司法的优先性与宽容性为追求目标，以非刑罚化和轻刑化为基本特征。狭义的非刑罚化是指适用刑罚方法以外的各种措施来防控犯罪；广义的非刑罚化包括司法的非刑罚化即适用非刑罚化措施、行刑的非刑罚化即非监禁化。非刑罚化的方式主要有：规定免刑制度，对刑罚适用加以限制；对一些罪行轻微的罪犯采用非刑事制裁措施；实行保安处分，为了维护社会秩序，对于特定行为人施以矫治、医疗、禁戒等具有司法处分性质的保安措施。非刑罚化的措施主要有：缓刑、担保、软禁、金钱赔偿、社会服务、具结悔过、周末监禁、公开训诫、向

---

① 陈浩铨：《刑事诉讼法哲学》，法律出版社 2008 年版，第 95—96 页。

被害人道歉等。① 轻刑化是指"对于犯罪处以较轻缓的刑罚,以及对于某些轻微犯罪免除刑罚而代之以其他的非刑罚处置措施,免除刑罚而适用非刑罚处置措施,是刑罚轻缓化的极端形式"②。

　　学界指出中国现代刑事政策还出现了所谓"抓大放小"的倾向,认为刑事政策的谦抑性主要表现在"放小"的一面。"抓大"是指对严重的有组织犯罪、暴力犯罪、国家工作人员职务犯罪等实行严格的刑事政策;"放小"是指对轻微的犯罪、偶发犯罪、无被害人犯罪等实行宽松的刑事政策。"也就是说,对于这些犯罪,可以并且应当实行司法上的非犯罪化,或处罚上的非刑罚化,或者执行上的非机构化。"③

　　有的学者认为,可以考虑将"社区服务刑罚"作为管制刑的替代,这一新型刑罚措施也在一定程度上体现了刑罚的谦抑精神。"社区服务刑罚是指地方法院以刑事判决的方式,判处罪行较轻的犯罪分子,在一定数量的时间内必须为社会提供一定的无偿劳动。通过此种方式,达到服务社会、矫正犯罪心理、改过自新的目的,完成罪犯改造之任务。社区服务刑罚的出现反映了现代刑罚人性发展的根本趋势,体现了现代刑罚的基本原则。"④应该说,社区服务刑的出现也彰显了刑事政策的人道化走向:"社区服务刑体现了刑罚的人道性和教育性。所谓刑罚的人道性,是指刑罚的设置与适用都应当与人的本性相符合。在适用刑罚时,尊重罪犯的人格尊严,以宽容的态度实施刑罚是人道性的具体体现。社区服务刑作为独立刑罚或对监禁刑的替代,在不剥夺罪犯人身自由的情况下,通过社区服务,使罪犯在社会上接受改造,从而维护了罪犯的人格尊严,保障了罪犯的人道待遇。"⑤

　　目前,我国在构建和谐社会的过程中,确立了"宽严相济"的刑事政策,该政策体现了"以人为本"的理念。学界认为,宽严相济的刑事政策要求刑事司法秉承保障人权、和谐司法的理念,遵循罪刑法定、罪责相适应和正当程序原则,正确运用体现宽严相济政策的各项制度,妥善进行刑事司法制度的创新,

① 熊永明、胡祥福:《刑法谦抑性研究》,群众出版社 2007 年版,第 349 页。
② 熊永明、胡祥福:《刑法谦抑性研究》,群众出版社 2007 年版,第 368 页。
③ 熊永明、胡祥福:《刑法谦抑性研究》,群众出版社 2007 年版,第 189 页。
④ 熊永明、胡祥福:《刑法谦抑性研究》,群众出版社 2007 年版,第 442 页。
⑤ 熊永明、胡祥福:《刑法谦抑性研究》,群众出版社 2007 年版,第 443 页。

大力改进刑事司法工作机制。① 另一观点认为,宽严相济刑事政策的指导价值观是以人为本,以人为本是人的主体性地位彰显的必然要求,是一切制度获得合法性的必然要求,是维系社会稳定的必然要求。"从中庸理性角度看,宽严相济的刑事政策是:以普遍存在于刑事法(包括刑事立法和刑事司法)领域中的宽严这一组矛盾为指导,在全面了解和权衡正义、人道、人权、报复、预防、效率等各种价值的基础上,实现宽和严的最佳结合,从而最大限度地实现以人为本与和谐社会价值理念的刑事政策。"②"作为基本的刑事政策,宽严相济刑事政策必然涉及刑法的角色定位,从而与刑法的具体干预紧密结合,并排斥刑法滥用和刑法工具主义。坚持宽严相济刑事政策,要求理性地面对犯罪现象,加强社会的综合整治以预防犯罪的发生,降低对重刑依赖的同时推进对犯罪人的社会矫正。在运用刑法处理犯罪的时候,要在坚持法治主义的基础上贯彻刑法谦抑的理念,能不动用刑罚就不动用刑罚,能科以轻刑就不强加重刑,能用生刑就绝不用死刑。刑法谦抑并不代表对刑法的否定,而是要求跳出重刑主义的泥潭,慎用国家刑法权,这样在保障人权的同时,事实上也保证了定罪的精准,从而确保有罪判决的公正性,而这才是刑事法治的象征。"③

"宽严相济"的刑事政策取代了"严打"的刑事政策,不仅是刑事政策的重要变革,也是司法理念的重要变革,这标志着人道主义司法观在刑事政策领域的初步确立,对构建和谐社会、促进民主政治都有重要意义。这一刑事政策得到了学界的肯定,认为其平衡了打击犯罪与保障人权之间的关系,彰显了一种新的刑事司法观念。"长期以来,我们一直对刑事司法在犯罪控制上抱有高度期待,而对刑事司法的限度缺乏认识,一味追求犯罪的刑事化处理。这种认识与和谐社会的内在理念有抵牾之处。因为越来越多的研究表明,现代社会秩序的维系并非源于刑事司法的惩罚与制裁功能,而是形成于社会的自主互动。在法治发达国家,这种认识最终转化为了刑事司法中的宽松刑事政策,相应地,各种针对犯罪的非刑事化处理方式应运而生。恢复性司法与起诉犹豫制度便是典型。我们有必要更新原有刑事司法观念,树立非刑事化的观念。

---

① 赵秉志:《宽严相济刑事政策视野中的中国刑事司法》,载《南昌大学学报》(人文社会科学版)2007年第1期。

② 汪明亮等:《宽严相济刑事政策研究》,中国人民公安大学出版社2010年版,第17页。

③ 汪明亮等:《宽严相济刑事政策研究》,中国人民公安大学出版社2010年版,第89页。

我们可以通过刑事和解与不起诉等方式将一些犯罪分流出刑事司法系统。"①

另有学者明确指出："从'严打'到宽严相济,是当前我国刑事政策的重大变革。为了最大限度地增加社会和谐因素,最大限度地减少社会不和谐因素,最大限度地缓解社会冲突,最大限度地防止社会对立,中央政法部门提出了宽严相济的刑事政策,并把宽严相济司法政策写进十六届六中全会《中共中央关于构建社会主义和谐社会若干重大问题的决定》之中。这是长期以来预防犯罪、控制犯罪得出的重要结论,是发展社会主义民主政治,建设社会主义政治文明的必然选择,是最终体现立法宗旨、实现司法价值的客观要求,是维护社会稳定、促进社会和谐的题中应有之义。宽严相济刑事政策已经取代'严打'刑事政策成为当前刑事司法的指导性政策。"②

人道主义的勃兴,人权意识的高涨,为今日司法理念的更新提供了新的酵素,也为刑事政策的变革提供了观念基础。党中央提出的"以人为本"和"司法为民"等口号也顺应了目前司法理念与刑事政策的更新。最高人民法院编写的《人民法院审判理念读本》一书指出:"马克思主义唯物史观认为,人民是社会发展的主体,是创造社会历史的根本动力。同时,人的解放、人的自由与全面发展也是社会进步的最终目标。科学发展观的核心是以人为本,坚持发展为了人民,发展依靠人民,发展成果由人民共享,体现了马克思主义历史唯物论的基本原理,体现了我们党全心全意为人民服务的根本宗旨和推动经济社会发展的根本目的。以人为本的'人',既指最广大人民群众,也包括每个具体的人,是整体与个体的统一。以人为本的'本',就是根本,是出发点、落脚点。以人为本的科学发展观体现在司法工作中,就是司法为民,就是人民利益至上。司法为民就是要始终把实现好、维护好、发展好最广大人民的根本利益作为人民司法工作的出发点和落脚点,尊重人民的主体地位,在司法活动中坚持群众路线、发挥人民的力量和智慧,通过严格执法、公正裁判、惩处犯罪、制裁违法、定纷止争,尊重和保障人权,促进政治经济社会文化的全面进步,实现社会的公平和正义,为人的全面、自由发展创造安定和谐的社会环境。"③这

---

① 左卫民:《和谐社会背景下的刑事诉讼制度改革》,载《法治与和谐》,中国政法大学出版社 2007 年版。

② 汪明亮等:《宽严相济刑事政策研究》,中国人民公安大学出版社 2010 年版,第 330 页。

③ 最高人民法院编写组:《人民法院审判理念读本》,人民法院出版社 2011 年版,第 83 页。

说明,官方也在借助"人道主义"的语言来表达其司法理念了,反映了人道司法观对中国司法文明的影响正日益加深。

　　另外值得注意的是,"控制犯罪与保障人权的平衡"也成为我国最高检察部门认可的一种刑事司法的目标。最高人民检察院副检察长孙谦说:"一个国家在刑事司法领域的人权保障水平是这个国家人权保障水平的重要标志,也是这个国家人权保障的底线。我国刑事司法领域的人权保障机制日益健全,不仅是我国经济、政治、文化和社会发展以及人权状况日益改善的自然结果,而且是我国控制犯罪能力不断提高的一种反映。在任何国家,刑事领域的人权保障水平都是与国家控制犯罪的能力相适应的,控制犯罪的能力决定了提高人权保障水平的空间,人权保障的水平也间接反映了控制犯罪的能力。因此,控制犯罪与保障人权的平衡是刑事诉讼制度发展的一条重要规律。根据这一规律,任何一项刑事诉讼制度的完善都需要兼顾控制犯罪与保障人权两个方面,并且保持适当的平衡。在追求最大限度地发现犯罪、证实犯罪和惩治犯罪,并为此扩大侦查机关的权力,完善各种侦查措施或手段的时候,我们应当充分考虑人权保障的现实和需要;在追求最大限度地保障人权,防止冤枉无辜,并为此增设和完善犯罪嫌疑人、被告人诉讼权利,建立和完善非法证据排除规则的时候,应当充分考虑控制犯罪的能力和需要。"①

　　1979 年颁布的我国刑诉法在强化犯罪控制的同时,也为被告人增设了诸如辩护权、上诉权和申请回避权等诉讼权利。1996 年修订的刑诉法在保障犯罪嫌疑人、被告人权利方面又有了实质性进步,如确立了疑罪从无原则,完善了被告人的辩护权,等等。2011 年 8 月 24 日,刑诉法修正案草案正式提交十一届全国人大常委会第二十二届会议审议,这是刑诉法的第二次大修。该法草案进一步强化了对犯罪嫌疑人权利的保护,如确定非法证据排除规则、规定不得强迫自证其罪等,而且还完善了律师辩护的权利。由此可见,我国刑诉法对人权的保障在逐步加强,并致力于寻求控制犯罪与保障人权的平衡。

　　总之,人道司法观体现了"以人为本"的精神,彰显了对人的权利及人的生命价值的尊重,也反映了一种追求和谐的精神。这种司法观实际上是西方

---

① 孙谦:《平和:司法理念与境界》,中国检察出版社 2010 年版,第 230—231 页。

近代以来人道主义司法观与中国传统"仁道"司法观交合融汇的产物,它直接影响到中国当代刑事政策的变革,这一变革的突出表现是将过去片面强调打击犯罪的刑事政策转变为打击犯罪与保障人权并重,实现当宽则宽、当严则严、宽与严的最佳结合。当然,应该看到,目前的"宽严相济"并未回答以宽为主还是以严为主的问题,因此实践中有可能出现以严为主的弊端。从保护人权的角度讲,宽严相济的刑事政策应当建立在以宽为主的前提之下,这不仅符合我党"以人为本"和"司法为民"的宗旨,也符合和谐社会的价值取向,并且顺应了国际刑事司法的发展趋势。

二、"中道"司法思想的现代启示

(一) 中国传统的"中道"司法思想

"中道"是中庸之道的简称。中庸之道是一种追求适中、反对极端、强调平衡的思想与方法论。作为一种方法,它有多方面的适用领域。在司法领域,它指以司法平衡达到司法公正——通过平衡的方法使双方当事人得以妥协与和解,并实现公正与和谐,在此意义上又称为"中和"(《礼记·中庸》)。准此,中庸之道是一种以平衡寻求公正的智慧,也是一种实现社会和谐的方法。

"中刑"、"中罚"或"刑中"的观念由来已久,西周铜器《牧簋》铭文中就有"不中不刑"(不公正就不动用刑罚)的记载了,《尚书》中类似记载就更多。如《吕刑》"观于五刑之中"指考察五刑是否公正适用;"士制百姓于刑之中"指士师用公正的刑罚治理百姓;"明于刑之中"指明白公正用刑的道理;"明启刑书胥占,咸庶中正"指根据刑书斟酌,力求量刑公正。可以说,"刑中"是《吕刑》全篇的基本宗旨,其中反映的是司法平衡与司法公正的理念。正是这一理念影响到后来的儒家,并将其加工改造为中庸之道的司法思想。

《尚书·吕刑》有言:"哲人惟刑,无疆之辞,属于五极,咸中有庆。受王嘉师,监于兹祥刑。"蔡沈解释道:"五极,五刑也。明哲之人用刑,而有无穷之誉,盖由五刑咸得其中,所以有庆也。诸侯受天子良民善众,当监视于此祥刑。"吕祖谦曰:"'中'者,《吕刑》之纲领也。"①丘濬曰:"帝王之道,莫大于中。中也者,在心则不偏不倚,在事则无过不及。帝王传授心法,以此为传道之要,以此为出治之则。《书》始于《虞书》'允执厥中',大舜以之而传道;《书》终于《周书》'咸中有庆',穆王以之而训刑。圣人之心,不偏不倚,而施之事为者,无过不及。非独德礼乐政为然,而施于刑者亦然。盖民不幸犯于有司,所以罪之者,皆彼所自取也。吾固无容心于其间,不偏于此,亦不倚于彼,一惟其情实焉。既得其情,则权其罪之轻重,而施以其刑。其刑上下,不惟无太过,且无不及焉,夫是之谓中,夫是之谓祥刑。"②

《汉书·刑法志》也将"轻重当罪,民命得全,合刑罚之中,殷天人之和"当成一种核心的司法价值来宣传。所谓"轻重当罪"、"合刑罚之中"就是司法平衡与司法公正的意思。《晋书·刑法志》载东汉光武帝时梁统之上书:"臣愚以为刑罚不苟务轻,务其中也。君人之道,仁义为主,仁者爱人,义者理务。爱人故当为除害,理务亦当为去乱。"这是从另外一个角度来理解"中","中"并非意味着刑罚唯轻是务,而是当轻则轻,当重则重。因此,该篇作者认可应劭的说法:"赏刑之宜,允至厥中。"

中庸之道在司法领域的另一影响是在审判依据上寻求法律与情理之间的平衡,儒家学者及儒家型法官认为只有坚持情理法兼顾的审判原则才能有利于司法公正与社会和谐。那么,什么是"情理"呢?日本学者滋贺秀三说:"所谓'情理',简单来说就是'常识性的正义衡平感觉'。"③另有学者指出:"'情'与'理'没有根本性质上的差异,在古汉语中是可以互训的。它们之间的区别毋宁说是哲学层面上的:理更注重原理和原则,比'人之常情'更抽象。"④还有学者对待"情理"如此定义:"'情理'是指中国古代社会在长期共同生活中所形成的关于人自身的特性、感情交往、道德原则、行为规范、社会客观情况和是非标准的智识总和。这些智识产生于中国传统社会,影响着人们生活方式、社会秩序,并制约着人们的行为。其中,道德原则、道德规范,因其对人们生活

---

① 转引自丘濬:《大学衍义补·慎刑宪·总论 制刑之义》。
② 丘濬:《大学衍义补·慎刑宪·总论 制刑之义》。
③ [日]滋贺秀三等:《明清时期的民事审判与民间契约》,王亚新等编译,法律出版社 1998 年版,第 13 页。
④ 邓勇:《论中国古代法律生活中的"情理场"》,载《法制与社会发展》2004 年第 5 期。

方式、社会秩序和人们行为的直接和恒久影响,成为'情理'的核心内容,也成为中国传统文化的重要内容。"①

　　《盐铁论·刑德》云:"法者,缘人情而制,非设罪以陷人也。故《春秋》之治狱,论心定罪。志善而违于法者免,志恶而合于法者诛。"南宋理学家真德秀说:"夫法令之必本人情,犹政事之必因风俗也。为政而不因风俗,不足言善政;为法而不本人情,不可谓良法。"②南宋范西堂说:"祖宗成法,参之情理,无不曲尽。"③南宋胡石壁说:"法意、人情实同一体。徇人情而违法意,不可也;守法意而拂人情,亦不可也。权衡于二者之间,使上不违于法意,下不拂于人情,则通行而无弊矣。"④宋代皇帝曾下诏:"自今宜遵旧法取旨,使情法轻重各适其中,否则以违制论。"⑤这说明,宋代统治者已将情法兼顾、情法适中作为一个法定的司法审判原则。南宋有的法官明确提出了"酌情据法,以平其事"⑥的审判方针,明清统治者也将"情法允当"、"情法允协"作为法定的司法审判原则。清代汪辉祖则要求法官"体问风俗,然后折中剖断,自然情、法兼到"⑦。他还说:"勤于听断善矣,然有不必过分皂白,可归和睦者,则莫如亲友之调处。盖听断以法,而调处以情,法则泾渭不可不分,情则是非不妨稍措。"⑧无论据法判处还是据情调解,都以"和睦"为最高目标(清末一些地方官调处民间纠纷的方针是"平此两造",即平衡当事人双方的利益),体现了追求平衡与和谐的价值取向。

　　由上述可见,在情理与法理之间寻求平衡已成为封建时代的一种司法原则和审判艺术,它是中庸之道影响当时司法领域的一种表现。学者评说:"依情而判固然可以纠现行法律条文之偏,但其作用的发挥却是以司法官具有较高的道德和智识素质为前提的。情具有较强的主观色彩,它依附于人这个主

---

　　①　董长春:《中国传统司法中"情理"的概念分析》,载陈金全、汪世荣主编:《中国传统司法与司法传统》,陕西师范大学出版社 2009 年版,第 97 页。

　　②　《西山先生真文忠公文集》卷三《直前奏札》。

　　③　《名公书判清明集》,中华书局 1987 年版,第 448 页。

　　④　《名公书判清明集》,中华书局 1987 年版,第 311 页。

　　⑤　马端临:《文献通考》卷一百七十《刑考》。

　　⑥　《名公书判清明集》,中华书局 1987 年版,第 215 页。

　　⑦　汪辉祖:《学治臆说》。

　　⑧　汪辉祖:《学治臆说》。

体而存在,司法审判主体对情的认识将直接影响到司法审判的结果。不仅如此,传统诉讼中的'情判'还对司法官的道德水准提出了极高的要求。依情而判使得司法官在司法审判中拥有极大的自由裁量权,假若司法官的道德素质不高的话,则极易产生主观擅断,并有可能导致贪赃枉法,以致故意出入人罪,但无论如何,情判乃是奠基于中国传统法律文化而出现的一种特殊制度,它体现了诉讼的重要功能之一,即化解矛盾、消弭纷争。"①上述评判是值得肯定的。总之,情理法兼顾的思想体现了一种"平衡"的智慧,其价值取向是"公正"与"和谐",这是蕴涵于儒家司法思想中的深层价值观。

(二) 西方的"中道"司法思想

中国传统的"中道"思想可谓源远流长,但这一思想并非为中国所独有,西方历史上也同样存在"中道"(中庸之道)思想,并且也在司法领域产生了重要影响。"中道"司法思想早在古希腊时期就已出现,亚里士多德的"中庸之道"成为这一理念的直接渊源。亚里士多德的中道司法思想反映了一种司法平衡的智慧——司法的平衡既包括利益的平衡,也包括审判依据之间的平衡。亚里士多德把中庸之道当成最佳标准,认为凡是符合该标准的东西就是最好的东西。他在《政治学》一书中说:"大家既然已经公认节制和中庸常常是最好的品德,那么人生所赋有的善德完全应当以【毋过毋不及的】中间境界最佳。"②根据亚里士多德的观点,好的道德是合乎中庸之道的道德,如在吝啬与奢侈之间有节俭,节俭符合中庸之道;在鲁莽与怯懦之间有勇敢,勇敢符合中庸之道;等等。好的政体也是符合中庸之道的政体,"凡离中庸之道【亦即最好形式】愈远的品种也一定是恶劣的政体"③。准此,好的立法、司法也必然是符合中庸之道的。

上述中道观念对西方的司法思想与司法制度产生了持久的影响。孟德斯鸠在《论法的精神》中指出,好的立法与司法都应符合中庸之道,做到"不偏不倚",如此才能实现利益上的平衡。他在谈及撰写《论法的精神》一书的宗旨

① 李交发、刘军平:《中国传统之诉讼之"情判"试探》,载陈金全、汪世荣主编:《中国传统司法与司法传统》,陕西师范大学出版社 2009 年版,第 81—82 页。
② [古希腊]亚里士多德:《政治学》,吴寿彭译,商务印书馆 1965 年版,第 205 页。
③ [古希腊]亚里士多德:《政治学》,吴寿彭译,商务印书馆 1965 年版,第 209 页。

时说："我写这本书为的就是要证明这句话:适中宽和的精神应当是立法者的精神;政治的'善'就好像道德的'善'一样,是经常处于两个极端之间的。"①应该说,"适中宽和"与"利益平衡"也有内在的关联,前者是后者赖以实现的条件。其实,根据孟氏的理论,适中宽和不但是立法者的精神,也是司法者的精神。贝卡利亚在《论犯罪与刑罚》中也指出:"法官就应该一半是与罪犯地位同等的人,一半是与受害者地位同等的人,这样,那些改变包括无意中改变事务面目的各个私人的利益得以平衡,这时候,发言的便只是法律和真相。"②法官居中裁判,致力于当事人之间的利益平衡,这样才能有助于司法正义的实现。

西方近代以来的司法制度吸收了中道司法思想(司法平衡)的智慧,如各国刑事诉讼法中均规定了"当事人对等原则",该原则是指起诉人与被告人在刑事诉讼中处于平等的地位,享有相应的权利和义务。学者认为,对这一原则应从以下几个方面加以理解:"1.在刑事案件中,起诉人和被告人都是诉讼主体,都是当事人。即使是代表国王或者政府行使起诉权的官员,同被告人一样,都是当事人。2.双方当事人的地位是平等的,各自享受一定的权利,履行一定的义务。3.双方的权利义务是对应的。例如,起诉人有控诉权,被告人有辩护权,甚至可以由律师协助辩护;在法庭审理阶段,双方当事人必须按时到庭,除非法律许可,不得缺席;起诉人负有证明被告人实施犯罪的责任,被告人享有证明自己无罪的权利;双方都有提供证据的权利,有询问本方证人以及质问对方证人的权利;在辩论阶段,双方都有陈述各自论点和理由的权利。起诉人对于错误控诉承担一定的责任,被告人享有要求赔偿的权利。当事人对等原则是保障人权、人人平等、无罪推定等民主原则在诉讼中的体现。"③可见,当事人对等原则是基于当事人双方利益平衡的理念而设计的,而这一制度安排显然是通向司法正义的必由之路。

我们还可以从目前流行于欧美的辩诉交易制度中体会到一种中道司法(平衡)的理念。辩诉交易制度起源于 20 世纪 70 年代的美国,这一制度反映了一种"平衡"国家利益与个人利益的价值取向。该制度在不同的国家有不

---

① 〔法〕孟德斯鸠:《论法的精神》,张雁深译,商务印书馆 1961 年版,第 286 页。
② 〔意〕贝卡利亚:《论犯罪与刑罚》,中国大百科全书出版社 1993 年版,第 21 页。
③ 王以真主编:《外国刑事诉讼法学》,北京大学出版社 1994 年版,第 25—26 页。

同的表述,在德国它被称为"刑事协商",在日本它被称为"司法交易",在意大利它被称为"依当事人要求适用刑罚程序",在俄罗斯它被称为"认罪程序"。在美国,《布莱克法律词典》对辩诉交易下了这样的定义:"辩诉交易是指在刑事被告人就较轻的罪名或者数项指控中的一项或几项作出有罪答辩以换取检察官的某种让步,通常是获得较轻的判决或者是撤销其他指控的情况下,检察官和被告人之间经过协商达成的协议。"

美国辩诉交易的主要内容包括两方面:(1)指控交易。是指被告人作有罪答辩,检察官作降格指控或减少指控。前者是指将指控的罪名由较重罪名降为较轻罪名,如将强奸罪降为猥亵罪等;后者是指在被告人犯有数罪的情况下,检察官仅指控其中的一种或几种罪行,其余不予指控。(2)量刑交易。指被告人作有罪答辩,换取检察官请求法官判处较轻的刑罚,如应当判处长期监禁的判处短期监禁等。从美国的相关法律规定看,辩诉交易的主体是检察官与被告人及其辩护律师,辩诉交易案件的范围少有限制,任何性质的案件(不管刑罚轻重)都可进行辩诉交易。辩诉交易的结局是不经过陪审团陪审,而是由法官直接定罪量刑,控辩双方都不可上诉。

其实,辩诉交易强调控辩双方平等协商,就相关法益讨价还价,在被告认罪的前提下达成量刑折扣协议,从而化解了冲突,实现了和谐。可以说,该制度背后隐藏着一种司法平衡的理念。在辩诉交易过程中,代表国家利益的检察官与代表被告人利益的律师进行的所谓"交易",正是一种利益上的交换,双方追求的结果恰恰是"利益上的平衡"。只有实现了双方的利益平衡,辩诉交易才算成功,而利益平衡恰恰是通往司法正义的必由之路。

"恢复性司法"(Restorative Justice),也称"复合司法",起源于20世纪70年代的北美,如今流行于欧美数十个国家。它是一种通过在犯罪方与被害方之间建立对话关系、以犯罪方主动承担责任来化解双方矛盾,并通过社区等方面的参与来修复受损社会关系的替代性司法活动。恢复性司法追求的是"恢复性正义",它是对传统"报应性正义"的一种反对。报应性正义强调通过对罪犯进行刑事制裁来伸张正义,而恢复性正义则认为犯罪不仅是对国家利益的危害,更是对被害人、社区及加害人自身的伤害,犯罪破坏了被害人、加害人与社区之间正常的利益关系,因此刑事司法程序应当恢复这一受损的利益关系,重建国家、社区与个人之间利益的平衡,使受损的社会和谐局面得以重现。

一位英国学者指出:"恢复性司法是一种过程,在这一过程中,所有与特定犯罪有关部门的当事人走到一起,共同商讨如何处理犯罪所造成的后果及其对未来的影响。"①"恢复性司法追求被害人与犯罪人的和解,以及被害人与犯罪人双方共同地融入社区。"②"恢复性司法认为,现代刑事司法制度主要还是报应性传统,只是一味地惩罚和打击犯罪人,没有关注被害人和社区的利益。除了惩罚犯罪人之外,他们什么也没有得到。如果说这也是一种公平、正义的话,那也是一种有害的公平、正义。因为通过刑事司法活动,犯罪人、被害人和社区都受到了损失。"③"恢复性司法是善良的,它强调理解、宽恕、羞耻、仁爱;是温馨的,强调心灵的沟通,有浓浓的人文关怀。"④

一种观点认为,代表"报应性正义"的报应性司法,其基本理念在于:"国家是最主要的被害者,犯罪是对公共利益的加害,强调施加严刑峻法,以威慑或预防犯罪。结果紧张了被害人与加害者之间的对抗关系,被害者利益被漠视,被害人在刑事诉讼中获得的权利和发挥的作用都是有限的。""恢复性司法是对受害人、加害人和社区经受的伤害和因此产生的一系列需要的统一的反映。首先要恢复被害人合法的人身权益和财产权益。被害人常常因为现有的刑事司法程序中权利保障途径的局限,最终得不到实际的任何救济,处于被遗忘、被忽略的境地。恢复性司法突破了传统司法体制对被害人的漠视,深切关注他们的物质需要、情感需要和社会需要。可以这么说,被害人救济的缺位是传统刑事司法的硬伤,同时,犯罪从来都是对社会秩序的藐视和破坏,对社会游戏规则的挑衅。犯罪人生活的周遭环境,社区的人际关系,通常遇到最大的伤害,其中包括无形的精神损害和有形的物质损害,特别是严重的犯罪行为都会带来消极的情绪等负面的社会影响。……恢复性司法的最艰巨的任务莫过于如何恢复犯罪人的守法生活,预防其重新犯罪,极力推动犯罪人和受害人的关系复原。恢复性司法运动最大的贡献在于尽量从内心唤醒犯罪人赔偿犯罪损害的责任感,恢复社会安宁的义务感,鼓励其忏悔,让犯罪人主动地承担由于自己的犯罪行为而造成的损失,并以此得到受害人的理解和谅解,以有效

---

① 转引自王平主编:《恢复性司法论坛》,群众出版社 2005 年版,第 2 页。
② 转引自王平主编:《恢复性司法论坛》,群众出版社 2005 年版,第 2 页。
③ 转引自王平主编:《恢复性司法论坛》,群众出版社 2005 年版,第 4 页。
④ 转引自王平主编:《恢复性司法论坛》,群众出版社 2005 年版,第 7 页。

地恢复犯罪被害人原有的权利。"①

也有学者认为恢复性司法有两个核心价值:"1.促进相互理解、相互尊重与宽容,弥合耻辱以维护关系,稳定秩序。2.以'以直报怨'而不是'以德报怨'的方式处理犯罪,通过对被害人赋予权利,鼓励犯罪人真诚忏悔、承担责任、主动赔偿来弥补被害人物质和精神伤害,寻求恢复以达到实质正义。"②另有学者认为,恢复性司法"这一概念的核心内容是协商和恢复。主张通过犯罪人和被害人及其家庭、社区的共同协商,来找到解决犯罪的对策,以恢复被损害的社会关系",并将恢复性司法制度定义为:"在法律规定的特定案件中,在特定中立的第三方的调解下,受害人和犯罪人及其他任何受犯罪影响的个人或社会成员,共同积极参与解决由犯罪造成的问题,以使被害人的损害得以弥补,犯罪人的人格和社会角色得以恢复,受损社会关系得以修复的操作规程的总称。"③该学者还指出,所谓"恢复"的内容主要包括:(1)被害人的物质损害和精神损害得到尽可能的补偿;(2)因犯罪造成的社区和谐得到恢复;(3)犯罪人的人格和社会角色得以恢复,顺利回归社会;(4)犯罪人与被害人之间及其与其他社会成员之间的关系得以恢复。④

基于上述,可知恢复性司法的主要内容是:第一,鼓励当事人双方之间的平等协商,促成双方的和解;第二,关注被害人的物质与精神需求;第三,由犯罪人承担积极责任;第四,创建一种有助于犯罪人回归的社区。简言之,鼓励协商、促进和解便是恢复性司法的主旨,它体现了一种宽恕与仁爱、和解与和谐的价值观。

(三)"恢复性司法"理念与"中道"司法思想比较

在中国文化传统中,儒家的"中庸之道"是一种寻求"平衡"的智慧,它反对极端主义,提倡适度适中,主张通过利益上的平衡来缓解社会矛盾、实现社

---

① 王平主编:《恢复性司法论坛》2006年卷,群众出版社2005年版,第14—15页。

② 王平主编:《恢复性司法论坛》2006年卷,群众出版社2005年版,第24页。

③ 李建波主编:《司法和谐与社会主义司法制度革新》,中国民主法制出版社2008年版,第165—166页。

④ 李建波主编:《司法和谐与社会主义司法制度革新》,中国民主法制出版社2008年版,第166页。

会和谐。在其看来,司法就是一种利益"平衡术",法官通过调解机制等即可实现当事人双方的利益平衡,并进而达到和解、促成和谐。中庸之道作为一种追求适中、反对极端、强调平衡的方法论,它有多方面的适用领域。在司法领域,它指司法公正,也指司法平衡——通过平衡的方法使双方当事人得以妥协与和解,并实现和谐,在此意义上又称为"中和"(《礼记·中庸》)。准此,中庸之道是一种寻求公正与平衡的智慧,也是一种实现社会和谐的方法。应该说,儒家这一方法论至今仍有现实意义。

笔者认为,恢复性司法体现了如下的价值取向:一是和解与和谐;二是宽恕与仁爱。应该说,这样的价值取向将有助于和谐社会的实现。这一理念与注重和谐的儒家法律传统颇有相通之处。我们知道,和谐是儒家法律思想的基本价值取向,儒家重"和"的言论可谓俯拾即是。如"和为贵"①,"君子和而不同"②,"保和太和"③,"致中和,天地位焉,万物育焉"④,等等。笔者认为,和谐是儒家立法与司法思想中所肯定的最高价值,而实现这一价值需要贯彻中庸之道。所谓"中和"的实际意义是指贯彻中庸之道就能实现和谐。

"中庸"一词最早出自《论语·雍也》,孔子曰:"中庸之为德也,其至矣乎,民鲜久矣。"根据汉代儒家的解释,"中"是适中、适当的意思,"庸"是"用"的意思,中庸是用中,即按中的标准去做。在儒家那里,中庸不但是一种道德,也是一种方法,是一种实现平衡与和谐的方法。

从法律的视角看,中庸之道是一种寻求利益平衡的智慧,也是一种追求社会和谐的方法。中庸之道可适用于各个领域,若将其适用于立法与司法领域,则是一种寻求立法与司法平衡并进而实现社会和谐的方法。孔子言"刑罚不中,则民无所措手足",是说刑罚适中是平衡当事人双方利益关系的前提,否则百姓则会手足无措,社会秩序由此混乱,从而不利于社会和谐。

基于"和为贵"的理念,孔子在司法层面追求"无讼"理想,即通过平衡当事人双方的利益而达到和解。此一观念后来被转化为调解制度,成为"中华法系"中的一大亮点。有学者指出:"调解本身所具有的恢复性(既恢复被破

---

① 《论语·学而》。
② 《论语·子路》。
③ 《易传·乾·彖》。
④ 《中庸》。

坏的和谐秩序）和灵活性特征,完全适合我国古代面似温情的宗法制土壤,也符合统治阶级理想的价值观……。此外,传统文化'和息'、'和对'的纠纷解决机制,主要是指官府调解和民间调解,以及两者互为补充和制约,形成国家与民间的互动,共同实现对社会的控制。"①可见,调解制度旨在恢复被破坏的和谐秩序,以利益的平衡和道德的宽容等手段使当事人双方达成和解,这与西方"恢复性司法"的理念是相当接近的。

一位美国学者柯恩于 1966 年在《加利福尼亚法律评论》(*California Law Review*)发表了一篇题为《现代化前夕的中国调解》的长篇论文,对中国古代儒家的调解思想及相关制度进行了研究。他认为,根据儒家的观点,如果一个人陷于纠纷之中,那么他应该"通过改进自己的行为,获得对方的积极响应,从而平息纠纷。有德之士不会坚持己方的'权利'或独有的正确性,而是通过彼此让步来解决纠纷,以便保全双方的'面子'。诉讼是让人丢'面子'的,因为他意味着一个人顽固、不宽容而使其美德有某种程度的毁损,或者他无法使对方作出尊重自己'面子'的让步。因而,儒教高度褒扬调解的艺术,他是说服各方的媒介"②。他还对清代的司法实践进行了考察,认为"实践中的法律为中国人对和解的偏好提供了一个更准确的指数。尽管制定法明文禁止,纠纷的解决还是通常由社区中有影响的人物、诉讼当事人的邻居或官府成员主持的调解来加以解决,甚至在纠纷已上呈官府衙门后也是如此"③。

在这篇文章中,柯恩进一步指出,根据儒家的观点,法律制度并不代表中国文明的最高成就,而只是令人遗憾的必需品,人们与法庭打交道是不体面的,即使一方当事人确有冤情。诉讼破坏了自然和谐的秩序,它使人好讼而无耻,只关注个人利益而忽视社会利益。法律由强权支撑,因而它是不洁的。大多数纠纷的最优解决办法应当经由道德上的说服。儒家对调解有独特的偏好,"儒家价值观强调的不是个人的权利而是社会秩序的调节,群体的存续。'秩序、责任、等级与和谐的观念'是主流社会规范'礼'的核心。礼是根据个人的地位和具体社会情境而规定的行为模式。在这些观念中,和谐是最重要的。一旦和谐遭到破坏,那么最好通过调和来予以修复。如果一个人觉得他

---

① 潘丽萍:《中华法系的和谐理念》,法律出版社 2006 年版,第 46 页。
② 强世功编:《调解、法制与现代性》,中国法制出版社 2001 年版,第 96 页。
③ 强世功编:《调解、法制与现代性》,中国法制出版社 2001 年版,第 98 页。

被冤枉了,儒家道德教导他最好'吃点亏',让事情过去,而不是制造混乱,造成更大的冲突。如果一个人在争议中显而易见地居于正确的一方,他最好仁慈地对待触犯自己的人,从而树立有利于社会团结的合作的典范。"①上述分析确有道理,儒家调解制度追求的是和谐,而和谐需要一种宽容的精神,缺乏互谅互让的宽容精神,也就不可能有人际关系的和谐。这与"恢复性司法"所倡导的"宽容"和"温情"可以相通。

接着,柯恩又分析了调解制度的优缺点,如"有利于社会凝聚力,便利争端当事人,以及允许当地人解决相对不重要的当地问题。并且调解制度解除了长官及其上司的大量的诉讼方面的负担,从而使他们集中关注更重要的任务并高度节省了政府的开支。……当然,中国对调解的倚重严重阻碍了法律在立法及司法过程中的发展"②。他还强调说:"本文使用的'调解'等同于'和解',是通过第三者解决纠纷,不给出有约束力的判决的方法。中国的调解者发挥了这样的作用:他把互不理睬的当事人联系到一起,从另一角度来看,他不仅仅建立了当事人的联系,而且找到了争议点,确定了事实上的问题,尤其是提出了合理的解决方案——甚至是提出可能的和建议性的决定——动用了强有力的政治、经济、社会和道德上的压力,并施加于一方或双方当事人身上,使他们最终保留小的争议但达成'自愿的'一致意见。"③

一些西方学者还考察了中国传统调解制度与当代中国调解制度的关系,他们虽然注意到了现代调解制度与其传统调解制度的不同,但依然强调了它们之间的一种文化上的连续性。现代中国的调解制度主要分为法院调解、人民调解和行政调解,它是一个很有特色的司法制度,并引起了国际司法界的广泛关注。关于法院调解,《民事诉讼法》规定,人民法院审理民事案件,应当根据自愿与合法的原则进行调解,基层法院、上诉法院无论在开庭前还是在辩论终结后宣判前,均可进行调解。关于人民调解,是指由人民调解委员会对一般民事案件和轻微刑事案件进行调解。调解的工作原则:按照法律规定,根据当事人自愿原则,用说服教育的方法进行调解,当事人不愿调解或调解不成,可以向人民法院起诉。关于行政调解,是指行政机关根据合法、自愿原则对当事

---

①　强世功编:《调解、法制与现代性》,中国法制出版社 2001 年版,第 95 页。

②　强世功编:《调解、法制与现代性》,中国法制出版社 2001 年版,第 115 页。

③　强世功编:《调解、法制与现代性》,中国法制出版社 2001 年版,第 88—89 页。

人进行的调解。从这一制度实施的效果看,确实对民间社会的和谐起了重要作用,大大缓解了社会矛盾。因此,它也受到了国际上的好评。澳大利亚大法官哈里·布吉斯在访问中国时说:"中国司法制度中最有特色的是人民调解制度。"日本著名律师天野宪治称赞说:"完全没有想到中国的调解委员会是这样好的一个组织,为民排难解纷,既能增加人民之间的团结,又能安定社会治安,非常公正,又不收任何报酬,这在世界上任何其他国家是完全不能想象的。"①另据称"中国独创的人民调解方式已被联合国法律组织接受为综合治理的指导原则之一"②。

我国学界一些学者从构建和谐社会的角度探讨了完善司法调解制度的问题。如有的观点认为,"人民法院作为国家审判机关,贯彻党中央关于构建社会主义和谐社会的重大部署,加强民事案件司法调解的力度,有效化解各种社会矛盾,不仅是职责所在,也是应当承担的重大政治责任。司法调解是我国民事诉讼法规定的一项重要的诉讼制度,也是我国各级人民法院依法行使审判权的重要方式。司法调解是当事人双方在人民法官的主持下,通过处分自己的权益来解决纠纷的一种重要方式。它以当事人之间私权冲突为基础,以当事人一方的诉讼请求为依据,以司法审判权的介入和审查为特征,以当事人之间处分自己的权益为内容,实际上是公权力主导下对私权力的一种处分和让与。司法调解通过把讲理与讲法结合起来的方式,让当事人能够调解结案,自动履行程度高,对于化解社会矛盾、解决纠纷、促进和谐社会构建,具有其他方式所无法替代的作用。最高人民法院提出了指导新时期司法调解工作的十六字方针:能调则调,当判则判,调判结合,案结事了。"③今天,在高扬和谐主旋律的法律文化建设中,调解制度被赋予了建构社会主义和谐社会的重大历史使命,这说明,传统调解制度在进行了现代转换后又焕发出了新的生命力。

另有一种观点认为,中国法官"是以恢复或者建立一种稳定的、和谐的人际关系和社会关系为着眼点来看待和解决现实纠纷(特别是民事纠纷)的。这样,自然而然地,司法关注的就并非只是程序,只是一个忠实、刻板地适用法

---

① 《当代中国的司法行政工作》,当代中国出版社 1995 年版,第 453 页。
② 《当代中国的司法行政工作》,当代中国出版社 1995 年版,第 207 页。
③ 郭晓光:《从构建和谐社会看完善民事纠纷解决机制》,载《中国政法大学校报》2006 年12 月 12 日。

律于具体案件的过程,更重要的却是裁判的结果,这个结果必须是最大限度地符合法律以及当地社区的民俗,并合乎情理习惯的,必须是有利于解决利益冲突、协调利益关系进而恢复或维系一种和谐的社会秩序和人际关系的,必须是'衡平'了伦理道德与法律的。……一个好的司法判决不仅要公道、合法,更重要的是实际执行,要尽快给受损一方当事人'补偿',进而遏制和消除纠纷的消极影响,协调同时也规范社会生活,起到恢复社会秩序和社会制度的常态的作用,维护和保障纠纷所侵害的权益,稳定社会效果的作用"①。该学者还强调指出中国法官从事审判时是"以整体的衡平思维以及关注人与人的相互关系为出发点"的,这种看法是有道理的。对比西方恢复性司法所宣扬的公平、补偿、和解及和谐的理念,可以说我国现行司法调解制度确有与之相通相似之处。

从刑事诉讼法学的角度看,现在被学界和司法实务部门所关注的"刑事和解"也是调解制度的一个变种,而且与西方恢复性司法的理念也相当接近。有的学者指出:"所谓刑事和解,是指在刑事诉讼程序运行过程中,被害人和加害人以认罪、赔偿、道歉等方式达成谅解以后,国家专门机关不再对加害人追究刑事责任或者是从轻处罚的一种案件处理方式。这种诉讼制度是对调解制度的发展和创新。"②该学者认为,刑事和解有助于化解社会矛盾、促进社会和谐,目前我国具有在更大范围内推行刑事和解的法治条件与历史文化条件。所谓"历史文化条件",根据笔者的理解,应当是指重视和谐与调解的法律传统。该学者还说:"刑事和解中,加害人与被害人通过契约形式相互谅解、同情和经济赔偿,最大限度地实现了被害人受损利益恢复和公共秩序的保护,应当认为加害人的主观恶性或社会危险性已经大幅度减轻,社会关系得到了良好的修复。"③这与恢复性司法的理念近似。

如果我们把儒家的司法理念与恢复性司法的理念做一比较,即可发现其间的诸多相似点。"恢复性司法更加强调被害人的作用,强调被害人与犯罪人之间的和解,重视犯罪人对被害人的赔偿和社区的积极参与,重视对社会长远利益的考虑。当然,其中也渗透着很多宗教的思想,在运行恢复性司法模式

---

① 李浩等:《论农村纠纷的多元解决机制》,载《清华法学》2007 年第 3 期。

② 彭卫东:《关于"刑事和解"的一点思考》,载《光明日报》2007 年 9 月 8 日。

③ 彭卫东:《关于"刑事和解"的一点思考》,载《光明日报》2007 年 9 月 8 日。

的过程中,把犯罪人的悔恨、忏悔和被害人的宽恕作为重要的因素。"①"恢复性司法的目标便是保证被告人、被害人和社区之间在刑事司法中地位的平衡,并以降低监禁率和用当事人合意式纠纷解决方式代替权威决定式的解决方式为努力方向。恢复性司法追求的不是在犯罪发生后简单地决定对犯罪人触犯了哪条法律,应该判处何种刑罚,而是将因犯罪而发生变化的种种关系恢复到原来的状态,并使被害人受到的精神损失得到最大可能的弥补,使犯罪人重新融入社区,做一个建设性的社区成员。"②"……恢复性司法为重新建立社会和谐关系提供了一种框架,通过刑事司法系统范围内以及范围之外的补偿和调解,实现犯罪者与被害人之间的和解。这种方法强调的是被害人、犯罪者与社区之间冲突的解决,侧重于满足需要和恢复正常,而不是由国家采取惩罚性行动。"③笔者认为,尽管恢复性司法与中国传统调解理论有一些不同——如前者强调物质上的补偿而后者强调道德上的谦让,前者关注当事人地位的平等而后者关注当事人地位的差异等——但它们均把和谐当成最高价值,均把宽容、补偿、和解并使犯法者复归社会等当成实现和谐的途径,因而也就都体现了一种浓浓的人道情怀。

(四) 我们应如何借鉴恢复性司法制度?

恢复性司法的理念与制度体现了一种"平衡"与"和谐"的价值原则,它致力于国家利益、社会利益与个人利益之间的一种平衡,而这种平衡是互相平等协商的结果,它打破了在治理犯罪的司法程序中代表国家利益一方主导一切的结构,把国家、社会与个人看成彼此平等的主体,其间关系是平等协商、自主自愿。"一旦进入恢复性司法程序,参与各方就享有平等的法律地位,以协商方式解决法律问题。……恢复性协议的达成,是与犯罪相关方平等协商的结果,任何一方不能强迫另一方接受或不接受某项条款。"④

最近,学界提出了如下的观点:"长期以来,我们一直对刑事司法在犯罪控制上抱有高度期待,而对刑事司法的限度缺乏认识,一味追求犯罪的刑事化

---

① 转引自王平主编:《恢复性司法论坛》,群众出版社2005年版,第14页。
② 转引自王平主编:《恢复性司法论坛》,群众出版社2005年版,第262页。
③ 转引自王平主编:《恢复性司法论坛》,群众出版社2005年版,第263页。
④ 李建波主编:《司法和谐与社会主义司法制度革新》,中国民主法制出版社2008年版,第167页。

处理。这种认识与和谐社会的内在理念有抵牾之处。因为越来越多的研究表明,现代社会秩序的维系并非源于刑事司法的惩罚与制裁功能,而是形成于社会的自主互动。在法治发达国家,这种认识最终转化为刑事司法中的宽松刑事政策,相应地,各种针对犯罪的非刑事化处理方式应运而生。恢复性司法与起诉犹豫制度便是典型。"①

其实,过去我们基于国家本位的立场,在刑事司法上总是强调对犯罪的刑事化处理,致力于保持对犯罪的高压态势,追求除恶务尽、消灭犯罪,导致刑事政策上的严厉有余而宽容不足、打击犯罪有余而保护人权不足,从而为社会和谐埋下了隐患。可谓代价高昂、教训沉痛。学界通过反思,呼吁在刑事诉讼法方面应注意"平衡打击犯罪与人权保障的关系"。学者认为,自1996年《刑事诉讼法》修改以来,虽然在刑事诉讼制度上比较重视人权保障,但在司法实践中对人权保障的程度还远远不够,也未达到人权保障与打击犯罪之间的平衡,这显然与和谐社会所倡导的公平正义观念相悖。"今后的刑事诉讼在总体价值目标上,应该根据和谐社会的要求,平衡打击犯罪与人权保障,实现整个刑事司法制度体系的和谐,构建出国家、社会与公民个体三者在刑事诉讼中平衡的局面。……对于控制犯罪,我们不应该仅仅将其定位于一种单纯地打击犯罪,而应该从有效化解纠纷与冲突的高度来认识犯罪控制,实现最佳社会效果。"②

所谓"平衡打击犯罪与人权保障"实际上是说要在国家利益与个人利益之间实现平衡。"打击犯罪"的目的是保护国家利益,"人权保障"的目的是保护个人合法权益(含个人自由)。过去在"左倾"错误思潮的影响下,我们的刑事政策强化了前者而弱化了后者,从而为社会和谐带来了严重副作用。时至今日,在建设和谐社会政策的助推下,改变刑事司法理念、改革刑事诉讼法制的呼声日益增强,而来自西方的"恢复性司法"为我们完善刑事诉讼法制提供了观念与制度的资源。

目前,国内学界对在审查起诉阶段引入恢复性司法制度提出了设想,认为适用范围应该是可能判处三年以下有期徒刑且社会危害性较小的犯罪嫌疑

---

① 左卫民:《和谐社会背景下的刑事诉讼制度改革》,载中国政法大学科研处编:《法治与和谐》,中国政法大学出版社2007年版,第48页。

② 左卫民:《和谐社会背景下的刑事诉讼制度改革》,载中国政法大学科研处编:《法治与和谐》,中国政法大学出版社2007年版,第48页。

人、主观恶性不大及人身危险性较小的犯罪嫌疑人,如初犯、偶犯、过失犯、胁从犯、未成年犯等。适用的条件一是双方当事人出于自愿、双方当事人处于平等的地位,并且由检察机关同意和监督。恢复性司法虽然注重受害者与加害者之间的平等协商,要求在双方合意的基础上中止诉讼程序,用一种非正式的程序来修复受损的社会关系,但这一程序的启动必须经过检察机关的同意并由其对整个程序加以监控,从而有利于恢复性司法协议的达成与落实,并最终由检察机关作出对加害人不起诉的决定。

也有学者将恢复性司法制度与国内学界讨论的"刑事和解"等同,认为"刑事和解体现了化解纠纷与矛盾的精神,有利于社会的安定与和谐;刑事和解体现了对被告人权利的关照,可以减少上诉与申诉,有利于刑事司法公正价值的全方位实现。……以下两个方面可以作为制度构建的重点。(1)除了自诉案件之外,也可以考虑将部分公诉案件纳入刑事和解的范围。在具体确定公诉案件适用范围上,可以以犯罪行为可能处以的刑期(超过 3 年以上的有期徒刑不能适用)与是否涉及国家利益与公共利益为界限。(2)具体的实施机制。根据刑事和解的精神,可以在结合刑事裁量的基础上,由公交机关、检察院与法院在各自的诉讼阶段分别来实施。在侦查阶段,如果被害人与加害人能够和解的,公安机关可以将案件分流出刑事程序,做其他处理;在审查起诉阶段,可以将刑事和解纳入到酌定不起诉的范围之中;在审判阶段,可以规定对于可以刑事和解的案件,法院可以进行调解,被告人与被害人可以进行和解,法院应将刑事和解作为量刑情节。"①

有的学者则把恢复性司法的适用划分为以下三个阶段:(1)案件受理、立案阶段。公安机关受理控告到立案前,当事人希望通过调解或和解解决纠纷的,公安机关可以委托人民调解组织进行调解,经调解达成调解协议。被害人明确要求不追究加害人刑事责任的,公安机关可以同意被害人要求,作出不予立案的决定。对于已经立案但尚未进入检察阶段的,当事人希望通过调解或和解解决纠纷的,公安机关可以委托人民调解组织进行调解,经调解达成调解协议,被害人不要求追究加害人刑事责任,公安机关可以同意被害人要求,作

① 左卫民:《和谐社会背景下的刑事诉讼制度改革》,载中国政法大学科研处编:《法治与和谐》,中国政法大学出版社 2007 年版,第 49—50 页。

出撤销案件的决定。(2)审查起诉阶段。检察机关在审查起诉阶段,犯罪人与被害人愿意通过协商调解或和解解决纠纷的,可以委托人民调解组织进行调解,经调解达成调解协议,被害人不要求追究加害人刑事责任的,根据案情和犯罪人的悔罪表现,可以作出不起诉的决定,或建议公安机关作撤案处理。(3)审判阶段。由检察机关提起公诉的轻微刑事案件或当事人自诉的案件,人民法院在受理审判前,双方当事人有愿意调解或和解的,人民法院可以委托人民调解组织进行调解,经调解达成调解协议,被害人不要求追究加害人刑事责任的,法院可以作免予刑事处罚处理,或建议检察院撤回起诉,检察院撤回起诉后,可以作不起诉处理或建议公安机关作撤案处理。①

在当前构建和谐社会的大背景下,我国学界对发源于西方的"恢复性司法"作出了积极评价,肯定了其正面价值,并主张将其引入司法实践中去。论者认为,各国恢复性司法都有一个共同的使犯罪人与加害人进行对话的模式,其步骤是:承认错误,分担并理解有害的影响,在补偿方面达成一致,就将来的行为达成理解。在此过程中,利益相关方充分参与,主导程序,相互尊重,平等协商。通过如上程序,被害人的复仇心理得以消解,赔偿心理得到满足,所受伤害得到治疗,从而有可能宽恕罪犯,使罪犯得以回归社会。② 另有论者认为,"最重要的宽容就是国家对个人的宽容,恢复性司法的出现表明,国家已经把视角从刑罚的惩罚、威慑作用转移到了刑罚的预防和恢复作用,开始关注如何抚平犯罪造成的创伤,恢复受损的社会关系,让犯罪人有机会'洗心革面,重新做人',顺利回归社会,这在刑事司法发展的历史上具有重要的进步意义。恢复性司法还体现了我国当前'和谐'的主旋律。被害人与犯罪人平等协商,共同探讨如何解决犯罪问题,犯罪人真诚悔罪,被害人损失得以弥补,达成具有约束力的恢复性协议,这本身就是以'和谐的'方法解决'不和谐的'问题,最终恢复社会关系的和谐。"③

还有论者指出:"犯罪并不必然造成需要动用公权力追诉的地步,有时当事人之间的和解更有助于社会关系的修复。和解就是通过在公权力的框架

① 参见石先广:《构建中国式恢复性司法若干问题的思考》,载《中国司法》2007年第1期。
② 吴常青:《论恢复性司法的制度资源与制度构建》,载《法学论坛》2006年第3期。
③ 李建波主编:《司法和谐与社会主义司法制度革新》,中国民主法制出版社2008年版,第185页。

下,寻求一种各方都能接受的结果,这种结果应体现犯罪人和被害人之间一定的意志,并且互相获得了一定的满足,从而恢复被破坏的社会关系与秩序。……恢复性司法确立的理论基础主要基于两个方面:其一,国家惩罚的无效果性,其二,社会关系得以修复。"①另有学者说:"恢复性司法旨在将犯罪人与被害人组织起来,建立使犯罪人和受害人进入对话状态的有效模式,通过赔礼道歉、恢复性补偿、社区服务等责任形式最大限度修复被侵害的法益,实现社区和平,它与我国建设社会主义和谐社会的理念有相当的契合。"②学界较为一致的看法是,恢复性司法符合"正义平衡"的理论。这一理论要求"刑事司法体制中的正义应当以被害人利益保护为根本,设法使社会、犯罪者和受害者三方各自的权利和利益保护在刑事司法的宏观系统内得到平衡,以促进刑事司法的整体公正性"③。

综上所述,恢复性司法实际上是在国家、犯罪人与被害人"三角"之间寻求一种利益上的平衡,它改变了传统的坚持国家利益至上、严厉打击刑事犯罪的诉讼价值观,而是主张通过一种平等协商机制达到国家利益与个人利益的平衡,由此恢复受损的社会关系,实现社会和谐。这种追求和解、和谐的诉讼价值观以利益平衡为基本原则,代表了人类纠纷解决机制的发展方向,是人类法治文明进步的表现。在西方兴起的"恢复性司法"运动,其价值理念上与儒家的平衡和谐的司法思想及调解制度等有诸多近似之处,而这也正是中西法律文化可以汇通的地方。它们对我们今天构建和谐社会均有借鉴意义。

三、"谐和"(和谐)司法思想的现代启示

"谐和"即和谐,语出儒家经典《周礼》。《周礼·地官》有"司万民之难而谐和之"的话,意思是指处理民间纠纷以实现社会和谐。和谐司法思想要求以司法手段维护社会和谐并进而达到自然和谐。在中国传统司法文化中,和

---

① 孙万怀、黄敏:《现代刑事司法和解的精神基础》,载《法学》2006 年第 4 期。
② 刘仁文:《恢复性司法与和谐社会构建》,载中国政法大学科研处编:《法治与和谐》,中国政法大学出版社 2007 年版,第 98 页。
③ 赵玉刚:《我国引入恢复性司法的程序设计》,载《恢复性司法论坛》2006 年卷。

谐是一种最高的司法价值。很多思想家都主张通过一种宽和的司法手段来促进社会和谐,这一理念可以说是对酷法重刑思想的一种对抗和反驳,并在一定程度上有效抵制了后者影响司法实践的非人道程度。帛书《易经》及《易传》就表达了一种对和谐司法目标的追求。

帛书《易经》中的《讼·初六》曰:"不永所事,少(小)有言,冬(终)吉。"《象传》解本爻曰:"不永所事,讼不可长也。虽小有言,其辩明也。"程颐云:"有言,灾之小者也。不永其事而不至于凶,乃讼之吉也。"①本爻是说狱讼之事不可久拖不决,否则对原告、被告均无益,耗力费财,不堪重负。尤其是被告,在判决前往往既受拘押,若久拖不决,则意味着其在监狱备受煎熬,身心遭受重创。这是很不人道的。《易经》正是基于人道立场与司法和谐的理念来主张"不永所事"的,它与周初"明德慎罚"的精神是相通的。

《困·六三》云:"困于石,号[拒]于疾(蒺)莉(藜),入于其宫,不见其妻,凶。""困于石"即《周礼》中的"坐嘉石"(被捆缚坐于嘉石之上反省思过)。张立文云:"石为嘉石,立于庙门左边当众的地方,民有罪过,桎梏之使坐于嘉石之上,以示众耻辱他,谓'困于石'。"②这说明坐嘉石是一种耻辱刑。《困·六三》爻辞讲的就是一个坐嘉石的人因没有悔过自新而被关入周围布满蒺藜的牢中(这意味着对其进行了刑事制裁),等他被释放出来回到家中以后,妻子已不见了。《随·九五》:"復(孚)于嘉,吉。"高亨云:"孚读为浮,罚也。"③嘉:笔者认为,当指嘉石。"復(孚)于嘉"即罚坐嘉石,若能悔过自新便可被释放,故称"吉"。由此可见,坐嘉石也体现了一种寓教化于刑罚的"明德慎罚"的精神,该制度背后的思想基础可以说就是和谐司法的理念。

在中国司法传统中,和谐司法不但以社会和谐为目标,而且还以宇宙自然秩序的和谐为鹄的。这与古代中国人独特的自然主义观念有关。梁治平说:"悖理的行为在古人看来并不只是一般地违反社会道德或习惯,而是对于整个宇宙之自然秩序的破坏。违背了礼也将产生同样的严重后果,因为礼原是理在人类社会的铺衍,是理的规范化。……不只是把犯罪理解为对于道德秩序(礼)的破坏,而且,甚至更重要的是把它理解为自然秩序(道)中的骚乱不

---

① 程颐:《周易程氏传》卷一,《二程集》,中华书局1981年版,第729页。
② 张立文:《帛书周易注译》,中州古籍出版社1992年版,第408页。
③ 高亨:《周易古经今注》,中华书局1984年版,第213页。

安。说到底,古人的犯罪概念是建立在某种自然秩序的观念之上的。"①上述精辟的分析充分说明了古代中国人基于天人合一的思维模式而试图以司法及道德等手段追求自然和谐的努力。

先秦时期追求自然和谐的司法理念在帛书《黄帝四经》中有比较系统的表达。如该书中的《十六经·姓争》云:"顺天者昌,逆天者亡。毋逆天道,则不失所守。天地已成,黔首乃生。胜(姓)生已定,敌者生争,不谌不定。凡谌之极,在刑与德。刑德皇皇,日月相望,以明其当。望失其当,环视其央(殃)。天德皇皇,非刑不行。缪(穆)缪(穆)天刑,非德必顷(倾)。刑德相养,逆顺若成。"所谓"顺天者昌,逆天者亡"之"天"是指天道(自然秩序)而言,天道包括阴阳两个方面,是阴阳运行的规律。照《十六经》的作者看来,阳为德,阴为刑,德刑乃治理国家的根本,须配合适当,若适用不当,也会给国家带来灾难。《十六经》还把"德"称为"天德",把"刑"称为"天刑",无非是为了抬高德与刑的地位,使之拥有了神秘的自然属性。"天刑"是合乎自然秩序的刑罚,其在人间的实施不仅会导致社会秩序的和谐,还会带来自然秩序的和谐。这反映了一种司法自然主义的观念。司法自然主义追求的最高目标是自然秩序的和谐,而其实现的前提是社会秩序与伦理秩序的和谐,这与古代"天人合一"的思维模式有关。在此种思维模式下,司法手段不仅具有社会意义和道德意义,而且具有自然意义,其最终目标是宇宙自然秩序的和谐。

调解制度体现了古人通过司法实现和谐的智慧。周代就有了调解制度的萌芽,《周礼》记载周代有"调人"一职,其职责是"司万民之难而谐和之"(《周礼·地官》),即处理民间纠纷以实现社会和谐。这既说明了司法的目标在于达成和谐的社会秩序,也说明了和谐秩序的实现手段——调解。汉代基层组织有"三老",其中"啬夫职听讼"(《汉书·百官公卿表》),实际上是调解争讼。以后,历代的里长、里正、甲长或保正等基层组织的负责人,都承担调解的职责。《大明律集解附例》云:"凡民间应有词状,许乡老里长准受于本亭剖理。"此处的"亭"就是申明亭(调解场所),"剖理"即调解。大致上说,古代的调解有官府调解、民间调解和官批民调等类型。官府调解是在行政官员主持下对民事案件和轻微刑事案件的调解,因为古代行政兼领司法,故此类调解实

---

① 梁治平:《寻求自然秩序中的和谐》,中国政法大学出版社 1997 年版,第 346—349 页。

际上就是司法调解。清代很重视官府调解,康熙《圣谕十六条》将"和乡党以息争讼"作为官员的努力目标,甚至将调解息讼作为考察州县官政绩的重要指标。官批民调是指官府如遇情节轻微或事关亲族关系的案件,不必立案审理,便批令族长或基层组织负责人加以调处,并将调处结果报告官府。民间调解主要是宗族调解或乡邻调解。如安徽桐城《祝氏宗谱》规定:"族众有争竞者,必先鸣户尊、房长理处,不得遽兴讼端。"江西南昌《魏氏宗谱》规定:"族中有口角小愤及田土差役账目等项,必须先径投族众剖决是非,不得径往府县诳告滋蔓。"应当指出,民间调解对化解民间纠纷起了至关重要的作用。

学者指出:"尽管古代法律并未规定调处息讼是必经程序,但各地家法族规都通常规定须先经家族调处,然后才可告官;而州县自理案件的审理必定是先着眼于调解;只有实在无法和解方才加以判决。同时,州县的调处往往并不以当事人自愿为条件,而主要体现着官府息讼之意图,故多半带有强制性……。为了促成和解,州县官们有时还要采取'不准'状(即不受理)之法,迫使兴讼者考虑官府意图,与对方和解。"①

又有学者说:"在文化的传统中,调解不仅仅是一种纠纷解决的方式,问题的关键在于这种纠纷解决的制度安排体现了一种关于社会秩序的安排甚至宇宙秩序的安排,体现了一种特殊的文化价值的趋向。因此,调解在中国就体现了传统儒家文化的追求自然秩序和谐的理想,调解与传统儒家文化的'无讼'理想是一致的,从某种意义上,传统的调解制度是儒家文化的产物。"②另有学者指出:"古人以'和谐'为整个宇宙的最后归依,以和睦为人际关系的理想境地,以民风淳厚、靖安无事为考核地方官政绩的重要标准。"③

在当代中国,构建和谐社会已经成为党和国家的一项战略方针,构建和谐社会需要贯彻"以人为本"的原则。调解制度对构建一种和谐的社会秩序能够发挥重要的作用。调解本是中国一大悠久的文化传统。辛亥革命后,一些地方成立了"息讼会"之类的调解组织。1931年,国民党政府还颁布了《区乡镇坊调解委员会权限规程》。中华人民共和国成立后,对调解工作也非常重视,在城乡普建人民调解委员会,同时还规定在审判和仲裁过程中适用调解。

---

① 胡旭晟:《解释性的法史学》,中国政法大学出版社2005年版,第346页。
② 强世功编:《调解、法制与现代性》,中国法制出版社2001年版,第2页。
③ 梁治平:《寻求自然秩序的和谐》,中国政法大学出版社1997年版,第213页。

其实,"在西方国家,尽管审判制度占有突出的地位,但是也存在着调解,无论是审判调解、仲裁调解,还是民间调解,而且许多西方学者认为,调解作为审判制度的对应面,越来越受到人们的重视,反映了人们对繁复庞杂、'促使人们对立而不是使人们和解'的西方传统法律制度的厌倦。西方国家法院审判中的调解主要表现在预审阶段,其目的在于通过调解使原告、被告和解,从而避免审判程序。仲裁调解则表现在仲裁前的阶段,如使劳动争议双方通过调解达到双方满意的结果,避免仲裁。"①这说明,西方国家也认识到了调解之于社会和谐的重要意义。

以下仅就刑事诉讼调解问题略加析说。刑事诉讼调解有助于社会的和谐,它通过利益平衡的方式来达到司法公正,进而促成社会和谐。这种利益平衡不仅指当事人间的利益平衡,也指当事人与国家之间的利益平衡。刑事诉讼调解"是指在公诉机关对轻微刑事案件提起公诉或自诉人提起自诉后,人民法院通过组织加害人与被害人进行交流与沟通,对双方当事人进行说服劝导,并就刑事附带民事诉讼问题确定非刑事化的解决方案"②。刑事诉讼调解制度与国外的恢复性司法制度在理念上相契合:"恢复性司法理论认为:第一,犯罪不仅触犯了法律,同样造成被害人、社区甚至是犯罪人本人利益的损害;第二,对待犯罪,不仅仅是进行惩罚,更重要的在于修补已经造成的损害;第三,反对国家通过刑法对犯罪的垄断控制。据此可以看出,刑事调解正好符合恢复性司法理念的要求,有利于促进犯罪人、被害人以及社会关系的修复与重建。"③总之,人道、公正的司法会促成一种和谐的司法秩序,和谐的司法秩序是司法文明进步的表现。

四、"教化"司法思想的现代启示

在中国传统司法文化(主要包括司法思想与司法制度两大部分)中,体现

---

① 朱景文:《比较法总论》,中国人民大学出版社 2008 年版,第 200 页。

② 李建波主编:《司法和谐与社会主义司法制度革新》,中国民主法制出版社 2008 年版,第 230 页。

③ 李建波主编:《司法和谐与社会主义司法制度革新》,中国民主法制出版社 2008 年版,第 239 页。

了一种明显的"教化"精神,换言之,"教化"是中国传统司法文化的一项重要功能。所谓"教化"是教育感化的意思,一些学者往往用"教育刑"这样的概念来表达中国古代那些体现"教化"精神的司法制度或刑罚制度,虽然未尝不可但却忽视了其间的细微差别。"教育刑"这一概念来源于近代西方的"教育刑主义",《法学词典》对"教育刑主义"所作的解释是:"资产阶级学者主张的一种刑罚理论。否认刑罚是对犯罪人恶性的报应惩罚或赎罪的工具。认为对犯罪人定罪科刑的目的在于教育他改过从善和预防犯罪。这是始于倡导目的刑主义的德国人李斯特的主张,但他除主张刑罚的教育作用外,并不否认它的排害作用。主张刑罚是单纯的教育作用的是德国人李普曼(Moritz Liepmann,1869—1928)。这种理论与特别预防主义和不定期刑主义相结合而构成新派刑法理论。"①李斯特(Franz von Liszt,1851—1919)是德国刑法学家,刑事社会学派的创始人,代表作有《刑法的目的观念》等书,"主张刑法的使命在于社会防卫,并主张改革刑事制度,反对报应刑,强调预防犯罪等"②。李斯特认为,"刑罚的任务不是针对行为,而是针对行为者,强调刑法研究的重心应放在具体犯罪者身上,而不是笼统抽象地研究犯罪的行为。因此他明确指出刑罚不是目的,而是实现社会防卫的手段。他主张预防犯罪,特别是个别预防,反对不分轻重一律予以惩罚。根据罪犯反社会性的危险程度,他把罪犯分为惯犯和偶犯,根据不同情况处以不同的刑罚。"③根据李斯特的观点,"刑罚是属于国家的,它不能仅靠本能的、冲动的报应,而应当由其必要性和合目的性加以支配,据此李斯特提出了'目的刑论',也被称为'教育刑论'。李斯特主张刑罚不是一种本能或原始的同态报复,而是以改造罪犯保全社会为出发点。不但要根据犯罪人的具体情况进行教育改造,使其尽快复归社会,而且要根据犯罪者的社会危险性所侵害社会利益的程度,适用相应的刑罚,以达到保卫社会的目的。"④

应该指出,尽管"教化"与"教育"有相似性,但也有一定的区别,这种区别主要表现为"教化"(教育感化)侧重于感化(特别强调通过道德精神的启迪使

---

① 《法学词典》,上海辞书出版社 1989 年版,第 901 页。
② 《法学词典》,上海辞书出版社 1989 年版,第 416 页。
③ 《北京大学法学百科全书》,北京大学出版社 2000 年版,第 461 页。
④ 陈兴良:《刑法的价值构造》,中国人民大学出版社 1998 年版,第 106 页。

犯罪人受到感化),而"教育"则未必侧重于感化(西方的"教育刑"似乎更侧重于知识的教育)。因此,我们可以说中国传统司法文化推崇"教化刑"的理念与制度,它比"教育刑"的含义更加宽泛,它既强调发挥刑罚的教育功能,同时还要求使犯罪人受到感化。本书正是从这两层意义上来理解传统司法文化的"教化"功能的。

(一) 对司法之教化功能的认识

有的学者指出:"强调刑罚的教育功能是儒家的传统思想,但儒家的教育刑思想不是从刑罚本身的功能出发,而是从整个社会的控制体系而言的,即刑罚只能作为教化的辅助手段,所谓'明于五刑,以弼五教,期予于治,刑期于无刑',就是对刑罚的正确定位。儒家的宗师孔子,一贯认为治理国家,应以礼教德政为主,刑罚为辅,刑罚不论宽严疏密,均应服从于全社会的教化。"①

也有学者认为,儒家经典《周礼》中存在着"教育刑"的理念与制度。他说:"《周礼·秋官·司圜》中记载的监狱制度,对于那些造成社会危害的应列入'五刑'的恶人,不仅因于圜土,而且要拘役劳役,以教化迁善。在这种场合下,教育是目的,因此规定'不亏体'、'不亏财',即既不施肉刑也不处罚金,将劳役作为改造罪犯心志,使之弃恶从善的理想刑。"又说:"就一般说来,儒家都认为刑罚具有很大的教化意义。"②

梁启超也曾指出《周礼》所谓"耻诸嘉石,役诸司空"乃"感化主义的刑罚",并说:"刑罚以助成伦理的义务之实践为目的。其动机在教化,此实法律观念之一大进步也。"③

另有学者也认为中国古代"有教育刑的思想理论",指出:"对于犯罪人的处罚,也是从教育的观点,作教育性的处罚,使人改过从善,重新做人。因此,对于犯罪人来说,刑罚亦属教育。"④

其实,儒家认可的所谓用来辅助教化的刑罚并不是一般的刑罚,而是体现

---

① 高绍先:《中国刑法史精要》,法律出版社 2001 年版,第 442 页。
② 〔日〕西田太一郎:《中国刑法史研究》,段秋关、顾理译,北京大学出版社 1985 年版,第 56—57 页。
③ 梁启超:《先秦政治思想史》,东方出版社 1996 年版,第 61 页。
④ 姜军、孙镇平:《中国伦理化法律的思考》,华文出版社 1999 年版,第 63 页。

了儒家道德精神或"仁道"精神的刑罚,而这种刑罚的运作过程本身就是一个教化的过程,在审判和执行的各个阶段都会对当事人或旁观者发挥教化的作用。这样的刑罚就是所谓"明刑",只有明刑才能"弼教"。应该指出,根据儒家的观念,刑罚一方面通过其制裁力量阻却那些不接受道德教化的行为,另一方面又通过内含的道德精神对当事人和旁观者发挥教育感化的功能。正如宋代大儒程颐所说:"不知立法制刑,乃所以教也。盖后之论刑者,不复知教化在其中矣。"①这就清晰地揭示了儒家关于教化与刑罚的传统观念:教化精神不仅体现在刑罚制度中,还体现在刑罚运作(即司法)的整个过程中。

程颐又说:"自古圣王为治,设刑罚以齐众,明教化以善其俗,刑罚立而后教化行,虽圣人尚德而不尚刑,未尝偏废也。故为政之始,立法居先。治蒙之初,威之以刑者,所以说去其昏蒙之桎梏,桎梏谓拘束也。不去其昏蒙之桎梏,则善教无由而入。既以刑禁率之,虽使心未能喻,亦当畏威以从,不敢肆其昏蒙之狱,然后渐能知善道而革其非心,则可以移风易俗也。"②这里有两层含义:一是刑罚可以对教化起辅助作用,其发挥作用的方式是"威之以刑",即靠刑威或暴力惩罚那些拒绝接受教化的人;二是刑罚应当符合"善道",如此则"刑罚立而后教化行",通过发挥刑罚本身的教化功能使人们"渐能知善道而革其非心",从而达到"移风易俗"的效果。显然,程颐对教化与刑罚的认识是深刻的。

南怀瑾曾专门论述过《周易》的"教育刑"理念。他认为《蒙》卦就涉及"教育刑"问题:"这个蒙卦是教育的卦,因为根据《易经》的内容所说,教育上常常用到,还有司法上用到蒙卦,中国过去司法、刑法,都是属于礼的范围,中国人司法、法律哲学的最高点,是在蒙卦里,也就是教育,而并不是摆杀人的威风。"③又称《蒙》卦提倡的就是所谓"刑教",即"判刑也是一种教育"④。其实,"刑教"即寓教于刑,这种思想在周代就已经出现,并被转化为一种独具特色的司法制度,对后世的司法产生了重要影响。它给我们的启示是:刑罚不是目的,而是一种手段,它通过教育感化使犯人悔过自新。这就是说,刑罚不但

---

① 《二程集》,中华书局1981年版,第721页。
② 程颐:《周易程氏传》卷一,见《二程集》,中华书局1981年版,第720页。
③ 南怀瑾:《易经杂说》(第二版),复旦大学出版社2011年版,第277页。
④ 南怀瑾:《易经杂说》(第二版),复旦大学出版社2011年版,第281页。

具有惩罚性,还具有教化性,教化性就存在于惩罚性之中。用带有"仁道"(人道)色彩的刑罚手段使犯人受到教育和感化,从而产生自责和悔罪的心理,主动消灭犯罪意识,弃恶从善,重做新人。

有学者指出:"中国古代法与古时道德目标乃是一致的。其结果,法律既是对教而不从之人的惩罚手段,同时也是教化的工具。换言之,法律亦担负了教化的使命,法律即是道德。"①这一看法值得我们深思。确实,在古代中国人看来,所谓"法律"(包括今日我们所说的"立法"和"司法"等)既有惩罚性,也有教化性,它负有教化的使命,它与"礼义"所追求的目标是相同的。

"明德慎罚"曾是西周统治集团的法律思想,也是一种司法思想。"明德慎罚"有两层含义,一是指司法官员只有具备"明德"(光明的德性)才会"慎罚"(谨慎动用刑罚),二是指"慎罚"本身即体现了"明德",即刑事司法符合道德的要求。统而言之,具备"明德"的司法官员从事司法活动自然能够发挥刑事司法的道德教化功能。

从《尚书·周书》看,确能发现西周统治者对司法的教化作用的重视。如《吕刑》篇说:"士制百姓于刑之中,以教祗德。"意思是法官追求司法公正,并通过司法审判教化当事人和百姓,使其敬重德行。《吕刑》又说:"惟敬五刑,以成三德。"这也揭示了司法与教化的关系,良好的司法可以促进教化、提升道德("三德"按《孔传》解释为刚、柔、正直)。而要发挥司法的教化功能,司法官员的道德素质至关重要。为此,《吕刑》又提出了"有德惟刑"的主张,强调有德之人从事司法审判的重要性。这种观念对后来的儒家产生了深远的影响。

吕思勉在《中国文化史》一书中说:"古代的用法,其观念有与后世大异的,那便是古代的'明刑',乃所以'弼教'。"②所谓"明刑弼教",是指用"明刑"来辅助教化。对"明刑"到底怎么理解?有一种说法认为"明刑"即"祥刑"、"恤刑"。如其所云:"祥刑,即详刑、恤刑、明刑,用刑详审谨慎,哀矜折狱、明慎用刑;又明刑弼教,刑期无刑。"③又解释"恤刑"说:"中国古代慎重用刑的原则。《尚书·舜典》:'钦哉钦哉,惟刑之恤哉。'孔颖达疏云:'忧念此

---

① 梁治平:《寻求自然秩序中的和谐》,中国政法大学出版社1997年版,第217页。
② 吕思勉:《吕思勉讲中国文化》,九州出版社2008年版,第124页。
③ 《北京大学法学大百科全书》,北京大学出版社2000年版,第892页。

刑,恐有滥施,欲使得中也。'在中国古代,恤刑的主要表现有:(1)据实定罪。(2)过失犯、偶犯、从犯、公罪犯,从轻处刑。(3)正当防卫不处刑。(4)老、幼、废笃疾犯减免刑。(5)诸疑狱各以所犯以赎论。(6)刑之加等不加至死,刑之减等二死三流同为一减。(7)以加役流代替死刑。(8)实行三司推事、九卿会审、大审、热审、朝审、秋审等会审制度。(10)死刑三奏而后决,妇人当刑而孕,则产后百日乃决。(11)设置恤刑官,专司恤刑。"①

其实,"明刑"的本义是指一种耻辱刑,目的是使受刑者知耻后勇、悔过自新。另外也有"教化刑"的含义,通过行刑而让犯罪者受到教育感化,从而改过迁善,重新做人。《周礼·秋官·大司寇》:"以圜土聚教罢民。凡害人者,寘之圜土而施职事焉,以明刑耻之。其能改过,反于中国,不齿三年。其不能改而出圜土者,杀。"所谓"以圜土聚教罢民"是说将罪人(罢民)聚集关押于监狱并进行教育改造。"施职事"指让罪人进行劳作,类似于今日之"劳动改造"。"明刑",郑玄注曰:"书其罪恶于大方版,著其背。""不齿三年",郑玄注曰:"不得以年次列于平民。"指罪人出狱后三年内不得按年龄大小与乡民排列尊卑位次。以上所载乃周代之监狱制度,该制度的核心是"聚教罢民",即对罪人进行教育改造,通过教化、劳改和耻辱刑等手段促使罪人改过自新,然后可允许其回归故里、重返社会,但三年内不得按年龄大小与乡民排列尊卑位次。而对那些屡教不改并逃离监狱的顽固分子则施加严厉的刑罚。这说明,周代的"明刑"既是耻辱刑,也是教化刑,其目的是教育改造罪犯,培养罪犯的羞耻心,使罪犯回归社会、重新做人。

另外,所谓"祥刑"也有谨慎用刑的意思。《尚书·吕刑》云:"有邦有土,告尔祥刑。在今尔安百姓,何择,非人? 何敬,非刑? 何度,非及?"度:考虑,谋划。及:《史记》作"宜",《说文·日部》:"杨雄谓古理官决罪,三日得其宜,乃行之。""何度非及"的意思是度刑贵宜。如此看来,"祥刑"至少有三层含义:一是司法官员必须是道德高尚之人;二是司法官员必须谨慎对待刑事审判;三是司法官员必须考虑定罪量刑是否公正适宜。此处的"祥刑"与"明刑"意思基本一致。

吴澄解说:"刑而曰祥刑,盖慈良恻怛,详审谨重,主之以不忍,行之以不

---

① 《北京大学法学大百科全书》,北京大学出版社 2000 年版,第 919 页。

得已,所以谓之祥也。"①另有学者解释道:"刑罚之用,既有可能是惩暴安良,伸张正义,也可能是助纣为虐,残害善良。因而,祥刑与否,在于人为。穆王告诸侯,祥刑之要在择人,在敬刑,在刑中,其见解在二千多年前的奴隶社会是很有见地的。"②这里,"祥刑"含义有三层:一是"择人"即选择道德高尚的司法官员从事审判;二是"敬刑"即司法官员谨慎地定罪量刑;三是"刑中"即司法审判要公正。

在《尚书》中,"敬"字出现的频率相当高,而且往往与"刑"字连用。如《吕刑》中有"敬于刑"、"惟敬五刑"、"何敬非刑"等,敬是谨慎的意思,敬与刑连用意指谨慎地定罪量刑。"敬"字可以说是一种基本的司法道德,也是"明刑"的题中之义。司法官员只有养成"敬"的司法道德,才能有助于发挥刑事司法的教化功能。近代专治中国法律思想史的学者杨鸿烈曾称《尚书》提倡"法律感化主义",颇有见地。

"恤刑"也是"明刑"的题中之义,司法官员用一种怜悯、同情的态度从事司法审判,当然会使犯罪人受到教育感化。孔颖达认为《尚书·舜典》"钦哉钦哉,惟刑之恤哉"乃"舜之言也。舜既制此典刑,又陈典刑之义,以救天下百官,使敬之哉,敬之哉,惟此刑罚之事,最须忧念之哉。忧念此刑,恐有滥失,欲使得中也"③。朱熹说:"《书》所谓钦恤云者,正以详审曲直,令有罪者不得幸免,而无罪者不得滥刑也。今之法官,惑于钦恤之说,以为当出人之罪而出其法。"④但从《舜典》"惟刑之恤"的上文看,有"流宥五刑"(以流放刑作为五刑的宽宥措施)、"眚灾肆赦"(对过失犯罪加以赦免)等话,说明"钦恤"也有宽宥的意思。其实,朱熹本人对"钦恤"也有另外的表达:"而钦恤之意,行乎其间,则可以见圣人好生之本心也。"⑤丘濬对此评说:"帝舜之心,无所不用其敬,而于刑尤加敬焉。故不徒曰钦,而又曰哉者,赞叹之不已也。不止一言而再言之,所以明敬之不可不敬,以致其叮咛反复之意也。……若夫刑者,帝尧所付之民,不幸而入于其中,肢体将于是乎残,性命将于是乎殒,于此尤在所

---

① 转引自丘濬:《大学衍义补·慎刑宪·存钦恤之心》。
② 鲁嵩岳:《慎刑宪点评》,法律出版社1998年版,第42页。
③ 转引自丘濬:《大学衍义补·慎刑宪·存钦恤之心》。
④ 转引自丘濬:《大学衍义补·慎刑宪·存钦恤之心》。
⑤ 转引自丘濬:《大学衍义补·慎刑宪·总论　制刑之义》。

当敬谨者焉。是以敬而又敬，拳拳不已，惟刑之忧念耳。"①这是把"敬"即谨慎判刑作为对"惟刑之恤"的理解。又说："'钦哉钦哉，惟刑之恤哉'二句，凡九字，万世圣人恤刑之常心。圣贤之经典，其论刑者千言万语，不出乎此。帝王之治法，其治刑者千条万贯，亦不外乎此。后世帝王所当准则而体法者也。"②

据《晋书·刑法志》记载，东汉章帝时，陈宠上书对司法酷暴进行了批评，并提出了"荡涤烦苛，轻薄箠楚"的司法主张。他称当时"断狱者急于榜格酷烈之痛，执宪者繁于诈欺放滥之文，违本离实，箠楚为奸，或因公行私，以成威福。夫为政也，犹张琴瑟，大弦急者小弦绝……方今圣德充塞，假于上下，宜因此时，隆先圣之务，荡涤烦苛，轻薄箠楚，以济群生，广至德也"。结果是"帝纳宠言，决罪行刑，务于宽厚"。陈宠提出了一种宽和的司法主张，得到了皇帝的认可，自此"决罪行刑，务于宽厚"。司法领域的"宽厚"正是司法人道精神的表现，宽厚司法可"济群生，广至德"，既惠及民生，也能提高统治者的道德形象，而且宽厚司法本身也体现了一种仁德精神，有助于对民众的感化与教化。可以说，宽厚司法也是"明刑"的题中之义，并因其"广至德"的功能而收道德教化之效。

"明刑"也是一种"仁者之刑"（这一说法见《隋书·刑法志》隋文帝诏书），"仁者之刑"是体现人道精神的刑事司法制度，它应该包括"以轻代重，化死为生"、"明察平恕，号为宽简"（《隋书·刑法志》）等。隋文帝在开国初期注意废除前朝苛法，推行"仁者之刑"。《隋书·刑法志》称隋初"尽除苛惨之法，讯囚不得过二百，枷杖大小，咸为之程品，行杖者不得易人。……又下吏承苛政之后，务锻炼以致人罪。乃诏申勑四方，敦理辞讼。有枉屈县不理者，令以次经郡及州，至省仍不理，乃诣阙申诉。有所未惬，听挝登闻鼓，有司录奏之。帝又每季亲录囚徒。常以秋分之前，省阅诸州申奏罪状。"上述所谓"诣阙申诉"与"挝登闻鼓"均属于直诉制度。直诉、录囚都是符合"仁者之刑"的司法制度，其人道价值自不待言。而且，"仁者之刑"是发挥刑事司法之教化功能的必由之路。

---

① 丘濬：《大学衍义补·慎刑宪·存钦恤之心》。
② 丘濬：《大学衍义补·慎刑宪·总论制刑之义》。

《周礼》一书对监狱行刑制度的教化功能有着深刻的认识,其观念对后世的刑罚执行制度也颇有影响。《周礼·地官·司救》云:"司救掌万民之邪恶、过失,而诛让之,以礼防禁而救之。凡民之有邪恶者,三让而罚,三罚而士加明刑,耻诸嘉石,役诸司空。其有过失者,三罚而归于圜土。"意思是:司救之官负责管理邪恶、过失之民,对其加以责罚,并用礼来挽救他们,防止他们进一步作恶。对邪恶之民,三次责备而不改者则进行惩罚(挞击),三次惩罚而不改者则动用刑罚,令其坐在嘉石上以羞辱之,然后交给司空去服劳役。对过失之民,三次责备而不改者则进行惩罚,三次惩罚仍不改者则关进监狱(圜土)。显然,这一司法制度的着眼点是挽救、改造所谓"邪恶"、"过失"之民,而非一罚了之,如其所言"以礼防禁而救之",就是强调用礼义教化来挽救罪人,防止其再去作恶。从以下的司法程序看,"三让"、"三罚"、"耻诸嘉石"、"役诸司空"等,无不体现了对罪人教育、挽救的精神,对其回归社会充满了期待。因此,笔者认为该制度也反映了一种"教化刑"的理念。

《周礼·秋官·大司寇》又载:"以嘉石平罢民。凡万民之有罪过而未丽于法、而害于州里者,桎梏而坐诸嘉石,役诸司空。重罪,旬有三日坐,期役。其次九日坐,九月役。其次七日坐,七月役。其次五日坐,五月役。其下罪三日坐,三月役。使州里任之,则宥而舍之。"通过郑玄注可知,嘉石即文石,有纹理的石头;"平"是"成"的意思,"成之使善",即让罪犯改过迁善。以坐嘉石的方式使罪犯改过向善,凡民众有罪但尚未严重触犯刑法的,就给他们戴上手铐脚镣罚坐嘉石,然后交给司空服役。罪行较重者强制其坐嘉石十三天,服劳役一年。其次罚坐九天,服役九个月。又其次罚坐七天,服役七个月。又其次罚坐五天,服役五个月。罪行最轻者罚坐三天,服役三个月。然后经同州的人作出担保,可宽宥释放其出狱。"以嘉石平罢民"反映了中国传统刑罚执行制度所追求的一个基本目标——让罪犯改过迁善、回归社会。所谓"成之使善"、"宥而舍之"等都表达了这一追求,其中体现了一种教化的功能。上述刑罚执行制度的设计,要求根据犯罪者罪行的轻重适用不同的刑罚,并通过让罪犯坐嘉石反省自己的罪过,又通过劳动来改造自己的心理素质和道德品质,目的只有一个:让罪犯悔过自新、回归社会。从原文看,只有悔过自新者才可"宥而舍之",即解除劳役、返回家乡。可见,该制度体现了刑事司法的教化功能,其价值在于:刑罚的目的不是惩罚罪犯,而是教育并改造罪犯,让罪犯抑制并清除邪恶的品性,从而重新做人、重返社会。

据《周礼·秋官·司圜》记载:"司圜掌收教平民。凡害人者弗使冠饰,而加明刑焉,任之以事而收教之,能改者,上罪三年而舍,中罪二年而舍,下罪一年而舍。其不能改而出圜土者,杀。虽出,三年不齿。凡圜土之刑人也,不亏体;其罚人也,不亏财。""司圜"类似于今日的监狱长,其职责是"收教"(监禁和教育)罪犯,而教育的方式一是施加"明刑"(耻辱刑),二是"任之以事"即劳动改造。通过上述方式使罪犯产生羞耻心和悔过心,痛改前非,改过自新,如此则可释放出狱,重罪者改过后三年释放,中罪者两年释放,轻罪者一年释放。对那些屡教不改且潜逃越狱者要处以极刑,对那些改过自新释放的人在出狱三年后不得按年龄与乡民排列尊卑位次。对待监狱中的罪犯,不得伤害其身体,罪犯参加劳动要"不亏其财"即付给相应的报酬(罚人:郑注:"但任之以事耳")。显然,这一制度也体现了一种教化精神,它有助于对罪犯的教育改造、悔过自新,使罪犯成为能够适应社会的新人。

沈家本在《监狱访问录序》中说:"应劭《风俗通》云:'三王始有狱。夏曰夏台,言不害人,若游观之台。殷曰羑里,言不害人,若于闾里。周曰囹圄,囹令也,圄举也,言令人幽闭思愆,改恶为善,因原之也。'寻绎此说,可以见古人设狱之宗旨,非以苦人、辱人,将以感化人也。……试举泰西之制而证之于古。囚人运动场,即古人游观之意也。衣食洁而居处安,即古人闾里之意也。有教诲室以渐启其悔悟,更设假出狱之律,许其自新,又古人幽闭思愆,改善得原之意也。"①将古人设立监狱的宗旨概括为"感化"二字,的确也有一定道理,古代监狱行刑的确有感化的一面,这可说是古代监狱行刑的正面功能,而正是这一点体现了一种"人道"内涵。汉宣帝在诏书中曾用到"人道"一词:"今系者或以掠故,若饥寒瘐死狱中,何用心,逆人道也。"②此处出现了"人道"这一概念,它指的是一种同情心、怜悯心,表达了对人的生命价值的尊重,与其他古籍中的"仁道"(仁爱之道)含义相近。从这个意义上说,它与现代的"人道主义"在内涵上有相通之处。可以说,人道的监狱行刑制度会彰显司法的教化精神,对监狱囚犯及其亲属会发挥一种教育感化的作用。

---

① 沈家本:《历代刑法考》,中华书局1985年版,第2237—2238页。
② 转引自沈家本:《历代刑法考》,中华书局1985年版,第2237页。

（二）司法审判中的"宣教"功能

在中国古代行政权与司法权合一的体制下,地方行政长官兼领司法权,道德教化不仅是其行政责任,也是其司法目标。通过调解、审理、判决等方式来宣传儒家的道德观念,并使当事人受到教育感化。

学者指出:"讼之源,在于道德的堕落。所以,息讼的上策(最好的药方)是对争讼者进行道德教化,使其道德由卑劣变高尚,使其良心自觉,使其自省自责,这是正本清源的方法。古时的贤臣循吏大多是以善用此方法而闻名于世。一个好的地方官,同时应是一个极好的道德教师爷,因为他不仅能堵塞其'流',而且能杜绝其'源'。"①并称古代的清官"善于巧妙地寓德教于决讼过程之中"②,笔者认为,将中国传统司法文化的特点概括为"寓教于决讼"是准确的。

孔子就是一个善于"寓教于决讼"的人物,他曾任鲁国的司寇(最高法院院长),掌握着鲁国的最高司法权,有父子争讼,孔子将其拘押,三个月不加审问,令其反省思过,顾念人伦亲情。而孔子本人也闭门思过:"不教民而听其狱,杀不辜也。"(《荀子·宥坐》)结果是父亲主动要求止讼,孔子下令释放。据说后来父子之间的感情进一步加深了,并发誓终生不讼。在这里,孔子实际上是用一种无声的教诲感化了争讼者,从而化解了双方的矛盾,并使当事人体会到父子之亲、人伦之义的价值,加深了父子之间的感情。这是孔子寓"不言之教"于狱讼的案例。

西汉时期的韩延寿做太守,有兄弟因田争讼,延寿伤心自责,称自己身为太守,当为一郡的表率,却"不能宣明教化,至令民有骨肉争讼,既伤风化",责任在我,我应当辞职谢罪。消息传出,当地官绅全都不知所措,同时也为之感动,纷纷反省思过。"讼者宗族传相责让,(提起诉讼——引者)兄弟深自悔,髡肉袒谢,愿以田相移,终死不敢复争。"自此之后,该郡治下"二十四县莫复以辞讼自言者"(《汉书·韩延寿传》)。可见,韩延寿的行为充分发挥了司法的教化功能,虽然本案并未正式进入审理程序,但当事人已提起诉讼,故也可

---

① 范忠信、郑定、詹学农:《情理法与中国人——中国传统法律文化探微》,中国人民大学出版社 1992 年版,第 185 页。

② 范忠信、郑定、詹学农:《情理法与中国人——中国传统法律文化探微》,中国人民大学出版社 1992 年版,第 186 页。

以说是进入了广义的司法过程之中。

唐代的韦景骏"为贵乡令,县人有母子相讼者。景骏谓之曰:'吾少孤,每见人养亲,自恨终无天分。汝幸在温情之地,何得如此? 锡类不行,令之罪也。'因垂泣呜咽,仍取《孝经》付令习读之,于是母子感悟,各请改悔,遂称慈孝"(《旧唐书·韦景骏传》)。可见,司法官员时时不忘教化的职责,无论是在审理前还是审理中,教化都要如影随形。

古代的司法官员所写的大量的判词(司法判决书)也体现了道德教化的精神,此可谓"寓教于判"。例如,唐代颜真卿做抚州刺史时,当地有一名叫杨志坚的儒生,好学而家贫,其妻嫌贫爱富,欲与杨志坚离婚,便提起诉讼。颜真卿判曰:"杨志坚早亲儒教,颇负诗名,心虽慕于高科,身未沾于寸禄。愚妻睹其未遇,曾不少留。靡追冀缺之妻,专学买臣之妇,厌弃良人,侮辱乡闾,伤败风教,若无惩戒,孰遏浮嚣? 妻可答二十,任自改嫁,杨志坚秀才饷粟帛,乃置随军。"(《旧唐书·颜真卿传》)这样的判词并未引用一条法律条文,但却渗透着道德教化的精神,如此的法庭简直就成了宣明教化的场所。

《明公书判清明集》记载了宋代官员胡石壁审理一起亲人之间因争财而诉讼的案件,他写的判词如下:

> 人生天地之间,所以异于禽兽者,谓其知有礼义也。所谓礼义者,无他,只是孝于父母,友于兄弟而已。若于父母则不孝,于兄弟则不友,是亦禽兽而已矣。李三为人之弟而悖其兄,为人之子而悖其母,揆之于法,其罪何可胜诛! 但当职务以教化为先,刑罚为后,且原李三之心,亦特因财利之末,起纷争之端。小人见利而不见义,此亦其常态耳。恕其既往之愆,开其自新之路,他时心平气定,则天理未必不还,母子兄弟,未必不复如初也。特免断一次。本厢押李三归家,拜谢外婆与母及李三十二夫妇,仍仰邻里相与劝和。若将来仍旧不悛者,却当照条施行。①

这样一篇将道德训诫与刑罚威胁互相结合的判词,可以说充分发挥了司法的教化功能,这种教化功能是以刑罚为后盾的,因此,司法的教化作用才更加显著。有学者曾指出,古代中国人的司法观念表明了一个基本的立场:"理想的社会必定是人民无争的社会;争讼乃是绝对无益之事;政府的职责以及法

---

① 《明公书判清明集》卷十。

律的使命不是要协调纷争,而是要彻底地消灭纷争。为做到这一点,刑罚时必要的,但更重要的是教化。要利用所有的机会劝导人们,以各种方式开启他们的心智,使之重返人道之正。"①如上的宏观认识还是比较到位的。

清代汪辉祖指出,在升堂断案的情况下,"大堂则堂以下伫立而观者不下数百人,止判一事而事之相类者为是为非皆可引申而旁达焉,未讼者可戒,已讼者可息,故挞一人而反复开导,令晓然于受挞之故,则未受挞者潜感默化,纵所断之狱未必事事适惬人隐,亦既共见共闻,可无贝锦蝇玷之虞。且讼之为事大概不离乎伦常日用,即断讼以申孝友睦婣之义,其为言易入,其为教易周。"②这是把法庭当成了宣教的场所,大堂之中,观审的群众颇多,法官"断讼以申孝友睦婣之义"即进行道德教化,群众就会被"潜感默化",这种"寓教于审判"的方式确实能收到"其为言易入,其为教易周"的功效,比之单纯的道德教育课更能深入人心。

学者评说:"道德化的法律要行道德的职能,司法过程便成了宣教活动,法庭则是教化的场所。……古代法律的粗疏与简陋必得由各级行政官吏道德上的自觉来补足,这是无可避免的事情,而它是一个附带的结果,便是适用法律过程中的含混和司法判决的富有弹性。"③该学者还指出,虽然古代的法官并非全凭良知断案,实际上其判词也经常援引法条,但"援引法条往往只具有原则,引用细则的情形极少",而且"引用法律通常不是判词的核心部分,事涉伦常、礼义时尤其如此;判词中明确为断案依据的,除法条之外,还有天理、人情、礼义等内涵极不确定的概念。有时,判词中还会出现大段的说教、感慨,道德上的愤怒和申斥,先贤圣哲语录以及具有道德教训意味的古代故事的引述,这些东西即使不是直接的判决根据,至少也是对判决发生重大影响的比较间接的因素"④。上述说法对我们考察中国司法传统的教化功能是有启发意义的。

清代某县官总结其断案经验时说:"遇两造投到之案,不必责其人证齐全,无不为之一堂审结。且无不以礼让和睦、惩忿窒欲之义,反复开导,以冀尔

---

①　梁治平:《寻求自然秩序中的和谐》,中国政法大学出版社 1997 年版,第 217 页。
②　汪辉祖:《学治臆说》"亲民在听讼"。
③　梁治平:《寻求自然秩序中的和谐》,中国政法大学出版社 1997 年版,第 289—290 页。
④　梁治平:《寻求自然秩序中的和谐》,中国政法大学出版社 1997 年版,第 290 页。

等之毋蹈讼累,毋贻后悔。"(《皇朝经世文编·刑政》)这是典型的寓教于判,司法的教化功能因之而得到淋漓尽致地发挥。如此判决,将法律与礼义结合,判决书乃是法条与人情的折中。"古人固然不曾把法律、令等特定的法律形式与礼义相混同,但也不认为这些不同的规范、原则之间是互相对立或排斥的。法律应当符合礼义,顺应人情,这不仅是立法的精神,也是指导司法活动的原则。在现代人看来,所有经法官解释和适用的原则、规范,不拘是叫做律、令,还是礼、义,本身都是'法律'。"①

（三）结语与启示

经过以上的探讨,笔者认为,在中国传统司法文化中,确实体现了一种明显的"教化"精神,换言之,"教化"是中国传统司法文化的一项重要功能。根据儒家"明刑弼教"的观念,其认可的用来辅助教化的刑罚并不是一般的刑罚,而是体现了儒家道德精神或"仁道"精神的刑罚,而这种刑罚的运作过程本身就是一个教化的过程,在审判和执行的各个阶段都会对当事人或旁观者发挥教化的作用。这样的刑罚就是所谓"明刑",只有明刑才能"弼教"。儒家认为,刑罚一方面通过其制裁力量阻却那些不接受道德教化的行为,另一方面又通过内含的道德精神对当事人和旁观者发挥教育感化的功能。正如宋代大儒程颐所说:"不知立法制刑,乃所以教也。盖后之论刑者,不复知教化在其中矣。"这就清晰地揭示了儒家关于教化与刑罚的传统观念:教化精神不仅体现在刑罚制度中,还体现在刑罚运作(即司法)的整个过程中。重视刑罚的教化作用,这种思想在周代就已经出现(《周易》等经典的相关言论可以证明),并被转化为一种独具特色的司法制度,对后世的司法实践产生了重要影响。它给我们的启示是:刑罚不是目的,而是一种手段,它通过教育感化使犯人悔过自新。这就是说,刑罚不但具有惩罚性,还具有教化性,教化性就存在于惩罚性之中。用带有"仁道"(人道)色彩的刑罚手段使犯人受到教育和感化,从而产生自责和悔罪的心理,主动消灭犯罪意识,弃恶从善,重做新人。

在中国古代行政权与司法权合一的体制下,地方行政长官兼领司法权,道德教化不仅是其行政责任,也是其司法目标,司法实践因而伴生了"宣教"功

---

① 梁治平:《寻求自然秩序中的和谐》,中国政法大学出版社 1997 年版,第 234 页。

能,通过调解、审理、判决等方式来宣传儒家的道德观念,并使当事人和旁观者受到教育感化,此亦即"寓教于审"或"寓教于判"。古代法官的"书判"往往是一些将道德训诫与刑罚威胁互相结合的判词,可以说其中充分发挥了司法的教化功能,这种司法教化功能是以刑罚为后盾的,因此,司法的教化作用才更加显著。古代的法官把法庭当成了宣教的场所,大堂之中,观审的群众颇多,法官"断讼以申孝友睦姻之义"即进行道德教化,群众就会被"潜感默化",这种"寓教于审判"的方式确实能收到"其为言易入,其为教易周"的功效,比之单纯的道德教育课更能深入人心。

重视教化的中国传统司法文化留给我们一些有益的启示:(1)刑事司法既有惩罚性,又有教化性,教化性存在于惩罚性之中;(2)良好的司法必须符合"仁道"或"人道"原则,这样的司法才能发挥正面的教化功能;(3)好的法官应做到"寓教于判",将情理法融汇于司法审判中,使判决合情合理合法,从而发挥司法审判的教育感化作用,这有利于社会的和谐稳定。

应当指出,儒家重视教化的理念与其性善论有密切关系,可以说性善论是其教化论的理论根据。儒家认为,人皆有天赋善性,即使是犯罪者的善良天性也未曾泯灭,而是受贪欲遮蔽误入歧途,只要施以必要的教化必定能使其悔过自新。这一认识构成了传统的教育改造罪犯的理论基础,至今对我们教育改造罪犯仍有指导意义:试想,罪犯如果缺乏向善的本性,也就意味着没有成善的内在根据,那么教育改造罪犯的政策岂不丧失了人性根据?

儒家的性善论也被现代科学所初步证实了。据法新社报道,2012年2月20日在加拿大温哥华举行的一个大型的科学研讨会上,一位著名的灵长类动物行为学专家指出:"生物研究日益表明,有关人类本性残忍、喜好竞争和攻击的观点站不住脚。"亚特兰大埃默里大学生物学家德瓦尔说:"从灵长类动物到大象到老鼠,就高级动物进行的新研究表明,诸如合作类行为存在生物基础。……新研究不支持自19世纪以来一直占主导地位的以生物学家托马斯·亨利·赫胥黎为主导的有关道德不存在于人类的本性,只是后天养成的观点。……动物自然存在'对等、公平、同情、安慰'的社会友好倾向。"①由此可见,不仅是人类,就是动物也具有"道德"本能,当然罪犯也就更不在话下

---

① 《参考消息》2012年2月27日第7版,"'人之初,性本恶'站不住脚"。

了。这就为教育改造罪犯并保护其人权提供了一种科学的人性根据。

再从监狱行刑制度的教化功能来看,儒家的"教化刑"理念与西方的"教育刑"理念有一定的近似性。根据西方的"教育刑"理论,监狱存在的目的是为了教育改造罪犯。教育刑理论的核心是:只有当刑罚活动围绕实现教育目的而展开时,才能取得最佳行刑效果。

早在新民主主义革命时期,我党制定的《陕甘宁边区高等法院组织条例》就规定:"尊重犯人人格,不得有索诈、侮辱及打骂之事情,反对旧式监牢虐待犯人的办法,对犯人施以感化教育。"新中国成立后,1954 年政务院通过的《劳动改造条例》规定:"对罪犯实施劳动改造应当贯彻惩罚管制与思想改造相结合,劳动生产与政治教育相结合。"这就将教育改造罪犯确立为我国狱政管理的基本方针。

1994 年全国人大常委会通过的《中华人民共和国监狱法》第 3 条规定:"监狱对罪犯实行惩罚和改造相结合、教育和劳动相结合的原则,将罪犯改造成为守法公民。"第 4 条规定:"监狱对罪犯应当依法监管,根据改造罪犯的需要,组织罪犯从事生产劳动,对罪犯进行思想教育、文化教育、技术教育。"以上两条见于《监狱法》中的"总则"部分,揭示了监狱教育的宗旨和目的,即"将罪犯改造成为守法公民"。这与上节揭示的监狱教育的目标是罪犯的再社会化并不矛盾,因为将罪犯改造成守法公民之时,也就是罪犯回归社会之日。

《监狱法》第 62 条规定:"监狱应当对罪犯进行法制、道德、形势、政策、前途等内容的思想教育。"可见"思想教育"包括道德教育、法制教育以及政策教育等内容。第 63 条规定:"监狱应当根据不同情况,对罪犯进行扫盲教育、初等教育和初级中等教育,经考试合格的,由教育部门发给相应的学业证书。"这是指对罪犯进行文化教育。第 64 条规定:"监狱应当根据监狱生产和罪犯释放后就业的需要,对罪犯进行职业技术教育,经考核合格的,由劳动部门发给相应的技术等级证书。"这是指对罪犯进行技术教育。第 61 条规定:"教育改造罪犯,实行因人施教、分类教育、以理服人的原则,采取集体教育与个别教育相结合、狱内教育与社会教育相结合的方法。"这是对监狱教育方法的归纳。

《关于中华人民共和国监狱法(草案)的说明》一文阐明了我国"教育、改造、挽救"的监狱政策,揭示了监狱立法的指导思想——"教育改造罪犯"。该文指出:"对罪犯进行法制、道德、文化、技术教育,是我国刑罚执行工作的特色之一,是改造罪犯的有效手段。我国监狱管理部门在实践中,提出要把监狱办成教育人、改造人的特殊学校,并在这方面探索出一套行之有效的方法。《草案》对此做了规定。在教育方式上,针对不同类型的罪犯采取有针对性的分类教育,强调集体教育与个别教育相结合、狱内教育与社会教育相结合;在文化教育方面,继续加强扫盲教育、初等教育和初级中等教育;在技术教育方面,根据监狱生产和罪犯释放后就业的需要进行专业技术教育;监狱鼓励罪犯参加自学考试,凡参加学习的罪犯,经考核合格的,由有关部门发给相应的证书。这些做法,既促进了罪犯的改造,又为罪犯获释后的就业谋生创造了条件,有利于巩固改造成果。"①

这就揭示了教育改造罪犯的目的:使罪犯回归社会。此可谓有中国特色。这样的监狱自然也就成了一种教育人的特殊学校。因此可以说,我国的监狱教育是以罪犯为受教育者,以改造罪犯为目标,有计划、有组织地转变罪犯的犯罪观念,矫正其行为恶习,传授文化知识和劳动技能,培养犯罪人道德情操的系统活动。

目前,我国改造罪犯的主要手段有:(1)监管改造。对罪犯强制监管,要求其遵守监规纪律,实行分押分管制度、警戒制度、奖惩制度、生活卫生制度、通信和会见制度;(2)教育改造。根据因人施教、分类教育及以理服人的原则,采取集体教育与个人教育相结合、狱内教育与社会教育相结合等多种方式,对罪犯进行思想教育、文化教育、职业技术教育,从而消除罪犯的犯罪思想,矫正罪犯的犯罪心理,纠正罪犯的各种恶习,提高罪犯的文化、道德和技术素质;(3)劳动改造。《监狱法》第70条规定:"监狱根据罪犯的个人情况,合理组织劳动,使其矫正恶习,养成劳动习惯,学会生产技能,并为释放后就业创造条件。"让有劳动能力的罪犯参加劳动,自食其力,使其改变好逸恶劳的不良心理与习惯,树立正确的劳动观念,学会生产技能,掌握谋生手段,为其回归社会创造条件。以上监管改造、教育改造和劳动改造三管齐下,就能将罪犯改造成为能够适应社会需要的"新人"。这是《监狱法》对改造罪犯的一种理想化表达。

从整体上看,我国的监狱教育还是比较成功的,相关工作机制也体现了一

---

① 《中华人民共和国监狱法》,中国民主法制出版社2008年版,第21—22页。

定的人道精神。但是也应看到,目前监狱教育也存在一些问题,如监狱干警对罪犯人格不够尊重,漠视罪犯的合法需求,罪犯对监狱教育产生抵触情绪;在某些监狱管理人员思想中还存在"重管轻教"的思维定势,片面强调管控罪犯,而在以理服人的教育方面不够积极;"重劳轻教"的现象也未得到根本改观,一些监狱管理人员过于重视劳动改造罪犯,而在一定程度上忽视了对罪犯的教育改造;对罪犯的思想教育、文化教育和技术教育也存在形式主义的倾向,并未真正起到教育罪犯、提高其各种素质的作用;另外在教育方法上也不注重因人施教,忽视根据罪犯的不同类型、不同性格及各自的实际情况施以不同的教育,从而弱化了教育的效果。

鉴于上述,我们认为有必要对监狱工作进行改革。改革可从以下几个方面入手:

(1)转变观念,构建监狱教育的长效机制。监狱管理人员首先要树立正确的教育观念,要坚信教育的力量是完全可以改造好罪犯的,不能受"罪犯不可教育论"的迷惑和影响,端正态度,为教育改造罪犯贡献自己的聪明才智。另外还需要构建监狱教育工作的长效机制,如有学者指出:"构建长效机制必须以制度和规定来约束和规范教育改造工作。对于教育改造时间、场所、规模、人员、经费保障、考核奖罚等一系列内容都要有明确的要求。"其次,构建长效机制还需要政策引导。"要像抓监管安全和监狱经济一样,对教育改造提出切合实际的量化指标,对教育改造量化考核,与工作实绩、提升晋级、奖金发放等挂钩,强化干警做好教育改造工作的责任感。"再次,重视监狱干警专业素质的提高。"要把提高干警专业素质作为深化教育改造的重要措施来抓。要在干警中开展经常性的岗位培训和岗位练兵活动,有条件的还要定期脱产培训,以提高干警专业素质,实现教育改造的新突破。"最后,还应重视实效监督。"如建立教育改造监督体系,机构可设在监狱,但人员的调配和管理应归于上一级组织,由上一级组织直接领导,驻狱教育改造监督员独立行使职权直接对上一级组织负责,负责对所驻监狱的教育改造执法过程监督,同时负责对教育改造工作的考核和信息反馈。通过实效监督,坚决遏制教育改造时间被挤占和教育改造中的形式主义和弄虚作假等行为。"[1]

---

[1] 贾洛川:《监狱改造与罪犯解放》,中国法制出版社 2010 年版,第 145—146 页。

(2)改进教育内容、创新教育机制、注重教育方法、拓宽教育渠道。例如,在思想教育方面,要对教育的内容有所调整,老套的教育内容显然已经不能适应新的形势了。因此,思想教育要反映时代特点,要贴近改造罪犯的需要,如增加公民素质教育和心理健康教育等内容,素质教育旨在提升罪犯的素质,使其成为一个合格的公民;心理教育可以改善罪犯的心理状况,使其成为心理正常和健康的人。如将未成年犯的文化教育纳入义务教育的范畴,并在师资配备和教学设施等方面进行正规化管理。另外,还可由地方教育部门将罪犯的文化教育纳入地方教育规划。再者,也可将罪犯的职业技术教育纳入全社会职业技术教育的范围,甚至监狱还可以与社会培训机构联合办学,使罪犯真正能掌握有用的职业技术,为其出狱后的就业打下基础。在教育方法上应进一步强调因人施教,注意区分不同的情况、不同的类别开展不同的教育,实现教育的个别化。还要注意利用电话教育等新的载体,逐步拓宽教育的渠道,使罪犯受到更丰富、更现代化的教育。

(3)构建新型监狱文化,注重传统文化教育,培养罪犯的人格。西方的"文化教育学"学派(起源于19世纪末的德国)认为,人是一种文化的存在,因此人类历史是一种文化的历史;教育的对象是人,教育又是在一定社会历史背景下进行的,因此教育的过程是一种历史文化的过程;教育的目的就是要促进社会历史的客观文化向个体的主观文化的转变,并将个体的主观世界引向客观的文化世界,从而培养完整的人格,培养完整人格的主要途径是"陶冶"和"唤醒"。①

有的学者对监狱文化的概念和内容进行了解释:"从广义上理解,监狱文化指监狱在长期的发展过程中,根据统治者的意志并接受社会传统文化的影响所形成的组织、纪律、制度、法规、价值观念、道德规范、行为方式、精神风貌和环境氛围等的总称,是监狱围绕刑罚执行这个核心对罪犯实施的监管规范、行为矫治、教化引导等手段和目的的总和,它涉及监狱工作的各个方面。从狭义上讲,监狱文化指监狱在罪犯的管理教育中为强化监管改造、加大矫正力度,不断丰富罪犯的精神文化生活所创造的含有各种文化设施、文化行为、文

---

① 全国12所重点师范大学联合编写:《教育学基础》,教育科学出版社2008年版,第19—20页。

化手段、文化目标等因素为主导的环境、规范和氛围。简单地理解，我们所说的监狱文化，就是指存在于监狱之内的、以监狱警察为主导、以服刑人员为主体的一种特殊的、以教育改造罪犯为目的的文化的总和。"①

中国传统监狱文化的教化精神对今日监狱文化的构建也有一定的启示。根据儒家的观点，教化（包含"感化"）是监狱行刑的基本功能之一。儒家认为，监狱所执行之刑罚是一种"教化刑"，强调对囚犯的道德教化。儒家主张通过一种合乎"仁道"的刑罚执行制度和刑罚适用原则来发挥刑罚本身的教育功能。

有的学者指出："儒家思想重教化，使人向善，我国监狱的任务是教育改造罪犯，预防犯罪，二者是一致的。而儒学发展至今已有两千年的历史，影响着每一个人。因此，监狱在对罪犯实行矫治的工作中，是可以参照儒学思想进行的。儒家思想注重德育，在提高罪犯守法意识的同时，利用儒学思想提高罪犯道德水平是消除罪犯犯罪心理的重要方法。"②

也有学者指出："道德修养是，修身既是根本，又是核心。《大学》其他所有主张都是围绕修身这一命题展开的，人人都要以修养品性为根本。罪犯改造最根本的问题就是教他们如何做人、怎样做事。而如何做人，怎样做事的真谛，归根结底是转变罪犯的世界观、人生观、价值观。"又说："《大学》以修身为本，提出了修身的学习方法、修身的起码要求、修身的标的、修身的关键、修身的目的、修身的平衡关系、修身的根本以及修身的规范等，内容极其丰富，每个主张都与罪犯矫正教育的实际非常契合。因此，《大学》的正心修身教育对我们矫正教育罪犯有着重要的借鉴作用，为罪犯矫正教育提供了理论基石。"又就《大学》中的"正心"理论对矫治罪犯心理的作用加以阐释："正心对改造罪犯来说非常重要。正心就是矫正罪犯心理结构。罪犯心理结构是指在实施犯罪行为之前就形成的，对实施犯罪行为起决定作用的各种心理因素有机组成的集合体。罪犯在犯罪的时候，首先是心灵的扭曲，心术不正是犯罪的主要根源；入监之后，罪犯心理经常表现为不良的个性倾向、消极的心理因素、变异偏

---

① 魏书良、柳原：《监狱文化建设研究》，载马志冰、郭炜主编：《监狱文化与矫正工作研究》，法律出版社 2008 年版。

② 王学强：《论儒家思想对监狱罪犯行为矫治的影响》，载马志冰、郭炜主编：《监狱文化与矫正工作研究》，法律出版社 2008 年版。

执的个性等方面的特征。因此,罪犯改造首先是要正心,即矫正罪犯心理。罪犯心态端正了,就能提高改造效果,加速改造进程,就能提高道德水平,最终就能把罪犯改造成遵纪守法的新人。"①

其实,中国传统的儒、释、道文化均可对教育改造罪犯、矫正罪犯心理、培养罪犯人格发挥积极作用,特别是儒家文化强调修身正心,对改变罪犯的道德认知、提升罪犯的道德素养、培养罪犯的健康人格更能发挥重要的作用。上引有关学者的言论说明学界也开始在这方面进行有益的探索,相信今后会有更多的成果问世,最终会对我们的监狱教育政策产生积极的影响。传统监狱文化注重教化感化,对我们构建当代监狱文化也有重要启示,我们应当利用传统中有益的精神资源对罪犯进行道德教育、心理教育,以完善其人格、矫正其心理,使其成为对社会有用的新人。这正是新时代的监狱文化所应追求的最高目标。

---

① 白焕然:《穷理·正心·修己·治人——大学之道与罪犯矫正教育》,载马志冰、郭炜主编:《监狱文化与矫正工作研究》,法律出版社 2008 年版。

第六章 中国传统司法制度的现代启示

一、审判责任制度的现代启示

（一）审判责任制度略说

审判责任制度是指司法官员因为审判不公问题而承担相应法律责任的制度。从云梦睡虎地出土的秦简看，秦时就已确立了该制度。该制度后来历代相沿。秦简《法律答问》云："论狱何谓'不直'？可（何）谓'纵囚'？罪当重而端轻之，当轻而端重之，是谓'不直'。当论而端弗论，及易其狱，端令不致，论出之，是谓'纵囚'。"（见《睡虎地秦墓竹简》一书）端：故意。《墨子·号令》有"其端失火以为乱事者，车裂"之言，毕沅注曰："言因事端以害人，若今律故犯。"不直：不公正。作为一个罪名，其具体含义是"罪当重而端轻之，当轻而端重之"——对重罪故意轻判，对轻罪故意重判。纵囚：放走罪犯，即审判官让有罪者逍遥法外。

对上述司法不公行为，秦时的处罚相当严厉，比如对"不直"的处罚，要不"反坐"（《法律答问》有"赀盾不直，何论？赀盾"的记载可以为证），要不"筑长城"（《史记·秦始皇本纪》有"适（谪）治狱吏不直者，筑长城及南越地"的记载），等等。另外，秦时尚有"失刑罪"，秦简《法律答问》有"吏为失刑罪"的说法，秦简整理小组解"失刑"为"用刑不当"，这是一种审判上的过失行为。

1989 年出土于湖北云梦龙岗秦墓之中的一块木牍，是迄今所能见到的有关秦代司法判决文书的唯一实物，对研究秦代司法制度具有很高的价值，它反映了秦代对司法公正的追求。该文书全文如下："鞫之，辟死论不当为城旦，吏论失者已坐以论。九月丙申,沙羡丞甲、史丙免辟死为庶人。令自尚也。"(见《云梦龙岗秦简》一书)"鞫"在此指复审,"辟死"为人名,"令自尚"的意思是相关判决文书让当事人持之以为"常法"(长期有效的法律凭据)。这是一个对错判案件进行复审判决的法律文书。其经过是:一个名叫辟死的人被法官误判城旦刑,相关官员因此而受到了法律制裁。九月丙申,沙羡丞甲、史丙签署了关于辟死免除刑责、重新成为庶人(自由民)的文书,让当事人持有该文书作为长期有效的法律凭证。

由此可见,秦代已经出现了错案追究制,它是对法官公正司法的一种制度要求,是法官审判责任的制度化。与此相关,张家山汉墓出土的竹简《奏谳书》(案例汇编)中还记载了秦王嬴政时的一个案例,称当时有数名官员因错判受到了法律的追究。这进一步说明,审判责任制度早在秦统一全国之前就确立了。

早期汉律继承了秦律中的审判责任制度。张家山汉简《二年律令》中的《具律》规定:"鞫(鞫)狱故纵、不直,及诊、报、辟故弗穷审者,死罪,斩左止(趾)为城旦,它各以其罪论之。"(见《张家山汉墓竹简》一书)鞫,亦作"鞫"。《汉书·刑法志》注云:"以囚辞决狱事为鞫。"故纵:《汉书·景武昭宣元功臣表》注云:"出罪为故纵。"不直:《汉书·景武昭宣元功臣表》注云:"入罪为故不直。"汉简《二年律令》中的《具律》云:"其轻罪也而故以重罪劾之,为不直。"诊:《汉书·董贤传》注:"验也。"报:《后汉书·安帝纪》注:"谓决断也。"《汉书·胡建传》:"断狱为报。"辟:审理。穷审:将案情审查到底。

上引律文意谓在审判中故意为罪犯开脱责任使其逃避法律制裁,或者轻罪被判为重罪,以及在检验、判决、审理中审查不清者,如果导致当事人被判为死罪,有关审判官员要被处以斩左止(趾)为城旦,如果导致当事人被判为其他罪,审判官员则被反坐。

值得注意的是,汉简中的"不直"与秦简中的"不直"在内涵上有所不同,秦简中的"不直"是"罪当重而端轻之,当轻而端重之",即故意重罪轻判或轻罪重判,而汉简中的"不直"则是"其轻罪也而故以重罪劾之",即轻罪重判,并不包括重罪轻判。这一罪名在内涵上的变化,不知是何缘由,或许重罪轻判的含义被纳入"故纵"的罪名之内。

另外,汉简《具律》中也有"失刑"这一罪名:"劾人不审,为失。"不审:不谨慎,因未尽注意义务而产生的过失行为。"失"指失刑而言。失刑是指审判中因过失而致量刑不当。该罪名的含义与秦简比并无变化。

另外，汉简《二年律令》中还出现了"出入罪人"的说法，但它并不是一个"罪名"。《具律》云："证不言情，以出入罪人者，……"这是说因作伪证而使量刑与实际罪行有出入，并非像唐律那样把"出入人罪"作为惩治司法不公行为的一个罪名。

《唐律·断狱律》规定："诸官司入人罪者，若入全罪，以全罪论；从轻入重，以所剩论；刑名易者：从笞入杖、从徒入流亦以所剩论；从笞杖入徒流、从徒流入死罪亦以全罪论。其出罪者各如之。断罪失于入者，各减三等；失于出者，各减五等。"

《唐律疏议》解释道："'官司入人罪者'，谓或虚立证据，或妄构异端，舍法用情，锻炼成犯。……'若入全罪'，谓前人本无负犯，虚构成罪，还以虚构枉入全罪科之。'从轻入重，以所剩论'，假有从笞十入三十，即剩入笞二十；从徒一年入一年半，即剩入半年徒，所入官司，各得笞二十及半年徒之类。刑名易者，徒笞入杖，亦得所剩之罪；……'从笞杖入徒、从徒流入死罪亦以全罪论'，假有从百杖入徒一年，即是全入一年徒坐；从徒流入死罪，谓从一年徒以上至三千里流，而入死刑者，亦依全入死罪之法，故云'亦以全罪论'。"

上引律文意谓审判官员从事审判，有入人罪的，如果入人全罪，则以所入全罪的刑罚论处审判官员；如果将轻罪重判，则以其加重的刑罚幅度论处；刑名有变化的：从笞刑加重为杖刑、从徒刑加重为流刑的也以其加重的刑罚幅度论处；从笞、杖刑加重为徒、流刑、从徒流刑加重为死刑的也以全罪论处。对故意出人罪者也按上述办法处理。因过失而导致断罪入人罪的，减三等处罚；出人罪的，减五等处罚。

这里有几点需要注意：一是"出入人罪"的准确含义，"出人罪"指将有罪者判为无罪、将罪重者判为轻罪；"入人罪"指将无罪者判为有罪、罪轻者判为罪重。二是因过失而导致的出入人罪，处罚有所减轻。三是对"无中生有"式的判罪，按"全罪"反坐审判官员；"从轻入重"的判罪则以轻重之间的差额论处审判官员。由此可见，唐律对"出入人罪"这一罪名的界定严谨而周详。

（二）结语与启示

秦、汉、唐律基于维护司法公正的立场，均规定了审判责任制度。它是指司法官员因为审判不公问题而承担相应法律责任的制度。秦汉律中的"不直"(重罪轻判或轻罪重判)、"纵囚"(将有罪之人判为无罪)、"失刑"(因过失导致量刑不当)与唐律中的"出入人罪"诸罪名就是该制度的体现。汉简中的"不直"与秦简中的"不直"在内涵上有所不同,秦简中的"不直"是"罪当重而端轻之,当轻而端重之",即故意重罪轻判或轻罪重判,而汉简中的"不直"则是"其轻罪也而故以重罪劾之",即轻罪重判,并不包括重罪轻判,或许此时重罪轻判的含义已被纳入"故纵"(即"纵囚")的罪名之内了。唐律中的"出入人罪"包括了秦汉律中"不直"、"纵囚"("故纵")和"失刑"三个罪名的含义,并且更加严谨周详。另外还规定了处罚"出入人罪"的具体标准,从而提高了惩办该罪的实际操作性,反映了当时立法技术和司法技术的进步。

传统审判责任制度给我们的启示是:(1)审判责任制度的创设旨在防止司法腐败、保障司法公正;(2)越是法制较为昌明的时期越有比较完善的审判责任制度,从而使司法相对公正;(3)审判责任制度附加了严厉的刑事制裁,从而对试图违反审判责任制者以强有力的约束性,有效抑制了违法裁判行为。上述几点对我们今天构建完善的审判责任制度均有参考价值。

二、证据制度的现代启示

(一) 证据制度略说

谈到中国传统证据制度,人们往往想到所谓的"刑讯逼供",似乎古代法官把刑讯作为获取证据的唯一途径,又似乎古代的刑讯不受任何限制,这种看法显然失之于片面。当然,刑讯在古代司法审判中确实存在,但它并非不受法律限制,而且至少自秦开始,统治阶层并不将刑讯视为最好的审判方法,而是当成一种不得已而用之的手段,若有其他方式获取证据则尽量用其他方式。

睡虎地秦墓竹简《封诊式》云:"治狱,能以书从迹其言,毋治(笞)谅(掠)而得人请(情)为上;治(笞)谅(掠)为下;有恐为败。"书:记录。从迹:追查。笞掠:拷打。情:真实情况。恐:恐吓犯人。引文意谓审理案件时,司法官员应当根据记录的犯人口供进行查证,不用拷打而获取犯罪实情为上策,施行拷打而获取犯罪实情为下策,恐吓犯人是失败。其中透露的信息是:刑讯逼供并不是最好的审讯方式,而恐吓犯人取证更是审判的失败,不用刑讯而能查清犯罪实情是值得提倡的审判方法。显然,刑讯逼供在当时的司法界并不受推崇,以非刑讯的方式获取证据成为考验司法官员智慧和能力的标杆。

《封诊式》又云:"凡讯狱,必先尽听其言而书之,各展其辞,虽智(知)其訑,勿庸辄诘。其辞已尽而毋(无)解,乃以诘者诘之。诘之有(又)尽听书其解辞,有(又)视其它毋(无)解者以复诘之。诘之极而数訑,更言不服,其律当治(笞)谅(掠)者,乃治(笞)谅(掠)。治(笞)谅(掠)必书曰:爰书:以某数更言,毋(无)解辞,治(笞)讯某。"

展:陈述。訑:欺骗。引文意谓审理案件必须先听取口供并加以记录,使受审讯者各自陈述,即使明知其欺骗也不马上诘问。供词已记录完毕而问题还没有交代清楚,于是对应予诘问的问题加以诘问。诘问过程中,还要将其辩解之言加以记录,然后再就其他不清楚的问题进行诘问,诘问到犯人辞穷,且多次欺骗、改变口供、拒不服罪、依律应当拷打的,便进行拷打。拷打犯人须做如下记录——爰书:因犯人多次改变口供,无真诚的辩解,故对其刑讯。文中提到"其律当治(笞)谅(掠)者",说明当时刑讯有法律依据,但又受到法律的限制,非法刑讯将被追责。上述审讯取证的方式可为细密,要求审判官员认真听取犯人陈述,然后详细诘问,步步推进,直至犯人辞穷;对于那些多次欺骗、改变口供的犯人可予刑讯,但必须符合法律规定。由此看来,秦时的刑讯并非法官的任意而为,而是受到法律的严格限制,并且只是对那些屡屡翻供、狡诈欺骗的犯人施行。结合上文,法律也不鼓励审判官员动辄诉诸刑讯,不用刑讯而获得证据才是上策。

秦时司法官员审理案件虽重视口供,但并不轻信口供,也不把口供当成是获取证据的唯一途径。实际上,当时也很重视通过"勘验"的方法获取物证。从秦简《封诊式》来看,有不少"爰书",这些爰书是有关审讯、勘验、鉴定的记录。如"贼死"是关于杀人现场的勘验记录,"经死"是关于人上吊死亡的现场勘验记录,"穴盗"是关于凿墙入室盗窃的现场勘验记录,等等。

汉代在证据制度方面基本上继承了秦代,但史书中也有一些酷吏非法刑讯逼供的记录,但经过汉文帝刑制改革,任意拷讯犯人的行为受到了一定的控制。至唐代,刑讯制度已臻于完善化。《唐律·断狱律》规定:"诸应讯囚者,必先以情,审察辞理,反复参验;犹未能决,事须讯问者,立案同判,然后拷讯。

违者,杖六十。"律文所谓"反覆参验"是指综合利用各种证据反复验证,自然也包括"勘验"的内容。这说明,唐代也注意通过"勘验"来获取证据,通过"参验"来确定证据。上引律文要求司法官员先根据犯罪事实审查犯人供词内容,并反复进行验证,若仍不能作出判断,才加以拷讯,并且对拷讯的情况记录在案("立案")。这里规定了拷讯的程序问题,司法官员必须遵守上述程序,将工作的重点放在拷讯之前的工作上,即"反覆参验"。如果不遵守这样的程序,审判官要承担法律责任,受到"杖六十"的处罚。可见,唐代并未将刑讯获取口供置于优先地位,而是强调通过"参验"的方法对各种证据的综合利用。

《唐律·断狱律》还规定:"诸拷囚不得过三度,总数不得过二百,杖罪以下不得过所犯之数。拷满不承,取保放之。若拷过三度及杖外以他法拷掠者,杖一百;杖数过者,反坐所剩;以故致死者,徒二年。即有疮病,不待差而拷者,亦杖一百;若决笞杖者,笞五十;以故致死者,徒一年半。若依法拷决,而邂逅致死者,勿论。仍令长官等勘验,违者杖六十。"这里有几点值得注意:一是拷讯不得超过三次,且据唐代《狱官令》规定每次拷讯间隔不能少于二十日;二是三次拷讯的总杖数不得超过二百;三是拷打数满仍不认罪,则取保释放;四是不用杖而是用其他工具进行拷打的也要被处杖刑一百;五是超过规定的拷讯杖数则反坐所超杖数;六是拷讯致死者要处徒刑二年;七是对有疮病的犯人未等其痊愈而施拷打的,要处杖刑一百。以上七点,核心是强调"依法拷决",可以说,此类规定是以法律手段制约了司法官员拷讯犯人的任意性和残酷性,也在一定程度上保障了犯人的权益。应当指出,与秦汉时期的拷讯制度比起来,唐代的拷讯制度更加细密化和完善化了,而且强化了"依法拷决"的理念。

唐代还确立了"据状断之"与"众证定罪"的证据原则,反映了封建证据制度的进步。《唐律》中的《断狱律》规定:"若赃状露验,理不可疑,虽不承引,即据状断之。"律文意谓只要犯罪证据确凿,没有疑问,即使罪犯不招供,亦可按犯罪事实判决。在这里,唐律明确主张不把口供作为判决的优先证据,而是强调通过勘验检查等方式使犯罪事实"露验"(真相大白、获得验证),使法官获得确凿的证据。在这种情况下,即使嫌犯拒不供述也可根据已经掌握的确凿证据对其论罪。该制度无疑体现了一种先进的司法理性,与西方现代的"沉默权"制度已经相当接近了。它是对偏重口供的传统证据观的一种否定,显然,它在中国证据制度史上具有重要意义。

《唐律》中的《断狱律》又规定："诸应议、请、减,若年七十以上,十五以下及废疾者,并不合拷讯,皆据众证定罪,违者以故失论。"这就是说,对享有议、请、减特权的人,七十岁以上、十五岁以下的人以及残疾人,他们犯罪不能拷讯,而是根据三人以上的人作证来定罪,违者要以故意或过失出入人罪论处。《唐律疏议》解"众证定罪"为"三人以上,明证其事,始合定罪"。这一证据制度也说明唐代并非将获取罪犯口供放在审判活动的突出位置上,只要三人以上证明你犯罪,就可据此定罪。

（二）结语与启示

封建证据制度从秦汉到唐代经历了一个逐步完善的过程,可以说唐代达到了封建证据制度的高峰,唐律中规定的"据状断之"与"众证定罪"二原则至今令人称道。关于获取证据的方式问题,自秦汉以来,拷讯虽然是司法官员获取证据的一种方式,但并不是唯一的方式,而且这一方式也不受推崇。受到推崇的取证方式是"勘验"（秦汉）或"参验"（唐代）,而这是拷讯前的重要程序。封建时代的司法实践中虽有拷讯,但必须依法进行,否则有关官员会被法律追责。唐代特别强调"依法拷决",并要求"拷囚不得过三度,总数不得过二百",这就有效制约了司法官员拷囚的随意性,也在一定程度上降低了刑讯的残酷性。从大的方面看,自秦汉迄唐代,拷讯制度在拷囚的数量与力度的限制方面体现了一种日趋严格的趋势,在取证方式上表现出一种日益重视通过勘验、参验获取各种证据的趋势。唐律规定的"据状断之"强调根据犯罪事实和确凿的证据对嫌犯作出判决,"众证定罪"强调根据众人的证词对嫌犯作出判决,这两个原则均不把获取嫌犯口供当成案件审理的唯一根据,也不是把获取嫌犯口供置于审判的优先地位上。这反映了一种相当先进的证据理念。上述两项证据原则代表了封建证据制度的最高水平。

传统证据制度留给我们的启示是:(1)传统证据制度并非如今人想象得那么"野蛮残酷",而是蕴含着一定的合理性因素。特别是对所谓"拷讯"取证的方式进行了严格的限制,致人伤残死亡的法官要被追究责任。(2)"拷讯"虽有法律规定,但必须依法进行,超越法律的拷讯将被追责。(3)拷讯作为取证方式并不受历代统治者推崇,受到推崇的取证方式是"勘验"（秦汉）或"参验"（唐代）。(4)《唐律》规定的"据状断之"强调根据犯罪事实和确凿的证据对嫌犯作出判决,是一种相当先进的证据理念,至今仍有借鉴价值。(5)对违法取证的官员施加刑事制裁的手段,以刚性约束的力量对待违法取证值得我们借鉴。(6)应该说,自秦汉迄唐代,拷讯制度在拷囚的数量与力度的限制方面体现了一种日趋严格的趋势,在取证方式上表现出一种日益重视通过勘验、参验获取各种证据的趋势,这也反映了传统证据制度逐步人道化的趋势。

当然,时至今日,我国的证据制度还在承转这一人道化的趋势,特别是在受到西方证据制度影响后,这一趋势被进一步强化了,其表现之一即在于凸显了对犯罪嫌疑人和罪犯的人权保障。《刑事诉讼法》的修订就是证明。2012年3月14日,第十一届全国人民代表大会第五次会议通过了《关于修改中华人民共和国刑事诉讼法的决定》。该法第一编第五章涉及证据制度,如第50条规定:"审判人员、检察人员、侦查人员必须依照法定程序,收集能够证实犯罪嫌疑人、被告人有罪或者无罪、犯罪情节轻重的各种证据。严禁刑讯逼供和以威胁、引诱、欺骗以及其他非法方法收集证据,不得强迫任何人证实自己有罪。"

该法第53条规定:"对一切案件的判处都要重证据,重调查研究,不轻信口供。只有被告人供述,没有其他证据的,不能认定被告人有罪和处以刑罚;没有被告人供述,证据确实、充分的,可以认定被告人有罪和处以刑罚。证据确凿、充分,应当符合以下条件:(一)定罪量刑的事实都有证据证明;(二)据以定案的证据均经法定程序查证属实;(三)综合全案证据,对所认定事实已排除合理怀疑。"

该法第54条规定:"采用刑讯逼供等非法方法收集的犯罪嫌疑人、被告人供述和采用暴力、威胁等非法方法收集的证人证言、被害人陈述,应当予以排除。收集物证、书证不符合法定程序,可能严重影响司法公正的,应当予以补正或者作出合理解释;不能补正或者作出合理解释的,对该证据应当予以排除。在侦查、审查起诉、审判时发现有应当排除的证据的,应当依法予以排除,不得作为起诉意见、起诉决定和判决的依据。"①

对于《刑事诉讼法》的这次修订,舆论大多从保护人权的角度进行了正面评价。如认为该法修正案"在规范职权机关的权力、保障诉讼参与人权利方

---

① 《中华人民共和国刑事诉讼法》,载《法制日报》2012年3月19日第5版。

面做出了积极努力,如进一步从程序的角度遏制刑讯逼供、排除非法证据、不得强迫任何人证实自己有罪、解决证人出庭难、细化逮捕条件、公诉案件中被告人有罪的举证责任由公诉机关承担等,……。"另有学者指出:"作为一部与诉讼参与人的生命权、健康权、人身自由权等实体权利和辩护权等程序权利息息相关的程序法,《刑事诉讼法》的修改应更加突出尊重和保护人权。"①确实,尊重与保护人权是刑诉法修订的宗旨,但关键是如何执行和落实,如何对非法取证行为进行强有力的法律制裁,因此,借鉴一下古代对非法取证行为的刑事制裁规定是有必要的。

三、死刑司法制度的现代启示

荀子云:"杀人者死,伤人者刑,是百王之所同",杀人偿命这样的同态报复以及对其他严重犯罪处以死刑的理念在我国传统社会根深蒂固。但是,在古人看来,"刑"包括死刑同时也是"凶器"、是不得已而用之的手段,理想的状态应当是通过道德教化消灭犯罪以致"刑措"即废止适用刑罚包括适用死刑。《易经·系辞下》云:"天地之大德曰生",而人是所有生命中最可宝贵者。《尚书·大禹谟》云:"与其杀不辜,宁失不经,好生之德,洽于民心。"西周时期的"明德慎罚"思想中即包括慎用死刑的主张。因此,古人不仅从立法上尽量减少死刑条款并对死刑适用的对象予以限制等,同时也在司法程序方面设计了诸多制度,比如古代的录囚制度、会审制度、死刑覆奏制度、死刑覆审制度以及赦免制度等,以求尽量减少和限制死刑的适用,完善和强化对死刑案件的救济。与此同时,我国古代的死刑执行方式总体上来讲也朝着更为人道化的方向发展。时至今日,古人对于刑罚包括死刑作用的负面态度、对生命价值的尊重以及由此而产生的诸种慎刑措施依然具有积极的意义。因为少杀慎杀也是当今我国一贯的刑事政策,而目前我国也在致力于减少死刑罪名。同时,尽管改革正在进行,但我国有关死刑的司法制度毕竟还存在一些缺陷。当此之时,

---

① 张蔚然:《两会前瞻:大修刑诉法进一步尊重和保障人权》,载《法制文萃报》2012年2月29日。

不仅我国传统社会的死刑程序能够给我们提供借鉴与参考,而且在现行制度尚不完善的情况下,如果我们能够以古人尊重生命价值、慎用死刑的理念为圭臬指导我们的司法实践,那么这同样能够起到弥补制度缺陷、慎重适用死刑和减少死刑适用的效果。

(一) 死刑覆奏制度

众所周知,过去有一段时间我国曾经把死刑立即执行案件的核准权部分下放给高级人民法院。如此一来,由于高级人民法院可能是死刑案件的终审法院,所以这种自己审理、自己核准的做法实际上等于取消了死刑核准这一程序,由此可能导致错案的发生和死刑的滥用,同时这一做法也不利于保障法律的统一适用。当然,自 2007 年 1 月 1 日起,我国开始将死刑核准权收归最高人民法院。在中国历史上,也存在过与今天的死刑核准程序颇相类似的一项制度,即死刑覆奏制度。所谓死刑覆奏,即将经地方和中央机关审理的死刑案件交由皇帝覆核,覆核之后该案即告终审。在明清时期覆审斩绞监候案件时,依然有覆奏程序。

我国古代的死刑覆奏制度形成于南北朝时期。在秦汉时期,虽然皇帝有时也会亲自断案,但是这一做法显然不能被等同于死刑覆奏制度。而在两汉时期,关于死刑案件,惯常的做法则是由地方官员全权决定而不必上报皇帝。直到北魏时期,才正式规定所有死刑案件必须先上报皇帝、然后才能执行。从此,地方死刑决定权逐渐收回中央。隋唐时期是死刑覆奏制度巩固和完善的时期。开皇十五(公元 595 年)年定制,死囚犯必须经过三覆奏之后才能行刑。此即后世三覆奏之滥觞。唐太宗于贞观五年(公元 631 年)下诏:“决死囚者,二日中五覆奏,下诸州者三覆奏。”即京师的死刑案件五覆奏,地方上的死刑案件三覆奏。而《唐律》第 497 条也对死囚覆奏制度做了专门规定:“诸死罪囚,不待覆奏报下而决者,流二千里。即奏报应决者,听三日乃行刑。若限未满而行刑者,徒一年。即过限,违一日杖一百,二日加一等。”该条律疏云:“皆三覆奏讫,然始下决”。按唐律中的律疏成于唐高宗永徽年间,而此后唐律律文又几经修改,但是关于覆奏的规定和解释并未有任何变化。而根据《唐律》第 497 条,不仅死囚须三覆奏,且覆奏之后还不能立即行刑,须待三日之后方能行刑。这三天等待行刑的期间也等于纠错期间,以尽量防止错案的发生。明朝初年关于覆奏制度的规定与唐代基本相同。明太祖洪武三年定例：“臣民有罪当死，三覆五奏，毋辄行刑。”洪武三十年出台的《大明律》中有与《唐律》第 497 条内容相似的“死囚覆奏待报”条：“凡死罪囚不待覆奏回报而辄处决者，杖八十。若已覆奏回报，应决者，听三日乃行刑。……”该条并未明确规定覆奏次数。不过，从文献记载来看，明代仍实行三覆奏制。清代法定的死刑有三种，即斩、绞和凌迟。其中斩绞案件又可分为立决和监候二种。故而死刑案件的覆奏可分为两种，一是对立决案件包括凌迟、斩立决、绞立决案件的覆核，二是对斩监候、绞监候案件的覆核。清律中“死囚覆奏待报”条正文与明律同，故仅从其条文中我们难以确知当时各种死刑案件的具体覆奏程序和次数。康熙七年曾有定例，朝审案犯之定为情实者，由内阁刑科覆奏三次。而秋审之案，起初并无覆奏之制。雍正三年，命秋审重囚与朝审重囚一体三覆奏。乾隆十四年定例朝审仍为三覆奏，直省秋审则由三覆奏减为一覆奏。按该条例规定：“凡勾决重囚，向例刑科三次覆奏。今简去二覆，于勾到之后，再将原本进呈御览，遵奉施行。”该条例虽因秋审而生，但其文字中并未有秋审字样，则我们可以认为该条例应同样适用于一般的斩绞立决案件和凌迟案件。

今天，作为专为死刑案件设计并面向所有死刑立即执行案件的特殊程序，死刑复核制度对于死刑案件的救济、确保死刑的统一适用、准确适用死刑等具有重要意义，尤其是在我国目前的司法制度框架内，死刑复核程序更具有无可替代的重大作用。众所周知，目前我国实行两审终审制，如果被告人不上诉，死刑案件就会一审终审，而中级人民法院这样一个级别较低的法院将会是死刑案件的终审法院。死刑是极刑，它剥夺公民最基本、最重要的权利——生命权，特别是对于一审终审的死刑案件，如果没有其他救济程序，那么这样的做法显然比较草率，极不利于确保死刑的准确适用、保护公民的基本权利，也不合乎我们一贯主张的少杀慎杀的刑事政策。所以此时死刑复核程序的启动更有着特别重要的意义。在我国古代，通常死刑案件的审理是从（州）县开始的，而且无论被告人是否服罪，所有的死刑案件都必须全案移交上级复审、一直到中央最高司法机关乃至皇帝。这样的程序设计虽然看来不大符合效率原则，不过按照古人一直致力于追求实质正义的理念，这样的制度设计似乎也不无合理之处，特别是对于死刑案件，更多的审级尤其必要。而今天很多国家都为死刑案件设定了一些特别的程序或者有一些特别的规定比如禁止被判处死刑的被告人放弃上诉权等,联合国 1989 年第 64 号决议也规定对所有死刑案件必须强制上诉或复审。所以,出于对死刑案件的慎重,虽然一般司法程序已经为死刑案件提供了无限救济的可能,但是我国古代仍然在一般司法程序之上为死刑案件设立了一个其他案件所没有的特别程序即复核程序。对照我国目前关于死刑案件的审理程序,古人这种慎用死刑的制度设计及其所体现的古人重视生命价值的思想颇值得我们思考。

(二) 死刑会审制度

关于法庭组织模式,当代各国主要采取合议制和独任制两种。目前我国除了事实清楚的简单案件由一个法官独任审理以外,对于大多数案件均通过合议庭进行审理。采取合议制组织形式的主要理由之一是由于个体认识能力的有限性及其主观性,因此而难以保证案件的公正裁决,而裁判的主体人数越多,对事实认定的真实程度就越高,因而裁判的公正性就越高。基于这一认识,目前大多数国家合议庭的法官数量与法院级别以及案件重要性均成正比。

在我国传统社会,从制度设计上来看,绝大多数刑事案件包括死刑案件在地方审理时,都是由兼理司法的官员独任审判。但是对于一些特别重大、疑难的案件,我国传统社会则采取类似今天的合议制法庭的做法,且这一做法渊源已久,比如西周时的"三刺"制度即将重大疑难案件交给群臣乃至群吏、国人商讨决定,这些重大疑难案件中当有死刑案件。汉朝有所谓"杂治",即遇有重大案件,由中央专门司法官员廷尉、监察长官御史大夫和行政长官丞相等共同审理。对于特别重大的刑事案件,皇帝还可能召集三公九卿等朝官共同审理,此之谓"廷议"。皇帝交付官员"杂治"和"廷议"的案件中也当包括少数死罪案件。唐代时会审实现了制度化。当时的会审形式主要有"三司推事"和"三司使"两种。所谓"三司推事",即由大理寺长官大理寺卿、刑部长官刑部尚书和御史台长官御史中丞一起会同审理在京师发生的重大案件。但也有联合更多机关官员的特殊情况。对于其他大案或者地方上发生的大案,则由大理寺、刑部、御史台的下属官员大理寺评事、刑部员外郎和监察御史前去审理。这些大案要案中当包括部分死刑案件。明清时期继承了唐代的三司会审制度。清代各直省的死罪案件经地方督抚题奏至御前之后,均由皇帝批令

"三法司核拟具奏"。刑部、大理寺、都察院三法司共同审理之后,再由刑部尚书领衔,都察院、大理寺会签,然后以三法司名义将该案以题本或奏折的形式送达御前。虽然此时的三法司一般只是对死刑案件进行书面审理,而不会将犯人解送至京"开庭审理",但是这一审理程序并非只是一个过场而已。根据《刑案汇览》特别是《驳案汇编》这样的文献,我们可以看到,刑部等三法司不时会将死刑案件驳回再审,有时一个案件可能会被驳回两次以上。而清代京师的死刑案件则由刑部直接审理,之后再题奏皇帝,皇帝仍照例要求"三法司核拟具奏",其程序与直省案件的核拟等程序相同。经三法司核拟之后,有关死刑案件的题本和奏折经内阁票拟、皇帝批示。①

我国古代早先的会审制的对象主要是重大疑难案件,虽然其中可能包括一部分死刑案件,但是会审制并非针对死刑案件而设。到了明清时期,对于几乎所有的死刑案件均由三法司"核拟"即再审。再加上明清时期特别是清代覆审制度等的完善,可以说,我国古代对死刑案件的慎重到此臻于极致。虽然"立一法必有一弊",而且从清代三法司会审制度的具体运行来看,所谓"三法司核拟",实际上经常是刑部主稿,大理寺、都察院画诺而已。不过即便大理寺、都察院仅仅会签而已,但这两个机关的监督也会使得刑部更加谨慎地审查死刑案件。所以,今天的我们不应仅看到古代会审制度实施中存在的缺陷,同时也要看到其正面价值。我国古代在地方各级对死刑案件采取法官独任制、中央一级审理时采取会审制的做法也颇具有参考价值。

（三）死刑覆审制度

我国古代的死刑覆审制度是一种特别的死刑救济程序,它是随着斩绞刑的立决、监候制度化之后而产生的一种针对斩绞监候案件的新的司法程序。而斩绞立决和监候的制度化完善于清代,所以我国古代的覆审制度也以清代最为典型。清代的覆审包括秋审和朝审。秋审的对象是各直省的斩绞监候案件,朝审的对象则是京师的斩绞监候案件。所谓监候,即判处斩绞刑的同时,宣布将死囚犯关押在监狱中等待来年秋天的秋审和朝审时再做决定。秋、朝

---

① 皇帝的批示由内阁以朱笔批在题本的封面上,称为"批红",实即死刑判决。至此该死刑案件便告审结。审结之后,立决案件由刑部咨文发该省执行,监候案件则由初审州县将犯人继续关押以待秋审。

审之后,死刑犯会被定为情实、缓决、可矜三种情形。此外,留养承祀的案件也会与以上三类案件同时进入秋审程序。在当年秋审时,情实、可矜、留养承祀者的最终刑罚大多可以确定,而缓决者则多须等待来年秋审再定。因清代朝审的规模远不能与秋审相提并论,故此处我们将以清代的秋审制度为代表评介清代的覆审制度。

清代的秋审源于明代的朝审,秋审制度初定于清初,约康熙十二年正式确立。其程序大致如下:一,各省臬司即按察使核办招册即斩绞监候案犯清册。各省核办招册的截止日期因距京师远近而有不同。通常距离京师越远,截止日期越早。各省一般从年初开始,先由州县将本省截止日期前的斩绞监候案件清理造册,即将犯人分为官犯、常犯和服制犯三类,并将各类犯人又分别定为情实、缓决、可矜和留养承祀四种。截止日期之后的案件则归入下年秋审。至于实、缓、矜、留如何确定,则有《秋审章程》或《秋审条款》为依据。州县将招册逐级上报到省,省一级主要由按察使司核办。之后由督抚将清册题送皇帝,然后由皇帝敕下三法司核复施行。清代秋审最先由刑部四川司专司。后来雍正十二年于刑部设立总办秋审处,专司秋审事宜。待各省清册陆续到部后,即由四川司或秋审处承办司员审核案卷即所谓"看详",然后再由刑部堂官核议。之后刑部将各类案件招册与看语刊刻印刷,于预订秋审日期前送达参与秋审的其他官员以俾预先参阅。秋审的具体日期不定,但都会在八月举行,持续的时间则取决于案犯的多少。秋审是日,九卿、詹事、科道官以及内阁大学士、学士等齐集于天安门外金水桥西朝房开始朝议。先以各省秋审案件起数,按照实、缓、矜、留的顺序逐案唱报。经九卿等商议既定,再将实、缓、矜、留各犯招册具题、恭候皇帝裁决。情实案件经皇帝朱批后,仍有覆奏和勾决程序。但被定为情实者有一些属于声请免勾者,也有的属于例不勾决的,比如官犯和服制犯。这些案犯仍须监禁以待来年秋审。情实免勾之犯免勾若干次后,会被定为缓决,也有径直改为缓决者。缓决之犯,监候以待明年秋审。有的案犯缓决一次即可减等为军流,但通常是缓决三次方可减等。间或也有经秋审而由缓决改为情实者。可矜之犯减等为流刑或徒刑。留养承祀者通常监禁两年释放。所以,经过秋审之后,最终刑罚大多可以确定者为情实、可矜与留养三种。而大多数缓决犯最终的刑罚仍要等待两次以上的秋审方能确定。当然,在清代也有秋审十几次而仍然被定为缓决的犯人,此等人一般均系情罪实在重大而又不至情实者。① 此外,还有斩绞监候案犯经秋审而被定为永远监禁者。当然这样的案犯数量很少。

因为清代每年大量的死刑案件都是斩绞监候案件,而斩绞监候案犯经过秋审之后被定为情实并进而勾决者的数量很少,所以清代每年被执行死刑的死囚犯的数量也不多。即以乾隆年间命案数量较多的乾隆五十五年为例,当年斩绞立决、监候以及凌迟等死刑案件共 3307 起,其中强盗、抢夺、窃盗等案 407 起,奸淫案 129 起,盐枭案 6 起,斗杀等案 2362 起,干名犯义之案 147 起。② 几乎所有的斗杀等案均为绞监候,这类案件秋审时通常会缓决或直接减为流刑。谋故杀等案一般为斩监候,此等案犯秋审时被定为情实的可能性较大些。而奸淫案则是因奸情而杀人之案,其中多为凌迟或斩决之犯。强盗等案中斩决者也相对较多。干名犯义案在秋审时会列入服制册,除非被判处凌迟、斩绞立决者外,被判处斩绞监候者例不勾决。所以,可见该年 3307 起命案中,最终会被执行死刑者不会超过三分之一,即乾隆五十五年实际执行的死刑判绝不会超过一千起。即使考虑到人口的因素,这个数据也远低于目前我国每年实际执行的死刑判决数量。

清代的秋朝审在当时非常受重视。每年的秋审被称为"秋谳大典"。刑部更以办理秋朝审来判断承办司员的才干。关于秋审制度的严密及其意义,正如清末法学名彦吉同钧所言:

"夫由刑部初覆看已至堂阅,已经数十人之手矣。又必会同各部院九卿詹事科道等公同审定,方始具题。即题准之后,又令科道三次覆奏,方始勾决。其曲折繁复、礼节如此周密者,岂不知简易之为便哉? 良以人命关系重大,非此不足以防冤滥。此可见我朝慎重民命以固邦本之至意,洵足驾汉唐而媲三代矣。"③吉同钧当彼时传统法制面临前所未有之挑战时,仍念念不忘秋审之制,认为其余制度即使不得不变、而秋审则断不能废。然而吉同钧的心愿最终未能实现。曾在刑部秋审处供职、民国以来又曾供职于大理院的董康于民国

---

① 比如乾隆三年直隶省发生的李黑丫头谋死大功堂弟李进贵一案。李黑丫头于乾隆五年二月被判处绞监候。之后自乾隆六年第一次秋审至乾隆二十年秋审,连续十五次秋审李黑丫头均被定为缓决。该案见清代刑部各省缓决囚犯招册,该册编号为 5571。

② 见第一历史档案馆:乾隆五十五年刑部所题直省命盗等案数目黄册,该册编号为 5566。

③ (清)吉同钧:《新订秋审条款讲义·序》。

成立二十二年之后的 1933 年曾写成"论秋审制度与欧美减刑委员会"一小文,仍对秋审制度颇多赞许。清代的斩绞监候制度与我国现行的死刑缓期执行制度有相似之处,即判决确定之后,死囚犯的最终处遇仍悬而未决、须待秋审时对案情和犯人进行综合考察以定之。所以,也许今天的我们也可以从秋审制度中得到启发,比如充分结合犯罪事实、情节和犯罪人的悔罪态度、人身危险性等各种因素,继续完善我国的死缓制度,以便更准确、更谨慎地适用死刑。

(四) 赦免制度

众所周知,在我国历史上,法家最早提出了以法治国的主张。而孔子、孟子主张仁政、德治。荀子则是儒法合流的先驱。儒法合流不仅意味着儒家思想对法家法律的改造,它同时也意味着儒家接受了法家依法治国、建立和维护严格的法秩序主张。法家认为,只要制定了良好、完善的法制,就可以实现"法治"即法的无为而治。但是我们知道,法律是"有限理性"的产物,它并非"绝对真理"。过度僵硬的法律其实施后果可能与立法者和民众的良好愿望相背而驰。而赦免这种由皇帝自上而下施加恩泽的"德治"的手段正是弥补"机械执法"的柔韧剂。时至今日,赦免制度仍然具有这样的重要意义。同时,在很多国家特别是奉行"一事不再理"原则的国家,赦免也可能是死刑案件最后的救济程序。所以,从历史上来看,尽管赦免制度从其产生之日其便争论纷纭,但它至今仍有强大的生命力。

我国古代的赦免制度源于先秦,巩固于两汉,并为后世所继承。根据史籍记载,两汉四百年间,包括大赦、曲赦、赎罪、减等在内的恩赦共有二百八十多次。而后来两晋、南朝肆赦的频率更高。北朝前期肆赦很少,而后来随着汉化程度的加深,肆赦的次数和频率都呈上升的趋势。隋唐是我国历史上历经长期分裂战乱之后的统一王朝时期。隋朝二帝在位 38 年共肆赦 39 次,其中大赦 22 次。唐代共恩赦 453 次,其中大赦 188 次。[①] 不过,即便是大赦,也并非赦免所有的刑事犯,犯"十恶"者,无论是否死罪,均不能蒙恩赦免。明清时期皇帝也不时颁诏肆赦,但这一时期对赦免的限制更为严格。此即明清律中新增而为唐律所无的"常赦所不原"条,其中规定,除了"十恶"之外,不能蒙恩赦

---

① 　参见陈俊强:《皇权的另一面:北朝隋唐恩赦制度研究》,北京大学出版社 2007 年版,第 18 页。

免的犯罪还包括杀人、盗系官财物、强盗、窃盗、放火等约十五个罪名。同时，在清代，每逢恩赦，都会由刑部拟定赦款章程并经皇帝首肯，其中对于准予援免、不准援免的罪行都有明确规定，比如嘉庆元年的赦款章程中规定的不准援免的罪行如谋反及大逆但共谋者、谋杀祖父母父母者、妻妾因奸同谋杀死亲夫者等四十七条，而准予援免的罪行如抢夺人伤人未死者、文武生员欺压平民殴人致死者、窃盗临时拒捕刃伤人未死者等共四十条。而我国古代恩赦的缘由诸多，如灾异、皇帝即位、大婚、郊祀、籍田等，其中以灾异为多。此即《尚书》所谓"眚灾肆赦"。两汉时灾异谴告、谶纬之说流行，所以因灾异、祥瑞而肆赦的情形更多。但是后世因灾异、祥瑞等而肆赦则相对减少。在传达皇帝德音的同时，赦免有时也是推行国家重大政策的手段，比如唐代推行两税法时即曾肆赦。

我国 1946 年《中华民国宪法》第 40 条曾对总统的赦免权做了规定："总统依法行使大赦、特赦、减刑及复权之权。"日本《宪法》中也规定天皇有权认证大赦、特赦、减刑、免除刑罚执行及恢复权利。一些国家和地区还有专门的《赦免法》，比如法国、韩国、我国台湾等。有的国家比如俄罗斯在刑法典中特别对通过特赦减轻死刑做了规定："死刑可以通过特赦程序改判为终身剥夺自由或 25 年的剥夺自由。"联合国《公民权利和政治权利国际公约》第 6 条第 4 款也规定："任何被判处死刑的人应有权要求赦免或减刑。对一切判处死刑的案件均得给予大赦、特赦或减刑。"即不仅国家有权赦免死刑犯，并且死刑犯也有权诉请赦免，因为请求赦免申请权本身也是公民的基本权利诉愿权的一部分。我国 1954 年《宪法》中曾规定全国人民代表大会有权决定大赦，但后来的几部宪法包括现行《宪法》均只规定了人大常委会有权决定特赦。而到目前为止，我国（大陆地区）仅在 1959 年至 1975 年期间先后实施了七次特赦。其中除第一次特赦同时包括反革命罪和普通刑事罪犯外，其余六次的赦免对象都是战犯。而我国目前的赦免制度也比较简陋，除现行《宪法》在第 67 条和第 80 条对特赦权的行使主体和特赦令的发布主体做了简单规定以外，关于赦免的适用情形、程序、效力等均缺乏具体规定，因此我国的赦免制度不具备法律层面上的可操作性。前已提及，无论是在古代还是今天，赦免的意义均可体现为对过于严厉或僵硬的死刑案件提供最后的司法救济。当此废除死刑已经成为世界潮流的今天，我们虽然不可能在短期内彻底废除死刑，但是参考我国传统上的赦免制度以及当今各国有关赦免的做法，健全我国的赦免制度包括对死刑犯的赦免作出明确规定,以减少死刑的实际执行并纠正可能的错案、充分保障死刑犯的权利。

(五) 死刑执行方式的人道化

在历史上,无论我国还是欧洲各国都曾经采取过很多种死刑执行方式,其中许多非常残酷野蛮,比如我国古代的凌迟、贝卡利亚在《论犯罪与刑罚》中提到的欧洲中世纪的轮刑等。但是,时至今日,不仅许多国家已废除死刑,而且在目前保留死刑的各国,死刑的执行方式也日渐人道、造成死囚犯身体痛苦的程度越来越轻。这些国家主要采取的死刑执行方式是枪决和绞首,比如日本即采用绞首刑,我国则同时采用枪决和注射的方式,美国也以注射方式为主要的死刑执行方式。注射比枪决带给死刑犯的身体痛苦程度更轻,并且不会对死囚犯的身体造成破坏性损伤。因此,注射死刑在我国正在推广。所以,就死刑执行方式而言,应该说我国目前的做法是值得嘉许的。虽然如此,在此我们也有必要回顾我国历史上法定刑罚最为轻缓的隋唐时期,以这一时期作为模范,了解我国过去对于死刑种类配置的立法并力促当前死刑执行方式人道化的完全实现并避免残酷死刑和死刑加重。

从我国整个刑罚史来看,隋唐时期是我国古代法定刑罚最为轻缓的时期。因为在此之前及以后,法定的死刑等级或种类都比隋唐律中要多。比如汉代时法定的死刑有三种,即枭首、腰斩和弃市。隋唐律的蓝本《北齐律》中的死刑则为轘、枭首、斩、绞四种。而《北周律》中的死刑则有五种,即磬、裂、枭、斩、绞。隋文帝认为"绞以致毙,斩则殊刑,除恶之体,于斯已极",因此除去轘、枭等比较残酷的死刑种类,而仅保留最人道、对死刑犯造成身体痛苦最小的两种即斩和绞。唐代因之。此后斩刑和绞刑一直是我国历代最通常的死刑种类。而宋代以后则又以凌迟为法定的死刑执行方式。① 在我们今天看来,

---

① 宋代出现的凌迟最初仅适用于采生折割人这种特定的犯罪。后来凌迟适用的范围有所扩大,但也仅适用于极少数最严重的犯罪,比如谋反大逆、杀祖父母父母及夫、杀一家三人、采生折割人等。而如果按照我国现行刑法中关于杀人罪的立法模式,其中的谋大逆、杀祖父母父母及夫、杀一家三人、采生折割人等罪名其实都可归结为故意杀人罪。所以凌迟刑在明清时期适用的罪名并不算太多。不过,虽然宋代以后凌迟成为法定刑,但是之后各朝代律典总则部分的"五刑"条中规定的死刑种类仍然只有斩和绞。凌迟则出现在分则的具体条款中。由此可见,凌迟一直未能取得与斩绞相同的"正刑"的地位。而且我国历代不乏废除凌迟刑的声音。

斩刑和绞刑在一定程度上颇像是两种不同的死刑执行方式而非死刑等级,因为斩刑给死刑犯带来的身体上的痛苦通常比绞刑更小,虽然斩刑比绞刑更血腥。不过,特别是可能由于传统的鬼神思想的影响,当然也出于对死者的尊重,在古人包括唐代人看来,斩刑是比绞刑更严厉的死刑。除了在律典的总则部分明确规定法定的死刑种类或死刑执行方式之外,《唐律》中还有防止司法实践中可能的死刑加重的专门条款,此即《唐律》第 499 条"断罪应斩而绞"条:"诸断罪应绞而斩、应斩而绞,徒一年。……。即绞讫,别加害者,杖一百。"所谓"即绞讫,别加害者",根据《唐律》该条解释,"谓绞已致毙,别加拉干、折腰之类"。可见唐代人对于司法实践中可能存在的死刑加重非常警惕。我国 1928 年《刑法》第 79 条第 2 款以及修订后的刑法第 63 条第 1 款均规定:"死刑不得加重",即不得以不必要的残酷方式执行死刑,在死囚犯犯有两个以上死罪或者死刑吸收其他主刑时,死刑的执行也不得加重。凡此种种,足可为我们今天实现合理配置死刑、更好地实现罪刑相当原则以及促进死刑执行人道化的警戒。

（六）结语与启示

　　人类的智慧很多是经验性的,我们对同一事物的看法、对同一问题的解决方式在很大程度上不仅可以、而且有必要参考经过很多世代的人积累的传统智慧。而自晚清以降,经过一百多年的法律现代化或西方化,再加上其他各种原因,今天可能为数不少的我们这个时代的人对于传统智慧包括传统法律文化、法律思想和法律制度会持一种比较负面的看法,而较少能看到其中的正面价值。所以,在此,我们也希望通过对传统社会的慎刑观念以及由此而产生的各种慎刑措施和死刑制度的评介,可以促使更多的人对之有所认识,并发现其中对今天我国的法制建设有所裨益之处。我国传统律典中的死刑罪名颇多,即如唐律中法定最高刑为死刑的条款有八十条左右,而明清律中的死刑条款多达一百二十多条,但是清代时每年被执行死刑的囚犯的数量并不多。这样的效果固然与当时完善的死刑救济程序有关,但是更重要的则是与古人尊重生命、慎用死刑的理念密不可分。[①] 如仅以清代有关命案的文献为例,其中

---

　　① 甚至比如清代勾到的具体日期,都要由钦天监择日,而非随意确定。勾到有专门的仪式。在这一天,皇帝必着素服,以示自己对臣民将被执行死刑的遗憾与悲悯。

"人命至重"或者类似的表述可谓不绝于目。清代的司法官员和皇帝也不时仅以有"一线可原"的情形而将立决改为监候或者将情实者免勾或将情实改为缓决。而当今我国关于死刑的立法和司法制度仍存在不少问题,所以,面对这一境况,在此我们试图重申自己的主张,即哪怕制度不完美,但是我们良好的理念也可能弥补其中的缺陷;而如果我们的理念本身存在问题,那么任何完美的制度都可能只是皮相而已,难以实现立法者和民众所期许的愿望。

四、录囚、直诉、会审制度的现代启示

录囚、直诉与会审制度是中国传统司法体系的重要组成部分,历代相因,至于清末。作为制度化的存在而历时久远,本身即表明此种"存在"于司法制度之整体、于王朝治理之整体、于社会生活之整体有颇多契合之处,并在制度体系中蕴含着传统司法思想的价值诉求与核心理念。而清末变法修律肇始,西方法律制度与思想之引入日昌,中国传统法律制度与思想之更新日颓,致使中国传统司法制度与思想中历代薪火相传所留下的制度架构与精神意蕴渐渐湮没在历史中。德国历史法学派与近代法学方法论的创始者萨维尼曾指出,"法律如同民族的语言,是民族精神的体现"①。如果说萨维尼心目中的法律是民族精神的体现这一论断在一定程度上与其当时面对的德国形势是分不开的,那么如果我们进行限缩的理解,并考竟世界上多数国家的法律发展史,就会发现如何在法律的更生之中给予本民族、本国的传统法律文化以恰当的位置是法治现代化进程中的应有之义。2011年10月国务院新闻办公室发表的《中国特色社会主义法律体系》白皮书中明确指出:"(四)中国特色社会主义法律体系体现了继承中国法制文化优秀传统和借鉴人类法制文明成果的文化要求……注重继承中国传统法制文化优秀成分,适应改革开放和社会主义现代化建设需要进行制度创新,实现了传统文化与现代文明的融合"②。时下处在中国特色社会主义法律体系不断完善的进程中,如何进一步深化对传统法

① 参见许章润:《萨维尼与历史法学派》,广西师范大学出版社2004年版,第19页。
② 《中国特色社会主义法律体系》白皮书发布(全文),中华人民共和国中央人民政府网,http://www.gov.cn/jrzg/2011-10/27/content_1979498.htm(2012-4-8访问)。

律文化的认知与借鉴应当也必将是该进程中的重要一环。研究传统的司法制度、司法理念及司法实践来考察中国古代官员,普通民众或社会中流布的对于法律(规则、秩序)的认知,进而知悉其心理结构,借助社会意识,心理结构在历史中的底层性、基础性与社会变革的非同时性,以历史的视角来解析当下人们对法律(规则、秩序)的认知,考察当下人们意识中对法律认知的心理结构中的历史性因子,会使当下的法律理念、法律文化获得深层历史结构的支撑与推动,同时可以由上述梳理与考察中抽绎出中国传统司法文化与现代司法文化可通约部分的精神意蕴或普世价值,以期发掘并阐释借鉴传统司法精神中的合理成分将对今日法治建设的完善大有助益。

具体到本研究,录囚与会审制度在中国传统司法文化中的价值意蕴在于保护直面司法活动的当事人的权利,是对人性的肯定与重视,将该种司法观念阐释为"仁道"司法观,即仁爱、怜悯之道,孔子所谓"仁者爱人"之道,"仁道"的司法观要求以仁道的态度从事司法活动,明德慎罚乃是重要面向之一。①可以说录囚与会审制度是具体的明德慎罚司法理念在制度性层面的展开。直诉制度之目的在于平衡权利与冤抑,纵然传统法制有着完备的体系和超越体系之上的儒家的意识形态的指导,但现实运作的制度总会出现意料不到的问题,直诉制度恰好保证了在正常的司法体系之中,由逐级提高审级来处理案件的方式受到阻遏、案件审判无法正常开展时(通常是案件的当事人受到了地方官员的压制而无法进入正常的诉讼渠道),为了保护诉讼当事人,允许案件当事人通过直诉这一方式向更高一级的官员,乃至于向皇帝来表达自己受到的冤抑,请求保护自己的权利。直诉制度同样也是仁道司法观在制度层面的具体展开,仍然是围绕着对于人性,对于人之权利在中国传统文化中所能达至的高度予以保护。借用康德的语汇,此种保护是以人为目的的,而非以人为手段的。

(一)　录囚

"录囚"又称"虑囚"。中国封建时代由帝王或长官讯察囚犯案情、平反冤

---

① 参见崔永东:《对中国传统司法观的理性分析》,载《现代法学》2011年第2期。

狱、督办积案的制度。也是对司法之吏审判质量的考核。① 法史学界通常认为录囚制度肇始于汉代,后于唐代获得极大的发展。早在西周时期,录囚制度就已经存有萌芽,《礼记·月令》载:"仲春之月……命有司,省囹圄,去桎梏,勿肆掠,止狱讼……"。此种审慎处刑的规定与西周时期整体的明德慎罚司法观念一脉相承。西汉代秦立国,一改秦朝苛法之繁,约法省刑,春秋决狱。录囚制度正是在儒家司法理念的滋养下渐渐形成了体系化的运作模式。

汉武帝时有"州刺史常以八月巡行所部郡国,录囚徒"(《后汉书·百官志》)。何武为扬州刺史,"每行部,录囚徒"(《汉书·何武传》)。另据《汉书·隽不疑传》载:"隽不疑每行县录囚徒还,其母辄问不疑:'有平所反,活几何人?'即不疑多有所平反,母喜笑,为饮食。"隽不疑传说明至少在其时任青州刺史时是经常行县开展录囚的。沈家本在《历代刑法考》中认为:"录囚之事,汉时郡守之常职也。……此事又属于刺史。"②也即上级官员亲自巡行莅临下级司法机构,亲自提审在押犯,发现错误立即予以纠正平反。东汉时,皇帝始亲录囚徒。据《晋书·刑法志》载:"光武中兴,留心庶狱,常临朝听讼,躬决疑事。""明帝时,楚王英以谋逆死,穷治楚狱累年,坐死徒者甚众。韩朗言其冤,帝自幸洛阳狱,录囚徒,理出千余人。"

隋唐时期,录囚制度得到进一步的发展与完善。隋统一中国后十分重视法制建设,隋文帝"每季亲录囚徒"(《隋书·刑法志》)。另外,隋文帝曾在开皇二年五月、十二月,四年九月,十年七月,十二年八月,十七年三月亲录囚徒。③ 唐朝时录囚制度同样受到非常大的重视,唐太宗李世民也曾多次亲录囚徒,如《唐会要·君上慎恤》称太宗李世民在贞观六年"亲录囚徒,放死罪三百九十人归家,令明年秋来就刑。其后应期毕至,诏悉原之",成为历史上皇帝恤刑的佳话。在唐代录囚制度被写入典籍,成为定制并获得法律制度上的保护。录囚制度作为各级司法官员的重要职责,有着自身特定的程序性规定。《唐六典·大理卿》:"若禁囚有推决未尽,留系未结者,五日一虑。"《唐六典·州县官吏》:"每岁一巡属县,观风俗,问百姓,录囚徒。"录囚制度这时不仅是

---

① 武树臣:《中国传统法律文化词典》,北京大学出版社 1999 年版,第 176 页。
② (清)沈家本:《历代刑法考》,中华书局 1985 年版,第 791 页。
③ 倪正茂:《隋律研究》,法律出版社 1987 年版,第 85 页。

审查已决囚犯是否有冤抑存在,也对久系未决的案件予以关注处理。《宋史·刑法志》亦载:宋太宗时规定"长史每五日一录囚,情得者即决之",后改为"诸州十日一录囚"。

明清时期法律并未明确规定官员进行录囚的制度,但并非意味着录囚活动明清时期不存在。明太祖朱元璋在总结历代治理经验后,认为应"仿古为治,宜尊唐旧"。实际上明代所施行的会审制度一定程度上涵摄了既有的录囚制度。明代形成定制的"热审"、"朝审"、"大审"、"圆审"等制度是由不同官员参加的审录囚犯的活动,包含有:重囚的会审、冤错案件的平反、滞狱的清理、罪行的减等、遣发、枷号的释放以及赦免的执行等,录囚制度因而在明朝获得了更加完善化和体系化的实践与总结。① 清承明制立国,涵摄入会审制度的录囚也被清朝继承下来,获得了进一步的发展,囚犯的审录程序更加规范化、严格化,秋审制度是为典型。比及清末变法修律,传统司法制度中的录囚制度始湮没变得阒寂无闻。

以上对中国传统司法制度表现形式之一的录囚制度进行了简单的梳理,该制度的创立固然有着维护封建王朝统治的现实目的,在客观上录囚制度也确实起到了清理庶狱的作用。这是仅就实践层面而言的,仍有必要分析一下录囚制度在中国传统司法文化中所具有的精神意蕴,才能更加明确地知悉在时下的司法改革与法治建设中能于此种古老的制度汲取怎样的制度与思想之双重价值。瞿同祖先生将中国传统法律制度的发展概括为法律儒家化的进程,汉以后历代王朝亦悉数标榜以儒家理念立国,传统儒家的重要典籍《论语》中就有对"人性"、"生命"予以尊重的论述,李泽厚先生在《论语今读》中概括为"原始人道主义"②。儒家"原始仁道主义"的治国方略和人生哲学自然也被带入司法制度、司法理念之中去,体现在"录囚"制度之上便是慎刑,慎刑不仅是对法律体系,社会生活秩序的重视及维护,更是出于对人之为人的"仁道"观念的践行与维护。

在解读了"录囚"制度的精神意蕴之后,"录囚"作为一种制度性的存在,

---

① 参见江涛、张先昌:《录囚制度的历史嬗变与现代省思》,载《内蒙古社会科学(汉文版)》2007年第4期。

② 参见李泽厚:《论语今读》,生活·读书·新知三联书店2004年版,第284、329、330、500页。

于现实的法治建设也具有一定的启示作用。其中较为重要的两点是严格重视程序及司法过程必须接受监督。首先,作为法律之内正义重要之一种的程序正义价值,在当下的法治建设中没人怀疑其价值,关键在于怎样建立符合中国传统文化及现实需要的程序正义理念,全然跟进西方的程序正义理念能否收到预期的法治效果,从百年来的中国法治历程看,是需要审慎处理的。录囚制度中程序的重要性是毋庸置疑的,也就是说此种主动的错案追究形式是在法律的明确规定下进行的,皇帝也会参与到一定的录囚活动中,并作出最终裁决。现实司法中最高人民法院收回死刑复核权,与此有一定的可类比之处,死刑复核权必须遵循统一的程序来予以行使,又因对于处刑的慎重,对于人的主体性的尊重,死刑的复核需要通过一国的完整的司法层级来得以行使。同时,"录囚"制度体现的"慎罪恤刑"的理念应当通过严格的程序与实体加以双重保障,切实贯彻"疑罪从无"的原则。

其次,录囚制度展现出的另一重要维度是司法过程的监督问题,录囚制度不仅体现了监督司法过程实施的层面,还展现出对监督者的监督,上级长官录囚,乃至皇帝亲自录囚,体现了对于监督者的监督这一问题。虽然因社会治理结构的原因,传统录囚制度中对于监督者监督的这一面向在实践操作中会折扣很多,由于皇权的干预,很可能结果是一定于尊。但此种国家监督司法,并加强对监督者进行监督的意识是值得我们借鉴的。亦同现实中理论界与实务界研讨的法律监督立法相关联,针对法律监督立法,陈光中教授认为:"尊重宪法法律至上最重要的一点就是法律监督,法律监督就是监督法律是否得到执行(真正、严格的执行)。监督法律实施的渠道、方法、途径和机关是多方面的。各级人民代表大会是监督法律实施的最权威的机构,法律由其制定,同时是否实施得当也由其监督。社会监督则为媒体监督、群众监督、网络监督,是除人大监督之外的重要监督形式"①。因此,法律监督立法不仅对司法改革有进一步的推进作用,也会进一步推动中国法治体系的完善。

另外,在具体法律制度借鉴方面。针对刑事审判监督程序,借鉴录囚制度,有学者提出三点具体完善方案。第一,借鉴录囚制度体现为被告人利益提起的做法,将审判监督程序明确区分为有利于被告人和不利于被告人两类,并

---

① 刘家楠:《推动法律监督立法与司法学研究》,载《群言》2012 年第 2 期,第 22 页。

严格限制不利于被告人再审的提起;第二,借鉴录囚制度中主体权威性、中立性的做法,建议取消除最高人民法院作为原审法院外的其他原审法院对依审判监督程序提起案件的审理权,明确规定依审判监督程序提起的案件原则上应由原审法院的上级法院进行审理,并规定再审裁判为终审判决;第三,借鉴录囚制度对案件中存在疑点即释放被告人的做法,对再审案件严格把握证明标准,对被告人是否犯罪存在合理怀疑、无法形成内心确信的案件,直接宣告被告人无罪,切实做到疑罪从无。①

(二) 直诉

直诉制度是后世学者在研究中国古代的类似制度时给予的概括性称呼,传统中国司法文化中与直诉制度相类似的制度有越诉、叩阍、京控、上诉等,表现形式亦多样化,立肺石、挝登闻鼓、上表、投匦状等。有研究将直诉定义为,中国历史上各朝代法律规定的有冤情的当事人或者其近亲属,在案情重大、冤情无处申诉时,为申诉冤情而直接陈诉于最高统治者或特定机构,希望予以公证审判的一种非常规诉讼制度,有着补充禁止越诉规定的性质。②

有关直诉制度的记述最早可见于《周礼·夏官·大仆》:"建路鼓于大寝之门外,而掌其政,以待达穷者与遽令,闻鼓声,则速逆御仆与御庶子。"据《郑》注对"达穷者"的解释,即指大司寇的属官朝士,朝士"掌以肺石达穷民",故称。肺石是设在外朝门外的赤石,百姓有冤者,可立于石上以诉告其冤,因石色赤如肺,故名。诉冤者先由朝士听其辞,然后朝士率此民至路门,使击路鼓,再通过大仆,而使冤情得闻达于王。③ 也即《周礼·秋官·大司寇》所载的"肺石之制","以肺石达穷民。凡远近惸独老幼之欲有复于上,而其长弗达者,立肺石三日,士听其辞,以告于上,而罪其长"。

东汉郑众注《周礼》所记载路鼓达于穷者,"若今时上变事击鼓矣"④。表明汉代存有击鼓申冤的制度存在。最为典型的是《汉书·刑法志》记载的"缇

---

① 赵晓耕、江琦:《录囚制度对完善我国刑事审判监督程序之借鉴意义》,载《人民司法》2011年第23期。

② 参见王茂娟:《中国古代直诉制度研究》,山东大学2010年硕士学位论文。

③ 参见杨天宇:《周礼译注》,上海古籍出版社2004年版,第452页。

④ 参见李玉华:《我国古代的直诉制度及其对当今社会的影响》,载《政治与法律》2001年第1期。

萦上书"请求赦免父亲,代父赎罪的事件,"缇萦上书"就是直接上书皇帝以诉冤屈的直诉方式。另外汉代还有一种越诉行为——"诣阙上书"制度,即案件受害人或者其他当事人到京师向中央的司法机关提出诉讼。阙,门观。西汉人所诣之"阙",指未央宫北阙;东汉人所指之"阙",盖为洛阳鸿都门之阙。①而直诉所击之鼓,在晋时改为登闻鼓,《晋书·武帝纪》有:"西平人麴路伐登闻鼓,有司奏弃市"。以后历代相承,遂为定制。

《隋书·刑法志》载,隋文帝曾下诏:"有枉屈县不理者,令以次经郡及州、省仍不理,乃诣阙申诉。有所未惬,听挝登闻鼓,有司录状奏之"。据此可知诣阙申诉的前提是县、郡、州省之不理者,而由魏晋时期沿袭下来的挝登闻鼓则成为典型的直诉制度。唐代是中国传统法制的集大成时期,直诉制度亦然。唐代法律规定四种直诉方式,分别是:邀车驾,即在皇帝外出时于路旁迎车驾跪伏申诉;挝登闻鼓,即在东西两都王城门外设鼓,有冤情者击鼓以求向朝廷伸冤,由右监门卫负责受理挝登闻鼓诉并奏闻;立肺石,《唐六典·刑部》规定:"若茕独老幼不能自申者,乃立肺石之上",立于肺石之上表诉的,由左监门卫负责奏闻;上表,《唐六典·刑部》:"经三司陈诉又不状者,上表"。是说经三司处断仍不服的,可采取此种方式,向皇帝呈递奏书,请求处理。武则天时增加投匦状。《旧唐书·刑法志》载,其铜匦四个,分东、西、南、北方向,置于庙堂,其西为"申冤匦","有得罪冤滥者投之"②。每天所有的投诉状,到日暮时全部送到皇帝处。

宋朝在直诉方面有较大发展,在中央设置了多个并列的受理申诉的机构,如宋太宗时设立了登文院和鼓司两个并列的机构,又于真宗景德四年改称登闻鼓院及登闻检院。凡有关公私立济、机密、朝政阙失、论诉本处不公、理雪抑屈、论诉在京官员等,均可以经登闻鼓院进状,登闻检院与鼓院职能基本相同。③元代的登闻鼓制度要求进行"直诉"的前提是向地方各级衙门提起申诉,《元史·世祖本纪》:"诸事赴台、省诉之,理决不平者,许诣登闻鼓院击鼓以闻"。《元史·刑法志》对直诉程序的限制性规定有所记载,"诸陈诉有理,路、府、州、县不行,诉之省、部、台、院,省、部、台、院不行,经乘舆诉之。未诉

---

① 参见张晋藩主编:《中国法制通史》(第二卷),法律出版社 1999 年版,第 581 页。

② 《新唐书》卷四七《百官二·门下省》。

③ 参见王茂娟:《中国古代直诉制度研究》,山东大学 2010 年硕士学位论文。

省、部、台、院,辄经乘舆诉者,罪之"。明朝的直诉制度与宋元大体相同。清代在继承明制的基础上形成了体系完善的直诉制度,除上述形式外,清代还有其独特的直诉形式,即叩阍和京控。《清史稿·刑法志》:"其有冤抑赴都察院、通政司或步军统领衙门呈诉者,名曰京控","其投厅击鼓,或遇乘舆出郊、迎车驾申诉者,名曰'叩阍'"。清末法律改革,将所有京控案件纳入大理院的管辖,中国传统司法制度中的直诉制度也渐渐被新制度所吸收及取代。

　　直诉制度的生发有着完善中国古代传统司法制度的作用。在依照审级不断上诉的同时,规定可以越过法律规定的审级直接向皇帝申诉,为具有冤情的当事人提供了另一种合法的救济途径,使得其冤抑有了获得公正处理的希望,并且由于皇权介入于一定程度上避免了官官相护的情况出现,起到了监督吏治、维护法纪的作用。而直诉制度本身所凸显的乃是皇权作为国家之最高司法权威。直诉制度上达"天听"的建构,缓解了传统社会运行中因司法不公产生的种种矛盾,也为身为最高统治者的皇帝提供了倾听民声的渠道并调整统治策略。恰如丘濬在考释《周礼》中记载的"路鼓"之制时所言,设立路鼓使"闾阎之幽悉达于殿陛之上,氓庶之贱咸通乎冕旒之前,民无穷而不达,士无怨而不伸,此和气所以畅达,而天地以之而交,治道以之而泰也欤"①!也就是说怨气上达而伸,和气畅达,治道自泰。除上述直诉制度所具有的传统司法文化中的制度价值外,与录囚制度一样,直诉制度亦保护了作为个体的人的权利受到冤抑时,于正常的逐级司法路径无法伸冤,可以在法制之中获得其他救济途径来申诉自身权利的冤抑,该种司法精神意蕴与录囚一样是对当事人作为人的尊严与权利的保护,同样是儒家传统的"原始人道主义"及仁道主义司法观的集中展现。

　　在《规训与惩罚》一书中,福柯指出:"任何一种刑法制度都应被看作是一种有区别地管理非法活动的机制,而不是旨在彻底消灭非法活动的机制。"②借用福柯的分析,无论在何种社会中都会有冤抑存在,制度设计的目的在于合理的处理冤抑而不是去消灭冤抑。如果说传统中国司法制度中直诉起到了伸明冤抑的效果,比之当下,信访制度与古代的直诉制度有颇多相似之处,如二

①　(明)丘濬:《大学衍义补》,林冠群、周济夫点校,京华出版社1999年版,第937页。
②　[法]米歇尔·福柯:《规训与惩罚》,刘北成、杨远婴译,生活·读书·新知三联书店2007年版,第99页。

者都抱持有"清官思维",希望寄托于"清官文化"解决难于处理的或不公正案件。但是二者的区别也十分明显,直诉制度是"位于"传统法制之内的制度,也即直诉制度的运作是在法律框架之下的,最终问题的解决同样诉诸法律,而现实的信访制度则很少谋求在法律框架之下解决问题,于是信访制度与现代法治间产生了颇多抵牾。有学者指出,"要彻底走出信访困境,就必须在法治的框架下对信访制度进行渐进式的改革。信访制度的改革中应当追求社会稳定和民主发展,不能仍然只是按照旧有的思路、手段来阻止或扼制目前的信访洪峰,甚至试图通过扩大信访部门的权力来强化信访部门的职能,这只能使这种'制度外的正式制度'在外部约束力弱化的条件下更加有损于政府和司法的权威性"①。虽然信访制度在现实运作中出现了种种问题,也在一定程度上将由法律途径解决问题悬置起来,找政府与上访也已经成为部分纠纷解决的常态,于短时间内一概废除信访制度恐怕难以遽然实现。因而改造信访制度体系,使之渐进式纳入法治的框架内就成为要旨所在。借鉴直诉制度,对于未经司法程序的纠纷,应当在信访中重回司法体系之内,经由上述制度考辨可以发现直诉制度无论是发起还是终局的处理都是在法律规定下进行的,是法内之制,因而信访制度也应当转为法内之制并最终消融于法治之中。同时应当建立有序的纠纷分流制度,推动调解制度的发展,厘清行政调解、法院调解、人民调解之间的关联,用以缓解因纳信访制度入法治轨道引发大量纠纷涌向法院而对法院司法造成的巨大压力。

(三) 会审

会审制度是中国古代有关官署协同审判重大案件的制度,主要适用于大案、要案、疑案、死刑复核案件等,以体现慎刑精神。② 早在西周时期就存有会审制度所表征的司法理念的萌芽,据《周礼·秋官》记载,在审判活动结束后,如果系疑难案件,承办官员还应该广泛征询意见,称为"三刺"之法,即"讯(询)群臣,讯群吏,讯万民"。这一程序在出土金文中有所反映。③ 汉代有"杂治",凡遇重大案件,御史中丞、廷尉等联合组成法庭,进行审判,以保证审

---

① 易虹:《宪政体制下我国信访制度功能的重构》,载《求索》2007 年第 4 期。

② 参见范忠信、陈景良主编:《中国法制史》,北京大学出版社 2007 年版,第 439 页。

③ 叶孝信主编:《中国法制史》(第二版),复旦大学出版社 2008 年版,第 47 页。

理结果的公正。比及唐代则有"三司推事",由大理寺卿、刑部侍郎、御史中丞对中央和地方发生的重大案件,临时组成最高法庭,加以审理。《贞观政要·论刑法》中唐太宗有言:"古者断狱,必讯于三槐、九棘之官,今三公、九卿,即其职也。自今以后,大辟罪,皆令中书、门下四品以上及尚书九卿议之。"此种临时组成最高法庭审理案件的做法实开明清会审制度的先河。

形成于唐代的"三司推事"制度到明代成为规模较大、定制完善的会审制度,主要有三司会审、九卿会审、朝审、热审、大审等形式。"热审"始于明成祖永乐二年,以后成为定制,每年小满节气后十余日由司礼监传旨,刑部会同都察院、锦衣卫、大理寺各派员审理京城各监狱在押未决囚犯。"朝审",明英宗天顺三年规定在每年霜降后,由三法司奏请复审所有在押等候秋后处决的囚犯,皇帝批准后,由刑部尚书主持,召集在京公侯伯爵、驸马、内阁学士、六部尚书及侍郎、五军都督等高级官员会审已被判决秋后处决的死囚犯。"大审",始于明宪宗成化十七年,后定制每五年举行一次,由司礼监代表皇帝本人至大理寺,召集三法司长官会审京城在押的累诉冤枉或死罪可疑、可矜的待决犯。外省则由刑部及大理寺派出官员至省会,会同巡按御史、省布政使、省按察使、省都指挥使会审上述案件。①

清代的会审制度在中国传统法制中可谓是一座高峰,制度建构的完备,程序设置上的细致,均超过了明代。清代取消了明代的大审制度,并将朝审进一步发展为"秋审"和"朝审"两种审判制度。有清一代尤以秋审蔚为大观,秋审前一般先由各省督抚将省内所有斩、绞监候案件会同布政使、按察使进行复审,拟处"情实"、"缓决"、"矜疑"等意见,雍正时又增加有"留养承嗣"。每年霜降前有中央各部院长官会同审理地方上报的上述斩、绞监候案件。若定情实则于秋后处决;若缓决则继续关押,第二年再次秋审,三审后定缓决,死囚可免死发落;若定为可矜,亦可以免死减等发落;若为"留养承嗣"者可改判重杖一顿,枷号三个月,然后回家侍奉父母。实质上清代的秋审与朝审制度属于对监候死囚的复核审判程序。与录囚、直诉一道会审制度同样随着清代的覆亡不复出现在以后的法律制度之中。

中国古代社会在"明德慎罚"、"以德配天"的儒家思想影响下,通过特殊

---

①　参见叶孝信主编:《中国法制史》(第二版),复旦大学出版社 2008 年版,第 317—318 页。

的程序性设计来控制死刑的使用,会审制度的建构意图就在于此,上文涉及的录囚制度与会审制度具有同样的价值取向,即"慎刑"、"恤刑"的儒家传统司法观。应当说使用程序上的方法来建构司法制度以控制死刑的使用,在传统中国社会中具有特定历史时段内的进步意义和目的价值。此等"慎刑"、"恤刑"的司法理念,及其衍生出的"会审"、"直诉"、"录囚"等制度设计,究其终极意蕴应当是"人本主义","'人本'主义,可以简单概括为:伦理化的人性,人性化的天道,大道派生的道德,道德外化为法律"。① 传统社会中形成并获得相当程度发展的"人本主义"理念,在制衡君主专制政治体制的严苛统治上起到了极大的作用。同样,在司法领域中,传统的"仁道"、"中道"、"和谐"等司法观念也极大地节制了专制格局下司法的"擅断"与非人道性成分。

会审制度展现出的"慎刑"及程序性价值与录囚类似,上文已经进行过解析。此处着重探讨会审制度对现今死刑制度的借鉴价值。"刑罚的人道性以不得剥夺人之不可剥夺的权利为内容,与此相适应,以剥夺人之生命权为内容的死刑,因剥夺的是人之首位不可剥夺的权利而不具有人道性"②,多年来死刑存废之争就是因为死刑所剥夺的是人之为人不可剥夺的权利,多数学者及司法实务界人士普遍认为,结合目前中国社会的现状,宜限制死刑的使用,并且此种限制应当有程序法及实体法的双重保障。会审制度蕴含的死刑审核程序的严格性、确定性,死刑适用的审慎性与时下的死刑制度的发展脉络是一致的。而既然短时间内无法废止死刑在我国的适用,程序法与实体法上双重限制就起到了重要作用。最高人民法院收回死刑复核权与《刑法修正案八》中取消 13 个非暴力性经济类犯罪适用死刑的规定及 75 岁以上老人不适用死刑的新增规定,上述程序性与实体性的变革表征着死刑制度在未来的走向,即随着公民人文精神与法治精神的进步与发展,承继传统的"仁道"司法观,"中道"司法观,"和谐"司法观③,慎用、少用法律的制裁手段(包括死刑)。值得一提的是有学者指出,《刑法修正案八》突破了以往我国刑法工具主义色彩,不再是以打击犯罪为己任,而是通过取消死刑、加强对未成年人、老年人的保

---

① 陈业宏、唐鸣:《中外司法制度比较》,商务印书馆 2000 年版,第 327 页。

② 邱兴隆:《刑罚理性评论》,中国政法大学出版社 1999 年版,第 138 页。

③ 参见崔永东:《对中国传统司法观的理性分析》,载《现代法学》2011 年第 2 期。

护及各个方面的努力,从而突出刑法的人权保障色彩。① 而此种人权保障色彩与传统中国的"仁道主义"、"人本主义"的绝大多数内涵是相互契合的,也是传统司法理念在现实的法治建设中型塑法治精神意蕴及公民内心精神结构中的法治观念及信仰之基石所在。

五、监察制度的现代启示

中国古代的监察制度是中华民族的历史文化与传统社会国情的反映,是中国传统官僚制度与法律制度的重要组成部分,起到了整饬吏治、巩固王朝统治、捍卫国家统一、促进经济发展及维护社会生活稳定的重要作用。监察制度在中国法制文明的发展中绵延历久,辗转相承。黄仁宇先生曾在《中国大历史》中指出:"维系着亿万农民安居就业和上万官僚宁静在职,缘于一种精微的平衡……"②。而保护此种平衡,自然需要建立常态运行的制度消解社会运行中出现的种种矛盾,那么作为消解统治架构及其运行中"抵牾"、"冗沉"之制度的监察,自国家样态出现之始就与中国前进的历史脚步相互伴生,起着中国传统封建社会"制衡器"的作用。监察制度对中国传统社会尤其是政治的影响体现在制衡、治官、检察、监督、惩戒、弹劾以及教育等多个方面。中国传统监察制度以其发展程度为标准在时间上可将其划分为四个重要阶段,即先秦时期的萌芽阶段、秦汉时期的形成阶段、隋唐时期的成熟阶段、明清时期的严密阶段。兹述如下:

我国传统的监察制度萌芽于三代,《周礼》中记载夏至春秋战国时代出现了以史官或行政执法官兼领检察权,成为具有监察职能的兼职监察官。《周礼》中还出现"御史"这一官称,其职责就含有监察之意。《史记·滑稽列传》载:齐威王置酒于后宫,召淳于髡并赐之酒,"问曰:'先生能饮几何而醉?'对曰:'臣饮一斗亦醉,一石亦醉。'威王曰'先生饮一斗而醉,恶能饮一石哉! 其

---

① 刘艳红:《刑法修正案(八)的三大特点——与前七部刑法修正案相比较》,载《法学论坛》2011 年第 3 期。
② 黄仁宇:《中国大历史》,生活·读书·新知三联书店 2007 年版,第 269 页。

说可得闻乎?'髡曰:'赐酒大王之前,执法在旁,御史在后,髡恐惧俯伏而饮,不过一斗径醉矣'",御史纠察对于官员的效力由此可以得见一斑。

秦灭东方六国形成大一统的帝国后建立了以皇权为中心、科层制的官僚体系为基础的中央集权制的专制主义皇朝。于皇帝之下设三公九卿,作为三公之一的御史大夫,掌监察百官,为副丞相。《通典·职官一》中对描述御史大夫言:"秦兼天下,建皇帝之号,立百官之职……又置御史大夫,秦、汉为纠察之任。"汉代由御史大夫掌监督弹劾权及部分行政权,并在建立中央最高监察建构——御史台后由御史大夫统领的专业化监察机构从原有行政体系中分离出来。武帝时分全国为十三部监察区,指派御史监察不利于中央的地方豪强势力,除此之外武帝时还制定了《六条察郡之法》(《六条问事》),随后颁布《刺史六条》,使监察制度获得了法律保障。东汉时期,每逢朝会,御史中丞、司隶校尉和相当于宰相的尚书令各据一席,被称为"三独坐"。[①] 由此可见,监察官员在秦汉时期地位之重,对于行政体系正常运行的影响之大。

隋唐时期,尤其是唐代既是社会文明快速发展,也是国家治理日臻完备的时期。监察制度在这一时期更加完善,监察立法也更加健全。唐代以御史台为最高监察机关,御史大夫为长官。御史台下设三院:台院,设侍御史四人执掌"纠举百僚,推鞫狱讼";殿院,设殿中侍御史六人掌廷供奉之仪式;察院,设监察御史十人掌"分察百僚,巡按郡县,纠视刑狱,肃整朝仪"(《唐六典·御史台》)。形成了对中央官员及地方官员经常性监察与临时性巡查相结合的动态监察机制。对于御史的重要性唐睿宗说:"彰善瘅恶,激浊扬清,御史之职也。政之理乱,实由此也。"[②]张晋藩先生点评唐代监察制度时指出:"唐朝作为封建盛世,在很大程度上得力于政策的适当与稳定,制度的健全与官吏的秉法执政,而这一切又都与御史监察、谏官谏诤的制度化、法律化分不开,算得上是封建时代监察制度正面效应的表现。"[③]张晋藩先生着重指出并肯定的监察制度法律化不独唐朝为特色,法律化的监察制度既是贯穿传统中国历代监察制度的红线也是其奥义所在。

明代立国后废丞相制度,在中央设置六部,将御史台三院合而为一称"都

---

① 张晋藩:《中国法律的传统与近代转型》(第三版),法律出版社 2009 年版,第 182 页。
② "令御史条奏内外官职事诏",载《唐大诏令集》卷一百。
③ 张晋藩:《中国古代廉政法制建设及其启示》,载《法商研究》2011 年第 4 期。

察院",并设置了独立于都察院之外的六科给事中,科道并立分工配合。在地方则设各道监察御史、各省提刑按察使及地方督抚,三种监察方式叠合并行。朱元璋认为元代覆亡很大程度上是吏治败坏造成的,因此确定了刑乱国用重典的治理方针,特别重视吏治,认为"朝廷纲纪尽系于此,而台察之任尤清要"(《明史·职官志》),足见对监察机关作用的重视。明代的监察立法亦取得很大成就,除在《诸司执掌》与《大明会典》中都设有专章规定都察院及六科的监察职责、权限及活动原则外,还制定了很多单行的监察法规,其中以明英宗时制定的《宪纲条例》最为史书称道。① 大量的监察法律的制定,于法制层面上保证了监察制度的有效运行,良好的监察制度起到了清廉吏治、捍卫司法的作用,最终起到了保障社会稳定和发展的作用。

清承明制,以都察院左都御史"掌察核官常,参维纲纪"(《清史稿·职官志》),地方设右都御史为地方最高监察官员,设提刑按察使司为省级监察机关,设十五道监察地方官员具体事务。清代的监察立法为历代监察立法的集大成者,于《大清律例》、《大清会典》及各《部院则例》中均有体现。乾隆时期编纂的《都察院则例》和乾、嘉、道、光四朝编制的《钦定台规》更为集中地展现了清代监察法律的完备。《钦定台规》内容包括"训典"、"宪纲"、"六科"、"各道"、"五城"、"稽查"、"巡查"、"通例"八大项,是我国封建社会最为完备的一部监察法典,充分肯定了监察机关的地位及其职能,为监察机关广泛行使监察权提供了依据,使监察制度得以深入到国家政事及社会生活的各个方面,标志着清代的监察制度及其立法达到了中国传统社会的至高峰。

传统中国社会中监察制度的逐步完备及持续推行对于巩固皇权起到的作用无疑是巨大的,而在巩固皇权这一前提下,监察制度起到的整肃吏治、惩贪治腐、监督司法的政治调解及权力制衡作用有效地维护了社会稳定。监察制度之所以在中国古代发挥了重要作用,重要一点在于,监察制度在皇权一统格局下形成了下位权力的有效制衡,以权制权、纠举不法有效地扼制了滥用权力之觞。虽然现代的权力制衡理念是在民主国家的框架内得以实施的,但是传统中国由监察制度构建的权力制衡体系亦得以发展为传统治理模式下所能达至的最佳效果。当下的法治建设面临的经济基础、社会生活条件及人的思维

① 张晋藩:《中国古代廉政法制建设及其启示》,载《法商研究》2011 年第 4 期。

意识与中国古代相比有着较大的距离感,即便如此传统监察制度的诸多理念与实际操作方案对今日的法治建设仍有一定的借鉴价值。

第一,保证监察机构的独立性,注重监察人员的任用。中国古代的监察机关,无论是机构设置、隶属关系还是活动原则都相对独立,直接向君主负责,对于监察官的任命也由皇帝亲自委派。此种独立、垂直的管理体制,使监察机关在一定程度上得以摆脱其他部门的影响,也促进了监察官员之间的互相制约,保证了监察活动的有效开展。目前我国监察部由国务院领导,地方各级监察机关同时受地方政府和上级监察机关的领导。在该种监察体制下,上级监察机关对下级监察机关的领导会受到下级地方政府的影响,同样作为行政机构子系统存在的监察机关也亦受到其他部门的影响,对于监察工作的"独立"有效开展较为不利。故而应借鉴传统监察机构的"独立性"原则,逐步推进监察机关改革,吸收借鉴海关与税务系统的领导模式,实行监察部门省级以下垂直领导。

监察机关职权的广泛及风闻奏事的权力,表现出作为君主之耳目的监察官员的地位之显赫。汉代时的刺史虽然只是个六百石的低级官吏却可以监督、奏闻两千石的地方长官及王侯。此种以下察上、以卑督尊的规定既是汉代监察制度的特点,也为后世所沿用。① 唐代的察院是御史台三院之一,虽然监察御史品秩不高,却足以纠劾百司,为皇帝之耳目。监察官员官职不高而地位显赫,说明在整个国家的行政体系中,乃至在社会生活中给予监察官员的尊崇较高,因此对于监察官员的选任中国古代有着完备的标准和程序,监察官员明悉律典规章富于经验的同时个人品行操守应当公正廉明、刚正不阿。应当说自清末变法修律以来,西方法律制度及理念大举传入,带有科学主义样态的法治实践及理念也传入中国,从回答"法是什么"的法学本质问题到"法治如何实现"的法律实践问题,都印上了科学主义的烙印,可以说科学主义的法在中国社会造成的影响比西方社会更加严重。而其重要表现之一就是极端片面迷信法的价值,而忽视人本主义精神,体现在监督制度上即全然信赖制度和条文忽略了作为条文及制度执行者的人的层面的关注。反观中国历代王朝的监察官员选任,官员自身的德行都是至关重要的一环,是与监察制度构建与法律制

---

① 张晋藩:《中国古代廉政法制建设及其启示》,载《法商研究》2011 年第 4 期。

定并行的一环。诚然于当下的法治建设中考察监察人员的德行固然是难以进行量化标准操作的,但是却并不意味着对于官员的个人德行及能力可以不予关注,沈家本先生早就指出:"夫法之善者仍在有用法之人,苟非其人,徒法而已。"①因此,规范化从事监察工作的人员的素质,完善监察人员的选任、考核、升迁、回避及退出机制,制定合理的监察人员的甄选标准及程序应当是未来监察发展的方向。从事监察的人员应当进行职业伦理的培训,明确考核机制,形成适当的薪资标准,以期维护监察制度的良性运行。

第二,推进监察立法。虽然《中华人民共和国行政监察法》、《监察机关审理政纪案件的暂行办法》、《中华人民共和国行政监察法实施条例》等法律相继出台,但相关的配套性法规及实施细则等欠完善,导致已有立法多属原则性规定,具体可操作性并不强。另外针对上文提到的监察人员的甄选、考核、回避及退出机制、职业伦理培训等缺乏详细规定,行政监察立法仍需要加强。

第三,完善对监察活动的监督。通过对监察制度的历史进行回溯可知,在中国古代的监察制度中监察官员不仅受到上级的监督(最高的上级为皇帝),同时监察官员之间也要进行监督。虽可风闻奏事,却不能无中生有,监察行为即受到监督又负有责任,"诸诬告人者,各反坐。即揪弹之官,挟私弹事不实者……亦如之"②。对于监察活动进行监督可以保证监察权力的行使不会偏离合法的轨道沦为不法官员打击异己和损害公民利益的工具。全国各级监察机关应当自觉互相监督,并接受来自人大、政协以及社会的监督。

监察活动本身是法律之内的行为,监察活动的实施也是循法而行的,对监察活动的监督不仅是对监察权力的行使进行监督,还在于监督"监察法律"的施行情况。那么将问题加以引申,应当加以思考的是当下法律监督立法的状况问题。法律监督是监督法律的实施情况,监督法律是否得到真正、严格的执行。当下的法律监督有几种类型:检察机关又称为法律监督机关,而检察院目前侧重于诉讼监督,就实际状况来说,检察院的法律监督主要执行的是诉讼监督,并不承担一般的监察职责;国务院系统的监察部;党的系统的中纪委及人民代表大会的监督。上述几种监督之间的关系在目前中国的法治体系内还不

---

① (清)沈家本:《历代刑法考》,中华书局 1985 年版,第 51 页。
② 《唐律·斗讼》,"诬告反坐"。

明确,需要通过法律监督立法的形式加以进一步的厘清,同时需要借鉴中国传统监察制度的经验将监察机构及其人员的"有限度"独立作为重要的价值意蕴写入法律规定之中。

六、亲属相隐与存留养亲制度的现代启示

(一) 亲属相隐

血缘与亲缘乃是中国古代人伦关系的主要内容,建立在此基础上的"家国"体系构成了当时社会的主体框架。自宗祠至庙堂,由父子到君臣,这套系统涵盖了其时日常生活的大部分时空。由这种纽带所产生的联系并非仅具备道德、伦理意义上的羁绊,同时也蕴含了具体的行为规范。道德规范与法律制度的杂糅使不同的身份承载了各式的义务与权利,宗族因素和人伦关系的介入让我国传统司法制度表现出独特的伦理性。

将人伦关系引入司法活动的做法自先秦时就已可得见。《尚书·康诰》载"元恶大憝,矧惟不孝不友"。周公旦在征伐管叔、蔡叔后,将他们的封地交于幼弟康叔治理,并告之以治民之术。周公认为,违背人伦的"不友"、"不孝"者乃是祸乱的源头,如不加惩戒,必将引发灾难,这大约是以人伦治司法的最早记载。春秋战国时期,以周代继承者为标榜的儒家学派将这一理论继承了下来。经孔、孟等先哲的完善,以此理论为基础的司法制度已初具雏形。汉代之后,伴随以儒家理论为主体的中国传统主流文化的逐步形成,法律儒家化的进程亦同步展开。这种带有浓重伦理色彩的司法制度随社会发展逐步完善,并传承延续。在这个过程中,规则与思想的互动,环境与理念的交通,让这个制度在不同的时期表现出不同的特色。但无论形态如何,其重视伦理的主旨却一以贯之。亲属容隐制度与存留养亲制度正是在这样的背景之下产生并发展起来的。

亲属容隐制度的核心,是基于人伦关系所产生的法规排除。传统司法实践中,既定的法令可能由于当事人间的血缘、亲缘乃至从属关系的存在而被弃之不用;特定对象间的诉讼行为也会被视为不恰当乃至大逆不道。春秋时,卫国大夫元咺诉其君卫成公于其时诸侯盟主晋文公处,周襄王便对此表示反对,

指出"夫君臣无狱,今元咺虽直,不可听也。君臣皆狱,父子将狱,是无上下也"①。有学者认为,这种"君臣上下不得相讼"的司法理念,正是亲属相隐制度的理论渊源之一。② 这种特殊的司法原则在周代便已经出现萌芽,《礼记》中"事亲有隐无犯"的记载也印证了这个观点。③

考诸亲属间相互为隐问题的确切记载,必先提及孔子对"父攘羊而子为证"(《论语·子路》)问题的论述。叶公认为"直躬者"当不避亲属,以子证父;而孔子则认为"直者"当"父为子隐,子为父隐"。这种父子当相为隐的观点经后世学者的阐发,成为亲属相隐制度的主要理论基础。除孔子外,儒家的另一代表人物孟子也对此问题有阐述。在回答桃应"舜为天子,皋陶为吏,瞽瞍杀人"假设时,孟子通过区分两个不同的身份将自己的观点表达出来。作为君主,不能因私情置国家法令于不顾,恃权凌法。但身为人子,必然不能放任自己的父亲遭受法令的处罚。故此,舜不能恃权"禁之",却可"窃负而逃,遵海滨而处"④。孟子的选择正说明了他对两种价值的调和与取舍,这种尝试或许正是亲属相隐制度的产生原因。

一般认为,亲属相隐制度以儒家学说为基础。颇为吊诡的是,关于亲属之间相互隐匿犯罪的规定,却最早出现在尊奉法家学说的秦代。《云梦秦简·法律答问》中有,"子告父母,臣妾告主,非公室告,勿听……而行告,告者罪"。早在商鞅变法时期,秦国便已开始实行鼓励告奸的法律制度,"不告奸者腰斩,告奸者与斩敌首同赏,匿奸者与降敌同罚"⑤。即便在这样的背景下,卑幼检举尊上的行为仍被视为非法。由此可见,人伦关系在司法实践中所产生的作用并非仅以儒家学说为唯一基础,立法者对社会的观察在这个过程中也起到了相当大的作用。

秦代虽然部分认可以卑匿尊的行为,但并没有形成完整的亲属相隐制度。汉代之后,儒家学说再次成为主流意识形态,亲属间基于人伦纲常而相互隐匿犯罪的行为逐渐为社会所认可。汉武帝时,董仲舒引儒家经典春秋治狱,将道

①　《国语·周襄王》。
②　范忠信:《中国亲属容隐制度的历程、规律及其启示》,载《政法论坛》1997 年第 4 期。
③　《礼记·檀弓》。
④　《孟子·尽心上》。
⑤　《史记·商君列传》。

德伦理引入司法实践中,"亲亲得相首匿"的司法原则也因此获得了理论上的合法性。据《通典》载,汉时"有疑狱曰:甲无子,拾道旁弃儿乙养之,以为子。及乙长,有罪杀人,以状语甲,甲藏匿之,甲当何论? 仲舒断曰:甲无子,振活养乙,虽非所生,谁与易之……《春秋》之意,父为子隐,甲宜匿乙而不当坐"①。汉承秦制,知情不举者亦会受到处罚。汉元丰四年,毕梁侯婴坐守匿罪人为鬼薪②;始元五年,军正齐王平子心为廷尉,坐纵首匿谋反者弃市。③ 由是观之,因与罪者为隐所受处罚并不较罪者为轻。然董仲舒认为禁止亲属间隐匿罪状、鼓励揭发的做法违背了儒家所提倡的道德伦理,故不应将此类行为纳入处罚范畴。汉宣帝时,正式下诏确认了这一做法,凡"子首匿父母,妻匿夫,孙匿大父母,皆勿坐;其父母匿子,夫匿妻,大父母匿孙,罪殊死,皆上请廷尉以闻"(《汉书·宣帝纪》)。这是最高统治者首次以诏令形式明确了亲属相隐行为的合法性。后世诸朝虽在具体制度层面上有所变动,但主旨却自此承继延续下来。

仅就字面理解,亲属相隐制度大体包含了两层意思。第一,这一制度的适用范围仅限于具备血缘关系与亲缘关系的亲属之间。第二,其涉及的内容主要是针对特定范围的主体之间相互隐匿犯罪的行为。但实际上,亲属相隐制度远比上面所提及的复杂。

亲属容隐的适用范围并不限于字面上所提及的亲属之间,而包含了亲属、主仆乃至官属等多种关系。据《后汉书·戴就传》载,东汉灵帝时,会稽郡太守因被诬贪污,为审查案情,有司官吏对仓吏戴就严刑拷问,令其出证太守之罪。戴就宁死不从,反斥司法官,"卿虽衔命,固宜申断冤毒,奈何诬枉忠良,强相掠理,令臣谤其君,子证其父"! 承审官吏理屈而罢。由是观之,在汉代的司法实践中,亲属相隐的范畴便已不限于亲属之间,而是包含亲属、君臣等多种伦理关系在内的集合体。此后的数百年间,关于亲属相隐的规定多有变动,适用范围也多次反复。东晋元帝曾一度恢复"拷子证父死刑,或鞭父母问子之所在"之法,后经臣子劝说方才作罢。④ 北朝魏孝明帝执政时期,兄弟姐

---

① 程树德:《九朝律考》,商务印书馆 2010 年版,第 212 页。
② 《汉书·王子侯表》。
③ 《汉书·百官公卿表》。
④ 《晋书·刑法志》。

妹等期亲之属亦被纳入亲属相隐的范畴中。① 这个过程直至唐代方才告一段
落。《唐律》规定,"诸同居,若大功以上亲及外祖父母、外孙、若孙之妇、夫之
兄弟及兄弟妻,有罪相为隐;部曲、奴婢为主隐,皆勿论。其小功以下相隐,减
凡人三等"。几乎所有亲属乃至同居非亲属与家中所蓄养的部曲、奴婢,均在
相为隐的范围之内,唐后诸朝基本上沿用了这个规定。明代时,翁婿等姻亲关
系以及家中所雇工人也被纳入进来。②

亲属相隐范围的变化,大体显示出两点规律。其一为官属关系的剥离。
在汉代的记载中尚可看到下属拒绝出证上司罪行的记载。但伴随君臣、父子
相互混同的社会关系体系缓慢消解,这种做法亦逐渐消失。唐、宋时期还出现
了官员之间相互监督的规定,可见这种关系已经被排除于相互为隐的范围之
外,成为另一法律所规范的关系,此处不赘。③ 其二为亲属范围的扩大。从最
初仅允许父母子女、祖父母与孙子女等直系血亲之间相互隐匿犯罪,到后来几
乎延及所有亲属,甚至同居非亲属乃至奴婢、部曲乃至雇佣工人均被包含在
内。这说明法律对亲属相隐制度所蕴价值的认可度在不断提高。

考诸秦汉以后的历朝律典中均有关于亲属相隐行为的规定,内容主要包
括以下几个方面。其一,亲属间相互隐匿犯罪行为的无罪规定。在相隐范围
内的亲属不仅可以相互隐匿犯罪,甚至可以为犯罪者脱罪、逃匿提供帮助。其
二,亲属间诉讼行为的限制规定。这种隐匿行为并非纯粹的权利,同样带有义
务的属性。如果履行不当,甚至可能受到处罚。简言之,亲属相隐不仅意味着
亲属间享有相互隐匿罪行的权利,同时也背负着不可相互争讼、告举的义务。
另一点需要注意的是,亲属相隐并非涵盖所有犯罪,一些严重的犯罪行为就不
在相隐之列。如《唐律》中规定,"谋反,大逆及谋反以上皆为不臣,故子孙虽
告亦无罪。"④

隐匿者无罪,争讼者有罚的规定在历朝法典虽均有涉及,但具体内容却各
有不同。汉代对卑幼隐匿尊长(主要是子女对父母、孙子女对大父母)的行为

---

① 《魏书·刑罚志》。
② 《大明律·名例》。
③ 如《唐律疏议·户婚》中规定地方官员若因疏于管理而导致人口登记出现缺失,不但本
人有罪,与其职务相关的上司与下属亦将受到株连,由此可知官属也存在着相互的监督关系。
④ 《唐律疏议·名例》。

不加处罚,但对尊长隐匿卑幼却不认可,唯有"罪殊死",方得"上请廷尉以闻"。而《唐律》中尊卑之间的隐匿行为均被视为合法,其可获赦免的程度主要依隐匿者与被隐匿者间的亲疏远近而定,《唐律》中的这种做法一直存续至清末修律之前。

除有关相互隐匿罪行的规定之外,亲属相隐制度的另一重要内容就是对亲属间诉讼、告举行为的限制。在亲属相隐制度创立之初,亲属间的隐匿行为带有明显的义务属性。《秦律》中便对亲属间"行告"行为规定了处罚措施。汉代以后,因儒家学派的思想再度成为主流意识形态,根植于其理论之上的亲属相隐制度亦有调整。亲属间的告举行为,尤其是卑幼对尊长的告举行为因违背儒家所倡之伦理纲常而遭到更加严格的限制。汉武帝时期,衡山王太子刘爽因告父谋反而被弃市(《汉书·武帝本纪》)。《唐律》规定,"诸告祖父母父母者绞","诸告期亲尊长、外祖父母、夫、夫之祖父母,虽得实,徒二年"①。到明清时期,这种限制有所放松,《大清律》中规定:"凡子孙告祖父母、父母,妻、妾告夫之祖父母、父母者,仗一百,徒三年……告期亲尊长、外祖父母,虽得实,杖一百。"②但直至清末修律前,这种限制仍然存在。

作为传统社会法律秩序的组成部分,亲属相隐在过去很长的一段时间中均被视为统治者麻痹人民大众的工具,是落后与愚昧的表现。但亦应看到,这一制度是中国传统价值观念与既有司法制度共同作用的产物,其中既包含了政治层面的考量,同样有对亲情、人伦等基本人文价值的关怀。这种以偏概全,将其一并废弃的做法实有可商榷之处。亲属相隐在东汉便已入律,后虽经王朝更迭,却一直为历朝法典所承袭。若将这种现象仅归结于统治阶级的推动,显然缺乏足够的说服力。一项仅依靠强权者意志存在的制度必然无法维系如此之长的一段时间,其本身所具有的合理成分在这个过程中也应当起到相当重要的作用。而探寻这种合理性因素对当下司法制度与司法理念的积极意义,则正是本研究的目的所在。

亲属相隐制度使亲属关系在司法上具备了与常人不同的权利和义务。这种调整所带来的并不仅是规则的变动,更涉及原理的调整。秩序是司法制度

---

① 《唐律疏议·斗讼》。
② 《大清律·干名犯义》。

的核心价值之一,确保法律的贯彻与执行则是司法的重要目标。亲属相隐却违背了法律规定,使之让位于由另外一种社会价值所支配的行为准则。这种让渡恰恰说明了司法所奉行的宗旨并非由某种价值单独构成,而是一个多元的价值系统。司法的过程,亦是诸多价值权衡取舍的过程。

亲情乃一家固有之感情。由血缘与亲缘共同构成的人伦体系并非专制社会的特有产物,家庭成员之间的敬爱之情自家庭出现时便已随之萌发。汉宣帝在昭立"亲亲得相首匿"之制时便曾有言,"父子之亲,夫妇之道,天性也。虽有祸患,犹蒙死而存之。诚爱结于心,仁厚之至也,岂能违之哉!"①既然亲属间的敬爱之情生而有之,司法则不可不将其作为一种应加考量的因素。更重要的是,作为一种为社会所普遍认可与广泛接受的伦理道德,亲属之间的情感关系在维系社会稳定、促进社会和谐等方面同样起到了至关重要的作用。古人"家齐而后天下可治"的观点于今日虽未必正确,但家庭作为最基础的社会单位在整个结构中所起的作用却不容置疑。而维系家庭稳定的亲情若然不存,则整个社会结构亦将受到严重冲击。

诚如霍布斯所言,任何法律都不能约束一个人放弃自我保全②;同样,任何法律也不能要求人们在面对其亲属所犯下的罪行时,能如其他人一般地按照法律行事。这种观点并非中国所特有,西方也有类似表述。欧洲勃艮第王贡德鲍曾规定,如果盗窃犯的妻子不主动揭发其丈夫的罪行,就将被贬为奴隶。孟德斯鸠在叙述这段历史时就曾对此批评说:"妻子怎么能告发她的丈夫呢? 儿子怎么能告发他的父亲呢? 为了要对一种罪恶的行为进行报复,法律竟规定出一种更为罪恶的行为。"③诚如孟氏所言,司法的目的在于惩恶扬善,而非单纯地以恶制恶。唯有正视现状,认可其存在价值,并对这种行为进行正确的引导。如果一味禁绝,不但难有收效,还将使司法本身的权威性受到削弱。

除基于人伦价值的考量外,有学者指出,对特定亲属间的隐匿行为施行豁免的做法亦是对司法专横的一种限制。④ 无论古今中外,对犯罪者的包庇与

---

① 《汉书·宣帝本纪》。
② [英]霍布斯:《利维坦》,黎思复、黎廷弼译,商务印书馆 1985 年版,第 234 页。
③ [法]孟德斯鸠:《论法的精神》(下),商务印书馆 1985 年版,第 176 页。
④ 参见范忠信:《中国亲属容隐制度的历程、规律及其启示》,载政法论坛 1997 年第 4 期,第 114—127 页。

帮助行为多因被视为对法律的再次侵犯而受到制裁。按此逻辑,犯亲则将因失察之责而首先受到株连。子有罪则父亦连坐,夫有事而妻必同罪。若放任这种现象的存在而不加限制,则"囹圄成市,赭衣塞路"的景象或许将不仅是历史上的记载。孔子有言,"(政)猛则民残。"①严刑重典虽可收一时之效,但长此以往,整个社会都将受到严重伤害。这或许是亲属容隐制度所给予的另外一点启示。

(二) 存留养亲

存留养亲又称留养,指因怜悯年老者由于子孙犯罪受刑而无人供养,故将犯罪者的刑罚延后执行或是变更折抵的司法制度。东晋咸和二年,句容令孔恢因罪被处弃市。元帝悯其父年老而别无他子,诏免其死刑,此事大约是存留养亲最古之记载。其时虽已有存留养亲之事,但尚属君王特诏之事,并无定制;直至北魏时期,此举方成为一项正式司法制度。《魏书·刑罚志》载,太和十二年,孝文帝拓跋宏下诏,"犯死罪,若父母、祖父母年老,更无成人子孙,又旁无期亲者,仰案后列奏以待报,著之令格",以律令的形式将存留养亲的做法固定下来。因此举既对社会稳定具有积极意义,同时亦彰显了君主仁爱之心,故此后诸朝大多延续了这一举措,其具体规定虽有差别,但主旨基本一致。

结合历朝法典,存留养亲之制大体包括以下几方面内容:

存留养亲制度源出于对老弱者因子孙犯罪受罚而无人供养的怜悯,故此程序的启动必须先符合以下几方面的条件。第一,犯亲需为年老或笃疾而无法自养。存留之事属法外特例,故其适用受到严格限制,所奉养尊长只限直系尊亲属,即父母、祖父母(及以上),其他尊亲属俱不在此列。此类亲属因年迈或有疾而无法自理,若使之失去供养,无异于断送其生路。在老、弱者的认定上,主要依据两个标准。其一为年龄要求,唐宋律法之规定犯亲年八十以上者方得具状上请,明清时降为七十。② 另一考量标准为身体状况,若犯亲身患重病或确有残疾,需人侍奉,虽年岁未满,亦在上请之列。在犯亲资格的认定上,关于寡妇的规定与其他情况略有不同。《清会典》规定,存留之事,以笃疾或

---

① 《左传·召公二十年》。
② 瞿同祖:《中国法律与中国社会》,中华书局 1981 年版,第 69 页。

年七十以上者为限,但寡妇者且守节满一定年数者,并不受此限,以彰其德。①

存留养亲制度意在保证年老、笃疾者的供养不会因法律对犯罪的处罚而中断,故若犯亲尚有其他供养者,则不在存留之列。至于供养者的范围,并不仅限于子女、孙子女等直系卑亲属,亦包括弟、妹、侄等其他旁系亲属,若有此类人可行供养之事,亦不可适用存留养亲之制。

在传统司法制度中,存留养亲制度适用于死刑与徒流刑,因为这几种刑罚会导致受刑者无法履行其供养义务,使年老及笃疾者供养有阙,故需以此作为补救。两种刑罚的惩处力度轻重不一,所针对的犯罪行为亦各不相同,即便境况相近,其处理结果也必然相差甚远。在死刑犯罪中,这种制度所产生的后果只是令司法官将案情具状上奏。至于是否可获批准,则仍需最高司法机关或是统治者决断。但需要注意的是,在唐宋时期,关于在死刑中是否适用存留养亲制度的决定权一般均归于最高统治者本人。② 但到明清以后,这个审查义务便逐渐由专门的司法机构承担起来,经由朝审或秋审后做出决断。相较死刑犯而言,流刑犯本身的危害程度及其所受到的惩罚力度均要轻缓许多,故徒流犯若需存留养亲,无须经过专门的上请程序,一旦符合条件,即可照章办理。北魏时,徒流犯若因存留养亲而得缓刑,并不意味着可以免于处罚,一旦所奉养之尊亲属天年已终或是家中另有新丁可行供养,原刑罚仍需照常执行。唐代以后,被判徒刑者若因存留养亲而得缓决,则直接将所判处刑罚折抵为杖刑。即便所奉尊长过世,也无须执行原刑罚。③ 明清以后,对判处流刑的罪犯亦采此法,流刑犯若得存留养亲,折仗止一百,余罪收赎,较前朝更为宽缓。④

存留养亲制度虽为常制,但并非任何情况下均可适用,仍受以下几方面因素限制。

1. 重罪者不得留养

存留养亲制度以暂缓或变更刑罚的方式保障犯亲之供养不因刑罚而中断,其意在确保社会秩序的稳定。若犯罪者之行为已然严重违背社会秩序,允其留养则可能荼毒更甚,故因触犯此类犯罪而被处死刑者均不在存留养亲之

---

① 《清会典·卷五十六》。
② 《唐律疏议·犯死罪非十恶》;《宋刑统·犯徒流罪》。
③ 《魏书·刑罚志》;《唐律疏议·犯死罪非十恶》;《宋刑统·犯徒流罪》。
④ 《明律例·犯罪存留养亲》;《清律例·犯罪存留养亲》。

列。《唐律》规定,罪犯"十恶"者,不得留养。明、清律法中,除"十恶"外,因盗系官财物、强盗、放火、发冢等"为常赦所不原"之罪行被处死刑者,亦不适用存留养亲之制,其规定较唐宋更为细致。

2. 不孝者不得留养

"孝"是中国传统文化中最为核心的价值之一,也是存留养亲制度的重要理论基石。基于对"孝"的尊重,以缓刑的方式给予犯罪者恪尽孝道之机,也表现了司法制度对这一价值的认可。若犯罪者已有忤逆之举或素有不孝之名,那么对其施行存留便违背了制度设立的初衷。故在对欲施行存留养亲的犯罪者的考察中,其道德品行,尤其是此人是否有"不孝"之事认定亦是重要一环。若犯罪者所受刑罚系得于忤逆不孝之事,即便允其留养也于犯亲无益,故因此类犯罪而获刑者即便符合存留养亲之条,也不得声请。此外,犯罪者平素之德行亦是重要考评标准。如行止不端,为父母所摒弃者;游荡在外,不供养父母者,均无留养之资格。

3. 一家有多人犯罪的限制

存留养亲意在怜悯犯亲,而非纵容犯罪。故若一家有多人受刑而需留养时,则只许存留一人。如兄弟两人,一人被处斩刑,一人被处流刑,则通常选择罪轻者留养。

4. 关于受害者的境况

受害者之情状亦为存留养亲制度中必须考量的因素。如杀人罪中,受害者因故无法供养父母,而杀人者却可因存留养亲而侍奉在侧。为表公允,《大清律》规定,在处理类似问题时必须首先分析受害者之景况。若受害者系家中独子,并无其他成年兄弟,亲老因故无人侍奉,则犯罪者也不准声请留养。①

有学者认为,存留养亲制度是专制者为巩固自身统治而树立的一面旗帜,以昭示其仁爱。这种做法的出发点并非意在宽刑恤民,而在巩固自身统治。②这种说法正确与否且不置评,但其论述中所提及两个观点却颇值得注意。第一,无论设立初衷为何,存留养亲制度本身确能表现司法对于个人权利的关注。第二,作为正常司法程序的例外规定,存留养亲制度在司法实践中被付诸

---

① 《大清律·犯罪存留养亲》。
② 参见吴建璠:《清代的犯罪存留养亲》,载《法学研究》2001年第5期,第126页。

施行的情况并不多见。《大明律·集解附例》犯罪存留养亲条纂注亦称"此律不行久矣"。由此看来,其象征作用要远大于实际影响。故此,对存留养亲制度的意义探究,亦应由此着手。

存留养亲制度启发我们从如下两方面来思考司法审判问题:

(1)对司法活动中审判后阶段的关注

存留养亲制度所涉之事主要有四,其一为犯罪的惩戒;其二为孤老废疾的赡养;其三为刑罚的折抵与缓决;其四为刑罚效果的综合考量。违法则受罚,任何违法行为都应受到与之相对应的惩罚,这一逻辑顺序并无任何问题。但这种逻辑的路径却为另一因素的介入而遭阻却,即对犯罪的惩罚将波及与犯罪行为并无关联的第三者。这种路径的转向源于价值权衡的原则思考,即刑罚的直接效果与间接效果的对比考量。当诸多因素间的组合模式达到某种契合时,则初始的逻辑预期就将被改变,刑罚的执行方式便会变化。司法行为的终极追求是否仅止于法律的正确适用? 这是存留养亲制度研究所带来的第一个启示。法官依照法律进行了正确的裁判,是否就意味着司法者的义务就此完结? 此外的其他问题则将由社会自行消纳,因此产生的损伤亦将由个体自行承担。由是观之,单纯的审判中心主义可能造成判决与实际效果的脱节,由司法所引发的问题不仅存在于案件之内,亦可能产生于法庭之外。需要强调的是,这种批判并非意在主张审判依据的多元化,而是强调法律效果与社会效果的和谐统一。司法的过程并非仅止于判决结果,而是社会关系的恢复与稳固,审判之后环节也应当成为司法者所关注的对象。

(2)审判后阶段司法者的角色定位

司法者应如何介入审判后事务? 这是值得注意的另一个问题。对审判后阶段的重视并非要求司法机关独力承载因判所引发的一应事物。实际上,此问题也并非任何单独的机构所能负荷。正如存留养亲制度将犯亲的抚养义务交还至犯罪者本人手上一般,司法机关在这个过程中承担的角色也应当是指引者而非执行者。作为司法过程的参与者,司法者能够更为全面与迅速地察觉可能出现的问题。由司法者将案件审理过程中所发现的问题传递至相应的职能部门,并由其做出妥当的处置,预防可能出现的问题。让法院的归于法院,政府的归于政府,使它们各司其职,首尾相扣,方能使司法行为获取其应有的效果。

参 考 文 献

一、古籍类

1.《周易》

2.《周官》

3.《尚书》

4.《左传》

5.《商书》

6.《论语》

7.《孟子》

8.《荀子》

9.《老子》

10.《庄子》

11.《淮南子》

12.《慎子》

13.《商君书》

14.《礼记》

15. 裹仁书局编:《睡虎地秦墓竹简》,台北裹仁书局 1981 年版。

16. (汉)司马迁:《史记》,中华书局 2013 年版。

17. (汉)班固撰:《汉书》,中华书局 1962 年版。

18. (南朝宋)范晔:《后汉书》,中华书局 1965 年版。

19. (汉)陆贾原著,王利器撰:《新语校注》,中华书局 1986 年版。

20. (晋)陈寿撰:《三国志》,中华书局 1959 年版。

21. (唐)房玄龄等撰:《晋书》,中华书局 1974 年版。

22. (唐)魏征等撰:《隋书》,中华书局 1973 年版。

23.（宋）宋祁等撰：《新唐书》,中华书局 1975 年版。

24.（唐）李林甫等撰：《唐六典》,中华书局 1992 年版。

25.（唐）长孙无忌等撰：《唐律疏议》,中华书局 1983 年版。

26.（元）脱脱等撰：《宋史》,中华书局 1985 年版。

27.（元）脱脱等撰：《金史》,中华书局 1975 年版。

28.（宋）窦仪等撰：《宋刑统》,中华书局 1984 年版。

29.（明）宋濂等撰：《元史》,中华书局 1973 年版。

30.（清）张廷玉等撰：《明史》,中华书局 1974 年版。

31.（明）申时行等撰：《明会典》,中华书局 1989 年版。

32.《钦定大清会典》,国家图书馆藏。

33.（清）昆冈等纂：《钦定大清会典事例》,国家图书馆藏。

34.《钦定台规》,国家图书馆藏。

35.《清仁宗实录》,国家图书馆藏。

36.（清）阿桂等撰,《大清例律》,中华书局 2015 年版。

37.（汉）董仲舒撰：《春秋繁露》,（清）凌曙注,中华书局 1975 年版。

38.（唐）韩愈：《韩昌黎文集校注》,上海古籍出版社 1998 年版。

39.（唐）吴兢：《贞观政要》,上海古籍出版社 1978 年版。

40.（宋）司马光：《司马温公文集》,中华书局 1985 年版。

41.（宋）程颢、程颐：《二程集》,中华书局 1981 年版。

42.（宋）欧阳修：《欧阳文忠全集》,中华书局 1912 年版。

43.（宋）王若钦：《册府元龟》,中华书局 1989 年版。

44.（宋）王安石：《临川先生文集》,中华书局 1959 年版。

45.（宋）司马光：《资治通鉴》,中华书局 1978 年版。

46.（宋）司马光：《司马温公文集》,商务印书馆 1937 年版。

47.（宋）包拯：《包拯集》,中华书局 1963 年版。

48.（宋）陈亮：《陈亮集》,中华书局 1974 年版。

49.（宋）朱熹：《晦庵先生朱文公文集》,国家图书馆出版社 2006 年版。

50.（宋）真德秀：《西山先生文忠公文集》,商务印书馆 1937 年版。

51.（宋）李昉：《太平御览》,上海古籍出版社 2008 年版。

52.（宋）马端临：《文献通考》,中华书局 2011 年版。

53.（元）耶律楚材:《湛然居士文集》,商务印书馆 1937 年版。

54.（明）丘濬:《大学衍义补》,中州古籍出版社 1995 年版。

55.（明）张居正:《张文忠公全集》,商务印书馆 1935 年版。

56.（明）薛瑄撰:《要语》,商务印书馆 1939 年版。

57.（明）黄宗羲:《黄宗羲全集》,浙江古籍出版社 1985 年版。

58.（清）薛允升:《唐明律合编》,法律出版社 1999 年版。

59.（清）汪辉祖:《学说臆说》,清同治十年慎间堂刻汪龙庄先生遗本。

60.（清）方大湜:《平平言》,黄山书社 1997 年版。

61.（清）徐栋:《牧令书》,清道光二十八年兴国李氏校勘本。

62.（清）黄六鸿:《福惠全书》,北京出版社 1998 年版。

63.（清）黄本骥:《历代职官表》,上海古籍出版社 1980 年版。

64.（清）阮元纂:《广东通志》,梁中民校,广东人民出版社 2011 年版。

65.（清）吴炽昌:《续客商前话》,文化艺术出版社 1988 年版。

66.（清）刚毅:《牧令须知》,载《官箴书集成》(九),黄山书社 1997 年版。

67.（清）席裕福、沈师徐纂:《皇朝政典类纂》,台北文海出版社影印本。

68.（清）吉同钧:《新订秋审条款讲义》,国家图书馆藏。

69.（清）卢崇兴:《守禾日记》,闽浙总督郝玉麟序。

70.（清）沈家本:《寄簃文存》,中国书店 1958 年版。

71.（清）沈家本:《历代刑法考》,中华书局 1985 年版。

72.（宋）程颐:《周易程氏传》,中华书局 1981 年版。

73.（宋）幔亭曾孙:《名公书判清明集》,中华书局 1979 年版。

74.赵尔巽主编:《清史稿》,中华书局 1977 年版。

75.《清太祖高皇帝实录》,中华书局 1986 年版。

76.《满文老档》,台湾故宫博物院馆藏。

77.襟霞阁主编:《清代名吏判牍七种汇编》,上海书店出版社 2000 年版。

78.（清）永瑢等撰:《四库全书总目提要·政书类》,中华书局 1960 年版。

79.《大清例律通考校注》,中国政法大学出版社 1992 年版。

80.《钦定台规凡例》(光绪朝),香港蝠池书院出版有限公司 2004 年版。

81.《清实录·圣祖仁皇帝实录》,中华书局 1986 年版。

82.《吉林提法司第一次报告书》,国家图书馆藏。

83.《政治会议议决案》,国家图书馆藏。

84.《北京政府全宗汇集》(全宗号 1041),第二历史档案馆。

二、资料汇编类

1. 郭成伟、田涛点校:《明清公牍秘本五种》,中国政法大学出版社 1999
年版。

2. 郑秦点校:《大清例律》,法律出版社 1999 年版。

3.《中国近代法制史资料选辑》(第三辑),西本政法学院法制史教研室编
印,1985 年。

4.《官箴书集成》,黄山书社 1997 年版。

5.《上海史资料丛刊·上海公共租界史稿》,上海人民出版社 1980 年版。

6. 中国第一历史档案馆、福建师范大学历史系:《清末教案》,北京大学出
版社 1999 年版。

7. 故宫博物院明清档案部编:《清末筹备立宪档案资料》,中华书局 1979
年版。

8. 刘雨珍、孙雪梅编:《日本政法考察记》,上海古籍出版社 2002 年版。

9. 朱有瓛主编:《中国近代学制史料》(第 2 辑下),人民教育出版社 1983
年版。

10. 丁俊贤、喻作风编:《伍廷芳集》,中华书局 1993 年版。

11. 苑书义主编:《张之洞全集》,河北人民出版社 1998 年版。

12.《辞海·哲学分册》,上海辞书出版社 1980 年版。

13.《法学词典》,上海辞书出版社 1989 年版。

14.《北京大学法学百科全书》,北京大学出版社 2000 年版。

三、专著类

1. 梁启超:《先秦政治思想史》,东方出版社 1996 年版。

2. 冯友兰:《中国哲学简史》,北京大学出版社 1996 年版。

3. 吕思勉:《文字学四种·字例略说》,上海教育出版社 1985 年版。

4. 吕思勉:《吕思勉讲中国文化》,九州出版社 2008 年版。

5. 瞿同祖:《中国法律与中国社会》,中华书局 1981 年版。

6. 程树德:《九朝律考》,商务印书馆 2010 年版。

7. 杨鸿烈:《中国法律思想史》,中国政法大学出版社 2004 年版。

8. 周鲠生:《国际法》下册,商务印书馆 1976 年版。

9. 蔡枢衡:《中国刑法史》,广西人民出版社 1983 年版。

10. 王铁崖:《中外旧约章汇编》第一册,三联书店 1957 年版。

11. 吕振羽:《简明中国通史》,人民出版社 1955 年版。

12. 张国华、李贵连:《沈家本年谱初稿》,北京大学出版社 1989 年版。

13. 张晋藩:《中国法律的传统与近代转型》(第三版),法律出版社 2009
年版。

14. 张晋藩:《中国检察法史稿》,商务印书馆 2007 年版。

15. 张晋藩主编:《中国司法制度史》,人民法院出版社 2004 版。

16. 叶孝信主编:《中国法制史》(第二版),复旦大学出版社 2008 年版。

17. 李哲厚:《论语今读》,生活·读书·新知三联书店 2004 年版。

18. 南怀瑾:《易经杂说》,复旦大学出版社 2011 年版。

19. 王夫之:《周易外传》,中华书局 1977 年版。

20. 高亨:《周易古经今注》,中华书局 1984 年版。

21. 戴炎辉:《清代台湾之乡俗》,台北经联出版有限公司 1979 年版。

22. 张立文:《帛书周易注译》,中州古籍出版社 1992 年版。

23. 许倬云:《西周史》(增补本),生活·读书·新知三联书店 2001 年版。

24. 那思陆:《中国审判制度史》,上海三联书店 2009 年版。

25. 胡星桥、邓又天:《读例存疑点注》,中国人民公安大学出版社 1994
年版。

26. 黄仁宇:《中国大历史》,生活·读书·新知三联书店 2007 年版。

27. 梁治平:《寻求自然秩序中的和谐》,中国政法大学出版社 1997 年版。

28. 武树臣:《中国传统法律文化词典》,北京大学出版社 1999 年版。

29. 朱勇主编:《中国法制通史》第九卷《清末·中华民国卷》,法律出版社
1999 年版。

30. 苏亦工:《明清律典与条例》,中国政法大学出版社 2000 年版。

31. 王人博:《宪政文化于近代中国》,法律出版社 1997 年版。

32. 范忠信、陈景良主编:《中国法制史》,北京大学出版社 2007 年版。

33. 林乾、赵晓华:《百年法律省思》,中国经济出版社 2001 年版。

34. 韩延龙、苏亦工等:《中国近代警察史》,社会科学文献出版社 2000 年版。

35. 林端:《儒家伦理与法律文化》,中国政法大学出版社 2002 年版。

36. 郭建:《帝国缩影——中国历史上的衙门》,学林出版社 1999 年版。

37. 倪正茂:《隋律研究》,法律出版社 1987 年版。

38. 胡旭晟:《解释性的法史学》,中国政法大学 2005 年版。

39. 李艳君:《从冕宁档案看清代民事诉讼制度》,云南大学出版社 2009 年版。

40. 郑秦:《清代法律制度研究》,中国政法大学 2000 年版。

41. 贾公彦:《周礼注疏》,北京大学出版社 1999 年版。

42. 杨天宇:《周礼译注》,上海古籍出版社 2004 年版。

43. 范文汲:《一代名臣王安石》,中国社会科学出版社 2003 年版。

44. 徐鸿修:《先秦史研究》,山东大学出版社 2002 年版。

45. 鲁嵩岳:《慎刑宪点评》,法律出版社 1998 年版。

46. 华夏、赵立新、〔日〕真田芳宪:《日本的法律继受与法律文化变迁》,中国政法大学出版社 2005 年版。

47. 张培田:《法与司法的演进及改革考论》,中国政法大学 2002 年版。

48. 陈业宏、唐鸣:《中外司法制度比较》,商务印书馆 2000 年版。

49. 朱景文:《比较烦总论》,中国人民大学出版社 2008 年版。

50. 季卫东:《法治秩序的建构》,中国政法大学出版社 1999 年版。

51. 谢振民:《中华民国立法史》下册,中国政法大学出版社 2000 年版。

52. 周育民:《晚清财政与社会变迁》,上海人民出版社 2000 年版。

53. 陈俊强:《皇权的另一面:北朝隋唐恩赦制度研究》,北京大学出版社 2007 年版。

54. 李兴华:《民国教育史》,上海教育出版社 1997 年版。

55. 潘懋元、刘海峰主编:《高等教育》(资料汇编),上海教育出版社 1993 年版。

56. 杨学为、朱仇美、张海鹏主编:《中国考试制度资料选编》,黄山书社 1992 年版。

57. 程燎原:《清末法政人的世界》,法律出版社 2003 年版。

58. 陈刚主编:《中国民事诉讼法制百年进程》(第一卷),中国法制出版社 2004 年版。

59. 李超:《清末民初的审判独立研究》,法律出版社 2009 年版。

60. 陈兴良:《刑法的价值构造》,中国人民大学出版社 1998 年版。

61. 高绍先:《中国刑法史精要》,法律出版社 2001 年版。

62. 孙万怀:《刑事法治的人道主义》,北京大学出版社 2006 年版。

63. 于志刚:《刑罚消灭制度研究》,法律出版社 2002 年版。

64. 陈浩铨、胡祥福:《刑罚谦抑性研究》,群众出版社 2007 年版。

65. 汪明亮等:《宽严相济刑事政策研究》,中国人民公安大学出版社 2010 年版。

66. 孙谦:《平和:司法理念与境界》,中国检察出版社 2010 年版。

67. 王平主编:《恢复性司法论坛》,群众出版社 2005 年版。

68. 李建波主编:《司法和谐与社会主义司法制度革新》,中国民主法制出版社 2008 年版。

69. 姜军、孙镇平:《中国伦理化法律的思考》,华文出版社 1999 年版。

70. 强世功编:《调解、法制与现代性》,中国法制出版社 2001 年版。

71. 贾洛川:《监狱改造与罪犯解放》,中国法制出版社 2010 年版。

72. 陈业宏、唐鸣:《中外司法制度比较》,商务印书馆 2000 年版。

73. 邱兴隆:《刑罚理性评论》,中国政法大学出版社 1999 年版。

74. [古希腊]亚里士多德:《政治学》,吴寿鹏译,商务印书馆 1997 年版。

75. [日]仁井田陞:《中国法制史》,牟发松译,上海古籍出版社 2011 年版。

76. [日]滋贺秀三等:《明清时期的民事审判与民间契约》,王亚新等译,法律出版社 1998 年版。

77. [日]西田太一郎:《中国刑法史研究》,段秋关、顾理译,北京大学出版社 1985 年版。

78. [德]弗里德里希·卡尔·冯·萨维尼:《论立法与法学的当代使命》,许章润译,中国法制出版社 2001 年版。

79. [美]本杰明·史华兹:《中国古代的思想世界》,程刚译,江苏人民出版社 2004 年版。

80. [美]马士:《中华帝国对外关系史》,张汇文译,商务印书馆 1963 年版。

81. [美]费正清:《剑桥中国晚清史》上卷,中国社会科学出版社 1995 年版。

82. [美]费正清:《美国与中国》,张理京译,世界知识出版社 2002 年版。

83. [美]斯塔夫里阿斯诺:《全球通史:1500 年以后的世界》,吴象婴,梁赤民译,上海社会科学出版社 1999 年版。

84. [美]布迪、莫里斯:《中华帝国的法律》,朱勇译,江苏人民出版社 1995 年版。

85. [德]K.茨威格特、H.克茨:《比较法总论》,法律出版社 2003 年版。

86. [英]麦高温:《中国人生活的明与暗》,朱涛等译,时事出版社 1998 年版。

87. [英]霍布斯:《利维坦》,黎思复、黎廷弼译,商务印书馆 1985 年版。

88. [法]佩雷菲特:《停滞的帝国——两个世界的撞击》,王国卿等译,生活·读书·新知三联书店 1993 年版。

89. [法]孟德斯鸠:《论法的精神》,张雁深译,商务印书馆 1961 年版。

90. [法]米歇尔·福柯:《规制与惩罚》,刘北成、杨远婴译,生活·读书·新知三联书店 2007 年版。

91. [意]贝卡利亚:《论犯罪与刑罚》,中国大百科全书出版社 1993 年版。

四、论文类

1. 张晋藩:《中国古代廉政法制建设及其启示》,载《法商研究》2011 年第 4 期。

2. 崔永东:《帛书〈易经〉与西周法制》,《孔子研究》2001 年第 5 期。

3. 崔永东:《对中国传统司法观的理性分析》,载《现代法学》2011 年第 2 期。

4. 赵晓耕、江琦:《录囚制度对完善我国刑事审判监督程序之借鉴意义》,载《人民司法》2011 年第 23 期。

5. 范忠信:《中国亲属容隐制度的历程、规律及其启示》,载《政法论坛》

1997 年第 4 期。

6. 吴荣曾:《试论先秦刑罚规范中所保留的氏族残余》,《中国社会科学》1984 年第 3 期。

7. 孙慧敏:《从东京、北京到上海:日系法学教育与中国律师的养成》,载中国法制史学会编,《法制史研究》2002 年第 3 期,中国法制史学会出版。

8. 谢霞飞:《清末督抚与预备立宪的宣示》,载《中山大学学报》(社会科学版)1996 年第 1 期。

9. 赵秉志:《宽严相济刑事政策视野中的中国刑事司法》,载《南昌大学学报》(人文社会科学版)2007 年第 1 期。

10. 邓勇:《论中国古代法律生活中的"情理场"》,载《法制与社会发展》2004 年第 5 期。

11. 董长春:《中国传统司法中"情理"的概念分析》,载陈金全、汪世荣主编:《中国传统司法与司法传统》,陕西师范大学出版社 2009 年版。

12. 李交发、刘军平:《中国传统诉讼之"情判"试探》,载陈金全、汪世荣主编:《中国传统司法与司法传统》,陕西师范大学出版社 2009 年版。

13. 彭卫东:《关于"刑事和解"的一点思考》,载《光明日报》2007 年 9 月 8 日。

14. 李浩、刘敏、方乐:《论农村纠纷的多元解决机制》,载《清华法学》2007 年第 3 期。

15. 郭晓光:《从构建和谐社会看完善民事纠纷解决机制》,载《中国政法大学校报》2006 年 12 月 12 日。

16. 左卫民:《和谐社会背景下的刑事诉讼制度改革》,载中国政法大学科研处编:《法治与和谐》,中国政法大学出版社 2007 年版。

17. 邓建鹏:《清代健讼社会与民事证据规制》,《中外法学》2006 年第 5 期。

18. 秦晖:《西儒会融,解构"道法互补"》,载哈佛燕京学社编:《儒家传统与启蒙心态》,江苏教育出版社 2005 年版。

19. 石广先:《构建中国恢复性司法若干问题的思考》,载《中国司法》2007 年第 1 期。

20. 吴常青:《论恢复性司法的制度资源与制度构建》,载《法学论坛》2006

年第 3 期。

21. 孙万怀、黄敏:《现代刑事司法和解的精神基础》,载《法学》2006 年第 4 期。

22. 白焕然:《穷理·正心·修己·治人——大学之道与罪犯矫正教育》,载马志冰、郭炜主编:《监狱文化与矫正工作研究》,法律出版社 2008 年版。

23. 魏书源、柳原:《监狱文化建设研究》,载马志冰、郭炜主编:《监狱文化与矫正工作研究》,法律出版社 2008 年版。

24. 王学强:《论儒家思想对监狱罪犯行为矫治的影响》,载马志冰、郭炜主编:《监狱文化与矫正工作研究》,法律出版社 2008 年版。

25. 张蔚然:《两会前瞻:大修刑事诉讼法进一步尊重和保障人权》,载《法制文萃报》2012 年 2 月 29 日。

26. 江涛、张先昌:《录囚制度的历史嬗变与现代省思》,载《内蒙古社会科学(汉文版)》2007 年第 4 期。

27. 刘家楠:《推动法律监督立法与司法学研究》,载《群言》2012 年第 2 期。

28. 李玉华:《中国古代的直诉制度及其对当今社会的影响》,载《政治与法律》2001 年第 1 期。

29. 吴建璠:《清代的犯罪存留养亲》,载《法学研究》2001 年第 5 期。

30. 易虹:《宪政体制下我国信访制度功能的重构》,载《求索》2007 年第 4 期。

31. 刘艳红:《刑法修正案(八)的三大特点——与前七部刑法修正案相比较》,载《法学论坛》2011 年第 3 期。

责任编辑:张　立
封面设计:周涛勇
责任校对:张红霞

图书在版编目(CIP)数据

中国传统司法文化研究/崔永东 等著. —北京:人民出版社,2017.1
(司法学研究丛书/曹文泽,崔永东主编)
ISBN 978－7－01－017302－3

Ⅰ.①中…　Ⅱ.①崔…　Ⅲ.①司法制度-法制史-研究-中国　Ⅳ.①D929

中国版本图书馆 CIP 数据核字(2017)第 019818 号

中国传统司法文化研究
ZHONGGUO CHUANTONG SIFA WENHUA YANJIU

崔永东　等　著

人民出版社 出版发行
(100706 北京市东城区隆福寺街 99 号)

涿州市星河印刷有限公司印刷　新华书店经销

2017 年 1 月第 1 版　2017 年 1 月北京第 1 次印刷
开本:710 毫米×1000 毫米 1/16　印张:25.5
字数:405 千字

ISBN 978－7－01－017302－3　定价:78.00 元

邮购地址 100706　北京市东城区隆福寺街 99 号
人民东方图书销售中心　电话 (010)65250042　65289539